TINA BEYER

Die Freiheitsrechte, insbesondere die Eigentumsfreiheit, als Kontrollmaßstab für die Einkommensbesteuerung

Schriften zum Öffentlichen Recht

Band 961

Die Freiheitsrechte, insbesondere die Eigentumsfreiheit, als Kontrollmaßstab für die Einkommensbesteuerung

Zur Anwendung des Verhältnismäßigkeitsgrundsatzes im Steuerrecht

Von

Tina Beyer

Duncker & Humblot · Berlin

Der Fachbereich Rechtswissenschaft
der Freien Universität Berlin hat diese Arbeit
im Jahre 2003 als Dissertation angenommen.

Bibliografische Information Der Deutschen Bibliothek

Die Deutsche Bibliothek verzeichnet diese Publikation in
der Deutschen Nationalbibliografie; detaillierte bibliografische
Daten sind im Internet über <http://dnb.ddb.de> abrufbar.

Fremddatenübernahme: Selignow Verlagsservice, Berlin
Druck: Berliner Buchdruckerei Union GmbH, Berlin
Printed in Germany

ISSN 0582-0200
ISBN 3-428-11321-7

Gedruckt auf alterungsbeständigem (säurefreiem) Papier
entsprechend ISO 9706 ♾

Internet: http://www.duncker-humblot.de

Meinen Eltern

Vorwort

Die vorliegende Arbeit wurde im Wintersemester 2002/2003 vom Fachbereich Rechtswissenschaft der Freien Universität Berlin als Dissertation angenommen. Rechtsprechung und Literatur wurden bis einschließlich April 2002 berücksichtigt.

Mein aufrichtiger und großer Dank gilt meinem Doktorvater Herrn Professor Dr. Philip Kunig für die wertvollen Gespräche und die inhaltlichen Anregungen. Bei Herrn Professor Dr. Walter Krebs möchte ich mich für die überaus zügige Erstellung des Zweigutachtens bedanken.

Schließlich danke ich auch Rebecka Huth, Patrick Wegener und meinem Mann Claus Richter, die diese Arbeit vorangebracht haben.

Das Land Berlin hat mich durch ein Stipendium großzügig gefördert und mich dadurch in die Lage versetzt, mich auf das Verfassen dieser Arbeit zu konzentrieren.

Gewidmet ist dieses Buch meinen Eltern, die mich in jeder Weise stets liebevoll, umsichtig und geduldig unterstützt haben.

Berlin, im November 2003 *Tina Beyer*

Inhaltsverzeichnis

1. Teil

Einleitung

A. Problemstellung und Abgrenzung des Untersuchungsgegenstands

Die vorliegende Arbeit beschäftigt sich mit den freiheitsrechtlichen, insbesondere eigentumsgrundrechtlichen Vorgaben für die Gesetzgebung auf dem Gebiet des Einkommensteuerrechts. Spätestens[1] seit der Staatsrechtslehrertagung im Jahr 1980, die unter anderem dem Thema „Besteuerung und Eigentum" gewidmet war[2], ist man sich in der Literatur einig, daß verstärkt über die freiheitsrechtlichen Grenzen der Besteuerung nachgedacht werden muß[3]. Bis dahin war dies nur für den speziellen Fall der Lenkungsteuer[4] geschehen, während für Fiskalzwecksteuern Art. 3 Abs. 1 GG als *die* verfassungsrechtliche Grenze der Besteuerung galt[5]. Mit zunehmender Steuerbelastung[6] mehrten sich die Stimmen gegen die Ausschließlichkeit des Gleichheitssatzes als Kontrollmaßstab[7], der nur einer ungleichen Besteuerung entgegenzuwirken vermag, nicht aber einem Übermaß, das alle gleich trifft[8].

Das Bundesverfassungsgericht ging lange Zeit auf Forderungen nach einem eigentumsgrundrechtlichen Schutz vor der Besteuerungsgewalt nicht ein. Die ständi

---

1 Die These, nach der Art. 14 GG das Vermögen schützt, wird auf *Imboden*, in: Archiv für Schweizerisches Abgabenrecht 29. Band (1960), S. 2 (6) zurückgeführt (siehe etwa *Wieland*, in: Hüter der Verfassung, S. 173 [175]).

2 Auf der Tagung wurden durch *Kirchhof*, in: VVDStRL 39. Band [1981], S. 213 ff. und *v. Arnim*, ebenda, S. 286 ff. zwei Konzepte eines eigentumsgrundrechtlichen Schutzes vor Besteuerung vorgestellt.

3 Siehe etwa *Rodi*, Steuern als Verfassungsproblem, S. 45 f.

4 BVerfGE 13, 181 (184 ff.) – Schankerlaubnissteuer.

5 Siehe etwa *Badura*, in: Benda/Maihofer/Vogel, HdbVerfR, § 10 Rn. 42; *Papier*, ebenda, § 18 Rn. 108; *Birk*, Das Leistungsfähigkeitsprinzip, S. 189 ff.; aus neuerer Zeit auch *Vogel/Waldhoff*, in: BK, Vorbem. z. Art. 104 a–115 Rn. 500; *Heun*, in: Dreier, Art. 3 Rn. 65; vgl. auch *Wieland*, in: Dreier, Art. 14 Rn. 48.

6 Einen Überblick über die Entwicklung des Einkommensteuertarifs von 1946 bis 1996 gibt *Dziadkowski*, BB 1996, 1193 ff. Dieser ist ein Faktor der Steuerbelastung (näher unten zum Zusammenwirken von Bemessungsgrundlage und Tarif siehe S. 22 ff. und S. 26 ff.). Es fällt auf, daß Eingangs- und Spitzensteuersatz in den 80er Jahren einen Höhepunkt erreicht hatten.

7 Siehe *Kirchhof*, Steuern im Verfassungsstaat, S. 27 (45); *Vogels* Beitrag bei der Aussprache zu den Referaten auf der Staatsrechtslehrertagung 1980, in: VVDStRL 39. Band (1981), S. 361 (362 f.).

8 BVerfGE 87, 153 (170) – Grundfreibetrag.

ge Rechtsprechung sah zwar erdrosselnde Besteuerung als einen Verstoß gegen Art. 14 GG an[9]; im Vorfeld dieser Grenze versprach aber kein Freiheitsrecht effektiven Schutz, auch nicht das als tatbestandlich einschlägig erachtete Auffanggrundrecht der allgemeinen Handlungsfreiheit[10]. Auf die Gründe dafür wird später im einzelnen einzugehen sein[11]. Erst in der jüngeren Rechtsprechung des Zweiten Senats ist eine Aufwertung der Freiheitsrechte im Bereich des Steuerrechts zu verzeichnen[12]. Die betreffenden Entscheidungen halten sich aber mit dogmatischen Festlegungen zurück und geben auf diese Weise manches Rätsel auf[13].

Die vorliegende Arbeit hat es sich zur Aufgabe gemacht, Aufschluß über den derzeitigen Stand der Rechtsprechung und ihre dogmatischen Grundlagen zu geben und zu hinterfragen, wie sich die Entscheidungen mit der allgemeinen Eigentumsdogmatik vertragen.

Es bleibt einiges zur Abgrenzung des Themas zu bemerken. Gegenstand der Untersuchung ist nur die *Einkommensteuer*. Die freiheitsrechtlichen Fragestellungen, die andere Steuerarten aufwerfen[14], können hier nicht diskutiert werden. Als unbefriedigend erweist sich diese Beschränkung jedoch unter dem Gesichtspunkt der Beeinträchtigungen, die gerade von sich kumulierenden Steuerbelastungen ausgehen[15]; deshalb werden die wichtigsten anderen Steuerarten in diesem Zusammenhang angesprochen[16].

Ebenfalls nicht zum Untersuchungsgegenstand gehören echte (auch sogenannte subventive) Steuervergünstigungen[17], das heißt Normen, die den Steuerpflichtigen

---

[9] Näher zur traditionellen Rechtsprechung unten S. 36 ff.

[10] Siehe *Vogel/Waldhoff*, in: BK, Vorbem. z. Art. 104 a–115 Rn. 569; *Birk*, Das Leistungsfähigkeitsprinzip, S. 189 ff.

[11] Zum angenommenen Versagen des Verhältnismäßigkeitsgrundsatzes siehe unten S. 142 ff.

[12] Näher unten S. 40 ff., zum Vermögensteuerbeschluß BVerfGE 93, 121 ff. siehe S. 45 ff.

[13] *Böckenförde* spricht in seiner abweichenden Meinung zum Vermögensteuerbeschluß von „vorsichtigen Formulierungen hinsichtlich des verfassungsrechtlichen Maßstabs" (BVerfGE 93, 149 [153]). Siehe auch *Bohl,* F.A.Z. vom 12.9.1998, S. 19: „Mehr als drei Jahre der juristischen Diskussion haben nicht ausgereicht, die Bedeutung des Beschlusses zur Vermögensteuer zu klären". Bis heute hat sich an der Richtigkeit dieser Feststellung nichts geändert.

[14] Zum Gewerbesteuerrecht sei auf die ausführliche Untersuchung von Rodi, Steuern als Verfassungsproblem verwiesen.

[15] Zur Berücksichtigung der Gesamtbelastung siehe BVerfGE 93, 121 (135) – Vermögensteuer; *Kirchhof*, Jura 1983, 505 (511).

[16] Siehe unten S. 53 ff.

[17] So die Bezeichnung von *Birk*, Steuerrecht Rn. 98 f.; siehe auch derselbe in: Das Leistungsfähigkeitsprinzip, S. 94 und *Lang*, in: Tipke/Lang, Steuerrecht, § 7 Rn. 36 f. sowie *Tipke*, in: Die Steuerrechtsordnung I, § 4 S. 78; *Schaden*, Die Steuervergünstigung, S. 26 f. *Bayer*, StuW 1972, 149 (151) spricht von Lenkungsbefreiungen. Als Beispiel ist § 7 c EStG zu nennen, der durch erhöhte Absetzungen einen Anreiz zum Umbau von vorhandenen Gebäuden in Mietwohnungen schaffen soll (*Drenseck*, in: Schmidt, § 7 c Rn. 1). Auch § 10 Abs. 1 S. 1 Nr. 8 EStG, der Aufwendungen für ein hauswirtschaftliches Beschäftigungsverhältnis als Sonderausgabe abzugsfähig macht, ist eine (arbeitsmarktpolitisch motivierte; dazu BT-Dr. 11/4688, S. 10 ff.) Steuervergünstigung.

in Durchbrechung des Leistungsfähigkeitsprinzips *bevorzugen*. Sie sind materiell dem Subventionsrecht, nicht dem Steuerrecht zuzurechnen[18] und sollen hier deshalb nur am Rande eine Rolle spielen[19]. Von ihnen zu unterscheiden sind zum einen solche Normen, die einen zu weit gefaßten Grundtatbestand einengen, um Lastengleichheit herzustellen (sogenannte unechte oder technische Steuervergünstigungen[20]), und zum anderen Steuerbenachteiligungen[21], die einen Steuerpflichtigen über das Maß, das einer gleichheitsgemäßen Besteuerung entspricht, in Anspruch nehmen und dabei typischerweise einen Lenkungszweck verfolgen. Diese beiden Normentypen sind anders als die echten Steuervergünstigungen vom Gegenstand dieser Untersuchung erfaßt. Die Abgrenzung kann schwierig sein, insbesondere auch deshalb, weil der Gesetzgeber in ein und derselben Norm eine unechte Steuervergünstigung, eine echte Steuervergünstigung und eine Steuerbenachteiligung miteinander kombinieren kann. So ist beispielsweise die derzeitige Regelung der Entfernungspauschale in § 9 Abs. 1 S. 3 Nr. 4, Abs. 2 EStG n. F. dem Grundgedanken nach eine untechnische Steuervergünstigung, die aber die Kosten für die Benutzer öffentlicher Verkehrsmittel bewußt überkompensiert (echte, verkehrspolitisch motivierte Steuervergünstigung) und für die Alleinbenutzer eines privaten Kfzs absichtlich nur unvollständig ausgleicht (verkehrspolitisch motivierte Steuerbenachteiligung)[22]. Wie Vogel[23] in einer bis heute maßgeblichen Untersuchung aus dem Jahr 1977 zur „Abschichtung" der Rechtsfolgen nachgewiesen hat, ist die Abgrenzung zwar schwierig, aber durchaus möglich.

Eine Themenbegrenzung erwies sich nicht nur beim Untersuchungsgegenstand, sondern auch bei den Kontrollmaßstäben als notwendig. In dieser Arbeit stehen die Freiheitsrechte des Grundgesetzes, nicht der Gleichheitssatz im Mittelpunkt. Dessen Dogmatik befindet sich im Umbruch. Wurde er ursprünglich als bloßes Willkür-

---

18 Siehe *Lang*, in: Tipke/Lang, Steuerrecht, § 7 Rn. 39; *Tipke*, in: Die Steuerrechtsordnung I, § 4 S. 78 f. m. w. N.; *Bayer*, StuW 1972, 149 (152 ff.); *Schaden*, Die Steuervergünstigung, S. 25; *Vogel*, StuW 1977, 97 (98 ff.).

19 Siehe etwa unten S. 159 ff., dort in Zusammenhang mit den Anforderungen an Ausgaben. Näher zu den Problemen von Steuervergünstigungen *Bayer*, StuW 1972, 149 (152 ff.); *Selmer*, Steuerinterventionismus, S. 138 ff. und S. 209 ff.; *Schaden*, Die Steuervergünstigung, vor allem S. 61 ff., S. 99 ff. und S. 115 ff.

20 So die Bezeichnung von *Birk*, Steuerrecht Rn. 98. *Lang* vermeidet den Begriff der „Vergünstigung" in diesem Zusammenhang, siehe in: Tipke/Lang, Steuerrecht, § 7 Rn. 37. *Bayer*, StuW 1972, 149 (151) nennt solche Normen Ausgrenzungsbefreiungen. Beispiele sind der Kinderfreibetrag (§§ 31 S. 1, S. 4, 32 Abs. 6 EStG) oder der Abzug von Betriebsausgaben (§ 4 Abs. 4 EStG) und Werbungskosten (§§ 9, 9 a EStG).

21 So die Bezeichnung von *Lang*, in: Tipke/Lang, Steuerrecht,§ 7 Rn. 40. *Tipke*, in: Die Steuerrechtsordnung I, § 4 S. 78 f spricht von Steuersonderbelastungen. Als Beispiel sei die Beschränkung des Verlustausgleichs z. B. in §§ 2 a, 2 b EStG genannt, mit denen Investitionen in unerwünschte Verlustzuweisungsmodelle entgegengewirkt werden soll (siehe *Heinicke*, in: Schmidt, § 2 a Rn. 1; *Seeger*, ebenda, § 2 b Rn. 1).

22 Näher zu dieser Norm unten S. 209 ff.

23 In: StuW 1977, 97 ff.

verbot verstanden[24], so hat in den letzten zwanzig Jahren eine grundlegende Bedeutungsveränderung stattgefunden[25]. Die nunmehr von der ständigen Rechtsprechung und der herrschenden Lehre zugrunde gelegte „neue Formel“[26] besagt, daß eine Ungleichbehandlung *von Menschen*[27] nur verfassungsmäßig ist, wenn zwischen den Vergleichsgruppen Unterschiede von solcher Art und solchem Gewicht bestehen, daß sie die ungleiche Behandlung rechtfertigen[28]. Mit diesen Anforderungen an den Differenzierungsgrund wurde in die Gleichheitsprüfung ein abwägendes Element eingeführt, das die Struktur des Gleichheitssatzes den Freiheitsrechten annähert[29]. Um die Verarbeitung dieses Rechtsprechungswandels in ein dogmatisches Konzept wird seitdem in der Literatur gerungen[30]; dieser Vorgang ist noch nicht abgeschlossen. Dieser Lage würde man nicht gerecht werden, wollte man die Dogmatik und die konkrete Anwendung des Gleichheitssatzes auf das Einkommensteuerrecht in einer Arbeit mit freiheitsrechtlichem Schwerpunkt am Rande mitbehandeln. Allerdings ergänzt und prägt der Gleichheitssatz die Prüfung der Freiheitsrechte, auch der Ei-

---

[24] Siehe BVerfGE 1, 14 (52); 4, 144 (155); 10, 234 (246); 25, 101 (105); 27, 361 (371 f.); grundlegend *Leibholz*, Die Gleichheit vor dem Gesetz, S. 72 ff.

[25] Siehe *Gubelt*, in: v. Münch/Kunig, Art. 3 Rn. 14; *Herzog*, in: Maunz/Dürig, Anh Art. 3 Rn. 6; relativierend *Heun*, in: Dreier, Art. 3 Rn. 20 und *Starck*, in: v. Mangoldt/Klein/Starck, Art. 3 Abs. 1 Rn. 11, der in der „neuen Formel“ deshalb nichts wirklich Neues sieht, weil die Wertungen nicht dem Gleichheitssatz entnommen werden können, sondern nur den Freiheitsrechten.

[26] Grundlegend BVerfGE 55, 72 (88); 65, 377 (384); 82, 60 (86) – Kindergeldkürzung I; 88, 87 (96 f.); 92, 277 (318); 95, 39 (45). Aus der Literatur siehe etwa *Herzog*, in: Maunz/Dürig, Anh. Art. 3 Rn. 6 ff.; *Osterloh*, in: Sachs, Art. 3 Rn. 13 ff.; a. A. *Starck*, in: v. Mangoldt/Klein/Starck, Art. 3 Abs. 1 Rn. 11 (näher siehe vorige Fußnote).

[27] Siehe den Wortlaut des Art. 3 Abs. 1 GG; in neuerer Zeit auch besonders hervorgehoben in BVerfGE 101, 132 (138) – Umsatzsteuerpflicht für Heilberufe; 101, 151 (155) – Rechtsformabhängigkeit der Umsatzsteuerpflicht; 101, 297 (309) – Arbeitszimmer. Zum personalen Bezug der „neuen Formel“ siehe *Heun*, in: Dreier, Art. 3 Rn. 19; *Kirchhof*, in: Isensee/Kirchhof, HdbStR V, § 124 Rn. 218. Umstritten ist, ob die neue Formel nur für die Ungleichbehandlung von Menschen bzw. Personengruppen gilt oder auch für die von Sachverhalten (siehe *Herzog*, in: Maunz/Dürig, Anh Art. 3 Rn. 9 f.).

[28] Die Dichte der Überprüfung soll von einer bloßen Willkürkontrolle einerseits bis zu einer Verhältnismäßigkeitskontrolle andererseits reichen und sich danach richten, in welchen Bereichen und mit welcher Intensität die Ungleichbehandlung erfolgt, siehe BVerfGE 88, 87 (96 f.) – Transsexuelle. *Herzog* hat für diese Abstufung die Bezeichnung als „neueste Formel“ geprägt (in: Maunz/Dürig, Anh Art. 3 Rn. 69). Im einzelnen ist vieles umstritten, siehe etwa *Osterloh*, in: Sachs, Art. 3 Rn. 25 ff.; *Jarass*, in: Jarass/Pieroth, Art. 3 Rn. 17 ff.

[29] Siehe etwa *Gubelt*, in: v. Münch/Kunig, Art. 3 Rn. 14 m. w. N.; *Herzog*, in: Maunz/Dürig, Anh Art. 3 Rn. 6 und die abweichende Meinung des Richters *Katzenstein* zu BVerfGE 74, 9 ff.; ebenda, S. 28 (29 f.: die neue Formel bedeute eine Ausdehnung verfassungsgerichtlicher Kontrolle auf die Einhaltung des Verhältnismäßigkeitsgrundsatzes). Im einzelnen ist hier vieles streitig, vor allem die Übertragbarkeit der Grundsätze der freiheitsrechtlichen Verhältnismäßigkeitsprüfung auf die gleichheitsrechtliche Beurteilung; siehe *Osterloh*, in: Sachs, Art. 3 Rn. 15; *Heun*, in: Dreier, Art. 3 Rn. 24 ff.

[30] Siehe etwa *Martini*, Art. 3 Abs. 1 GG; *Huster*, Rechte und Ziele, S. 225 ff. Beide stellen Eingriffsmodelle zur Prüfung des Gleichheitssatzes vor. Siehe auch den Vorschlag *Borowskis* (in: Grundrechte als Prinzipien, S. 349 ff.), das Prinzipienmodell auf den Gleichheitssatz anzuwenden.

gentumsfreiheit[31]. Die Einwirkung des Gleichheitssatzes auf die Freiheitsrechte wird deshalb an mehreren Stellen dieser Arbeit thematisiert.

Schließlich wird auf das Europarecht als Kontrollmaßstab nur am Rande eingegangen. Das Harmonisierungsgebot des Art. 93 EGV gilt nur für indirekte Steuern; die Zuständigkeit für die Ausgestaltung der direkten Steuern und damit auch der Einkommensteuer liegt allein bei den Mitgliedstaaten. Diese Kompetenzregelung enthebt die einzelnen Staaten nicht der Verpflichtung, bei grenzüberschreitenden Sachverhalten[32] die Grundfreiheiten des EG-Vertrages, vor allem die Freizügigkeit der Arbeitnehmer (Art. 39 EGV)[33], die Niederlassungsfreiheit (Art. 43 EGV)[34] und den freien Dienstleistungsverkehr (Art. 49 EGV)[35] zu beachten. Wenn hier die Untersuchung auf *verfassungsrechtliche* Maßstäbe beschränkt wird, so geschieht dies allein aus Gründen der Themenbegrenzung und nicht, weil dem Europarecht jede Bedeutung für das Einkommensteuerrecht abzusprechen wäre[36].

B. Das System der Einkommensbesteuerung

Zur Entlastung der späteren Untersuchung der grundrechtlichen Maßstäbe sollen vorab das System der Einkommensbesteuerung und die Abgrenzung der Einkommensteuer zu anderen Ertragsteuern skizziert werden. Dabei kann es nicht um eine vollständige Darstellung gehen, sondern um die Grundzüge und um solche Einzelheiten, die später wiederaufgegriffen werden.

---

31 Siehe etwa BVerfGE 58, 137 (150) – Pflichtexemplar; 74, 203 (214); *v. Arnim*, in: VVDStRL 39. Band (1981), S. 286 (318 f.); *Vogel*, BayVBl 1980, 523 (527); *Bryde*, in: v. Münch/Kunig, Art. 14 Rn. 64 a; *Rodi*, Steuern als Verfassungsproblem, S. 109; *Sieckmann*, Eigentumsschutz, S. 386; *Depenheuer*, in: v. Mangoldt/Klein/Starck, Art. 14 Rn. 236 (bei dem dortigen Verweis auf Art. 1 GG, statt auf Art. 14 GG handelt sich es offensichtlich um einen Druckfehler).

32 Die beschränkte Steuerpflicht wird in dieser Untersuchung nicht näher behandelt.

33 Siehe zur Versagung des Lohnsteuerjahresausgleichs EuGH, DStR 1991, 454 f. – Biehl; zur Versagung u. a. des Splittingvorteils für Grenzpendler EuGH, DStR 1995, 326 ff. – Schumacker. Siehe jetzt auch den BFH-Beschluß zur Aussetzung der Vollziehung eines Steuerbescheids, der den Mindeststeuersatz nach § 50 Abs. 3 S. 2 EStG betrifft (DStR 2001, 485 f.).

34 EuGH, Slg. 1995, I-2509 – Wielockx; EuGH, DB 1996, 1604 – Asscher; EuGH, FR 1999, 1138 – Saint-Gobain.

35 Zur Abzugsfähigkeit von Fortbildungsveranstaltungen im Ausland siehe EuGH, FR 1999, 1386–Vestergaard.

36 Ausführlich dazu *Bieg*, Der EuGH; siehe auch *List*, in: FS für Leisner, S. 109 (115 ff., 119 ff.); *Heinicke*, in: Schmidt, § 1 Rn. 5 ff.; *Vogel/Waldhoff*, in: BK, Vorbem. z. Art. 104 a–115 Rn. 667 f.

I. Die Unterscheidung nach dem Steuerrechtssubjekt und ihre Auswirkung auf die Unternehmensbesteuerung

Das Einkommensteuergesetz gilt für natürliche Personen (§ 1 Abs. 1 S. 1 EStG); seine Entsprechung für juristische Personen ist das Körperschaftsteuergesetz (näher §§ 1 ff. KStG). Im Bereich der Unternehmensbesteuerung ist deshalb entscheidend, in welcher Rechtsform das Unternehmen geführt wird. Diese Zweigleisigkeit der Unternehmensbesteuerung[37] kann hier nur skizziert werden; sie macht es erforderlich, in bestimmten Zusammenhängen auch andere Steuerarten als die Einkommensteuer in die Betrachtung einzubeziehen.

Wird ein Gewerbe einzelkaufmännisch, als BGB-Gesellschaft, OHG oder KG betrieben, so unterliegt der vom Einzelunternehmer bzw. der von der Gesellschaft erzielte Gewinn[38] der Gewerbesteuer (§§ 2, 5 GewStG). Einkommensteuerlich wird der Gewinn regelmäßig[39] dem Einzelkaufmann bzw. den einzelnen Gesellschaftern anteilig nach §§ 2 Abs. 1 S. 1 Nr. 2, 15 EStG zugerechnet. Um dieser doppelten steuerlichen Inanspruchnahme Rechnung zu tragen, sieht § 35 EStG eine Steuerermäßigung für die Einkünfte aus Gewerbebetrieb vor[40].

Wird ein Unternehmen als AG oder GmbH betrieben, so ist die *Kapitalgesellschaft als solche* mit ihrem Gewinn körperschaft- und gewerbesteuerpflichtig (§ 1 Abs. 1 Nr. 1 KStG, §§ 2, 5, 6 GewStG). Durch die Unternehmenssteuerreform 2001 wurde der Körperschaftsteuersatz mit Rücksicht auf die gleichzeitige Gewerbesteuerpflicht gesenkt und für einbehaltene und ausgeschüttete Gewinne vereinheitlicht (§ 23 Abs. 1 KStG n. F.). Die ausgeschütteten Gewinne unterliegen jedoch bei den Gesellschaftern als Einkünfte aus Kapitalvermögen (§ 20 Abs. 1 Nr. 1 EStG) zusätzlich der Einkommensteuer[41]. Ihrer körperschaftsteuerlichen Vorbela-

---

[37] Zu den sog. Brühler Empfehlungen, die u. a. eine rechtsformneutrale Unternehmensbesteuerung beinhalten, siehe BB 1999, 1188 (1189 f.); dazu auch *Frenz*, StuW 1997, 116 ff. m. w. N. auf S. 116 in den Fußnoten 1 und 2.

[38] Über § 15 Abs. 3 Nr. 1 EStG wird bei einer Gesellschaft, die nur teilweise gewerblich tätig ist, die Tätigkeit in vollem Umfang, d. h. einschließlich der an sich nicht gewerblichen Tätigkeit (z. B. der Land- und Forstwirtschaft), als Gewerbebetrieb angesehen (sog. Abfärbetheorie). Dies ist nach FG Niedersachsen, Beil. 16 zu H. 45 BB 1997 gleichheitswidrig. Die entsprechenden Vorlagen waren nach der Auffassung der 3. Kammer des Ersten Senats des BVerfGs unzulässig (siehe NJW 1999, 274 f.: Vorlage durch den Einzelrichter unzulässig und FR 1999, 528 ff.: Begründung der Vorlage unzureichend); die Kammer läßt dabei erkennen, daß sie die Rechtsauffassung des FG Niedersachsen auch im Ergebnis nicht teilt.

[39] Anders ist es, wenn eine Körperschaft Gesellschafterin einer Personengesellschaft ist wie bei der GmbH & Co-KG. Dann gilt für diese das KStG. Ist ein Gesellschafter zwar eine natürliche Person, aber ausnahmsweise nicht Mitunternehmer im Sinne des § 15 Abs. 1 S. 1 Nr. 2 EStG, handelt es sich bei seinen Gewinnanteilen um einkommensteuerpflichtige Einkünfte aus Kapitalvermögen (§ 20 Abs. 1 Nr. 4 EStG), siehe BFHE 178, 180 (186).

[40] Näher dazu S. 28 f.

[41] Das Gesagte gilt wiederum nur für Gesellschafter, die natürliche Personen sind. Für Körperschaften in dieser Funktion gelten die Regelungen des KStG.

stung trägt das Einkommensteuergesetz dadurch Rechnung, daß die Hälfte dieser Gewinne steuerfrei bleibt (sogenanntes Halbeinkünfteverfahren, § 3 Nr. 40 S. 1 Buchstabe d EStG n. F.). Dieses Verfahren ist einfacher, aber auch ungenauer als das bisher geltende Anrechnungsverfahren[42], weil die Kompensationswirkung nicht auf den persönlichen Steuersatz abgestimmt ist[43].

II. Unbeschränkte und beschränkte Steuerpflicht

Das Einkommensteuerrecht unterscheidet zwischen unbeschränkter und beschränkter Steuerpflicht. Personen mit Wohnsitz oder gewöhnlichem Aufenthalt im Inland oder in sonstigen besonders geregelten Fällen unterliegen mit ihrem Welteinkommen der deutschen Einkommensteuerpflicht (§ 1 Abs. 1 bis 3 EStG, sogenannte unbeschränkte Steuerpflicht). Andere Personen sind nur mit ihren in Deutschland erzielten Einkünften einkommensteuerpflichtig (§§ 1 Abs. 4, 49 ff. EStG, sogenannte beschränkte Steuerpflicht). Die folgende Darstellung und Untersuchung beschränkt sich auf die Regelungen der unbeschränkten Steuerpflicht.

III. Die sachliche Steuerpflicht

Eine sachliche Steuerpflicht besteht nur bei Einkünften, die aufgrund ganz bestimmter Betätigungen erzielt werden. Diese sind in § 2 EStG abschließend aufgezählt. So sind beispielsweise Spiel-, Sport-, Wett- und Lotteriegewinne sowie private Veräußerungsgewinne regelmäßig nicht einkommensteuerpflichtig[44]. Für die jeweiligen Einkommensarten sind unterschiedliche Vorschriften über die Bestimmung der Bemessungsgrundlage[45] vorgesehen.

Bestimmte Versicherungsleistungen, Sozialleistungen und sonstige privilegierte Einkünfte sind nach §§ 3, 3 b EStG objektiv von der Steuer befreit.

---

[42] Näher *Knobbe-Keuk*, Bilanz- und Unternehmenssteuerrecht, § 14 II, S. 561 ff. Das Anrechnungsverfahren stellte bei Inlandsfällen sicher, daß sich die Belastung letztlich ausschließlich nach den individuellen Einkommensverhältnissen des jeweiligen Gesellschafters richtete.

[43] Liegt dieser unter 40 %, so wird die Vorbelastung nur unvollständig ausgeglichen, während es bei einem höheren Steuersatz als 40 % zu einer Überkompensation kommt. *Pezzer*, StuW 2000, 144 ff. und *Haase/Arnolds*, FR 2000, 485 (492) nehmen deshalb einen Verstoß gegen den Gleichheitssatz (das Leistungsfähigkeitsprinzip) an.

[44] Ihre Erzielung kann im Einzelfall einer Einkunftsart zuzurechnen sein; bei privatem Veräußerungsgewinn hängt die Steuerpflicht beispielsweise nach §§ 22 Nr. 2, 23 EStG von dem zeitlichen Abstand zwischen Anschaffung und Veräußerung ab. Gegen die rückwirkende Verlängerung der Spekulationsfrist von zwei auf zehn Jahre bei Grundstücken werden verfassungsrechtliche Bedenken geltend gemacht (siehe den in einem Aussetzungsverfahren ergangenen BFH-Beschluß, DStR 2001, 481 f.); näher unten S. 223 ff. und S. 234 f.

[45] Siehe sogleich unter IV.

IV. Die Bemessungsgrundlage

Die Bemessungsgrundlage wird in mehreren Schritten ermittelt (siehe § 2 Abs. 1 bis 5 EStG). Zuerst werden für jede Einkunftsart getrennt die Einkünfte berechnet. Dabei finden zwei unterschiedliche Methoden Anwendung[46]: Für Einkünfte aus Land- und Forstwirtschaft, Gewerbebetrieb und selbständiger Arbeit wird *der Gewinn* (§ 2 Abs. 2 Nr. 1, §§ 4 ff. EStG), für andere Einkünfte der *Überschuß* der Einnahmen über die Werbungskosten (§ 2 Abs. 2 Nr. 2, §§ 8 ff. EStG) ermittelt. Beide Methoden bringen den getätigten Aufwand zum Abzug (sogenanntes objektives Nettoprinzip), aber zum Teil zu unterschiedlichen Zeitpunkten.

Die Gewinnberechnung erfolgt regelmäßig[47] durch einen um Entnahmen und Einlagen bereinigten Betriebsvermögensvergleich (§ 4 Abs. 1 EStG)[48]. Nicht die tatsächlichen Ab- und Zugänge von Geld und Gegenständen sind maßgeblich; bei der Bestimmung des Betriebsvermögens werden sichere Ansprüche wie Einnahmen und bestehende und grundsätzlich auch ungewisse Verbindlichkeiten[49] wie Ausgaben behandelt. Die Gewinnermittlung hängt auch davon ab, wie die Wirtschaftsgüter in der Bilanz bewertet sind. Regelmäßig bilden die Anschaffungs- bzw. Herstellungskosten die Obergrenze der Bewertung (§ 6 Abs. 1 Nr. 1 S. 1 bzw. Nr. 2 S. 1 EStG). Während voraussichtlich dauerhafte Wertverluste regelmäßig zu Abschreibungen berechtigen (vgl. § 6 Abs. 1 Nr. 1 S. 2 bzw. Nr. 2 S. 2 EStG), werden nicht realisierte Wertsteigerungen nicht erfaßt, soweit sie nicht dem Wertaufholungsgebot (§ 6 Abs. 2 Nr. 1 S. 4 und Nr. 2 S. 3 EStG) unterfallen. Auf diese Weise können sich sogenannte stille Reserven bilden. Im Augenblick der Realisierung ist der Gewinn aus der Veräußerung von Betriebsvermögen einkommensteuerpflichtig[50]. Schließ-

---

[46] *Tipke*, StuW 1990, 246 ff. hält das duale System der Einkunftsermittlung für gleichheitswidrig, weil es zwischen den Einkunftsarten mehr als notwendig differenziert.

[47] § 4 Abs. 3 EStG sieht für bestimmte Fälle, in denen nicht auf eine Buchführung zurückgegriffen werden kann, vor, daß als Gewinn der Überschuß der Betriebseinnahmen über die Betriebsausgaben angesetzt werden kann. Das System der Zu- und Abflußrechnung wird jedoch von zahlreichen Ausnahmevorschriften relativiert.

[48] Über § 5 Abs. 1 EStG bestimmt sich das Betriebsvermögen nach den handelsrechtlichen Grundsätzen ordnungsmäßiger Buchführung. Das steuerrechtliche Ergebnis ist dabei aber mit dem in der Handelsbilanz ausgewiesenen Gewinn regelmäßig nicht identisch, denn das Steuerrecht enthält sehr viele Spezialvorschriften über den Ansatz und die Bewertung. Durch das Steuerentlastungsgesetz 1999/2000/2002 sind weitere dazugekommen (insbes. die eingeschränkte Rückstellungsbildung nach § 5 EStG, das Wertaufholungsgebot nach § 6 Abs. 1 Nr. 1 S. 4 EStG bei der – nur noch eingeschränkt möglichen – Teilwertabschreibung und das Abzinsungsgebot bei Verbindlichkeiten nach § 6 Abs. 1 Nr. 3 EStG).

[49] Für ungewisse Verbindlichkeiten gegenüber Dritten, die bereits wirtschaftlich verursacht sind, sieht das Gesetz, wenn die Inanspruchnahme wahrscheinlich ist, die Bildung einer Rückstellung vor (§ 5 EStG i.V.m. § 249 Abs. 1 S. 1, 1. Hs. HGB), wenn nicht steuerrechtliche Passivierungsverbote (wie § 5 Abs. 3 EStG bei Verletzung von Schutzrechten, § 5 Abs. 4 EStG für Jubiläumsanwartschaften) vorgehen.

[50] Bei den Gewinneinkünften gehört auch das der Tätigkeit dienende Anlagevermögen (z. B. das in den Gewerbebetrieb eingebrachte Grundstück) zum Betriebsvermögen; anders ist bspw. bei der Vermietung und anderen Überschußeinkünften (dazu sogleich, S. 23).

lich ist auch bei der Beendigung der Tätigkeit der Verkaufs- bzw. Aufgabegewinn zu versteuern; er unterliegt den besonderen Regelungen über außerordentliche Einkünfte[51].

Dagegen berücksichtigt die Überschußrechnung (§§ 8 ff. EStG) nur die *zugeflossenen* Einnahmen in Form von Geld oder geldwerten Gütern (§ 11 Abs. 1 EStG), keine Forderungen. Von den Einnahmen werden die *geleisteten* Ausgaben (§ 11 Abs. 2 EStG) abgezogen, nicht aber bestehende oder drohende Verbindlichkeiten. Wertsteigerungen des zur Einkommenserzielung eingesetzten Vermögens bleiben anders als bei den Gewinneinkünften grundsätzlich außer Betracht, das heißt Gewinn oder Verlust aus der Veräußerung eines vorher *vermieteten* Grundstücks sind einkommensteuerlich in der Regel[52] nicht relevant.

An die beschriebene Berechnung der Einkünfte aus den einzelnen Einkunftsarten schließt sich die Ermittlung des Gesamtbetrags der Einkünfte an (§ 2 Abs. 3 S. 1 EStG). Die betreffenden Bestimmungen wurden durch das Steuerentlastungsgesetz 1999/2000/2002 grundlegend geändert[53]. Die neue Rechtslage schränkt den Verlustausgleich zwischen unterschiedlichen Einkunftsarten (sogenannter vertikaler oder externer Verlustausgleich) generell ein (§ 2 Abs. 3 S. 3 EStG n. F.). Nur noch bis zu einem Betrag von 51.500 € gestattet das Gesetz die völlige Verrechnung von positiven und negativen Einkünften. Die über diesen Betrag hinausgehenden positiven Einkünfte dürfen maximal um 50 % gemindert werden[54], und zwar nach der bewußten Entscheidung des Gesetzgebers auch dann, wenn die positiven Einkünfte die Verluste aus anderen Einkunftsarten nicht einmal decken (sogenannte Mindestbesteuerung). Die Verfassungsmäßigkeit dieser Neuregelung wird von manchen mit beachtlichen Argumenten angezweifelt. § 2 Abs. 3 S. 3 EStG n. F. berücksichtige die Minderung der Leistungsfähigkeit durch *echte* Verluste nicht mehr in vollem Umfang; als Lenkungsnorm gegen das Herbeiführen unechter Verluste sei er nur bedingt geeignet und im übrigen auch nicht erforderlich[55].

Nach der alten Rechtslage (§ 2 Abs. 3 EStG a. F.) wurden die (positiven und negativen) Einkünfte aus *allen* Einkunftsarten im Regelfall addiert. Die Verrechnung von Gewinnen mit Verlusten war also nicht nur innerhalb ein und derselben Ein-

---

51 Die meist über Jahre „still" angesammelte Wertsteigerung wird bei Aufgabe oder Veräußerung auf einen Schlag realisiert. § 34 EStG n. F. schwächt die Progressionswirkung etwas ab (sog. 1/5-Regelung), in besonderen Fällen gestattet das Gesetz statt dessen auch die Anwendung eines ermäßigten Steuersatzes.

52 Eine Steuerpflicht besteht allerdings, wenn ein bestimmter zeitlicher Abstand zwischen Anschaffung und Veräußerung nicht gewahrt ist, §§ 22 Nr. 2, 23 EStG.

53 Hierzu *Geserich*, DStR 2000, 845 ff.; Altfelder, FR 2000, 18 ff.

54 Erläuterungen und Beispiele bei *Raupach/Böckstiegel*, FR 1999, 487 ff./557 ff./617 ff. (492) und bei *Seeger*, in: Schmidt, § 2 Rn. 60 ff.

55 Siehe *Birk/Kulosa*, FR 1999, 433 (438 f.); *Raupach/Böckstiegel*, FR 1999, 487 ff./557 ff./617 ff. (618 ff.). Zurückhaltender äußern sich *Werner*, BB 2001, S. 659 ff. und *Altfelder*, DB 2001, 350 ff. Anders als die Vorinstanz FG Münster, BB 2001, 656 ff. hat der BFH im Beschwerdeverfahren über die Aussetzung der Vollziehung die Zweifel an der Verfassungsmäßigkeit des § 2 Abs. 3 S. 3 EStG zurückgewiesen (BFHE 195, 314 [317 ff.]).

kunftsart (sogenannter horizontaler oder interner Verlustausgleich), sondern auch bei unterschiedlichen Einkunftsarten grundsätzlich zulässig. Ausnahmen galten und gelten etwa für ausländische Verluste (§ 2a Abs. 1 S. 1 EStG)[56] und negative Einkünfte eines Kommanditisten (§ 15a EStG)[57]. Zu diesen Abzugsbeschränkungen ist eine weitere hinzugekommen, die negative Einkünfte aus sogenannten Verlustzuweisungsmodellen (§ 2b EStG) betrifft[58] und der Eindämmung solcher Modelle dienen soll[59]. Das frühere *absolute* Abzugsverbot für Verluste bei den sonstigen Einkünften nach § 22 Nr. 3 EStG a. F., z. B. bei der gelegentlichen Vermietung beweglicher Sachen, war nach einer Entscheidung des Bundesverfassungsgerichts[60] gleichheitswidrig und wurde vom Gesetzgeber entschärft.

Die unter Beachtung der Regelungen über den eingeschränkten Verlustausgleich ermittelte Summe der Einkünfte wird ggf. noch um den Altersentlastungsbetrag nach § 24a EStG vermindert. Der so berechnete Gesamtbetrag der Einkünfte kann sich durch die Berücksichtigung von negativen Einkünften aus anderen Veranlagungszeiträumen (§ 10d EStG)[61] verringern. Abzugsfähig sind auch bestimmte Sonderausgaben (§§ 10ff. EStG) wie beispielsweise Unterhaltsleistungen an den geschiedenen Ehegatten oder förderungswürdige Spenden. Das gilt auch für die außergewöhnlichen Belastungen (§ 33 bis 33c EStG); hierzu gehören beispielsweise die Mehraufwendungen behinderter Personen (§ 33b EStG).

Demgegenüber sind die Aufwendungen für den allgemeinen Lebensbedarf des Steuerpflichtigen und seiner Familie nach § 12 Nr. 1 EStG grundsätzlich nicht von der Bemessungsgrundlage abziehbar. Der existentielle Bedarf des Steuerpflichtigen selbst wird nicht durch einen Freibetrag (Abzug von der Bemessungsgrundlage) berücksichtigt, sondern durch einen in den Tarif eingearbeiteten sogenannten Grundfreibetrag[62]. Auch die Unterhaltspflichten des Steuerpflichtigen gegenüber seinen Kindern mindern die Bemessungsgrundlage nur ausnahmsweise. Der Familienleistungsausgleich erfolgt derzeit nach einem System der alternativen Meistbegünstigung[63]: Die Berücksichtigung des kindlichen Existenzminimums geschieht *entweder* durch Kindergeld *oder* durch Freibeträge, das sind der Kinderfreibetrag und der

---

[56] Sie dürfen nur mit *bestimmten* Gewinnen verrechnet werden. Hintergrund ist, daß Auslandsverluste als volkswirtschaftlich unerwünscht angesehen werden (siehe *Heinicke*, in: Schmidt, § 2a Rn. 1).

[57] Hintergrund des § 15a EStG ist, daß die h. M. ein negatives Kapitalkonto des Kommanditisten mangels einer Haftung als lediglich unechten Verlust ansieht, BFH, BStBl II 1988, 5 (8ff.), a. A. z. B. *Jakob*, BB 1988, 887ff.

[58] Zuvor war dieses Ziel u. a. von § 15a EStG verfolgt worden (*Schmidt*, in: Schmidt, § 15a Rn. 30). Die typische Rechtsform der Verlustzuweisungsgesellschaften ist die Publikumskommanditgesellschaft. Nach der Einführung des § 2b EStG kann § 15a EStG seine Rechtfertigung nur noch in den Besonderheiten der Kommanditistenhaftung finden (dazu Fußnote 57).

[59] Kritisch wiederum *Raupach/Böckstiegel*, FR 1999, 487ff./557ff./617ff. (623ff.).

[60] BVerfGE 99, 88 (94ff.).

[61] Näher unten S. 29.

[62] Näher unten S. 26ff.

[63] So die treffende Bezeichnung von *Heuermann*, BB 1999, 660 (663).

Freibetrag für den Betreuungs- und Erziehungs- oder Ausbildungsbedarf (§§ 31 S. 1, 32 Abs. 6 EStG). Das zunächst allen Eltern gezahlte Kindergeld (§§ 62 ff. EStG) vergütet in diesem System primär die Steuern, die auf den für den Bedarf[64] des Kindes benötigten Einkommensteil anfallen und deren Erhebung sachlich nicht gerechtfertigt ist, weil es sich insoweit um nicht disponibles Einkommen handelt[65]. In *dieser* Funktion ist das Kindergeld keine Sozialleistung[66], sondern verschafft dem Steuerpflichtigen die gebotene steuerliche Verschonung (so ausdrücklich § 31 S. 1 EStG), ersetzt also die an sich gebotenen Freibeträge. Für den Großteil der Steuerpflichtigen bleibt es bei dieser Form der Entlastung; auf die Bemessungsgrundlage wirkt sich der Unterhalt für die Kinder dann nicht aus. Nur wenn das zu versteuernde Einkommen so hoch ist, daß das Kindergeld zur Freistellung des Kindesbedarfs betragsmäßig nicht ausreicht[67], wird die gebotene Entlastung durch die Gewährung von Freibeträgen gesichert (§ 31 S. 4 EStG); die Kindergeldauszahlung wird dann (rechnerisch) rückgängig gemacht (§§ 31 S. 5, 36 Abs. 2 EStG). In den anderen Fällen hat das Kindergeld neben der beschriebenen Entlastungsfunktion zusätzlich die Aufgabe, mit dem Betrag, der nicht schon aus steuerlichen Gründen notwendig ist, die Familie zu fördern (so ausdrücklich § 31 S. 2 EStG). Der Förderungsanteil ist individuell verschieden: Je niedriger das zu versteuernde Einkommen ist, um so niedriger ist der individuelle Steuersatz, also auch um so geringer die notwendige Steuererstattung und um so größer ist der überschießende, als Sozialleistung gewährte Betrag[68]; die Bedürftigkeit wird also quasi „automatisch" berücksichtigt, was die Gewährung von Kindergeld für den Gesetzgeber so attraktiv macht[69].

---

64 BVerfGE 99, 126 ff. sah es als eine gleichheitswidrige Schlechterstellung verheirateter Eltern an, daß nach der alten Rechtslage nur Alleinerziehenden ein Haushalts- und Betreuungsfreibetrag zustand. Der Erziehungs- und Betreuungsbedarf des Kindes müsse stets zusätzlich zum sächlichen Existenzminimum berücksichtigt werden, und zwar unabhängig von der tatsächlichen Höhe der Aufwendungen (insofern kritisch *Sacksofsky*, NJW 2000, 1896 ff.).

65 Grundlegend BVerfGE 82, 60 ff. – Kindergeldkürzung I. Näher unten S. 42 ff.

66 Dies wird von denen verkannt, die das Kindergeld im neuen System immer noch als ein nicht auf eigener Leistung beruhendes subjektiv-öffentliches Recht ansehen und es deshalb nicht unter den Schutz des Art. 14 GG stellen (vgl. etwa *Pieroth/Schlink*, Grundrechte Rn. 909; *Jarass*, in: Jarass/Pieroth, Art. 14 Rn. 12; *Wendt*, in: Sachs, Art. 14 Rn. 35, alle mit Verweis auf die Entscheidung des BSG vom 22.1.1986, NJW 1986, 463 f., die jedoch durch die Neugestaltung des Famlienleistungsausgleichs überholt ist). Der Gesetzgeber hat die Neuregelung des Kindergelds im Hinblick auf dessen (primäre) Funktion, zuviel gezahlte Steuern zu erstatten, systematisch zutreffend im EStG vorgenommen.

67 Zu der mit dem progressiven Tarifverlauf (dazu unten S. 26) zusammenhängenden unterschiedlichen Entlastungswirkung des Kindergelds siehe *Vogel*, in: FS 50 Jahre BVerfG, Band 2, S. 527 (543).

68 Zahlen die Eltern keine Einkommensteuern, ist das Kindergeld sogar mit seinem vollen Betrag eine staatlich gewährte Sozialleistung. Eltern, die aufgrund ihres hohen Einkommens im Wege des Freibetrags entlastet werden, erhalten keine Förderung.

69 Zur rechtspolitischen und verfassungsrechtlichen Kritik an der Vermischung steuerlicher Entlastung und sozialer Förderung beim Kindergeld siehe *Lehner*, Einkommensteuerrecht, S. 261 ff. m. w. N. Zuzustimmen ist dem nur aus rechtspolitischer Sicht. Nähere Ausführungen habe ich dazu bereits in: SGb 1997, 14 ff. und 64 ff. (64 f.) gemacht.

V. Der Tarif

Auf die Bemessungsgrundlage, das sogenannte zu versteuernde Einkommen (§ 2 Abs. 5 EStG), finden die Tarifvorschriften des Einkommensteuergesetzes Anwendung. Bis zu einer bestimmten Einkommenshöhe[70], die als Grundfreibetrag[71] bezeichnet wird, beträgt die tarifliche Steuerschuld Null € (§ 32a EStG). Auf diese Weise ist gesichert, daß dem Steuerpflichtigen zumindest dasjenige verbleibt, was er zur Führung eines menschenwürdigen Daseins benötigt. Allerdings muß er die existenzsichernden Ausgaben gegebenenfalls *aus versteuertem Einkommen* bestreiten. Der Grundfreibetrag unterscheidet sich von einem durchgängig für alle Einkommensstufen wirkenden Freibetrag dadurch, daß er technisch[72] so gestaltet werden kann, daß die Entlastungswirkung mit zunehmenden Einkommen schrittweise abnimmt[73].

Der Steuertarif ist durch einen progressiven Verlauf gekennzeichnet[74]. Es gibt unterschiedliche Begründungen dafür, daß der Steuerpflichtige mit zunehmendem Einkommen nicht nur einen höheren absoluten Betrag, sondern auch einen höheren *Anteil* seines Einkommens an den Staat abführen muß. Manche verweisen darauf, daß die Leistungsfähigkeit des Steuerpflichtigen durch Einkommenszuwächse überproportional steige[75]. In der Finanzwissenschaft sind es die Opfertheorie bzw. die Theorie vom abnehmenden Grenznutzen, die davon ausgehen, daß das Einkommen mit steigender Höhe leichter zu entbehren ist bzw. sich der Anteil, der zur Befriedigung von (Grund-)Bedürfnissen gebraucht wird, verringert[76]. Von anderen wird die Rechtfertigung im Sozialstaatsprinzip gesehen[77]. Im Ergebnis wird die Progression nahezu einhellig als gerechter empfunden als ein einheitlicher Steuersatz[78]. Dage-

---

[70] Im Veranlagungszeitraum 2002 liegt sie bei 7.235 €.

[71] *Seidl*, StuW 1997, 142 ff. verwendet statt des gängigen, aber mißverständlichen Begriffs „Grundfreibetrag", der ja gerade keinen Freibetrag im Sinne eines Abzugs von der Bemessungsgrundlage darstellt, die deutlichere Bezeichnung „tarifliche Nullzone".

[72] Ob dies verfassungsrechtlich zulässig ist, ist zweifelhaft; siehe den in diesem Punkt etwas undeutlichen Grundfreibetragsbeschluß, BVerfGE 87, 153 ff. Näher unten S. 43 ff.

[73] Die bei der Neuregelung des Familienleistungsausgleichs diskutierten Pläne, derartige Grundfreibeträge anstelle der Kinderfreibeträge einzuführen (siehe F.A.Z. vom 25.3.1999, S. 19), sind an berechtigten verfassungsrechtlichen Bedenken gescheitert (siehe F.A.Z. vom 6.5.1999, S. 2). Grundlegend zu den gleichheitsrechtlichen Anforderungen BVerfGE 82, 60 ff. – Kindergeldkürzung I (näher dazu unten S. 42 ff.; siehe auch Arndt/Schumacher, NJW 1999, 1689 ff.).

[74] Eingangs- bzw. Spitzensteuersatz liegen im Veranlagungszeitraum 2002 bei 19,9 % bzw. 48,5 %.

[75] *Rodi*, Steuern als Verfassungsproblem, S. 188 f.; *Draschka*, Steuergesetzgebende Staatsgewalt, S. 180 f.; a. A. *v. Hayek*, Die Verfassung der Freiheit, S. 387 ff. m. w. N.

[76] Dazu siehe die Nachweise bei *Birk*, Das Leistungsfähigkeitsprinzip, S. 24 ff.; *Jüptner*, Leistungsfähigkeit, S. 26 ff. jeweils m. w. N.

[77] *Tipke*, in: FS für Zeidler, Band 1, S. 717 (722); *Jüptner*, Leistungsfähigkeit, S. 83 ff.

[78] Zur Rechtsprechung siehe BVerfGE 8, 51 (68 f.: die Gerechtigkeit verlange, daß im Sinne einer verhältnismäßigen Gleichheit der wirtschaftlich Leistungsfähigere einen höheren Prozentsatz seines Einkommens als Steuer zu zahlen hat als der wirtschaftlich Schwächere) – Par-

gen ist der Verlauf der Grenzbelastung in der für das Steueraufkommen besonders wichtigen mittleren Tarifzone umstritten. Hier steigt die Progression bei zunehmenden Einkommen abschnittsweise erst relativ stark und schwächt sich dann ab (sogenannter „Mittelstandsbauch“)[79].

Eine tarifliche Besonderheit ist das Splittingverfahren. Ehegatten können sich unter den Voraussetzungen des § 26 EStG gegen die regelmäßige Einzelveranlagung und für eine Zusammenveranlagung entscheiden. Dann wird für die Zwecke der Besteuerung der Einkommensunterschied zwischen den Eheleuten rechnerisch ausgeglichen; Hintergrund ist die Vorstellung von der Ehe als einer Gemeinschaft des Erwerbs und Verbrauchs[80]. Bei Einkommensdifferenzen führt das Splittingverfahren im Vergleich zur getrennten Veranlagung regelmäßig[81] zu einer geringeren Steuerlast, da es die Progressionswirkung, der das Einkommen des besser oder allein verdienenden Ehegatten sonst unterläge, deutlich mildert. Verdienen beide etwa gleich viel, tritt kein steuerlicher Vorteil ein. Neuerdings wird die Verfassungsmäßigkeit des Splittingverfahrens von Teilen der Literatur mit beachtlichen[82], wenn auch letztlich nicht überzeugenden[83] Argumenten in Zweifel gezogen.

---

teispenden; siehe auch BVerfGE 9, 237 (243); 13, 290 (297) – Ehegattenveranlagung. Auch neuere Entscheidungen setzen die Zulässigkeit der Progression voraus, siehe etwa BVerfGE 82, 60 (90) – Kindergeldkürzung I; 91, 93 (115 f.) – Kindergeldkürzung II.

79 Siehe *Tipke*, in: FS für Zeidler, Band 1, S. 717 (722), der eine linear zunehmende Grenzbesteuerung fordert; *Draschka*, Steuergesetzgebende Staatsgewalt, S. 186 f. Das BVerfG hatte bislang nicht über den Tarifverlauf zu entscheiden; im Sinne des Grundfreibetragsbeschlusses BVerfGE 87, 153 (170) könnte allerdings durchaus von einem zu vermeidenden „Progressionssprung“ gesprochen werden.

80 Siehe BVerfGE 61, 319 (345 ff.); *Kirchhof*, NJW 2000, 2792 (2793 f.). *Vollmer*, Das Ehegattensplitting, S. 86 ff. und *Sacksofsky*, NJW 2000, 1896 (1897 ff.) weisen allerdings zu Recht auf die zivilrechtliche Lage hin, nach der bei gesetzlichem Güterstand (Zugewinngemeinschaft) das Einkommen vorbehaltlich einer etwaigen Unterhaltspflicht demjenigen zusteht, der es verdient hat.

81 Nachteilige Folgen hat das Splittingverfahren nur in seltenen Ausnahmefällen.

82 *Vollmer*, Das Ehegattensplitting, S. 86 ff. und *Sacksofsky*, NJW 2000, 1896 (1897 ff.) kommen aufgrund ihrer Annahme, das Splittingverfahren erschwere der Frau faktisch die Aufnahme einer Erwerbstätigkeit, zu einer mittelbaren Benachteiligung im Rahmen von Art. 3 Abs. 2 S. 1, Abs. 3 S. 1 GG und des Gleichstellungsauftrags in Art. 3 Abs. 2 S. 2 GG und damit zur Verfassungswidrigkeit des Ehegattensplittings.

83 *Vollmer*, Das Ehegattensplitting, S. 86 ff. und *Sacksofsky*, NJW 2000, 1896 (1897 ff.) verkennen, daß das Splittingverfahren nur auf Wunsch beider Eheleute angewendet wird (§ 26 EStG). Die Alternative zum Splittingverfahren, die Einzelveranlagung, führt zu einer insgesamt höheren Steuerlast, was den Frauen die Aufnahme einer Erwerbstätigkeit auch nicht erleichtern würde. Das eigentliche Problem liegt nicht im Splittingverfahren, sondern darin, daß die Frauen immer noch typischerweise weniger verdienen als Männer. Für das Splittingverfahren spricht, daß es dem tatsächlichen Phänomen der Ehe als Erwerbs- und Verbrauchsgemeinschaft Rechnung trägt (vgl. schon Fußnote 80); ähnlich wie hier *Heuermann*, BB 1999, 660 (663 f.: Splittingverfahren ist nicht geboten, aber zulässig). Noch weitergehend sieht das BVerfG das Splittingverfahren in seiner bisherigen Rspr. nicht als eine „beliebig veränderbare Steuervergünstigung“ an (siehe BVerfGE 61, 319 [347]), wobei die ursprüngliche Rechtfertigung des Splittingverfahrens durch eine neuere Entscheidung des Zweiten Senats BVerfGE 99, 216 ff. überholt sein dürfte (siehe unten S. 63, vgl. auch unten S. 160).

Der sich bei Anwendung des allgemeinen Tarifs bzw. des Splittingtarifs ergebende Betrag ist die tarifliche Einkommensteuer.

VI. Die festzusetzende Einkommensteuer

Die festzusetzende Einkommensteuer ergibt sich aus der tariflichen Einkommensteuer u. a. nach einer etwaigen Hinzurechnung des Kindergeldes bei Gewährung eines Kinderfreibetrags[84] und nach dem Abzug von Steuerermäßigungen (näher § 2 Abs. 6 EStG). Zu den Ermäßigungen gehört bei den gewerblichen Einkünften ein Betrag, mit dem die Gewerbesteuer pauschal angerechnet wird (§ 35 EStG). Diese Vorschrift hat die Norm des § 32c EStG a. F. zur Kappung des Spitzensteuersatzes abgelöst, die von der herrschenden Meinung aus mehreren Gründen für gleichheitswidrig gehalten wurde[85]. Auch an der Verfassungsmäßigkeit der Neuregelung werden Bedenken im Hinblick auf Art. 3 Abs. 1 GG geäußert. Ansatzpunkte der Kritik sind der durch die Pauschalierung bedingte Effekt der Über- oder Unterkompensation der gewerbesteuerlichen Belastung je nach dem von der Gemeinde festgesetzten Hebesteuersatz und das Ausbleiben der Ermäßigung bei der Einstellung der gewerblichen Einkünfte in den Verlustausgleich[86].

Eine andere bei der Festsetzung in Anrechnung zu bringende Steuerermäßigung sieht § 34 c EStG – vorbehaltlich abweichender Regelungen in Doppelbesteuerungsabkommen – für solche ausländischen Einkünfte vor, die der betreffende Steuerpflichtige bereits im Ausland als Einkommen versteuern mußte.

VII. Das Veranlagungsverfahren

Die Festsetzung der Steuer geschieht grundsätzlich nach Ablauf des Veranlagungszeitraums in einem Veranlagungsverfahren (§§ 25 ff. EStG). Regelmäßig sind jedoch schon während des laufenden Jahres Vorauszahlungen zu leisten (§ 37 EStG). Bei bestimmten Einkünften (Lohnsteuer, §§ 38 ff. EStG, Kapitalertragssteuer, §§ 43 ff. EStG) und bei beschränkter Steuerpflicht (§ 50 a EStG) erfolgen statt dessen Steuerabzüge, das heißt der Schuldner des Steuerpflichtigen (insbesondere sein Arbeitgeber oder seine Bank) ist verpflichtet, den jeweiligen Betrag an das Fi-

84 Näher zum System der sog. alternativen Meistbegünstigung siehe bereits oben S. 24 f.

85 Durch § 32c EStG wurde der Vorbelastung durch die Gewerbesteuer höchst unvollkommen Rechnung getragen: Erstens unterlagen die von einer GmbH oder AG ausgeschütteten Gewinne nicht der Tarifbegünstigung. Zweitens entlastete § 32c EStG nicht alle gewerblichen Unternehmer. Näher FG Münster, EFG 1998, 1647 ff. und den Vorlagebeschluß des BFHs, BStBl II 1999, 450 ff. = BFHE 188, 69 ff.; siehe auch *Wernsmann*, NJW 2000, 2078 ff.; *Wendt*, in: FS für Friauf, S. 859 ff.

86 Siehe etwa *Jachmann*, BB 2000, 1432 (1434 ff.).

nanzamt abzuführen. Der Steuerabzug sichert dabei eine relativ gleichmäßige und vollständige Erfassung der jeweiligen Einkunftsarten[87].

VIII. Veranlagungszeitraum und überperiodische Elemente

Die Einkommensteuer ist eine Jahressteuer (§§ 2 Abs. 7, 25 Abs. 1, 36 Abs. 1 EStG). Schwankungen in der Leistungsfähigkeit werden dabei, solange keine Verluste entstehen, nur *innerhalb* des Veranlagungszeitraums berücksichtigt, aber nicht über einen längeren Zeitraum ausgeglichen. Wer also in einem Jahr einen Spitzenverdienst und im Jahr davor und/oder danach nur einen mäßigen Gewinn erzielt, muß den jeweiligen Jahresgewinn versteuern; er darf keinen „Durchschnittsgewinn" bilden, um die Progressionswirkung zu mildern[88]. Allerdings wirken *Verluste* aus einem Veranlagungszeitraum steuermindernd auf den Gewinn aus anderen Jahren. Bis zu einem bestimmten Betrag können sie in den vorangegangenen Veranlagungszeitraum übertragen werden (§ 10d Abs. 1 EStG n. F., sogenannter Verlustrücktrag)[89], im übrigen mindern sie etwaigen Gewinn nachfolgender Jahre (§ 10d Abs. 2 EStG, sogenannter Verlustvortrag), wobei die Regelungen über die Mindestbesteuerung[90] auch hier gelten.

---

[87] So beruht die Kapitalertragsteuer auf der von BVerfGE 84, 239 ff. erhobenen Forderung nach möglichst gleicher *tatsächlicher* Belastung, also auch hinsichtlich der *Durchsetzung* der Steuerforderungen. Zur Verfassungsmäßigkeit der Neuregelung siehe BFHE 183, 45 ff.; 187, 302 ff.; a. A. *R. Schumacher*, FR 1997, 1 ff.

[88] Bei den außerordentlichen Einkünften sind gewisse Erleichterungen vorgesehen (§ 34 EStG); näher oben Fußnote 51.

[89] Die Möglichkeit des Verlustrücktrags ist erheblich beschränkt worden. Bis 1998 konnten bis zu 10 Mio. DM um zwei Jahre rückgetragen werden (§ 10d Abs. 1 EStG a. F.). Seit 2001 dürfen nur noch 511.500 € in das vorangegangene Jahr rückgetragen werden (§ 10d Abs. 1 EStG n. F.).

[90] Siehe oben S. 23.

2. Teil

Die Freiheitsrechte als Kontrollmaßstab für die Einkommensbesteuerung im allgemeinen

Der zweite Teil dieser Untersuchung beschäftigt sich mit den Freiheitsrechten als Kontrollmaßstab für die Einkommensbesteuerung im allgemeinen. Herausgenommen sind hier zunächst die Anforderungen, die zu stellen sind, wenn das Steuergesetz einen Vergangenheitsbezug aufweist. Diese werden im dritten Teil behandelt.

A. Die Gesichtspunkte der Grundrechtsprüfung

Die Besteuerung ist ein komplexer Vorgang. Aus Sicht des Steuerpflichtigen kann sie verschiedene Auswirkungen auf seine Freiheitsentfaltung haben. Sie belastet nicht nur sein Vermögen, sondern ist auch Grundlage seiner Entscheidungen in vielen Lebensbereichen. Der Fiskus kann sich die eine oder auch die andere Wirkung zunutze machen; er kann die Steuer zur Einnahmenerzielung oder aber zur Lenkung einsetzen. Nicht alle Folgen der Besteuerung sind jedoch gewollt. Auch einer unerwünschten Wirkung wie beispielsweise einer Eindämmung der Erwerbsbereitschaft durch die Einkommensbesteuerung läßt sich eine verfassungsrechtliche Relevanz nicht ohne weiteres absprechen[91].

I. Die Unterscheidung nach den Wirkungen der Besteuerung

Die Unterscheidung der verschiedenen Steuerwirkungen ist notwendig, um die verfassungsrechtlichen Kontrollmaßstäbe bestimmen zu können[92]. Die Diskussion darüber, ob die Eigentumsfreiheit „vor der Besteuerung" schützt, leidet erheblich darunter, daß Rechtsprechung[93] und Literatur[94] die Bezugspunkte der Grundrechts-

---

[91] Siehe unten S. 73; ausführlich zur Zurückdrängung der Finalität als Kriterium eines Grundrechtseingriffs siehe unten S. 170ff.

[92] Dies entspricht den Erkenntnissen aus der Diskussion um die Voraussetzungen für das Vorliegen eines Grundrechtseingriffs, näher dazu unten S. 165ff.

[93] So ist etwa die Erdrosselungsrechtsprechung (BVerfGE 14, 221 [241]; 23, 288 [315]; 30, 250 [272]; 70, 219 [230]; 78, 232 [243]; 82, 159 [190]) u.a. deshalb umstritten, weil zweifelhaft ist, auf welche Steuerwirkung sie sich bezieht. Zu den Deutungsmöglichkeiten *Friauf*, in:

prüfung häufig nicht deutlich auseinander halten[95]. Art. 14 GG kann unter mehreren Aspekten, insbesondere mit jeweils anderen Schutzgütern, zum Tragen kommen.

Der grundlegenden Untersuchung von Dieter Birk ist die Unterscheidung zwischen der *Belastungswirkung* und den *Gestaltungswirkungen* der Besteuerung zu verdanken[96]. Die in der Literatur vereinzelt vertretene Auffassung, nach der sich die Steuerwirkungen nicht voneinander trennen lassen und die die Besteuerung deshalb einer einheitlichen Schwereprüfung unterziehen will[97], setzt sich über die in der Verfassung vorgesehenen Unterschiede bei den Grundrechtsverbürgungen, die von der jeweiligen Steuerwirkung angesprochen sind, hinweg. Ihr kann daher nicht gefolgt werden[98].

1. Die in der Auferlegung einer Zahlungspflicht als solche liegende Belastung als Anknüpfungspunkt der Prüfung (Stichwort: Belastungswirkung)

Mit der Belastungswirkung ist die Beeinträchtigung dadurch, daß der Steuerpflichtige eine Zahlung an den Staat leisten muß, gemeint[99]. Woraus er diese bestreitet, ist ihm freigestellt, so daß zunächst keine Zuordnung zu einer konkreten Einzelposition seines Vermögens möglich ist[100]. Anders ist dies, wenn ein Steuerabzug (wie bei der Lohn- oder Kapitalertragsteuer, §§ 38 ff. bzw. 43 ff. EStG) erfolgt. Durch ihn werden unmittelbar konkrete Ansprüche des Steuerpflichtigen beeinträchtigt. Die bisher geführte Diskussion um die Belastungswirkung vernachlässigt dieses Phänomen[101].

DStJG 12. Band (1989), S. 3 (21 f. mit Fußnote 64: Belastungswirkung); *Birk*, Das Leistungsfähigkeitsprinzip, S. 204: Folgewirkung; noch anders *Selmer*, Steuerinterventionismus, S. 301 f.: Ableitung aus der objektiven Wertentscheidung des Art. 14 GG.

94 Siehe etwa *Bryde*, in: v. Münch/Kunig, Art. 14 Rn. 23: „Es bedarf keiner Erstreckung der Eigentumsgarantie auf das Vermögen, um einen grundrechtl. Prüfungsmaßstab für das Steuerrecht zu konstruieren: Steuern sind zwar aus dem Vermögen zu zahlen, knüpfen jedoch hinsichtl. des Steuergegenstandes an Eigentumsbestand, -verwendung oder -erwerb an. Das Steuerrecht ... ist damit (auch) an Art. 14 zu messen." Näher zu dieser Sicht und ihrer Problematik unten S. 82.

95 Sehr klar differenziert dagegen *Eschenbach*, Der Schutz des Eigentums, S. 238 ff. und S. 398 ff.

96 *Birk*, Das Leistungsfähigkeitsprinzip, S. 68 ff.; ihm folgend *Jarass*, Nichtsteuerliche Abgaben, S. 15; *Rodi*, Steuern als Verfassungsproblem, S. 80 f. m. w. N.

97 *Bodenheim*, Der Zweck, S. 185 ff.

98 So zutreffend *Birk*, Das Leistungsfähigkeitsprinzip, S. 190 f.

99 *Birk*, Das Leistungsfähigkeitsprinzip, S. 68 ff.; Allg. Steuerrecht, § 2 Rn. 3 f.

100 Vgl. *Kirchhof*, in: Steuern im Verfassungsstaat, S. 27 (45 f.). Zur sog. Folgewirkung siehe unten S. 32.

101 Anlaß, auf die Fälle des Steuerabzugs einzugehen, hätten vor allem diejenigen, die dem Staat das Ergebnis einer Erfüllungshandlung des Steuerpflichtigen als lediglich mittelbare und nicht zwangsläufige Beeinträchtigung nicht zurechnen wollen, so etwa *Ramsauer*, Die Beeinträchtigungen, S. 142. Siehe auch unten S. 81.

Nicht immer sagt die Person des Steuerpflichtigen allerdings etwas darüber aus, wer eine Steuer letztlich *wirtschaftlich* zu tragen hat. Dies hängt entscheidend von den Vorgaben des Marktes ab[102]. Die Überwälzungsvorgänge sind Gegenstand finanzwissenschaftlicher Untersuchungen[103]. Nur wenn eine Weitergabe der Last mit großer Sicherheit prognostiziert werden kann, stellt sich die Frage, inwieweit dies die dem Fiskus gegenüber bestehende Verpflichtung zu kompensieren vermag. Regelmäßig ist davon auszugehen, daß die Belastungswirkung den *Steuerpflichtigen* trifft.

2. Die übrigen Wirkungen, insbesondere auf das Verhalten des Steuerpflichtigen (Stichwort: Gestaltungswirkungen)

Die vielfältigen weiteren Auswirkungen, die neben oder anstelle der steuerlichen Belastungswirkung eintreten, bezeichnet Birk als Gestaltungswirkungen[104]. Zu ihnen zählt etwa, daß der Steuerpflichtige sich bemüht, der Steuerpflicht zu entgehen (Ausweichwirkung), sei es, indem er z. B. den Wohnort verlegt, eine steuerrechtlich günstigere Gestaltung wählt oder bestimmte Handlungen im Hinblick auf ihre steuerrechtliche Relevanz vornimmt oder unterläßt. Gegenstand der Untersuchung sind hier nur die allgemeinen Gestaltungswirkungen und solche, die von Steuer*benachteiligungen*[105] ausgehen. Zwar entfalten auch (echte) Steuer*vergünstigungen*[106] Gestaltungswirkungen, indem sie einen Anreiz schaffen, sich im Sinne der begünstigenden Norm zu verhalten; solche Maßnahmen sind aber materiell dem Subventionsrecht, nicht dem Steuerrecht zuzuordnen[107].

3. Speziell: Die Erfüllung der Steuerschuld durch Verfügung über konkrete einzelne Güterpositionen (Stichwort: Gestaltungswirkung in Form der Folgewirkung)

Einen Spezialfall der Gestaltungswirkung bildet die sogenannte Folgewirkung[108]. Wenn kein Steuerabzug erfolgt, stellt der Steuerpflichtige in dem Augenblick einen Bezug zu seinen konkreten Gütern her, in dem er zur Erfüllung der Steuerschuld über einzelne Positionen verfügt, meist in Form einer Überweisung, womit er seine Forderung gegen die Bank vermindert. Dem können diverse Maßnahmen zur Sicherstellung der Liquidität vorausgehen, z. B. der Abschluß eines Kreditvertrags oder die Veräußerung von Rechten oder Gegenständen. Soweit die Steuerschuld

---

[102] Dazu *Tipke*, Die Steuerrechtsordnung II, § 11, S. 536 f.

[103] Siehe *Haller*, Die Steuern, S. 301 ff.; zu den Faktoren siehe *H. Becker*, Finanzwissenschaftliche Steuerlehre, S. 127 ff.

[104] Nachweise in Fußnote 96.

[105] Zum Begriff und zu Beispielen siehe oben S. 17, Nachweise in Teil 1, Fußnote 21.

[106] Zum Begriff und zu Beispielen siehe oben S. 16, Nachweise in Teil 1, Fußnote 17.

[107] Siehe oben S. 17, Nachweise in Teil 1, Fußnote 18.

[108] Zur Folgewirkung siehe *Birk*, Das Leistungsfähigkeitsprinzip, S. 206.

vollstreckt wird, kommt zu dem Eingriff in den konkreten Gegenstand bzw. das einzelne Recht aufgrund der Zwangsanwendung ein weiterer Grundrechtseingriff hinzu, dem nachzugehen hier zu weit führen würde. Ob der Folgewirkung aus grundrechtlicher Sicht eigenständige Relevanz zukommt, hängt davon ab, welche Bedeutung dem konkretisierenden Element der Erfüllung zuzumessen ist[109].

II. Die Unterscheidung von Besteuerungszwecken

Von den Wirkungen zu unterscheiden ist die Bestimmung des Zwecks oder der *Zwecke* der Besteuerung[110].

1. Der Fiskalzweck

Steuern haben grundsätzlich den Zweck, den allgemeinen staatlichen Finanzbedarf zu decken. Die Rechtsprechung weist zwar einige Widersprüche auf[111], mittlerweile ist aber anerkannt, daß es sich bei der Einnahmenerzielung auch nur um einen Nebenzweck handeln kann[112]. Hat die Regelung allerdings keine Ertragsrelevanz, weil sie erdrosselnd wirkt, handelt es sich schon *begrifflich* nicht um eine Steuer[113].

Der Fiskalzweck ist ein abstrakter Erhebungsgrund. In der Regel ist die Verwendung der Steuermittel nicht vorbestimmt; anders ist dies nur bei den sogenannten Zwecksteuern[114], zu denen die Einkommensteuer nicht gehört.

---

[109] Siehe unten S. 82 f. und S. 214.

[110] Siehe dazu *Birk*, Allg. Steuerrecht, § 2 Rn. 5 a. E.

[111] Vgl. einerseits BVerfGE 13, 181 (196) – Schankerlaubnis; 14, 76 (99) – Spielautomaten I; 31, 8 (23) – Spielautomaten II, die fordern, die Einnahmenerzielung müsse Hauptzweck der Steuer sein, und andererseits BVerfGE 16, 147 (160) – Werkfernverkehr; 19, 119 (125) – Kuponsteuer; 38, 61 (81) – Leberpfennig; 55, 274 (299); 67, 256 (282); 93, 319 (346) – Wasserpfennig, die einen fiskalischen Nebenzweck genügen lassen. Nach der Rechtsprechungsanalyse von *Knies*, Steuerzweck, S. 78 ff. wird die Forderung nach einem fiskalischen Hauptzweck allein aus kompetenzrechtlichen Gründen erhoben.

[112] Siehe die grundlegenden Untersuchungen von *Selmer*, Steuerinterventionismus, S. 71 ff. (vor allem auch S. 86 ff.) und von *Knies*, Steuerzweck, S. 78 ff. (vor allem auch S. 123 ff.), der weniger auf den Zweck als auf den Effekt („Ertragsrelevanz“) abstellen will; ihm folgend *Birk*, Das Leistungsfähigkeitsprinzip, S. 78 f.; *Siekmann*, in: Sachs, vor Art. 104 a Rn. 63; *Vogel*, BayVBl 1980, 523 (523 f.); *Gawel*, StuW 2001, 26 (27); ähnlich auch *Jarass*, Nichtsteuerliche Abgaben, S. 7; *Rodi*, Steuern als Verfassungsproblem, S. 194.

[113] *Knies*, Steuerzweck, S. 123 ff. (vor allem S. 129 f.). Zur „Erdrosselungssteuer“ siehe *Mußgnug*, JZ 1991, 993 (993); *Köck*, JZ 1991, 692 (695); *Gawel*, StuW 2001, 26 (27); *Siekmann*, in: Sachs, vor Art. 104 a Rn. 63.

[114] Zu ihnen siehe BVerfGE 7, 244 (254 f.); 9, 291 (300); 49, 343 (353). Die Zwecksteuer finanziert allgemeine öffentliche Aufgaben, die im Gesetz konkretisiert sind (siehe *Jarass*, Nichtsteuerliche Abgaben, S. 8). Anders als bei Gebühren und Beiträgen besteht kein Gegenleistungsverhältnis; anders als Sonderabgaben werden Zwecksteuern nicht gruppennützig verwendet.

2. Der Lenkungszweck

Um einen Lenkungszweck annehmen zu können, bedarf es immer einer *bewußten* Entscheidung des Gesetzgebers für ein bestimmtes Lenkungsziel[115]. Ohne entsprechende Anhaltspunkte darf das Vorliegen einer außerfiskalischen Motivation nicht unterstellt werden. Mit dem Einsatz der sogenannten Lenkungsteuern will der Gesetzgeber erreichen, daß der Adressat auf ein bestimmtes unerwünschtes Verhalten verzichtet oder ein erwünschtes Verhalten an den Tag legt. Das Mittel besteht nicht in einem Ge- oder Verbot, sondern in einer Steuerbenachteiligung für den Fall, daß der Steuerpflichtige der „Verhaltensempfehlung" nicht nachkommt. Anders als bei der Androhung einer Geldstrafe ist das Verhalten, an das die Besteuerung geknüpft wird, regelmäßig nicht rechtswidrig[116].

Beispiele für derartige Lenkungsteuern waren in der Vergangenheit die hauptsächlich aus verkehrspolitischen Gründen erhobene Werkfernverkehrsabgabe[117] und die von der Stadt Kassel auch zur Verringerung der Abfallmenge erhobene kommunale Verpackungsteuer[118]. Derzeit sind die viel diskutierten[119] „Ökosteuern" zu nennen. Für das Einkommensteuerrecht ist die Verfolgung außerfiskalischer Ziele nicht typisch; nur wenige Einzelvorschriften sehen Steuerbenachteiligungen zu Lenkungszwecken vor[120].

3. Das Verhältnis von Lenkungszweck und Fiskalzweck

Das Verhältnis von Fiskalzweck und Lenkungszweck bedarf der Klärung, denn die Absicht, Einnahmen zu erzielen, und die Absicht, Lenkungseffekte zu erreichen, geraten miteinander in Konflikt[121]: Der fiskalische Erfolg ist auf die Erfüllung des Steuertatbestands angewiesen. Bei einer Lenkungsteuer ist das im Steuertatbestand vorausgesetzte Verhalten – jedenfalls in dieser Häufigkeit – unerwünscht und der Erfolg der Lenkung daran abzulesen, daß der Tatbestand langfristig seltener erfüllt

---

[115] Grundlegend *Selmer*, Steuerinterventionismus, S. 70 f. Siehe nun auch BVerfGE 93, 121 (147) – Vermögensteuer; dort zur Möglichkeit der Rechtfertigung einer Ungleichbehandlung. Zustimmend *Tipke*, Die Steuerrechtsordnung I, § 4, S. 80 f.

[116] *Selmer*, Steuerinterventionismus, S. 119 f. Dies ist der Ausgangspunkt der kritischen Betrachtung von *Vogel*, StuW 1977, 97 (100 Fußnote 27).

[117] BVerfGE 16, 147 (161).

[118] BVerfGE 98, 106 (117 f.).

[119] Sie waren u. a. Thema des 63. Deutschen Juristentages in Leipzig; siehe das Gutachten von *Trzaskalik*, in: Verh. des 65. DJT, 2000, Band 1, Gutachten E. Die Standpunkte sind recht unterschiedlich, siehe *Kirchhof*, in: DStJG 15. Band (1993), S. 3 ff. und *Lang*, ebenda, S. 115 ff.; *Rodi*, JZ 2000, 827 ff.; *Sacksofsky*, NJW 2000, 2619 (2620 ff.); *Jachmann*, DStZ 2001, 225 (228 ff.). Speziell zu den verfassungsrechtlichen Problemen der derzeitigen Ökosteuern siehe auch *List*, BB 2000, 1216 ff.; *Herdegen/Schön*, Ökologische Steuerreform, S. 25 ff.

[120] Siehe bereits oben Teil 1, Fußnote 21.

[121] *Gawel*, StuW 2001, 26 (26); *Jachmann*, DStZ 2001, 225 (228).

wird. Das eine Ziel kann immer nur auf Kosten des anderen erreicht werden[122]. Es ist deshalb von Bedeutung, worauf es dem Gesetzgeber primär ankommt.

Wenn es dem Gesetzgeber um die Erzielung von Einnahmen geht, so ist er auf die dauerhafte Erhaltung der Steuerquelle angewiesen. Er muß darauf bedacht sein, eine – aus fiskalischen Gesichtspunkten kontraproduktive – Abnahme der Häufigkeit, mit der der Steuertatbestand erfüllt wird, nach Möglichkeit zu vermeiden. Dies tut er vor allem durch eine gleichmäßige Lastenverteilung; eine Steuernorm, die der Leistungsfähigkeit entspricht, kann aber keinen Lenkungszweck verfolgen[123]. Die mit einer Lenkung verbundene Wertung über die Unerwünschtheit des tatbestandlichen Verhaltens hebt die Neutralität der Steuer auf. Eine außerfiskalische Zielsetzung kann deshalb nicht nur „nebenbei" verfolgt werden. Dies verkennen Entscheidungen, nach denen in bestimmten Fällen der Lenkungswirkung der Steuer nur eine *untergeordnete* Bedeutung zukommt[124]. Hintergrund dieser Rechtsprechung dürfte die in der Vergangenheit erhobene, inzwischen aber überholte Forderung[125] nach der Einnahmenerzielung als Hauptzweck einer Steuer sein.

Wenn der Gesetzgeber mit einer Steuer dagegen primär einen Lenkungszweck verfolgt, schließt dies einen nachrangigen Fiskalzweck nicht aus. Er ist sogar erforderlich, denn bei fehlender Ertragsrelevanz einer Abgabe handelt es sich schon begrifflich nicht um eine Steuer[126]. Als Lehrbuchbeispiel[127] gilt insofern die 1844 von der Stadt Potsdam eingeführte Nachtigallen„steuer", die das Halten dieser Vögel so teuer machte, daß die Bürger davon gänzlich Abstand nahmen. Einnahmen konnten mit ihr deshalb nicht oder jedenfalls sehr bald nicht mehr erzielt werden; sie wurde allein zu Präventivzwecken beibehalten. Erreicht die Abgabe keine derartig intensive Erdrosselungswirkung, wird allgemein angenommen, daß dem Staat die Einnahmen, die sich daraus ergeben, daß ein Teil der Steuerpflichtigen der „Verhaltensempfehlung" nicht nachkommt, erwünscht sind. Die Erzielung von Einnahmen ist hier aber nicht der Hauptgrund der Besteuerung, sondern stellt sich als Kehrseite der primär beabsichtigten Intervention dar. In dieser Konstellation richtet sich die Rechtfertigung des Steuereingriffs nach dem Lenkungsziel, nicht nach dem – nachrangigen – Fiskalzweck. Es gibt allerdings auch Stimmen in der Literatur[128], nach denen Fiskal- und Lenkungszweck stets *untrennbar* zusammenwirken. Vogel[129] hat

[122] *Köck*, JZ 1991, 692 (699).

[123] *Tipke*, Die Steuerrechtsordnung I, § 4, S. 77 und 81 f.; *Bayer*, StuW 1972, 149 (149).

[124] Siehe die Begründung der Steuerqualität der jeweiligen Abgabe in BVerfGE 13, 181 (196) – Schankerlaubnis; 14, 76 (99) – Spielautomaten I; 31, 8 (23) – Spielautomaten II.

[125] Siehe oben Teil 1, Fußnote 111.

[126] Siehe *Birk*, Allg. Steuerrecht, § 4 Rn. 6; *Lang*, in: Tipke/Lang, Steuerrecht § 3 Rn. 10; vgl. auch BVerfGE 16, 147 (161) – Werkfernverkehr; 38, 61 (80 f.) – Leberpfennig. Zur Definition der Steuer siehe oben S. 33.

[127] Siehe *Birk*, Allg. Steuerrecht, § 2 Rn. 15.

[128] *Pieroth*, Rückwirkung, S. 354; *Papier*, in: Maunz/Dürig, Art. 14 Rn. 169.

[129] In: StuW 1977, 97 ff. (siehe dazu schon oben S. 17). Zur Trennbarkeit siehe auch *Selmer*, Steuerinterventionismus, S. 265 ff.; *Rodi*, Steuern als Verfassungsproblem, S. 52 f.; *Bryde*, in: v. Münch/Kunig, Art. 14 Rn. 66; *Jarass*, Nichtsteuerliche Abgaben, S. 89.

jedoch in seiner grundlegenden Untersuchung zur Abschichtung der Rechtsfolgen einen gangbaren Weg zur Differenzierung der Besteuerungszwecke gewiesen. Eine Kumulierung beider Zwecke bei der grundrechtlichen Beurteilung über die Rechtfertigung ist ausgeschlossen.

Eine Steuer kann in einen fiskalischen und einen primär außerfiskalisch motivierten Teil aufzuspalten sein, wenn der Lenkungszweck in eine im übrigen an der Leistungsfähigkeit ausgerichteten Steuer etwa in der Weise integriert ist, daß in bestimmten Fällen ein erhöhter Steuersatz gilt oder die Bemessungsgrundlage verbreitert wird[130].

B. Die Freiheitsrechte, insbesondere die Eigentumsfreiheit als Kontrollmaßstab für die Einkommensbesteuerung

Auf der Grundlage dieser Unterscheidungen sollen im folgenden die freiheitsrechtlichen Anforderungen an Einkommensteuernormen dargelegt werden. Zunächst werden dafür der derzeitige Stand der Rechtsprechung und ihre dogmatische Herleitung herausgearbeitet, dann wird die Rechtsprechung einer kritischen Betrachtung anhand ihrer Vereinbarkeit mit der allgemeinen Grundrechtsdogmatik unterzogen.

I. Der derzeitige Stand der Rechtsprechung

Der derzeitige Stand der Rechtsprechung zu den freiheitsrechtlichen Maßstäben der Besteuerung und der Rolle der Eigentumsfreiheit läßt sich nicht in wenigen Sätzen zusammenfassen. Die gefestigte Rechtsprechung, die jahrelang für weitgehende Klarheit sorgte, ist durch neuere Entscheidungen des Zweiten Senats in Frage gestellt geworden.

1. Die traditionelle Sicht der Rechtsprechung

Die traditionelle Sicht der bundesverfassungsrechtlichen Rechtsprechung[131] geht in Übereinstimmung mit der höchstrichterlichen Rechtsprechung der Fachgerichte[132]

---

130 So bei den in Teil 1, Fußnote 21 als Beispiel für Steuerbenachteilungen erwähnten Normen der §§ 2a, 2b EStG.

131 Grundlegend BVerfGE 4, 7 (17) – Investitionshilfe; 7, 89 (92) – Hundesteuer; 19, 253 (267 f.); aus neuerer Zeit 89, 249 (277) – Fehlbelegungsabgabe; 91, 186 (200) – Kohlepfennig; 91, 207 (221) – Bremer Hafengebühren; BVerfGE 95, 267 (300) – LPG-Altschulden.

132 Siehe BGHZ 83, 190 (194) – nachträgliche Bardepotpflicht; aus neuerer Zeit etwa BSGE 81, 276 (287) – versicherungsfremde Leistungen; BVerwGE 87, 324 (330) – Rechtsanwaltsver-

und Teilen der Literatur[133] davon aus, daß Art. 14 GG grundsätzlich nicht das Vermögen als solches schützt und deshalb regelmäßig für die Auferlegung von Geldleistungspflichten keinen Maßstab bilden kann[134]. Es subsumiert nur einzelne konkrete Rechtspositionen, insofern allerdings sowohl Gegenstände als auch Forderungen und ähnliche Rechte[135] unter den Eigentumsbegriff. Eine Beeinträchtigung bzw. Verletzung der Eigentumsfreiheit durch Normen des Abgaberechts wird nur unter besonders qualifizierten Voraussetzungen in Betracht gezogen[136]. Das Bundesverfassungsgericht spricht diesbezüglich von Geldleistungspflichten, die den Betroffenen „übermäßig belasten und [die] Vermögensverhältnisse grundlegend beeinträchtigen (Erdrosselungswirkung)“[137], von „konfiskatorischer Steuer“[138], „Substanzeingriffen“[139] oder „Existenzgefährdung“[140]. Gemeint ist nicht jede unverhältnismäßige Belastung[141], sondern nur eine solche von einer Intensität, die dem Finanzzweck zuwiderläuft, indem sie die Steuerquelle zerstört[142]. Lange Zeit gab es dafür keine praktischen Beispiele, erstmals in den Beschlüssen zum Grundfreibetrag und zur Vermögensteuer[143] finden sich dazu nähere Ausführungen. Die dogmatische Herleitung bleibt dabei undeutlich[144]. Die überwiegende Lehre versteht die Rechtsprechung so,

---

sorgung; 98, 280 (291) – Beiträge zur betrieblichen Altersvorsorge; BFHE 163, 162 (174) – Ausschluß von der KSt-Anrechnung.

[133] Grundlegend *Forsthoff*, in: VVDStRL 12. Band (1954), S. 8 (31 ff.) mit Hinweis auf die Untrennbarkeit von Sozial- und Steuerstaat; *Selmer*, Steuerinterventionismus, S. 299 ff.; *Stein/Frank*, Staatsrecht, S. 339; *Wäßle*, Das Vermögen, S. 75 ff.; *Wieland*, in: Dreier, Art. 14 Rn. 48; *Schmidt-Bleibtreu*, in: Schmidt-Bleibtreu/Klein, Art. 14 Rn. 4 b; *Eschenbach*, Der Schutz des Eigentums, S. 605 ff.; *Ehlers*, in: VVDStRL 51. Band (1992), S. 211 (216). Gegen Vermögensschutz, aber mit jeweils eigenen Wegen zur Aktivierung des Art. 14 GG im Steuerrecht *Depenheuer*, in: v. Mangoldt/Klein/Starck, Art. 14 Rn. 164 und 173; *Bryde*, in: v. Münch/Kunig, Art. 14 Rn. 23 und *Papier*, in: Maunz/Dürig, Art. 14 Rn. 160 f., 169, wobei dieser sich in neuerer Zeit dem Vermögensschutz durch Art. 14 GG aufgeschlossen zeigt (siehe in: FS für Vogel, S. 117 [123]).

[134] Gelegentlich ließ das BVerfG offen, ob aus Art. 14 GG weitere Grenzen der Besteuerung folgen (so etwa in BVerfGE 63, 343 [368] – Rechtshilfevertrag unter Hinweis auf die Referate *Kirchhofs* und *v. Arnims*, in: VVDStRL 39. Band [1981], S. 213 ff. bzw. 286 ff.).

[135] BVerfGE 40, 65 (82 f.); 45, 142 (179). Im Eurobeschluß BVerfGE 97, 350 (371) wurden Sach- und Geldeigentum als gleichwertig angesehen, dazu unten S. 70.

[136] Die Rechtsprechung verneinte ursprünglich jede Eigentumsrelevanz der Besteuerung (BVerfGE 4, 7 [17] – Investitionshilfe; 10, 89 [116]; 11, 105 [126]), hat diese Sicht jedoch recht bald relativiert (siehe etwa BVerfGE 19, 119 [128 f.]).

[137] BVerfGE 30, 250 (272) unter Bezugnahme u. a. auf 14, 221 (241); aus der späteren Rspr. etwa BVerfGE 63, 343 (368) – Rechtshilfevertrag; 70, 219 (230); 78, 232 (243); 82, 159 (190).

[138] BVerfGE 23, 288 (315).

[139] BVerfGE 50, 57 (104: Eingriff in die Kapitalsubstanz); 63, 343 (368) – Rechtshilfevertrag.

[140] BVerfGE 70, 219 (230).

[141] Die Forderung nach einer grundlegenden Beeinträchtigung der Vermögensverhältnisse oder nach einer Konfiskation beinhaltet mehr als bloße Unverhältnismäßigkeit. Deutlich wird dies etwa in BVerfGE 82, 159 (190).

[142] Siehe etwa BVerfGE 31, 8 (17) – Spielautomaten II; 16, 147 (161) – Werkfernverkehr; 38, 61 (80 f.) – Leberpfennig; ähnlich, jedoch nicht im Hinblick auf Steuern BVerfGE 95, 267 (301) – LPG-Altschulden.

[143] BVerfGE 87, 153 ff.; 93, 121 ff.

[144] Siehe dazu *Pestalozzas* Kritik, in: Der Staat 11. Band (1972), S. 161 (177 f. Fußnote 64).

daß erst die erdrosselnde Wirkung der Steuer den *Tatbestand* des Art. 14 GG eröffnet[145]. Auf dieser Grundlage wird die Bereichsausnahme von vielen als widersprüchlich[146] und der gewährte eigentumsgrundrechtliche Schutz vor der Besteuerung als unzureichend erachtet[147].

Nach dieser traditionellen Sicht der Rechtsprechung[148] ist die Auferlegung von steuerlichen und sonstigen Geldleistungspflichten zu messen am Grundrecht der freien Entfaltung der Persönlichkeit, das in Übereinstimmung mit großen Teilen der Lehre im Hinblick auf die Formulierung der Schranken, die Entstehungsgeschichte und den freiheitssichernden Wert einer weiten Auslegung als Gewährleistung allgemeiner Handlungsfreiheit verstanden wird[149]. Der Schutz vor der Besteuerung durch Art. 2 Abs. 1 GG erwies sich dabei in einer Praxis als ein solcher von eher formaler Natur[150]. Nur soweit die jeweilige Steuer lenkend wirkt, prüft das Gericht auch die Vereinbarkeit mit den inhaltlichen Aussagen des jeweils betroffenen Freiheitsrechts[151].

Als wichtigste Grenze der Besteuerung dient in diesem System konsequenterweise der allgemeine Gleichheitssatz. Art. 3 Abs. 1 GG legt fest, daß alle Menschen vor dem Gesetz gleich sind. Dem Gesetzgeber ist es verboten, wesentlich Gleiches un-

---

145 *Depenheuer*, in: v. Mangoldt/Klein/Starck, Art. 14 Rn. 167; *Starck*, in: v. Mangoldt/Klein/Starck, Art. 2 Rn. 77; *Friauf*, in: DStJG 12. Band (1989), S. 3 (21 f.) m. w. N., auch zu anderen Deutungsmöglichkeiten. Begreift man die Erdrosselungsrechtsprechung als Konkretisierung der Grundrechtsrelevanz der Gestaltungswirkungen (so etwa *Birk*, Das Leistungsfähigkeitsprinzip, S. 204; näher dazu oben Fußnote 93), wofür auch die Ausfüllung des Erdrosselungskriteriums spricht, so gerät sie nicht in Widerspruch zur Ablehnung eines Vermögensschutzes durch Art. 14 GG (zu der diesbezüglichen Kritik an der Rechtsprechung siehe noch nachfolgende Fußnote).

146 Siehe etwa *Starck*, in: v. Mangoldt/Klein/Starck, Art. 2 Rn. 77; *Friauf*, in: DStJG 12. Band (1989), S. 3 (21 f.); *Herdegen*, in: FS 50 Jahre BVerfG, 2. Band, S. 273 (274); *Gellermann*, Grundrechte, S. 107; vgl. jedoch auch oben Fußnote 145.

147 So sprach bereits im Jahr 1958 *Ballerstedt*, in: Bettermann/Nipperdey/Scheuner, Die Grundrechte III/1, S. 39 von der „offenen Flanke" der Eigentumsgarantie.

148 Siehe BVerfGE 4, 7 (17) – Investitionshilfe; 7, 89 (92) – Hundesteuer; 19, 253 (267 f.); 89, 249 (277) – Fehlbelegungsabgabe; 91, 186 (200) – Kohlepfennig; 91, 207 (221) – Bremer Hafengebühren; 92, 191 (196) – Geldbuße; 97, 332 (340 f.) – Kindergartengebühren und st. Rspr.

149 St. Rspr. seit BVerfGE 6, 32 (34 ff.) – Elfes; 80, 137 (152 f.) – Reiten im Walde; 90, 145 (171 ff.) – Drogenkonsum. Die Gegenauffassung der Persönlichkeitskerntheorie (*Peters*, in: Laun-FS, S. 669 [673]) wird heute nicht mehr vertreten, einen vermittelnden Weg schlagen aber *Hesse*, Verfassungsrecht Rn. 425 ff. und *Grimm* in seiner abweichenden Meinung zu BVerfGE 80, 137 ff. – Reiten im Walde (ebenda., S. 164 ff.: nur Verhalten mit einer Relevanz für die Persönlichkeitsentfaltung, die den benannten Freiheitsrechten gleichkommt) vor. Näher dazu *Pieroth*, in: AöR 115. Band (1990), S. 33 ff. Hier wird der h. M. gefolgt.

150 So auch die zutreffende Einschätzung von *Vogel/Waldhoff*, in: BK, Vorbem. z. Art. 104 a–115 Rn. 569. Zu den Gründen, insbesondere dem angenommenen Versagen der Verhältnismäßigkeitsprüfung, siehe näher unten S. 142 ff.

151 Siehe etwa die Entscheidung BVerfGE 13, 181 (184 ff.) – Schankerlaubnissteuer, in der eine Abgabe, die der Neuerrichtung von Gaststätten wegen der Gefahr einer Steigerung des Alkoholkonsums entgegenwirken sollte, als Regelung der Berufsausübung an Art. 12 GG gemessen wurde.

gleich zu behandeln[152]. Die vergleichende Betrachtung blendet zunächst die Unterschiede zwischen den Personen bzw. den Sachverhalten aus und bestimmt die Gemeinsamkeiten, das heißt den Oberbegriff. Welche Anforderungen ein Differenzierungsgrund aufweisen muß, um einen Verstoß gegen den Gleichheitssatz auszuschließen[153], insbesondere, ob jeder sachliche Grund genügt oder nur ein solcher, dessen Gewicht die jeweilige Differenzierung rechtfertigen vermag[154], hängt von der Intensität der Ungleichbehandlung ab. Es besteht Einigkeit darüber, daß der Gleichheitssatz kontextbezogen anzuwenden ist; vor allem die Freiheitsrechte, die durch die Ungleichbehandlung betroffen sind, verleihen dem selbst „neutralen" Gleichheitssatz Konturen[155]. Als bereichsspezifische Konkretisierung der Frage, was als „wesentlich gleich" im Sinne des Gleichheitssatzes anzusehen ist, hat sich für die Einkommensbesteuerung das Kriterium der Leistungsfähigkeit[156] herausgebildet. Maßstab der gleichheitsgerechten Steuerlastverteilung ist das disponible Einkommen. Zu dessen Bestimmung sind von den erzielten Bruttoeinnahmen nach dem objektiven Nettoprinzip die Aufwendungen für den Erwerb abzuziehen[157] und nach dem subjektiven Nettoprinzip solche Einkommensteile freizustellen, die zwangsläufig einer bestimmten Verwendung zugewiesen sind und deshalb dem Steuerpflichtigen bei einer wertenden Betrachtung nicht zur Verfügung stehen (so insbesondere der vom Steuerpflichtigen zu leistende Kindesunterhalt)[158]. Für eine nicht der Leistungsfähigkeit entsprechende Besteuerung verlangt die Rechtsprechung einen besonderen Rechtfertigungsgrund. Mit Hilfe dieser Konkretisierung des

---

152 BVerfGE 1, 14 (52); 76, 256 (329). Ob er daneben auch verbietet, wesentlich Ungleiches gleich zu behandeln (so BVerfGE 72, 141 [150]; 84, 133 [158]; 98, 365 [385]), ist umstritten. Ein Teil der Literatur mißt dem keine Bedeutung zu, weil es lediglich eine Frage des – beliebig wählbaren – Bezugspunkts sei, welche Fallgruppe vorliege (siehe *Pieroth/Schlink*, Grundrechte Rn. 436 m. w. N.). Hier soll dem nicht nachgegangen werden.

153 Ob ein solcher bereits die Ungleichbehandlung von „wesentlich Gleichem" ausschließt oder nur rechtfertigt, ist umstritten; näher zu innen- und außentheoretischen Konzepten des Gleichheitssatzes *Huster*, Rechte und Ziele, S. 53 ff.

154 Zum Willkürverbot und der sog. neuen Formel siehe bereits oben S. 18 f.

155 BVerfGE 88, 87 (96 f.) – Transsexuelle; *Starck*, in: v. Mangoldt/Klein/Starck, Art. 3 Rn. 11 und 275; *Herzog*, in: Maunz/Dürig, Anh Art. 3 Rn. 49.

156 Zur Rechtsprechung siehe BVerfGE 8, 51 (68 f.) – Parteispenden; siehe auch BVerfGE 9, 237 (243); 13, 290 (297) – Ehegattenveranlagung; 81, 228 (236); 82, 60 (86) – Kindergeldkürzung I. Aus der Literatur siehe die grundlegende Untersuchung von *Birk*, Das Leistungsfähigkeitsprinzip; ferner *Tipke*, Die Steuerrechtsordnung I, § 9, S. 479 ff.; speziell zur Leistungsfähigkeit im Einkommensteuerrecht siehe *Kruse*, in: FS für Friauf, S. 793 ff.

157 So die ganz h. L., siehe etwa *Tipke*, Die Steuerrechtsordnung I, § 9, S. 503; *Birk*, Das Leistungsfähigkeitsprinzip, S. 165 ff.; *Lang*, in: Tipke/Lang, Steuerrecht, § 9 Rn. 61. Die Rspr. läßt offen, ob das Prinzip der Nettobesteuerung verfassungsrechtlich geboten ist (siehe BVerfGE 27, 58 [64 f.] – Kilometerpauschale; 81, 228 [237]), erkennt aber in neueren Entscheidungen (BVerfGE 99, 280 [290 f.] – steuerfreie Stellenzulage; 101, 297 [310] – Arbeitszimmer; a. A., aber unzutreffend BVerfGE 34, 103 [115 ff.]) zumindest an, daß es dem einfachen Recht zugrunde liegt (siehe insbes. die §§ 2 Abs. 2, 4 Abs. 4, Abs. 5, 9, 9 a EStG) und Abweichungen von ihm deshalb nach dem aus Art. 3 Abs. 1 GG abzuleitenden Gebot der Folgerichtigkeit rechtfertigungsbedürftig sind.

158 Näher dazu unten S. 42 ff.

Gleichheitssatzes wurde und wird der Steuergesetzgebung eine wirksame, aber im Anwendungsbereich beschränkte Grenze gezogen.

2. Die neuere Entwicklung in der Rechtsprechung des Zweiten Senats

Bis in die frühen 90er Jahre stimmte die Rechtsprechung beider Senate überein[159]. Jenseits der „Erdrosselung" spielte die Eigentumsfreiheit als begrenzender Maßstab der Besteuerung keine Rolle[160].

Die schon erwähnten Zweifel, ob die Rechtsprechung an der traditionellen Sicht zur Reichweite der Eigentumsfreiheit festhält bzw. in Zukunft noch festhalten wird, sind in der Literatur noch nicht so sehr durch den Außensteuerbeschluß aus dem Jahr 1986, in dem beiläufig ein Konzept zur Aktivierung von Art. 14 GG angedeutet wird[161], sondern erst durch neuere Entscheidungen des Zweiten Senats des Bundesverfassungsgerichts aufgekommen, und zwar vereinzelt bereits durch den Grundfreibetragsbeschluß vom 25.9.1992[162] und verstärkt dann durch den viel beachteten Vermögensteuerbeschluß vom 22.6.1995[163]. Auch der Eurobeschluß vom 31.3.1998 wird dieser neuen Rechtsprechungslinie zugerechnet[164].

Die Aussagekraft dieser drei Entscheidungen wird allerdings durch die Beschlüsse zum Kohlepfennig vom 11.10.1994 und zum Wasserpfennig vom 7.11.1995 sowie die Urteile vom 7.5.1998 zu Sondermüllabgaben und zur kommunalen Verpackungsteuer[165] relativiert. Dies macht es notwendig, die einzelnen Entscheidungen näher zu betrachten.

a) Der Beschluß zum Außensteuergesetz vom 14.5.1986

In der Entscheidung zum Außensteuergesetz aus dem Jahr 1986 präzisierte der Zweite Senat die verfassungsrechtlichen Anforderungen an Normen des Einkommensteuerrechts. In dem konkreten Normenkontrollverfahren ging es um Regelungen über die „Steuerflucht" in das Ausland. Das Außensteuergesetz sah vor, daß die vor der Wohnsitzverlegung unbeschränkte Steuerpflicht über einen Zeitraum von

---

[159] Siehe den noch auf der traditionellen Linie liegenden Beschluß des Zweiten Senats BVerfGE 82, 159 (190) – Absatzfonds.

[160] In BVerfGE 63, 343 (368) – Rechtshilfevertrag nahm das Gericht Bezug auf die Referate *Kirchhofs* und *v. Arnims*, sah aber die Frage nach der Bedeutung der Eigentumsfreiheit im Vorfeld der Erdrosselung nicht als erörterungsbedürftig an. Die nächsten Jahre blieb es bei dieser Zurückhaltung.

[161] BVerfGE 72, 200 ff. Dazu sogleich näher.

[162] BVerfGE 87, 153 ff. Dazu *Herzog*, in: FS 75 Jahre RFH – BFH, S. 105 (111); *Vogel/Waldhoff*, in: BK, Vorbem. z. Art. 104 a–115 Rn. 532; *Wendt*, in: Sachs, Art. 14 Rn. 43.

[163] BVerfGE 93, 121 ff. Zu den Reaktionen der Literatur siehe ausführlich unten S. 46 ff.

[164] BVerfGE 97, 350 ff. Hierzu *Battis*, in: FS für Leisner, S. 679 (687).

[165] BVerfGE 91, 286 ff.; 93, 319 ff.; 98, 83 ff.; 98, 106 ff.

10 Jahren als beschränkte Steuerpflicht fortbesteht. Der Senat nahm an, daß mit einigen Vorschriften des Gesetzes eine Rückbewirkung von Rechtsfolgen (echte Rückwirkung) verbunden ist, die gegen „das Rechtsstaatsprinzip“ verstoße[166]. Im vorliegenden Zusammenhang sind die Maßstäbe für die Fallgestaltungen, in denen der Senat von tatbestandlicher Rückanknüpfung (unechter Rückwirkung) ausging, von Interesse, nämlich die „Grundrechte ..., die mit der Verwirklichung des jeweiligen Tatbestandsmerkmals vor Verkündung der Norm ‚ins Werk gesetzt‘ worden sind ...“[167]. Zu den Erwerbsvorgängen heißt es: „*Je nach Art der betroffenen Einkünfte und der Wege*, auf denen sie erzielt wurden, kommen namentlich Art. 12 Abs. 1, 14 Abs. 1 und 2 sowie Art. 2 Abs. 1 GG als betroffene Rechte in Betracht“[168].

Die angesprochene Differenzierung nach Einkunftsarten läßt darauf schließen, daß der Senat bei der Nennung u. a. der Eigentumsfreiheit nicht die (allgemeine) Belastungswirkung der Steuer im Auge hatte, sondern es ihm um den Schutz des dem Steuertatbestand zugrunde liegenden Verhaltens ging[169]. Unter diesem Gesichtspunkt ist mit dem Außensteuerbeschluß eine Aufwertung der Freiheitsrechte verbunden.

b) Die Rechtsprechung des Zweiten Senats zum Grundfreibetrag und zum Kinderlastenausgleich vor dem Hintergrund der Rechtsprechung des Ersten Senats

Auch die Grundfreibetragsentscheidung[170] des Zweiten Senats läßt eine verstärkte Heranziehung von Freiheitsrechten als verfassungsrechtlichen Prüfungsmaßstab des Einkommensteuerrechts erkennen. Sie soll hier zur Verdeutlichung im Zusammenhang mit der eine ähnliche Problematik betreffenden, aber dabei einen anderen Schwerpunkt setzenden Rechtsprechung zum Kinderlastenausgleich dargestellt werden.

---

[166] BVerfGE 72, 200 (240 ff.); im Zusammenhang mit dem Vergangenheitsbezug von Steuernormen wird auf die Entscheidung im 3. Teil noch zurückzukommen sein, siehe S. 220 ff.

[167] BVerfGE 72, 200 (242).

[168] BVerfGE 72, 200 (253 f.) – Hervorhebung nur hier; ebenso BVerfGE 97, 67 (79) – Abbau der Schiffsbausubventionen.

[169] Zu den Gestaltungswirkungen näher unten S. 164 ff.

[170] BVerfGE 87, 153 ff.

aa) Die Beschlüsse des Ersten Senats zum Kinderlastenausgleich

Die Rechtsprechung zum Kinderlastenausgleich war zunächst[171] vom Ersten Senat geprägt. Insofern sind vor allem die beiden grundlegenden Entscheidungen aus dem Jahr 1990[172] zu nennen, denen folgende von den Sozial- bzw. Finanzgerichten dem Bundesverfassungsgericht vorgelegte Regelungen zugrunde lagen[173]: Das Einkommensteuergesetz und das Bundeskindergeldgesetz berücksichtigten in den betreffenden Veranlagungszeiträumen unterhaltsbedürftige Kinder steuerlich auf zwei Wegen (sogenanntes duales System des Kinderlastenausgleichs). Bei der Einkommensteuer wurde von der Bemessungsgrundlage ein Kinderfreibetrag von monatlich 432 DM abgezogen[174]. Daneben zahlte der Staat ein in der Höhe von Kinderzahl und Einkommen abhängiges Kindergeld[175], das zusammen mit dem Freibetrag den Lebensunterhalt dieser Familienmitglieder von der Besteuerung freistellen und zusätzlich vor allem einkommensschwache Familie fördern sollte.

Der Erste Senat erachtete diese gesetzlichen Regelungen als unzureichend und deshalb verfassungswidrig. Dem Steuerpflichtigen dürfe wegen der Menschenwürdegarantie (Art. 1 Abs. 1 GG) und des Sozialstaatsprinzips (Art. 20 Abs. 1 GG) das zu *seiner* Existenzsicherung notwendige Einkommen nicht durch die Steuer entzogen werden, und zwar auch nicht bei gleichzeitiger Gewährung eines existenzsichernden Sozialhilfeanspruchs[176]. Das gelte im Hinblick auf Art. 6 GG auch für den Lebensbedarf seiner Familie. Zusätzlich verlange der allgemeine Gleichheitssatz eine gerechte, das heißt grundsätzlich an der Leistungsfähigkeit orientierte Verteilung der Steuerlast[177]. Aus Art. 3 Abs. 1 GG seien zwei Gebote abzuleiten: Steuerpflichtige mit gleicher Leistungsfähigkeit seien gleich stark zu belasten (sogenannte horizontale Steuergerechtigkeit), und die Besteuerung von höheren Einkommen müsse gerecht im Vergleich mit der von geringeren Einkommen sein (sogenannte vertikale Steuergerechtigkeit[178]). Es müsse daher ein Betrag in Höhe des (sozialhil-

---

[171] Der Zweite Senat hat erst durch die Entscheidungen vom 10.11.1998, BVerfGE 99, 216 ff.; 99, 246 ff.; 99, 268 ff.; 99, 273 ff. zur Veränderung bzw. Konkretisierung der Anforderungen an den Kinderlastenausgleich beigetragen.

[172] BVerfGE 82, 60 ff. – Kindergeldkürzung I; 82, 198 ff. – Kinderfreibetrag; aus neuerer Zeit noch BVerfGE 89, 346 ff. – Ausbildungsfreibetrag; BVerfGE 91, 93 ff. – Kindergeldkürzung II. Durch diese neueren Entscheidungen ist BVerfGE 43, 108 ff. in wesentlichen Punkten überholt.

[173] Zur jetzigen Rechtslage siehe oben S. 24 f.

[174] § 32 Abs. 8 EStG in der Fassung des Haushaltsbegleitungsgesetzes 1983 vom 20.12.1982 (BGBl I 1992, 1857).

[175] Es betrug nach § 10 Abs. 1 und 2 BKGG in der Fassung des Haushaltsbegleitungsgesetzes 1983 monatlich 50 DM für das erste, und je nach der Einkommenshöhe 70–100 DM für das zweite, 140–220 DM für das dritte und 140–240 DM für das vierte und jedes weitere Kind.

[176] BVerfGE 82, 60 (85 f.).

[177] BVerfGE 82, 60 (86).

[178] BVerfGE 82, 60 (89) unter Verweis auf *Birk*, Das Leistungsfähigkeitsprinzip, S. 165 und 170.

ferechtlich[179] konkretisierten) Existenzminimums der unterhaltsberechtigten Kinder von der Bemessungsgrundlage abgezogen oder auf andere Weise (insbes. durch den Freibetrag ersetzende oder ergänzende Kindergeldleistungen) ein rechnerisch gleichwertiges Ergebnis erzielt werden. Die damaligen Beträge reichten zur gebotenen Entlastung für einen großen Teil der Steuerpflichtigen nicht aus; die Kindergeldkürzung für Besserverdienende wirkte dem entgegen[180].

Der Senat bestätigte diese Rechtsprechung in zwei weiteren Entscheidungen[181]. Die Grundrechte der Eigentumsfreiheit (Art. 14 GG), der Berufsfreiheit (Art. 12 GG) oder der freien Entfaltung der Persönlichkeit (Art. 2 Abs. 1 GG) finden in allen Entscheidungen des Ersten Senats zum Kinderlastenausgleich keine Erwähnung.

bb) Der Grundfreibetragsbeschluß vom 25.9.1992 und die neuen Entscheidungen zum Kinderlastenausgleich

Im Grundfreibetragsbeschluß aus dem Jahr 1992 standen dagegen mehr die freiheitsrechtlichen Aspekte im Vordergrund. Der Zweite Senat hatte aufgrund von Vorlagen mehrerer Finanzgerichte zu entscheiden, ob die Einkommensbesteuerung im Hinblick auf die Regelung des existenznotwendigen *Eigenbedarfs* des Steuerpflichtigen in den Jahren 1978–1984, 1986, 1988 und 1991 verfassungsmäßig war[182]. Gesetzlich vorgesehen war jeweils ein in den Tarif eingearbeiteter Grundfreibetrag, in den Jahren 1978 bis 1980 zusätzlich ein allgemeiner Tariffreibetrag[183]. Der Senat stellte fest, daß der steuerlich verschonte Betrag[184] deutlich unter dem existenznotwendigen Bedarf (gemessen an den sozialhilferechtlichen Leistungen[185]) lag. Darin sah der Senat wegen der Auswirkungen eines zu niedrig bemessenen Existenzminimums auf *alle* Steuerpflichtigen zwar kein gleichheitsrechtliches Problem[186], aber ei-

---

179 BVerfGE 82, 60 (91). Für die Berücksichtigung des tatsächlichen oder hypothetischen zivilrechtlichen Unterhaltsbetrags *Mittmann*, DStZ 1991, 163 (163f.). *Kirchhof*, NJW 2000, 2792 (2795) vertritt diesen Standpunkt an sich auch, meint jedoch, das Abstellen auf das sozialhilferechtliche Existenzminimum sei eine zulässige Typisierung.

180 Die gebotene Freistellung am ehesten bei Steuerpflichtige mit relativ geringem Einkommen und/oder mit vielen Kindern erreicht (siehe oben S. 25).

181 BVerfGE 89, 346 (352f.) – Ausbildungsfreibetrag; 91, 93 (108ff.) – Kindergeldkürzung II.

182 BVerfGE 87, 153ff.; soweit eine Vorlage auch den Kinderfreibetrag im Jahr 1991 betraf, war sie unzulässig (ebenda, S. 167) und soll hier deshalb außer Betracht bleiben.

183 Zur jetzigen Regelung des existentiellen Eigenbedarfs durch eine tarifliche Nullzone (sog. Grundfreibetragslösung) siehe oben S. 26.

184 Der Betrag lag beispielsweise 1978 bei ca. 3.800 DM, 1984 bei ca. 4.200 DM und 1991 bei 5.600 DM; näheres siehe BVerfGE 87, 153 (174).

185 Der Sozialhilfebedarf für Erwerbstätige wurde in BVerfGE 87, 153 (174f.) z. B. für 1978 mit ca. 6.400–7.800 DM, für 1984 mit 8.400–9.800 DM und für 1991 mit 11.300–13.100 DM angegeben; nur etwa 40 bis 60 % des gebotenen Betrags waren in diesen Jahren also tatsächlich steuerlich berücksichtigt (vgl. vorherige Fußnote).

186 Siehe BVerfGE 87, 153 (170: das Gebot horizontaler Gleichheit begründe hier anders als beim Kinderlastenausgleich keine zusätzlichen verfassungsrechtlichen Anforderungen).

nen Verstoß gegen die Freiheitsrechte. Der Zweite Senat schrieb zu den relevanten Grundrechten: „Das vorliegende Verfahren gibt keinen Anlaß zu entscheiden, aufgrund welcher Maßstäbe und wie im einzelnen die ... verfassungsrechtlichen Grenzen der staatlichen Besteuerungsgewalt zu bestimmen sind. Steuergesetze sind in ihrer freiheitsbeschränkenden Wirkung *jedenfalls an Art. 2 Abs. 1 GG* zu messen. Dabei ist indes zu berücksichtigen, daß Steuergesetze in die allgemeine Handlungsfreiheit *gerade in deren Ausprägung als persönliche Entfaltung im vermögensrechtlichen Bereich (Art. 14 Abs. 1, Art. 12 Abs. 1 GG)* eingreifen. Dies bedeutet, daß ein Steuergesetz keine ‚erdrosselnde Wirkung' haben darf ..."[187].

Der Senat ließ die tatbestandliche Abgrenzung von Eigentumsfreiheit, Berufsfreiheit und freier Entfaltung der Persönlichkeit bei der Aufzählung der betroffenen Freiheitsrechte[188] im unklaren[189]. Insbesondere kann die Nennung der Eigentumsfreiheit entweder wegen des Bezugs zum Kriterium der „Erdrosselung" als erstmalige Anwendung dieser *anerkannten* Fallgruppe gedeutet werden[190] oder aber als Ansatz einer *erweiterten* Heranziehung der Eigentumsfreiheit und anderer Freiheitsrechte als Schutz vor Besteuerung[191].

c) *Der Kohlepfennigbeschluß vom 11.10.1994*

Der Kohlepfennigbeschluß[192] des Zweiten Senats hatte eine Verfassungsbeschwerde über die den Elektrizitätswerken auferlegte Abgabe, mit der die Sicherung des Steinkohleabsatzes bei der Verstromung finanziert werden sollte, zum Gegenstand. Die Abgabe floß in einen gesonderten Fonds, nicht in den allgemeinen Staatshaushalt. Der Schwerpunkt der Entscheidung lag bei den Voraussetzungen, die an Sonderabgaben zu stellen sind. Im vorliegenden Zusammenhang interessiert allein die grundrechtliche Verortung der Prüfung. Der Beschwerdeführer könne die Verfassungswidrigkeit dieser Abgabe „schon nach Art. 2 Abs. 1 GG rügen"[193], heißt es

---

[187] BVerfGE 87, 153 (169 f.) – Hervorhebungen nur hier.

[188] Eine ähnliche Formulierung kehrt im Vermögensteuerbeschluß BVerfGE 93, 121 (137) wieder, zu den Deutungsmöglichkeiten siehe deshalb auch unten S. 45 f., dort insbesondere Fußnote 242.

[189] Die verletzte Norm ist weder in der Entscheidungsformel noch in den Gründen der Entscheidung BVerfGE 87, 153 ff. konkret bezeichnet.

[190] In diese Richtung *Wieland*, in: Dreier, Art. 14 Rn. 46; siehe aber auch denselben rückblickend nach Erlaß des Vermögensteuerbeschlusses, in: Hüter der Verfassung, S. 173 (176: eine Interpretation des Grundfreibetragsbeschlusses im Sinne der Befürworter eines Schutzes des Vermögens vor staatlich auferlegten Geldleistungspflichten aus Art. 14 GG sei zumindest nicht auszuschließen).

[191] Siehe *Herzog*, in: FS 75 Jahre RFH – BFH, S. 105 (111: Der Grundfreibetragsbeschluß sei der „erste Schritt zur dogmatischen Bewältigung ... auf einem verfassungsrechtlich noch nicht restlos geklärten, insgesamt aber sehr viel überzeugenderen Weg") und, auch mit Blick auf die Fortentwicklung der Rspr. durch den Vermögensteuerbeschluß, *Vogel/Waldhoff*, in: BK, Vorbem. z. Art. 104 a–115 Rn. 532; *Wendt*, in: Sachs, Art. 14 Rn. 43.

[192] BVerfGE 91, 186 ff.

[193] Ebenda, S. 200 f.

in den Gründen. Der Senat zog hier als Abwehrrecht bezüglich einer Geldleistungspflicht die allgemeine Handlungsfreiheit heran. Da kompetenzrechtliche Fragen im Vordergrund standen, kam es nach Auffassung des Senats offenbar nicht auf eine genaue Verortung an. Wie Scholz[194] nachgewiesen hat, hält sich die Rechtsprechung in derartigen Fällen häufig nicht konsequent an die Subsidiarität des Art. 2 Abs. 1 GG, so daß der Kohlepfennigbeschluß weder für noch gegen die Anwendbarkeit der Eigentumsfreiheit angeführt werden kann.

d) Der Vermögensteuerbeschluß vom 22.6.1995

Die Entwicklung des freiheitsrechtlichen Maßstabs erreichte ihren bisherigen Höhepunkt im Vermögensteuerbeschluß vom 22.6.1995[195]. Es ist zu untersuchen, ob und inwieweit die dortigen Ausführungen zu den freiheitsrechtlichen Prüfungsmaßstäben und die Folgerungen für die zulässige steuerliche Gesamtbelastung des Ertrags auch für die Einkommensbesteuerung gelten bzw. auf diese übertragen werden können.

aa) Die Entscheidung des Zweiten Senats

Der Zweite Senat hatte im Rahmen eines konkreten Normenkontrollverfahrens über die Frage zu entscheiden, ob die Vermögensteuer hinsichtlich der für sie geltenden Tarif- und Bewertungsvorschriften mit dem Grundgesetz im Einklang stand. Das Vermögensteuergesetz sah die Besteuerung des bestimmte Freibeträge übersteigenden Gesamtvermögens[196] mit einem *einheitlichen* Steuersatz (§ 10 VStG) vor. Die Bewertung der zum Vermögen gehörenden Einzelgegenstände geschah dabei nach *unterschiedlichen* Methoden. Für inländische Grundstücke führte die Orientierung an den 1964 festgestellten Einheitswerten (§§ 19, 121 a BewG) mangels hinreichender Anpassung an die – regelmäßig enormen – Wertsteigerungen zu Ergebnissen, die weit hinter den realen Werten zurückblieben. Die für andere Vermögensgegenstände geltenden Methoden wie etwa das Ertragswertverfahren nach §§ 78 ff. BewG oder der Ansatz des (korrigierten) Nennwerts (§ 12 BewG) bei Forderungen und Schulden kamen dagegen auf gegenwartsnahe Werte.

Im Mittelpunkt des Beschlusses stand die dem Bundesverfassungsgericht vorlegte Frage, ob die vermögensteuerliche Belastung *dem Gleichheitssatz* entspricht. Der Senat kam zu dem Ergebnis, daß die Tarifvorschrift in Verbindung mit den Maßstäben für die Bewertung der Vermögensgegenstände unvereinbar mit Art. 3 Abs. 1 GG

---

194 In: AöR 100. Band (1975), S. 80 (117 ff.); vgl. auch *Vogel/Waldhoff*, in: BK, Vorbem. z. Art. 104 a–115 Rn. 569 f.

195 BVerfGE 93, 121 ff.

196 Bei beschränkter Steuerpflicht, die jedoch hier außer Betracht bleiben soll, war das Inlandsvermögen maßgeblich.

sei[197]. Das Auseinanderklaffen der Ergebnisse der unterschiedlichen Bewertungsmethoden habe sich über Jahrzehnte entwickelt, ohne daß dem eine bewußte und damit möglicherweise rechtfertigend wirkende Entscheidung des Gesetzgebers zugunsten einer Subvention für bestimmte Objekte (wie inländische Grundstücke) zugrunde gelegen habe.

Der Senat begnügte sich aber nicht mit der gleichheitsrechtlichen Argumentation, sondern führte aus, die Vermögensteuer greife „in die in der Verfügungsgewalt und Nutzungsbefugnis über ein Vermögen angelegte *allgemeine Handlungsfreiheit* (Art. 2 Abs. 1 GG*) gerade in deren Ausprägung als persönliche Entfaltung im vermögensrechtlichen Bereich* ein (Art. 14 GG)". Das bedeute, dem Steuerpflichtigen sei „der Kernbestand des Erfolges eigener Betätigung im wirtschaftlichen Bereich als Ausdruck der grundsätzlichen Privatnützigkeit des Erworbenen und der grundsätzlichen Verfügungsbefugnis über die geschaffenen vermögenswerten Rechtspositionen" zu erhalten. Die Vermögensteuer müsse die Substanz des Eigentums unberührt lassen, also aus den Sollerträgen, das heißt aus den üblicherweise zu erzielenden Erträgen, bestritten werden können. Sonst drohe eine „schrittweise Konfiskation, die den Steuerpflichtigen dadurch übermäßig belasten und seine Vermögensverhältnisse grundlegend beeinträchtigen würde ...". Ein Zugriff auf die Substanz sei nur unter besonderen Voraussetzungen, etwa in staatlichen Notlagen, zulässig. Neben diesem besonders intensiv geschützten Vermögens*stamm* nehme auch der Vermögens*ertrag* am Schutz der vermögenswerten Rechtspositionen teil. Er sei zwar nach Art. 14 Abs. 2 GG dem steuerlichen Zugriff zugänglich, dabei müsse sich die Gesamtbelastung des Ertrages aber nach der Leistungsfähigkeit richten und in der Nähe hälftiger Teilung verbleiben (sogenannter Halbteilungsgrundsatz). Im Hinblick auf die gleichzeitige Belastung des Vermögens durch Steuern auf das Einkommen und den Ertrag sowie durch indirekte Steuern bleibe für eine Vermögensbesteuerung von Verfassungs wegen nur noch ein enger Spielraum. Dabei genieße das für die persönliche Lebensführung benötigte und damit typischerweise ertraglos bleibende Vermögen besonderen Schutz und sei von der Sollertragsteuer freizustellen[198].

bb) Die Reaktionen auf den Vermögensteuerbeschluß

Die Entscheidung ist „im Ergebnis"[199], gemeint ist, hinsichtlich des in der Entscheidungsformel genannten Verstoßes gegen den *Gleichheitssatz*, einstimmig ergangen. Insoweit fand der Beschluß in der Literatur ebenfalls einhellige Zustimmung[200]. Auch der Erste Senat beanstandete kürzlich im Zusammenhang mit der

---

197 BVerfGE 93, 121 (142ff.).

198 BVerfGE 93, 121 (137ff.) – Hervorhebung nur hier.

199 BVerfGE 93, 121 (149).

200 Vgl. nur *Arndt/Schumacher*, NJW 1995, 2603 (2603); *Wieland*, in: Hüter der Verfassung, S. 173 (178f.).

Bedürftigkeitsprüfung nach dem Bundesausbildungsförderungsgesetz ganz in diesem Sinne die Anwendung derart unterschiedlicher Bewertungsmethoden[201].

Der Konsens endet bei den vom Zweiten Senat aus den *Freiheitsrechten* gezogenen weitergehenden Folgerungen. Diesen Teil der Entscheidungsbegründung trug der Richter Böckenförde nicht mit; er hielt insoweit weder die Entscheidungskompetenz des Senats für gegeben[202] noch die Ausführungen für inhaltlich richtig[203]. Die Reaktionen in der Literatur[204] sind sehr unterschiedlich. Von den einen als Signal für einen Rechtsprechungswandel positiv aufgenommen[205], halten andere die Ausführungen zu den Freiheitsrechten für von der Vorlagefrage nicht aufgeworfen[206] bzw. für sachlich unzutreffend[207]. Die Kritik richtet sich insbesondere gegen den Halbteilungsgrundsatz, der auch in der Rechtsprechung der Finanzgerichte als verfehlt angesehen wird[208].

cc) Die grundrechtsdogmatische Relevanz

Wie schon in den einschlägigen Entscheidungen davor, fehlt auch im Vermögensteuerbeschluß eine tatbestandliche Abgrenzung der in Betracht kommenden Frei-

---

201 BVerfGE 100, 195 (205 ff.).

202 Nach *Böckenförde* (BVerfGE 93, 149 [150]) hätte sich der Senat entsprechend der Vorlagefrage auf die Prüfung des Art. 3 Abs. 1 GG wegen der bestehenden Bewertungsungleichheit beschränken sollen. Er kritisiert die – nach seiner Auffassung nicht entscheidungserheblichen – Ausführungen zu den Freiheitsrechten besonders deshalb, weil die Zuständigkeit für Verfahren über die Vermögensbesteuerung seit 1994 auf den Ersten Senat übergegangen ist.

203 BVerfGE 93, 149 ff.

204 Aus der Fülle der Entscheidungsanmerkungen mußte hier eine Auswahl getroffen werden.

205 *Leisner*, NJW 1995, 2591 (2591 und 2596) bezeichnet sie als „verfassungsrechtliche Steuer-Wende" und „wichtigste Eigentumsentscheidung des Bundesverfassungsgerichts", für die alte Lage findet er Worte wie „ein Stück Radikaldemokratie" und „nahezu grundrechtsfreie(r) Raum"; nach *Vogel*, JZ 1996, 43 (44) könnte der Beschluß Ausgangspunkt für die Rekonstruktion des Steuerrechts als „Recht" sein; zustimmend zu diesem „juristischen Paukenschlag" auch *Butzer*, Freiheitsrechtliche Grenzen, S. 134 und StuW 1999, 227 ff.

206 *Bull*, NJW 1996, 281 (282); *Wieland*, in: Dreier, Art. 14 Rn. 46 und in: Hüter der Verfassung, S. 173 (179 ff.); *Bryde*, in: v. Münch/Kunig, Art. 14 Rn. 66: obiter dictum; *Arndt/Schumacher*, NJW 1995, 2603 (2603 f.); *Lang*, NJW 2000, 457 (457 f.); *Siedler*, Gesetzgeber und BVerfG, S. 83; a. A. *Vogel*, NJW 1996, 1257 (1257 f.); *Rose*, DB 1997, 494 (495 f.) und DB 1998, 1154 f.

207 *Bull*, NJW 1996, 281 ff.; *Gubelt*, in: v. Münch/Kunig, Art. 3 Rn. 52; *Bryde*, in: v. Münch/Kunig, Art. 14 Rn. 68; *Wieland*, in: Dreier, Art. 14 Rn. 46; auch aus ökonomischer Sicht *Bareis*, DB 1996, 1153 ff.; differenzierend *Arndt/Schumacher*, NJW 1995, 2603 (2604).

208 Die Finanzgerichte hatten mit Hinweis auf die eingeräumten Übergangsfristen zunächst eine nähere inhaltliche Auseinandersetzung mit dem Vermögensteuerbeschluß vermieden (so auch noch BFH, NJW 1998, 3223 [3224], wo offen gelassen wurde, ob der Halbteilungsgrundsatz ein „bloßer Appell an den Gesetzgeber" sei). Inzwischen äußerte sich der BFH, NJW 1999, 3798 (3798 f.) jedoch ebenso wie die Vorinstanz FG Düsseldorf, EFG 1997, 378 (378 f.) eindeutig ablehnend; siehe auch FG Münster, EFG 1998, 1656 ff.

heitsrechte. Es fällt auf, daß der Senat hier die Berufsfreiheit anders als bei den – die Einkommensteuer betreffenden – Beschlüssen zum Außensteuergesetz und zum Grundfreibetrag nicht nennt. Hintergrund dürfte sein, daß die Vermögensteuer keinen spezifischen Bezug zu einer beruflichen Tätigkeit aufweist. Dies bestärkt die oben erwähnte These, daß der Zweite Senat die verfassungsrechtlichen Maßstäbe mit Blick auf den jeweiligen *Steuergegenstand* entwickelt. Was die Zuordnung zum Schutzbereich entweder der Eigentumsfreiheit des Art. 14 GG oder des – subsidiären – Art. 2 Abs. 1 GG, verstanden als Schutz der allgemeinen Handlungsfreiheit[209], angeht, ist kaum eine unentschlossenere Formulierung denkbar[210]. Obwohl die Anknüpfung an die Erdrosselungswirkung die Fortführung der bisherigen Rechtsprechung suggeriert[211], wird der Beschluß überwiegend als Neuorientierung verstanden[212]. Dafür gibt es zwei Gründe, zum einen die deutliche Anlehnung an das von Paul Kirchhof, dem Berichterstatter, entwickelte Konzept zum grundrechtlichen Schutz vor Besteuerung[213], zum anderen die Aufstellung der Halbteilungsgrenze für den Ertrag, die sich – anders als vielleicht noch die Steuerfreiheit des Existenzminimums und der Schutz der Vermögenssubstanz – mit einer „Erdrosselung" im bisher anerkannten Sinn[214] nicht begründen läßt[215].

dd) Die Deutung des Beschlusses auch anhand des von Paul Kirchhof vorgeschlagenen Modells

Die unklaren Ausführungen des Zweiten Senats erhalten vor dem Hintergrund von Paul Kirchhofs Eigentumsverständnis immerhin etwas mehr Kontur.

---

[209] Nachweise siehe Fußnote 149.

[210] *Böckenförde* spricht von „vorsichtigen Formulierungen hinsichtlich des verfassungsrechtlichen Maßstabs" (siehe BVerfGE 93, 149 [153]).

[211] So ordnet der Erste Senat den Vermögensteuerbeschluß in BVerfGE 95, 267 (300 f.) – LPG-Altschulden ein, allerdings auch mit Hinweis darauf, es habe ohnehin Art. 3 Abs. 1 GG im Vordergrund gestanden, was wiederum gewisse Zweifel erkennen läßt.

[212] Nach *Leisner*, NJW 1995, 2591 (2594) ist die „äußere Kontinuität" gewahrt und ein neues Prinzip gesetzt, auch nach *Böckenförde*, BVerfGE 93, 149 (154) ist der Wechsel der Argumentation „Ausdruck eines neuen prinzipiell neuen Konzepts"; s. auch *Butzer*, Freiheitsrechtliche Grenzen, S. 49 ff. und StuW 1999, 227 (228 f.).

[213] Der Senat bezieht sich zwar nicht ausdrücklich auf *Paul Kirchhofs* Vorarbeiten, *Böckenförde* macht aber in seinem Sondervotum die große Einflußnahme des Berichterstatters auf die Entscheidungsfindung deutlich, BVerfGE 93, 149 (153); siehe auch *Vogel/Waldhoff*, in: BK, Vorbem. z. Art. 104 a–115 Rn. 545.

[214] Dazu näher oben S. 37.

[215] So auch *Böckenförde*, BVerfGE 93, 149 (157); a. A. *Kirchhof*, in: Steuergerechtigkeit durch Steuervereinfachung, S. 23 (30).

α) *Paul Kirchhofs Schutzkonzept*

Nach Paul Kirchhof übernimmt Art. 14 GG die Aufgabe, einer übermäßigen Besteuerung entgegenzuwirken[216]. Ausgangspunkt seiner Lehre ist die Betonung eines auch der Rechtsprechung zugrunde liegenden Gedankens[217], wonach die Freiheitsrechte dem Grundrechtsträger einen Handlungsspielraum sichern und nicht etwa vorhandene Rechtspositionen um ihrer selbst willen schützen wollen; Paul Kirchhof spricht sehr plastisch von der „Eigentümerfreiheit“[218]. Neben dem Vermögensertrag müsse auch der Arbeitsertrag in den Schutz durch Art. 14 GG einbezogen werden; ihm komme die gleiche freiheitssichernde Funktion zu[219]. Durch diese Auslegung werde auch nicht entgegen der allgemeinen Abgrenzungsformel zur Berufsfreiheit[220] die Eigentumsfreiheit auf den Erwerb ausdehnt, denn der Steuerzugriff erfolge erst in einer Phase, wo die Einnahmen *zugeflossen* bzw. geschützte Ansprüche begründet seien[221]. Da nicht nur einzelne Gegenstände den Freiheitsrahmen bestimmten, sondern auch und gerade das Gesamtvermögen, gebiete der Sinn des Art. 14 GG die Einbeziehung des Vermögens als Schutzgut[222].

Art. 14 GG entfalte eine unterschiedliche Schutzintensität, je nachdem, ob die Besteuerung an das Innehaben von Eigentum (Vermögensteuer, Grundsteuer, Gewerbekapitalsteuer[223]) oder an den Gebrauch von Eigentum anknüpfe[224]. Für den Ge-

---

216 In: Steuern im Verfassungsstaat, S. 27 (45).

217 Vgl. BVerfGE 24, 367 (389) – Hamburger Deichordnung; 50, 290 (339) – Mitbestimmung; 97, 350 (370 f.) – Euro.

218 U. a. in: JZ 1982, 305 (307); zustimmend *Lang*, NJW 2000, 457 (459) und in: FS für Vogel, S. 173 (179); ähnlich auch *Depenheuer*, in: v. Mangoldt/Klein/Starck, Art. 14 Rn. 12 ff.; *Seer*, FR 1999, 1280 (1283).

219 In: JZ 1982, 305 (307) sowie in: Jura 1983, 505 (510). Anders noch *Kirchhofs* Ansicht in: JZ 1979, 153 (156), wo er Vermögenserträge dem Art. 14 GG, Arbeitserträge dem Art. 12 GG unterstellte. Zur Bedeutung des Arbeitsertrages für die wirtschaftliche Existenzsicherung siehe auch BVerfGE 53, 257 (290) – Versorgungsausgleich; 97, 350 (371) – Euro; *v. Arnim*, in: VVDStRL 39. Band (1981), S. 286 (305).

220 „Art. 12 GG schützt den Erwerb, Art. 14 GG das Erworbene“, BVerfGE 30, 292 (335) – Erdölbevorratung; 84, 133 (157); 88, 366 (377), 102, 26 (40); st. Rspr. Diese Faustformel scheint die Normaussage der Eigentumsfreiheit auf die Gewährung von Bestandsschutz reduzieren zu wollen und ist insofern ausgesprochen mißverständlich. Näher zu den unterschiedlichen Schutzrichtungen der Eigentumsfreiheit unten S. 92 ff.

221 In: Verh. des 57. DJT, 1988, Band 1, Gutachten F (F 16) und in: VVDStRL 39. Band (1981), S. 213 (245); etwas anders aber ebenda S. 254: das Steuerrecht definiere zusammen mit anderen Rechtsregeln erst die konkrete Eigentümerposition.

222 In: VVDStRL 39. Band (1981), S. 213 (236); Jura 1983, 505 (507). *Kirchhof* beschäftigt sich nur mit der steuerlichen Belastungswirkung näher und differenziert dort nach Steuergegenständen. Daß auch jede andere Auferlegung von Geldleistungspflichten an Art. 14 GG zu messen ist, ist in der Betonung der Bedeutung des Gesamtvermögens als Grundlage der Handlungsfreiheit angelegt.

223 Bis 1997 war Bemessungsgrundlage der Gewerbesteuer neben dem Ertrag (sog. Gewerbeertragsteuer) auch das Kapital (sog. Gewerbekapitalsteuer).

224 In: VVDStRL 39. Band (1981), S. 213 (271 ff.).

brauch ordne Art. 14 Abs. 2 S. 2 GG eine *zusätzliche*, das heißt über Art. 14 Abs. 2 S. 1 GG hinausgehende Sozialpflichtigkeit an[225]. Diese gelte nicht nur für die Verwendung von Eigentum am Güter- und Dienstleistungsmarkt (Verkehr- und Verbrauchsteuern[226]), sondern auch für die Erzielung von Ertrag (Einkommen-, Körperschaft- und Gewerbeertragsteuer)[227]. In der Erwerbsphase trage der Arbeits- bzw. Finanzmarkt[228] viel zum Erfolg bei, weshalb die Allgemeinheit und stellvertretend für sie der Staat besonderen Anteil an diesem verlangen dürfe; dies rechtfertige die Steuern auf das Einkommen dem Grunde nach. In dieser Phase sei der steuerliche Zugriff „am ehesten" möglich[229]. Die Belastungsobergrenze liege nach Art. 14 Abs. 2 S. 2 GG[230] bei einer hälftigen Teilung („zugleich")[231]; sie müsse in der Regel zugunsten der Privatnützigkeit des Einkommens unterschritten bleiben[232]. Auch bei der Anschaffung von Gegenständen und der Inanspruchnahme von Leistungen am Güter- und Dienstleistungsmarkt liege ein Marktbezug vor und mache den Vorgang der Besteuerung prinzipiell zugänglich[233]; dies rechtfertige die Erhebung der auf den Verbraucher abgewälzten Verbrauch- und Verkehrsteuern. Die Teilnahme am Markt erfolge hier weitgehend freiwillig, allerdings dürfe das Steuerrecht den existentiellen Konsum nicht hindern[234].

Dagegen genieße die Innehabung konsolidierten Vermögens, insbesondere wenn dies aus bereits versteuerten Erträgen stamme, einen besonders starken Schutz durch Art. 14 Abs. 1 S. 1 GG. Steuern auf den Vermögensbestand seien zwar nicht

---

225 In: Verh. des 57. DJT, 1988, Band 1, Gutachten F (F 19).

226 In diese Fallgruppe gehört insbesondere die Umsatzsteuer, ihre Einordnung als Verkehr- und/oder Verbrauchsteuer ist umstritten, siehe *Tipke*, DStR 1983, 595 ff.

227 Zu beiden Formen des Eigentumsgebrauchs siehe *Kirchhofs* Referat in: VVDStRL 39. Band (1981), S. 213 (244 f. und 271 f.).

228 *Kirchhof* betont die Notwendigkeit eines Bezugs zum Markt, ohne den eine Steuerpflicht nicht zu rechtfertigen sei (sog. Markteinkommenstheorie); siehe etwa in: Steuern im Verfassungsstaat, S. 27 (37 f.) sowie in: Verh. des 57. DJT, 1988, Band 1, Gutachten F (F 16 ff. und 23 ff.). Diese Theorie klingt auch im Beschluß zur steuerfreien Stellenzulage (BVerfGE 99, 280 [295]) an.

229 So wörtlich in: JZ 1982, 305 (308). *Kirchhof* setzt in seinen sonstigen Stellungnahmen die Schutzintensität für den Eigentumserwerb und den Eigentumsgebrauch nicht unmittelbar zueinander in Beziehung.

230 Siehe bereits Fußnote 227; auch in: StbJb. 1994/95, S. 5 (8 f.) bezieht er das „Zugleich" von Privatnützigkeit und Allgemeinwohl (auch) auf die Ertragserzielung.

231 Bereits auf der Staatsrechtslehrertagung 1980 deutete *Kirchhof* eine Orientierung an der Halbteilung an (in: VVDStRL 39. Band [1981], S. 213 [272]). Beim 57. Juristentag wurde er noch deutlicher (in: Verh. des 57. DJT, 1988, Band 1, Gutachten F [F 82 f.]; siehe auch in: StbJb. 1994/95, S. 5 [8 f.]). Siehe auch *Leisner*, in: HdbStR VI, § 149 Rn. 140 f.; *Doehring*, in: Die politische Meinung 1978, Sonderheft, S. 7 (52); bezogen auf die Einkommensbesteuerung auch *Friauf*, in: DStJG 12. Band (1989), S. 3 (8 f.) und *Draschka*, Steuergesetzgebende Staatsgewalt, S. 181.

232 So in: Verh. des 57. DJT, 1988, Band 1, Gutachten F (F 82); siehe auch in: StbJb. 1994/95, S. 5 (9: das Verbleiben einer zumindest hälftigen Privatnützigkeit sei geboten).

233 In: StuW 1996, 3 (7 f.).

234 In: VVDStRL 39. Band (1981), S. 213 (276).

gänzlich ausgeschlossen, aber nur zulässig in Form der die Privatnützigkeit wahrenden Steuern auf den Sollertrag, die bei typisierender Betrachtung keinen Entzug der Vermögenssubstanz bewirken[235]. Ertragsunfähiges Vermögen müsse deshalb von der Besteuerung ausgenommen werden[236].

Die dargelegten Maßstäbe seien dabei nicht nur auf jede einzelne Steuer anzuwenden, auch die Gesamtbelastung dürfe nicht gegen das Übermaßverbot verstoßen[237].

β) *Die Übernahme des Schutzkonzepts im Vermögensteuerbeschluß*

Die im Vermögensteuerbeschluß angenommene verringerte Schutzintensität beim Erwerb im Abgrenzung zum nahezu absoluten Schutz der Substanz des innegehabten Vermögens, die darauf beruhende Sollertragsinterpretation der Vermögensteuer und schließlich der aus Art. 14 Abs. 2 S. 2 GG abgeleitete Halbteilungsgrundsatz entsprechen Paul Kirchhofs Eigentumsdogmatik[238]. Daraus ist zu schließen, daß nach der Auffassung des Senats die Auferlegung der Vermögensteuer in den Schutzbereich der Eigentumsfreiheit eingreift[239], auch wenn dies nicht eindeutig formuliert wurde. Der Passus zum Eingriff in die „allgemeinen Handlungsfreiheit (Art. 2 Abs. 1 GG) gerade in deren Ausprägung als persönliche Entfaltung im vermögensrechtlichen Bereich ... (Art. 14 GG)“[240] muß nicht als bewußte Offenlassung der Abgrenzung interpretiert werden. Er kann auch als Hinweis, daß nicht das Objekt, sondern der Eigentümer im Vordergrund steht („Eigentümerfreiheit“[241]) verstanden werden, mit anderen Worten als Aussage, daß Art. 14 GG einen speziellen Aspekt des Art. 2 Abs. 1 GG schützt. Für diese Deutung spricht auch die Ähnlichkeit der im Vermögensteuerbeschluß gewählten Formulierung zur Beschreibung (gerade) der Eigentumsfreiheit in den Entscheidungen zur Hamburger Deichordnung und zur Mitbestimmung[242].

---

235 In: VVDStRL 39. Band (1981), S. 213 (274 f.); Jura 1983, 505 (510 f.).

236 In: VVDStRL 39. Band (1981), S. 213 (275).

237 In: Jura 1983, 505 (511).

238 *Herzogs* Prophezeiung bei seiner Erwiderung auf Bayers ablehnende Stellungnahme zu den Referaten Kirchhofs und v. Arnims auf der Staatsrechtslehrertagung, in der es heißt: „... (mir) imponiert Ihre heftige Philippika gegen das, was die Referenten heute in – für meine Begriffe ausgezeichneten – Referaten vorgebracht haben, gar nicht. Wir wollen 1995 wieder drüber reden.“ (in: VVDStRL 39. Band [1981], S. 361 [368]), hat sich damit erfüllt.

239 So zutreffend *Bull*, NJW 1996, 281 (283); siehe auch *Kirchhof*, in: Steuern im Verfassungsstaat, S. 27 (40 f.); *Frenz*, StuW 1997, 116 (120).

240 BVerfGE 93, 121 (137); siehe zuvor schon BVerfGE 87, 153 (169 f.) – Grundfreibetrag, dazu oben S. 44.

241 Siehe oben Fußnote 218.

242 BVerfGE 24, 367 (389: Art. 14 GG komme „die Aufgabe zu, dem Träger des Grundrechts einen *Freiheitsraum im vermögensrechtlichen Bereich* sicherzustellen und ihm damit die eigenverantwortliche Gestaltung des Lebens zu ermöglichen“; Hervorhebung nur hier) – Ham-

γ) *Problematische Einzelfragen insbes. bei der Anwendung des Halbteilungsgrundsatzes*

Der Vermögensteuerbeschluß, insbes. der Halbteilungsgrundsatz, hat eine Reihe von Anwendungsproblemen aufgeworfen, auf die hier, soweit sie für die Einkommensbesteuerung relevant sind, kurz eingegangen werden soll. Die grundsätzliche Kritik an der Auslegung des Art. 14 Abs. 2 S. 2 GG wird zurückgestellt[243]. Fragen zur Reichweite der dem Gesetzgeber eingeräumten Übergangszeiträume[244] bleiben ausgeklammert, weil sie nicht langfristig von Bedeutung sind.

αα) Die Beurteilung der einzelnen einkommensteuerlichen Einkunftsarten

Der Vermögensteuerbeschluß wirft unter anderem die Frage auf, ob er für alle Einkunftsarten des Einkommensteuerrechts Geltung beansprucht. Festzuhalten ist, daß danach Art. 14 GG den *Vermögensertrag* als Form des Eigentumsgebrauchs schützt. Das gilt also jedenfalls für die Besteuerung der Einkünfte aus Kapitalvermögen, aus Vermietung und Verpachtung sowie mancher sonstiger Einkünfte (etwa aus bestimmten Veräußerungs- oder Vermietungsgeschäften, § 22 Nr. 2 und 3 EStG). Nicht so eindeutig und dementsprechend umstritten ist der eigentumsrechtliche Schutz des *Arbeitsertrages*, was Einkünfte aus selbständiger und nichtselbständiger Arbeit, Vergütungen für gelegentliche Tätigkeiten (§ 22 Nr. 3 EStG), aber auch solcher Einkunftsarten betrifft, bei denen der Ertrag typischerweise durch den Einsatz von Vermögen *und* Arbeitskraft erzielt wird (Gewerbebetrieb, Land- und Forstwirtschaft)[245]. Einige wenige Einkunftsarten haben ihren Grund weder im Einsatz von Vermögen noch von Arbeitskraft, so etwa Unterhaltsansprüche (§ 22 Nr. 1 a EStG).

Teile der Literatur wollen die Eigentumsfreiheit ausschließlich auf den Vermögensertrag, insbesondere nicht auf Arbeitserträge angewendet wissen[246]. Der Senat machte keine ausdrücklichen Vorgaben zum Arbeitsertrag. Die Aussage, Vermö-

---

burger Deichordnung; fast wortgleich BVerfGE 50, 290 (339) – Mitbestimmung; 97, 350 (371) – Euro. Zu diesen Entscheidungen näher unten S. 123 f., S. 124 ff. und S. 70.

[243] Dazu unten S. 147 ff.

[244] Teilweise wird vertreten, der Steuerpflichtige habe einen rückwirkenden Anspruch auf Steuererlaß im Billigkeitsverfahren, wenn die Halbteilungsgrenze überschritten sei (so etwa *Rose*, DB 1997, 494 [499]); dies dürfte mit dem vom BVerfG für die befristete Fortgeltung des VStG herangezogenen Argument einer verläßlichen Finanz- und Haushaltsplanung (BVerfGE 93, 121 [148]) nicht zu vereinbaren sein.

[245] Die Zuordnung erfolgt hier nur typisierend. Auch (nicht-)selbständige Arbeit kann bspw. mit einem gewissen Vermögenseinsatz verbunden sein. Näher zur grundrechtlichen Zuordnung der unterschiedlichen Formen der Einkommenserzielung siehe unten S. 189 ff.

[246] Diese Auffassung vertraten schon vor dem Erlaß des Vermögensteuerbeschlusses *Papier*, in: Maunz/Dürig, Art. 14 Rn. 171; *Eschenbach*, Der Schutz des Eigentums, S. 244 in Fußnote 720; danach äußerten sie *Arndt/Schumacher*, NJW 1995, 2603 (2604 f.); *Eschenbach*, DStZ 1997, 413 (414); *Jachmann*, StuW 1996, 97 (100 f.).

gensertrag nehme als Ergebnis eines Eigentumsgebrauchs am Schutz des Art. 14 GG teil[247], läßt keinen Umkehrschluß zu, denn der Senat hatte nur über die Vermögensteuer zu entscheiden. Wenn der Senat von den Grenzen der Gesamtbelastung des *„Ertrages"* spricht, könnte damit nach seinem Sprachgebrauch neben dem Vermögensertrag auch der Arbeitsertrag gemeint sein[248]. Für dieses Verständnis spricht entscheidend, daß eine Herausnahme des – gesamtwirtschaftlich und individuell wichtigen[249] – Arbeitsertrags nicht zu dem erklärten Ziel passen würde, die steuerliche Gesamtbelastung einzugrenzen[250]. Die freiheitssichernde Funktion, die dem Einkommen zukommt, ist unabhängig von der Einkunftsart[251]. Der Beschluß ist nach dem ihm zugrunde liegenden Konzept so zu verstehen, daß das Einkommen insgesamt dem Schutz der Eigentumsfreiheit zugeordnet werden soll[252]. Dies entspricht im übrigen der von Paul Kirchhof[253] entwickelten eigentumsgrundrechtlichen Dogmatik. Zusätzlich kann inzwischen der Eurobeschluß für diese Auslegung herangezogen werden, in dem der Zweite Senat den Arbeitsertrag deutlicher als im Vermögensteuerbeschluß in den Schutz der Eigentumsfreiheit einbezog[254].

ββ) Die in die Gesamtbelastung des Ertrags im übrigen einzubeziehenden Steuerarten bzw. Abgaben

Bislang ist auch noch nicht geklärt, welche Steuerarten neben der – jedenfalls zur Zeit bedeutungslosen[255] – Vermögensteuer und der soeben näher betrachteten Ein-

---

247 BVerfGE 93, 121 (138).

248 BVerfGE 93, 121 (135: „Wer sein Talent, *durch Arbeit Erträge* zu erzielen ...") – Hervorhebung nur hier.

249 Nach *Lang*, in: Tipke/Lang, Steuerrecht, § 9 Rn. 551 sind ca. 90 % aller Einkommensteuerpflichtigen (auch) Arbeitnehmer, und das Lohnsteueraufkommen mache 1995 knapp 87 % des Gesamtaufkommens aus.

250 Der Vorschlag von *Arndt/Schumacher*, NJW 1995, 2603 (2604 f.), die den Vermögensertrag an Art. 14 GG und die Einkünfte aus selbständiger/nichtselbständiger Arbeit und aus Gewerbebetrieb an Art. 12 GG messen wollen, ohne dabei „zweierlei Maß" anzuwenden, ist ein Widerspruch in sich, macht aber immerhin die Gleichwertigkeit deutlich.

251 Vgl. BVerfGE 53, 257 (290) – Versorgungsausgleich; 97, 350 (371) – Euro, die dem Arbeitsertrag im Zusammenhang mit Art. 14 GG eine zentrale Bedeutung für die wirtschaftliche Existenzsicherung in der heutigen Gesellschaft zuweisen.

252 Wie hier *Felix*, NJW 1996, 703 (704); *Seer*, FR 1999, 1280 (1286); nicht überzeugend *Eschenbach*, DStZ 1997, 413 (416 mit Fußnote 60), der von der Notwendigkeit ausgeht, die Einkünfte aus Arbeitseinsatz vor der Anwendung des Halbteilungsgrundsatzes aus dem Gesamtertrag herauszurechnen, worin er eine Schwäche des Vermögensteuerbeschlusses erblickt; er geht dabei von einer falschen Prämisse zur Reichweite des Art. 14 GG aus.

253 Nachweise siehe Fußnote 221.

254 BVerfGE 97, 350 (371), näher siehe unten S. 70; siehe zuvor schon BVerfGE 53, 257 (290) – Versorgungsausgleich.

255 Das VStG durfte für Veranlagungszeiträume ab 1997 nicht mehr angewendet werden (BVerfGE 93, 121 [148] und Beschluß der 3. Kammer des Ersten Senats, NJW 1998, 1854); eine Neuregelung ist bislang nicht erfolgt, weil man den für sie nach dem Beschluß im derzeitigen Steuersystem verbleibenden Spielraum als wenig attraktiv ansieht (siehe nur Leisner, NJW 1995, 2591 [2594]).

kommensteuer in die Gesamtbelastung einzubeziehen sind. Hier soll für einige wichtige Steuerarten versucht werden, darauf eine – am Konzept des Vermögensteuerbeschlusses ausgerichtete[256] – Antwort zu geben.

(1) Gewerbe- und Körperschaftsteuer

Der Zweite Senat des Bundesverfassungsgerichts stellte ausdrücklich auf die Gesamtbelastung durch die „Steuern auf den Ertrag“[257] ab. Zu diesen gehört neben der Einkommensteuer auch die Gewerbesteuer[258], die daher allgemein zu Recht mit einbezogen wird[259]. Steuerschuldner ist der Unternehmer (§ 5 GewStG). Dies kann eine natürliche Person, eine Personengesellschaft oder eine juristische Person sein. Insofern bedarf es einer kurzen Begründung für die Geltung einer – angenommenen – Halbteilungsgrenze auch auf der Ebene der Körperschaften: Die Eigentumsfreiheit schützt unstreitig ihrem Wesen nach auch juristische Personen (Art. 19 Abs. 3 GG)[260], so daß konsequenterweise auch Art. 14 Abs. 2 S. 2 GG als vom Senat herangezogene Grundlage der Halbteilungsgrenze anzuwenden ist[261]. Insofern kann an der Einbeziehung der Gewerbesteuer in die Gesamtbelastung nicht gezweifelt werden. Ist eine Personengesellschaft Steuerschuldner, so gehört die Gewerbesteuer neben der individuellen Einkommensteuer zur Gesamtbelastung der Gesellschafter[262], wie dies auch beim Einzelunternehmer der Fall ist. § 35 EStG n.F. trägt der gewerbesteuerlichen Vorbelastung der Gewinne durch eine bei der Einkommensbesteuerung zu gewährenden Steuerermäßigung Rechnung, die von manchen jedoch als nicht hinreichend angesehen wird[263].

Problematischer als die Gewerbesteuer ist die Behandlung der Körperschaftsteuer[264], obwohl sie ebenfalls auf den Ertrag erhoben wird. Die Körperschaft ist hier zwar der Steuerschuldner (§§ 1, 2 KStG), aber nicht immer auch wirtschaftlich

---

[256] Zu der hier zunächst zurückgestellten Kritik am Vermögensteuerbeschluß siehe unten S. 144 ff.

[257] BVerfGE 93, 121 (138).

[258] Nachdem seit 1998 nur noch der Ertrag der Gewerbesteuer unterliegt, bedarf es hier keiner Klärung, ob und wie sich eine Besteuerung des Gewerbekapitals rechtfertigen ließe.

[259] *Leisner*, NJW 1995, 2591 (2594); *Seer*, FR 1999, 1280 (1287); *Frenz*, StuW 1997, 116 (120) m. w. N. in Fußnote 55; *Arndt/Schumacher*, NJW 1995, 2603 (2604); *Wagner/Hör*, DB 1996, 585 (586); *Tipke*, GmbHR 1996, 8 (13); vgl. auch BFH, NJW 1999, 3798 (3799) = DStR 1999, 1845 (1846 f.), wobei dieser dem Halbteilungsgrundsatz nicht folgt.

[260] Siehe etwa BVerfGE 4, 7 (17) – Investitionshilfe.

[261] So *Tipke*, GmbHR 1996, 8 (13); *Seer*, FR 1999, 1280 (1286 f.).

[262] Den Personenhandelsgesellschaften kommt zwar im Außenverhältnis eine weitgehende rechtliche Selbständigkeit zu (§ 124 HGB). Die Gesellschafter haben aber wesentlich mehr Einfluß als bei den juristischen Personen. Dieser personale Bezug rechtfertigt den hier zu den Körperschaften gemachten Unterschied.

[263] Siehe oben S. 28 f.

[264] Dazu siehe *Tipke*, GmbHR 1996, 8 (13); *Seer*, FR 1999, 1280 (1286 f.); *Wagner/Hör*, DB 1996, 585 (586 ff.) mit Beispielsrechnungen.

betroffen (Steuerträger). Soweit die Steuer auf die von der Gesellschaft *ausgeschütteten* Gewinne erhoben wird, dient dies dazu, die Besteuerung der Gesellschafter sicherstellen[265]. Nach der alten Rechtslage kam dies durch das Anrechnungsverfahren eindeutig zum Ausdruck; die Belastung richtete sich letztendlich nicht nach den Verhältnissen der Körperschaft, sondern nach denen des jeweiligen Gesellschafters. Unter diesen Bedingungen war die Körperschaftsteuer auf ausgeschüttete Gewinne wie die Umsatzsteuer auf Überwälzung angelegt, so daß die durch sie bewirkte Belastung nicht bei der Körperschaft, sondern beim Gesellschafter zu berücksichtigen war[266]. Nach dem neuen Halbeinkünfteverfahren[267] ist dies nicht mehr ganz so eindeutig. Es kombiniert die (reduzierte) körperschaftsteuerliche Belastung mit der Pflicht des Gesellschafters, die Hälfte der Einkünfte als Einkommen nach seinen individuellen Verhältnissen zu versteuern. Die strenge Orientierung an seiner Leistungsfähigkeit ist zugunsten einer besseren Handhabbarkeit bei Auslandsfällen aufgegeben worden; das Anrechnungsverfahren galt als nicht „europatauglich"[268]. Einen grundsätzlich anderen Charakter sollte die Körperschaftsbesteuerung dadurch nicht erhalten. Die Besteuerung ausgeschütteter Gewinne zielt sich also nach wie vor darauf, die Leistungsfähigkeit des Gesellschafters zu erfassen, und ist darauf angelegt, von der Körperschaft auf ihn abgewälzt zu werden.

Bei der Versteuerung *thesaurierender* Gewinne könnte man sich nun auf den Standpunkt stellen, sie stelle keine Belastung des Unternehmens dar, weil sie nur vorübergehend, nämlich bis zur Ausschüttung, wirke[269]. Eine Thesaurierung ist aber etwas prinzipiell anderes als eine bloße *Verzögerung* der Ausschüttung[270]. Die nicht ausgeschütteten Gewinne bleiben auf *unabsehbare* Zeit im Unternehmen[271], dienen dessen Erhalt oder Erweiterung und sind einem Verlustrisiko ausgesetzt. Der Interessenkonflikt zwischen der Körperschaft, die auf ihre eigene Prosperität bedacht ist,

---

265 Siehe *Tipke*, Die Steuerrechtsordnung II, § 13, S. 739 f. m. w. N. Das ist auch gemeint, wenn die KSt gelegentlich als „Quellensteuer" bezeichnet wird (so z. B. BFH, BFH/NV 1998, 746 [748]; Seer, FR 1999, 1280 [1287]).

266 Zur alten Rechtslage siehe BFH/NV 1998, 746 (748); Seer, FR 1999, 1280 (1287); a. A. FG Köln, EFG 1998, 1289 (1290: die Ausschüttungsbelastung sei – in Abgrenzung zur nur vorübergehenden Tarifbelastung – maßgeblich für die Einhaltung der Halbteilungsgrenze beim Körperschaftsteuerpflichtigen). Auf die Abwälzung der Ausschüttungsbelastung auf den Anteilsinhaber geht das FG jedoch nicht ein.

267 Zu alter und neuer Rechtslage siehe oben S. 20.

268 So jedenfalls die Einschätzung der sog. Brühler Empfehlungen (siehe BB 1999, 1188 [1188 f.]). Diese Behauptung ist nicht unbestritten geblieben, weil die meisten europäischen Länder ein Teil- oder Vollanrechnungsverfahren haben (hierzu siehe etwa *Haase/Arnolds*, FR 2000, 485 ff.; *Pezzer*, StuW 2000, 144 [145 f.]).

269 So BFH, BFH/NV 1999, 746 (748); gegen die Einordnung der KSt als echte Unternehmenssteuer auch *Knobbe-Keuk*, Bilanz- und Unternehmersteuerrecht, § 14 II, S. 565 f.; *Tipke*, Die Steuerrechtsordnung II, § 13, S. 740.

270 Siehe *Seer*, FR 1999, 1280 (1287); auch *Pezzer*, in: Tipke/Lang, Steuerrecht, § 11 Rn. 4 sieht die KSt auf thesaurierte Gewinne als echte Steuer auf das Einkommen der juristischen Person an.

271 *Seer*, FR 1999, 1280 (1287) redet von einem u. U. generationsüberdauernden Zustand.

und den Gesellschaftern, die zum Beispiel auch an kurzfristigen Gewinnen zulasten von Investitionen interessiert sein können, zeigt sich gerade bei den Entscheidungen über den Verbleib des Unternehmensgewinns. Die Körperschaftsteuer ist Ausdruck dafür, daß der Fiskus die Kapitalgesellschaften als eigenständige Objekte ansieht[272] und auf die Teilhabe an ihrer *überschießenden* Wirtschaftskraft nicht verzichten will.

Bei den auf der Ebene der Körperschaft verbleibenden Belastungen durch Gewerbe- und Körperschaftsteuer kann schließlich auch nicht davon ausgegangen werden, daß sie an den Endverbraucher vollumfänglich weitergegeben werden[273]. Ob und inwieweit Überwälzungsversuche gelingen, ist vor allem von der Marktlage abhängig[274]. Volkswirtschaftliche Untersuchungen kommen hier nicht selten zu stark differierenden Ergebnissen[275]. Daß der Steuerschuldner, der sich der Zahlung nicht entziehen kann, eine Chance auf eine vollständige oder teilweise Abwälzung der Steuerlast hat, kann richtigerweise erst berücksichtigt werden, wenn die Entlastung nach einer nicht zu beanstandenden Prognose des Gesetzgebers zumindest typischerweise gelingt. Die Erhebung von Körperschaft- und Gewerbesteuer ist aber nicht darauf angelegt und wird anders als die der Umsatzsteuer auch nicht mit einer gewollten Belastung der Verbraucher gerechtfertigt[276].

(2) Der Solidaritätszuschlag

Zu den nach dem Vermögensteuerbeschluß umstrittenen Fragen gehört auch die Einbeziehung des Solidaritätszuschlags[277]. Als Annex zur Einkommensteuer knüpft er wie diese am Arbeits- bzw. Kapitalertrag an und ist damit grundsätzlich ein zu be-

---

[272] Dazu siehe die Regierungsbegründung zum Entwurf eines Dritten Steuerreformgesetzes vom 9.1.1974, BT-Dr. 7/1470, S. 323 (326 und 332); siehe auch BVerfGE 13, 331 (352: die KSt sei notwendige Konsequenz aus der Verselbständigung der juristischen Person, deren nicht ausgeschüttete Gewinne sonst überhaupt steuerfrei blieben).

[273] Siehe *Tipke*, Die Steuerrechtsordnung II, § 17, S. 829 ff. m. w. N.: Überwälzung der GewSt, soweit der Markt es zuläßt; und § 13, S. 729 ff. m. w. N.: zur KSt keine allgemeine Aussage möglich.

[274] Zu den Faktoren der Überwälzungsvorgänge siehe *H. Becker*, Finanzwissenschaftliche Steuerlehre, S. 127 ff. Zu Recht zurückhaltend deshalb BVerfGE 58, 137 (151) – Pflichtexemplar; wenig überzeugend dagegen BVerfGE 93, 121 (135: Überwälzung der VSt von Unternehmen auf die Nachfrager) mit ungenauem Verweis auf *Tipke*, der jedoch lediglich vom Versuch der Überwälzung spricht (siehe auch vorige Fußnote); etwaige Konsequenzen für den Grundrechtsschutz läßt der Senat offen.

[275] Siehe *Birk*, Das Leistungsfähigkeitsprinzip, S. 71 m. w. N.; besonders anschaulich sind die für die KSt von *Tipke*, Die Steuerrechtsordnung II, § 13, S. 729 ff. zusammengetragenen Untersuchungsergebnisse.

[276] Zu den Rechtfertigungstheorien siehe *Tipke*, Die Steuerrechtsordnung II, § 13, S. 726 ff. und § 17, S. 823 ff.

[277] Für seine Einbeziehung *Arndt*, BB 1996, Beilage 7, S. 1 (6 f.); *Bechstein*, Einzelsteuern, S. 141; *Rose*, DB 1995, 2387 (2388); *Wagner/Hör*, DB 1996, 585 (586). Jedenfalls „noch" nicht berücksichtigen wollen den Solidaritätszuschlag *Tipke*, GmbHR 1996, 8 (13) und *Seer*, FR 1999, 1280 (1287); für die Jahre 1991–94 ebenso FG Köln, EFG 1998, 1289 (1290).

rücksichtigender Teil der Gesamtbelastung. Nach zutreffender Ansicht ändert auch sein Zusammenhang mit dem (vorübergehend) erhöhten Finanzbedarf nach der deutschen Einigung daran nichts. Der vereinigungsbedingte Mehrbedarf mag Anlaß sein, über die Berechtigung einer starren Halbteilungsgrenze oder zumindest über die Zulässigkeit ihrer Überschreitung bei erhöhtem Finanzbedarf des Staates nachzudenken. Das betrifft dann aber nicht nur den Solidaritätszuschlag, sondern auch andere Steuern.

(3) Die Substanzsteuern (Grundsteuer)

Klärungsbedürftig ist ferner die Berücksichtigung der Steuern, die dem Wortlaut nach an die Substanz anknüpfen. Nach Abschaffung der Vermögensteuer und der Gewerbekapitalsteuer betrifft dies hauptsächlich noch die Grundsteuer. Die sogenannten Realsteuern[278], zu denen die Grundsteuer gehört, erwähnte der Senat in folgendem Zusammenhang: Wie die Vermögensteuer seien die Realsteuern vom Grundgesetz bei den Regelungen der Ertragshoheit voraussetzt und in ihrer historisch gewachsenen Bedeutung als eine prinzipiell zulässige Form des Steuerzugriffs anerkannt[279]. Die Besteuerung des Vermögenserwerbs, der -verwendung und des -bestands müsse aber übermäßige Lasten vermeiden. Das spricht für die Einbeziehung der Grundsteuer in die Gesamtbelastung. Allerdings ging der Senat im folgenden, insbesondere im Rahmen des Halbteilungsgrundsatzes, nicht weiter auf die Realsteuern ein. Die Lage stellt sich jedoch bei der Grundsteuer nicht prinzipiell anders dar als bei der Vermögensteuer. Zumindest formal als Substanzsteuer angelegt, hat die Grundsteuer tendenziell ebenfalls eine schrittweise konfiskatorische Wirkung und läßt sich deshalb überhaupt nur bei Deutung als – dann aber auch bei der Halbteilung zu berücksichtigende[280] – Sollertragsteuer[281] dem Grunde nach verfassungsrechtlich rechtfertigen. Diese Interpretation stößt jedoch bei ertragslosen Gebrauchsvermögen, das nach dem Vermögensteuerbeschluß aus der Sollertragsberechnung herausgenommen werden muß[282], an ihre Grenzen. Die zu eigenen Wohnzwecken genutzten Grundstücke müßten – gemessen am Konzept des Zweiten Se-

---

278 Darunter versteht man Steuern, die im wesentlichen auf objektive Gegebenheiten, nicht die persönlichen Verhältnisse des Steuerpflichtigen abstellen. § 3 Abs. 2 AO nennt Grundsteuer und Gewerbesteuer.

279 BVerfGE 93, 121 (134 f.); auch in diesem Punkt folgt der Senat den Ausführungen *Kirchhofs*, z. B. in: Die Steuerwerte, S. 72. Näher zur – begrenzten – Bedeutung des „Steuerstaatsprinzips" unten S. 85 ff.

280 Ausdrücklich für ihre Einbeziehung *A. Klein*, BB 1996, 1807 (1810 in Fußnote 50); *Seer*, FR 1999, 1280 (1288).

281 Siehe auch BVerfGE 65, 325 (353: Gegenstand der GrSt sei die Ertragsfähigkeit des Grundbesitzes) – Zweitwohnungsteuer.

282 Die Besteuerung ließe sich bei Eigennutzung mit Verweis auf die ersparten Mietzahlungen, um die sich das disponible Einkommen erhöht (im Grundfreibetrag ist der Wohnbedarf berücksichtigt), rechtfertigen; der Gesetzgeber hat allerdings die Einkommensteuer auf den Nutzwert selbstbewohnten Eigentums seit 1987 abgeschafft.

nats – von der Grundsteuer ausgenommen werden. Auch im übrigen ist für diese Steuer nur Raum, wenn und soweit die Ertragsteuern die Halbteilungsgrenze nicht bereits ausschöpfen. Zur Rechtfertigung einer Überschreitung kann nicht auf Lenkungszwecke verwiesen werden, denn der Staat fördert die Eigenheimbildung, kann sie also nicht gleichzeitig durch die Erhebung einer Grundsteuer hemmen wollen[283].

(4) Verbrauch- und Verkehrsteuern allgemeiner und lenkender Art

Schließlich ist die Einbeziehung von Verbrauch- und Verkehrsteuern problematisch. Der Senat hat bei der Halbteilungsgrenze unmittelbar nur auf die Belastungen durch die *Steuern auf den Ertrag* abgestellt[284], aber auch auf die Vorbelastung durch indirekte Steuern hingewiesen[285]. Man könnte sich auf den Standpunkt stellen, daß der Steuerpflichtige bei der Einkommensverwendung ein weiteres Mal vom „Markt“[286] profitiert und dies einen von der Besteuerung des Ertrags völlig unabhängigen weiteren Besteuerungszugriff rechtfertigt. Entscheidend dagegen spricht, daß aus Sicht des Steuerpflichtigen nichts gewonnen ist, wenn der Gesetzgeber die Belastung durch direkte Steuern reduziert, aber seine Mindereinnahmen durch die Erhöhung der (allgemeinen) indirekten Steuern, insbesondere der Umsatzsteuer, ausgleicht[287], was ja auch gerade Hintergrund der Forderung, die Gesamtbelastung zu begrenzen, ist. Der Idee, daß mindestens die Hälfte des Einkommens dem *privaten Nutzen* verbleiben soll, wird man nur gerecht, wenn man berücksichtigt, daß der Staat im Augenblick der Einkommensverwendung noch einmal partizipiert. Die Umsatzsteuer, die als indirekte Steuer auf Überwälzung angelegt ist und auch tatsächlich typischerweise wirtschaftlich vom Endverbraucher getragen wird[288], ist aus diesem Grund richtigerweise in die Gesamtsteuerlast des Konsumenten einzubeziehen[289].

---

[283] Zum Gebot, widersprüchliche Lenkungsabgaben zu vermeiden, siehe BVerfGE 98, 83 (97) – Sondermüllabgaben, 98, 106 (118) – Kommunale Verpackungsteuer, beide allerdings vor dem Hintergrund der Verbandskompetenzen.

[284] BVerfGE 93, 121 (138: „Die Vermögensteuer darf deshalb zu den übrigen Steuern auf den Ertrag nur hinzutreten ...“). *Wagner/Hör*, DB 1996, 585 (586f.) berufen sich auf dieses Zitat, um die Nichteinbeziehung von Steuern auf die Eigentumsverwendung in die Halbteilung zu begründen.

[285] BVerfGE 93, 121 (134f., 137). Diese Passage zur Vorbelastung übersehen *Wagner/Hör*, DB 1996, 585 (586).

[286] Zu der insbes. von *Paul Kirchhof* vertretenen Markteinkommenstheorie siehe oben Fußnote 228.

[287] Vgl. *Tipke*, Die Steuerrechtsordnung II, § 11, S. 530; derselbe, GmbHR 1996, 8 (13).

[288] Ausführlich dazu *Tipke*, Die Steuerrechtsordnung II, § 19, S. 891 ff.; siehe auch BVerfGE 37, 38 (46); 101, 132 (139) – Umsatzsteuerpflicht für Heilberufe; 101, 151 (155f.) – Rechtsformabhängigkeit der Umsatzsteuerpflicht.

[289] *Arndt/Schumacher*, NJW 1995, 2603 (2605); *Arndt*, BB 1996, Beilage 7, S. 1 (6); *Fleischmann*, DB 1998, 1484 (1485); *Butzer*, Freiheitsrechtliche Grenzen, S. 93 in Fußnote 15; *Bechstein*, Einzelsteuern, S. 141; *Tipke*, GmbHR 1996, 8 (13); a. A. *Wagner/Hör*, DB 1996, 585 (586f.). *Seer*, FR 1999, 1280 (1288) will nur die Umsatzsteuer auf den existenznotwendigen

Die Umsetzung dieser Forderung ist allerdings schwierig, weil die Steuerlast vom individuellen Konsumverhalten abhängt. Von einem Mindestverbrauch kann bei jeder natürlichen Person ausgegangen werden, im übrigen müßte der Steuergesetzgeber den einer weiteren Belastung unterliegenden Anteil des Einkommens schätzen, um die zulässige Gesamtbelastung zu wahren. Noch problematischer ist die Verwirklichung der Einbeziehung der besonderen Verbrauch- und Verkehrsteuern, deren Tatbestandsverwirklichung nicht so alltäglich und daher mit einer Typisierung noch schlechter zu erfassen ist als die Umsatzsteuer. Dies gilt etwa für die Grunderwerbsteuer[290].

Fraglich ist, was für solche Verbrauch- und Verkehrsteuern gilt, die primär eine *Verhaltenslenkung* beabsichtigen[291] wie etwa die Mineralölsteuer, Tabaksteuer und Alkoholsteuern[292]. Versteht man den Halbteilungsgrundsatz als Ausdruck einer Grenze der zulässigen Sozialbindung von Eigentum überhaupt[293], so kann ein Lenkungszweck die Privatnützigkeit nicht stärker zurückdrängen als der Fiskalzweck[294]. Für diese Sicht spricht zwar die Verortung des Halbteilungsgrundsatz in Art. 14 Abs. 2 S. 2 GG, dagegen jedoch dessen erstmalige Ableitung für *fiskalsteuerliche* Eigentumseingriffe, auf die der Anwendungsbereich zumindest bisher auch beschränkt ist[295]. Insofern liegt es nahe, im Halbteilungsgrundsatz einen Ersatz für die konkrete Güterabwägung, die von der ganz herrschenden Meinung wegen der Abstraktheit des Fiskalzwecks als undurchführbar angesehen wird[296], zu sehen.

Konsum einbeziehen, weil Art. 12, 14 GG das freie Konsumverhalten des einzelnen nicht schütze. Diese Beschränkung ist zweifelhaft.

290 Für die Einbeziehung nur der von Unternehmen zu tragenden Grunderwerbsteuer *Seer*, FR 1999, 1280 (1288). Die 3. Kammer des Ersten Senats des BVerfGs (NJW 1999, 1098 ff.) hielt eine Vorlage zur GrESt für nicht ausreichend begründet und ließ dabei deutliche Zweifel an der Übertragbarkeit des Vermögensteuerbeschlusses auf Verkehrsteuern jedenfalls hinsichtlich der völligen Verschonung privaten Gebrauchsvermögens durch entsprechende Freibeträge erkennen; um die Halbteilung ging es insoweit allerdings nicht.

291 Für ihre Einbeziehung etwa *Krüger/Kalbfleisch/Köhler*, DStR 1995, 1452 (1454 mit Fußnote 9); wohl auch *Trzaskalik*, in: Verh. des 63. DJT, 2000, Band 1, Gutachten E (E 53); *Frenz*, StuW 1997, 116 (121 mit Fußnote 66) auf der Grundlage der Rechtsprechung (er selbst lehnt den Halbteilungsgrundsatz ab und hält insbes. zu Lenkungszwecken einen wesentlich höheren Steuersatz für zulässig, ebenda, S. 121 im Text). Gegen die Berücksichtigung wendet sich *Sacksofsky*, NJW 2000, 2619 (2622); unklar *A. Klein*, BB 1996, 1807 (1810), der nach dem Vermögensteuerbeschluß von einem hohen Legitimationsaufwand für Lenkungsabgaben spricht.

292 *Tipke* bestreitet den Lenkungscharakter der Alkoholsteuern, weil sie nicht *alle* alkoholischen Getränke erfassen (in: Die Steuerrechtsordnung II, § 21, S. 979 ff. m. w. N. auch zur gegenteiligen BFH-Rechtsprechung). Dabei handelt es sich jedoch um ein gleichheitsrechtliches Problem, was den Lenkungscharakter der Alkoholsteuern richtigerweise nicht in Frage stellt.

293 So *Leisner*, NJW 1995, 2591 (2594); *Depenheuer*, in: v. Mangoldt/Klein/Starck, Art. 14 Rn. 223, nach denen die Halbteilungsgrenze auch für andere Eigentumseingriffe, z. B. im Umweltschutz- oder Denkmalschutzrecht gelten muß.

294 Zum Verhältnis von Fiskal- und Lenkungszweck siehe oben S. 34 f.

295 Vgl. etwa die Entscheidung des Ersten Senats BVerfGE 100, 226 (243) – Abbruchverbot, wonach die Grenze im Denkmalschutzrecht erst bei der Totalbindung verläuft.

296 Siehe aber unten S. 153 ff.

Kann für Lenkungszwecke jedoch der Verhältnismäßigkeitsgrundsatz in seiner allgemeinen Aussage Anwendung finden, so überzeugt die Einberechnung von Lenkungsteuern in die Gesamtbelastung nicht. Im Vermögensteuerbeschluß wird offengelassen, was wäre, wenn der Gesetzgeber die Vermögensteuer zur Umverteilung (also einer Form der Lenkung) einsetzen würde.

(5) Kirchensteuer

Teilweise wird davon ausgegangen, daß auch die Kirchensteuer in die Gesamtbelastung einzurechnen sei[297]. Dies vermag nicht zu überzeugen[298]. Die Entscheidung darüber, Mitglied einer Kirche zu sein, ist Ausübung der nach Art. 4 Abs. 1, Abs. 2 GG geschützten Religionsfreiheit. Diese Freiheit umfaßt, wie sich aus Art. 140 GG ergibt, von vornherein nicht das Recht auf eine *beitragsfreie* Mitgliedschaft in einer als Körperschaft des öffentlichen Rechts organisierten Religionsgemeinschaft[299]. Die Kirchensteuer nimmt insofern eine Sonderstellung ein; sie kann einer zugunsten des Fiskus zwangsweise erhobenen Steuer nicht gleichgestellt werden[300]. Auch das Argument, daß die Kirchen die Steuermittel teilweise zu sozialen Zwecken verwenden und den Staat dadurch von gewissen Aufgaben und Ausgaben entlasten[301], vermag nicht zu überzeugen, denn es gilt auch für gemeinnützige Vereinigungen[302], und ändert insbesondere nichts an der Freiwilligkeit der Mitgliedschaft.

(6) Sozialabgaben

Auch nichtsteuerliche Abgaben tragen unter Umständen zur Gesamtbelastung bei. So wird vereinzelt gefordert, auch Sozialabgaben zumindest teilweise zu berücksichtigen. Zu unterscheiden ist zwischen den Beitragsleistungen der Versicherten und der Arbeitgeber:

---

297 So ohne Begründung *Bechstein*, Einzelsteuern, S. 141; im Rahmen seiner Beispielsrechnung auch *Dichtl*, BB 1995, 2501 f.; leicht zweifelnd, aber i. E. dafür *Fleischmann*, DB 1998, 1484 (1485).

298 Zutreffend daher *Arndt*, BB 1996, Beilage 7, S. 1 (7); *Rose*, DB 1997, 494 (496 mit Fußnote 39); *Butzer*, Freiheitsrechtliche Grenzen, S. 93 Fußnote 15; *Tipke*, GmbHR 1996, 8 (13); *Seer*, FR 1999, 1280 (1288); vgl. auch BFH, NJW 1999, 3798 (3799), der die KiSt im Gegensatz zur Vorinstanz (FG Düsseldorf, EFG 1998, 378 f.) nicht in die Gesamtbelastung einrechnete.

299 Zu dieser typischen Organisationsform siehe Art. 140 GG i. V. m. Art. 137 Abs. 5 WRV. Diese ist ausdrücklich mit einer Besteuerungskompetenz verbunden (Art. 137 Abs. 6 WRV).

300 Siehe auch BVerfGE 19, 206 (216 ff.); 30, 415 (423 ff.), wonach für die staatliche Anerkennung von Kirchensteuerschulden erforderlich ist, daß die Mitgliedschaft auf dem freien Willen des Mitglieds beruht.

301 So *Fleischmann*, DB 1998, 1484 (1485).

302 *Seer*, FR 1999, 1280 (1288).

Dem Versicherten kommen seine Zahlungen weitgehend *selbst* zugute. Allerdings ist die Beitragsäquivalenz[303] nicht strikt eingehalten[304]. Der Gedanke, den etwaigen Differenzbetrag in die Gesamtbelastung einzubeziehen[305], ist, will man eine bloße Umschichtung der Zahlungslasten vermeiden, grundsätzlich richtig.

Für die Sozialabgabenlast der Unternehmen, insbesondere die Arbeitgeberbeiträge zur Sozialversicherung, ist zur Zeit noch ungeklärt, ob sie Bestandteil der bei der Halbteilung relevanten Gesamtbelastung sind. Teilweise werden sie für unbeachtlich gehalten, weil von ihrer grundsätzlichen Abwälzbarkeit ausgegangen wird[306], was allerdings ohne genaue Analyse der wirtschaftlichen Auswirkungen eine problematische Argumentation ist. Von anderen Literaturstimmen werden sie vollständig einberechnet[307]. Dabei wird aber übersehen, daß die Unternehmen für ihre Zahlungen eine Gegenleistung in Form der Arbeitskraft erhalten[308]. Daß die Lohnnebenkosten, anders als der Lohn, nicht Folge einer Vertragsvereinbarung sind, sondern kraft Gesetzes entstehen, könnte allerdings Grund sein, zwischen den angemessenen (etwa beitragsäquivalenten) Sozialabgaben einerseits und dem Teil, der auf versicherungsfremde Leistungen entfällt, andererseits zu unterscheiden[309].

(7) Zusammenfassung

Wie anhand dieser Einzelfragen gezeigt wurde, erschöpft sich der Vermögensteuerbeschluß nicht darin, verfassungsrechtliche Vorgaben für die *Vermögen*steuer aufzustellen. Die Aussagen zur steuerlichen *Gesamt*belastung bleiben auch nach der Abschaffung dieser Steuer von großer Bedeutung. Die Brisanz des Halbteilungsgrundsatzes läßt sich erst erfassen, wenn man sich die Vielzahl der bei der Belastungsobergrenze konsequenterweise zu berücksichtigenden Steuern und Abgaben bewußt macht.

---

303 Beitragsäquivalenz im genannten Sinne besteht, wenn sich der Vorteil des Versicherungsschutzes mit dem Nachteil der Beitragsleistung unter Berücksichtigung des Versicherungsrisikos ausgleicht, also bei versicherungsmathematisch „gerechten" Beiträgen.

304 Das BSG hat kürzlich die Beitragserhebung trotz der Finanzierung auch versicherungsfremder Leistungen für verfassungsmäßig erachtet, BSGE 81, 276 (278 ff.).

305 *Butzer*, Freiheitsrechtliche Grenzen, S. 99 ff.; siehe auch *Leisner*, Die Belastungsgrenze, S. 33 ff.; *Fleischmann*, DB 1998, 1484 (1485).

306 So für den Regelfall etwa *Butzer*, Freiheitsrechtliche Grenzen, S. 107, der allerdings auf den Anspruch auf Abgabenverschonung bei Gefahren für den Unternehmensfortbestand hinweist.

307 So wohl *Leisner*, Die Belastungsgrenze, S. 72 ff.

308 So zutreffend *Seer*, FR 1999, 1280 (1289). Wegen ihres Zusammenhangs mit einer Gegenleistung bzw. einer ganz bestimmten Mittelverwendung fallen auch Gebühren, Beiträge und Sonderabgaben aus der Gesamtbelastung heraus, dazu auch *Seer*, ebenda.

309 In diese Richtung *Fleischmann*, DB 1998, 1484 (1485). *Seer*, FR 1999, 1280 (1289) spricht sich dafür aus, die Fehlentwicklungen an der Quelle, d. h. im System der Sozialversicherung, zu korrigieren.

γγ) Brutto- oder Nettobetrachtung

Nach Erlaß des Vermögensteuerbeschlusses ist es in der Literatur zu Diskussionen darüber gekommen, zu welcher Größe die ermittelte Gesamtsteuerlast in Beziehung zu setzen ist. Diesbezüglich haben unklare Formulierungen im Beschluß selbst[310] und verschiedene Äußerungen Paul Kirchhofs[311] die Frage aufgeworfen, ob Maßstab die Bruttoeinnahmen, das heißt die Einnahmen ohne Rücksicht auf die einnahmebedingten Ausgaben, oder die Differenz aus Einnahmen und Ausgaben sind, also ein Nettowert. Die Bruttobetrachtung wirkt sich wie folgt aus: Erzielt der Steuerpflichtige Mieteinnahmen in Höhe von 50.000 €, so könnte ihm bei Anwendung des Halbteilungsgrundsatzes unabhängig davon, ob sein Aufwand für die Vermietung 0 €, 10.000 €, 50.000 €, 100.000 € oder mehr beträgt, – vorbehaltlich anderer Besteuerungsgrenzen – ein Steuerbetrag von 25.000 € auferlegt werden. Bei einer geringen Gewinnmarge könnte der Halbteilungsgrundsatz einer vollständigen Entziehung des Vermietungsgewinns nicht entgegenwirken, er könnte nicht einmal bei der Erzielung von Verlusten eine Steuerlast verhindern[312]. Eine begrenzende Funktion hätte das Halbteilungsgebot in der Bruttobetrachtung nur in den Fällen eines relativ geringen Aufwands[313], für ganze Branchen liefe es leer. Die ganz herrschende Lehre hält vor diesem Hintergrund die Nettobetrachtung für maßgeblich[314]. Dem ist zu folgen, denn das Ergebnis einer Bruttobetrachtung müßte über Art. 3 Abs. 1 GG korrigiert werden[315]. Bei der Anwendung des Gleichheitssatzes ist es nämlich anerkannt, daß das *Netto*einkommen die Leistungsfähigkeit bestimmt[316].

---

310 BVerfGE 93, 121 (138: die Belastung habe „bei typisierender Betrachtung von *Einnahmen, abziehbaren Aufwendungen und sonstigen Entlastungen* in der Nähe einer hälftigen Teilung" zu verbleiben; dazu könne der Gesetzgeber „die Erträge in der Bemessungsgrundlage um *Abzugstatbeständ* ... [etwa des existenz- und *erwerbssichernden* Aufwands im Einkommensteuerrecht ...]" mindern und dann den Steuersatz typisierend so bemessen, daß „im Zusammenwirken von Abzugstatbeständen und Steuersätzen diese Obergrenze beachtet" bliebe) – Hervorhebungen nur hier.

311 Es geht um die von *Felix*, NJW 1996, 703 (704) wörtlich wiedergegebenen und auf die Bruttobetrachtung hinweisenden Äußerungen *Kirchhofs* in einem Interview der Zeitschrift Capital Heft 11/95 und in einem Vortrag vom 19.9.1995; siehe auch *Kirchhof*, in: Kirchhof/Söhn, § 2 Rn. A 159, wo er die Halbteilung bezieht „auf den Zufluß von Erwerbseinnahmen *vor ihrer Minderung zu Einkünften und Einkommen*" – Hervorhebung nur hier. Anders *Kirchhof*, in: Verh. des 57. DJT, 1988, Band 1, Gutachten F (F 19 f., wohl auch F 82 f.), wo er ausdrücklich einen Abzug der Erwerbsaufwendungen vor der Anwendung der Halbteilungsgrenze fordert; noch anders *Kirchhof*, in: StbJb. 1994/95, S. 5 (7), wo er die Halbteilung auf das nach Schonung des existenzsichernden Aufwands und nach Mäßigung des Zugriffs auf den erwerbsdienlichen Aufwand *übrige Einkommen* bezieht.

312 *Arndt*, BB 1996, Beilage 7, S. 1 (4 f.).

313 *Felix*, NJW 1996, 703 (704).

314 *Rose*, DB 1995, 2387 (2388); DB 1997, 494 (497 ff.); *Arndt*, BB 1996, Beilage 7, S. 1 (3 ff.); *Felix*, NJW 1996, 703 f.; *Seer*, FR 1999, 1280 (1289 f.); *Feldmann*, StuW 1998, 114 (118); *Bechstein*, Einzelsteuern, S. 143 ff.; *Tipke*, GmbHR 1996, 8 (12 f.); a. A. *Dichtl*, BB 1995, 2501 f., wie sich aus seiner Beispielsrechnung ergibt; *Christoffel*, Einheitsbewertung, S. 27 Anm. A 60 f.

315 In diesem Sinne auch *Arndt*, BB 1996, Beilage 7, S. 1 (4).

Auf der Grundlage der Nettobetrachtung ist auch die unglücklich formulierte[317] Passage zur Möglichkeit, die Halbteilungsgrenze u. a. durch erwerbssichernde Abzugstatbestände zu wahren, auszulegen. Es bleibt für sie nur ein enger Anwendungsbereich, denn der unmittelbar zum Erwerb der zu versteuernden Einnahmen eingesetzte Aufwand muß bereits *vorab* berücksichtigt werden. Zur Kompensation eines hohen Steuersatzes kommen überhaupt nur (typischerweise) überhöhte Pauschalen oder andere subventionelle Abzüge wie Sonderabschreibungen und die Abziehbarkeit zukunftsgerichteter Investitionen in Frage. Zur Abstimmung von Bemessungsgrundlage und Steuersatz reicht es aber nicht aus, wenn die gebotene Begrenzung der Steuerlast nur in Einzelfällen gelingt. Deshalb erweisen sich Vergünstigungen, die nur unter bestimmten (engen) Voraussetzungen gewährt werden, als ungeeignet zur Kompensation. Der Grundfreibetragsbeschluß[318] nennt in einem vergleichbaren Zusammenhang folgende Beispiele für Regelungen, die *keinen* Ausgleich bewirken können: die Steuerfreiheit von Zahlungen nach dem Bundesausbildungsförderungsgesetz oder von Wohngeld (§§ 3, 3 a, 3 b EStG), die Gewährung von Freibeträgen für die Einkünfte aus Land- und Forstwirtschaft (§ 13 Abs. 3 Abs. 1 EStG) oder aus Kapitalvermögen (§ 20 Abs. 4 EStG), den Arbeitnehmerpauschbetrag (§ 9 a S. 1 Nr. 1 Buchstabe a EStG) und den Altersentlastungsbetrag (§ 24 a EStG). Daß die Rechtsprechung zur Kompensation von steuerlichen Vor- und Nachteilen insgesamt strenger geworden ist, zeigt auch eine neuere Entscheidung[319]. Bis zu dieser war auf die Vorteile des Splittingverfahrens für Ehegatten verwiesen worden[320], um die Beschränkung des Haushaltsfreibetrages und der Abziehbarkeit von Kinderbetreuungskosten auf Alleinerziehende zu rechtfertigen, obwohl das Splitting allen Verheirateten und nicht nur denen mit Kindern zugute kommt[321] und obwohl es auch nicht jedem Ehepaar eine Entlastung bringt[322]. Der Zweite Senat ist dieser Sicht in der neuen Entscheidung zu Recht nicht gefolgt[323]. Insgesamt dürfte daher der Möglichkeit, hohe Steuersätze durch Abzugstatbestände zu kompensie-

---

316 Siehe die Nachweise in Fußnote 157.

317 Siehe das Zitat in Fußnote 310.

318 BVerfGE 87, 153 (176 f.) – Grundfreibetrag. Der Senat erörterte dort einen potentiellen Ausgleich für die mangelhafte Freistellung des zur Existenzsicherung benötigten Einkommensteils (siehe oben S. 43 ff.); seine Erwägungen gelten jedoch ebenso bei Überschreitung der Halbteilungsgrenze.

319 BVerfGE 99, 216 ff.

320 § 33 c EStG a. F. war sogar erst aufgrund einer Entscheidung des BVerfGs eingeführt worden. Der Erste Senat hatte es in BVerfGE 61, 319 ff. beanstandet, daß Alleinerziehende die Kosten für die Betreuung der Kinder nicht absetzen konnten. Sie seien gegenüber Ehegatten benachteiligt, denen es das Splittingverfahren ermögliche, ihre Lebensführung so zu gestalten, daß keine Betreuungskosten entstünden. Seien beide Ehegatten berufstätig, könne der Betreuungsaufwand aus dem doppelten Einkommen bestritten werden.

321 Nach Berechnungen des Statistischen Bundesamts hatten 1996 nur 53 % aller Ehepaare Kinder (Daten übernommen von *Sacksofsky*, NJW 2000, 1896 [1903]); im Jahr 1982 waren es noch über 70 % (so jedenfalls die Angabe in BVerfGE 61, 319 [350]).

322 Näher zur Wirkung des Splittingverfahrens siehe S. 27 f.

323 Trotz des offenkundigen Widerspruchs beider Entscheidungen setzt sich der Zweite Senat mit der Argumentation des Ersten Senats in seinem Beschluß nicht auseinander.

ren, bei der derzeitigen Ausgestaltung des Steuerrechts nur geringe Bedeutung zukommen.

Im Gegensatz zum Erwerbsaufwand ist das eigene Existenzminimum des Steuerpflichtigen nach dem Konzept des Vermögensteuerbeschlusses nicht vom Gesamtertrag abzuziehen, bevor der Halbteilungsgrundsatz Anwendung findet[324]. Diesbezüglich kann neben dem recht deutlichen Hinweis in der Entscheidung zu der Möglichkeit, hohe Steuersätze durch „existenzsichernde" Abzüge auszugleichen, auch auf den Grundfreibetragsbeschluß[325] verwiesen werden, nach dem es genügt, wenn dem Steuerpflichtigen *nach* der Besteuerung soviel verbleibt, daß er damit seinen Lebensbedarf bestreiten kann (sogenannte „Resttheorie"). Für den existentiellen Kindesunterhalt dürfte wiederum anderes gelten, jedenfalls bei Einbeziehung der Aussagen der Art. 3 Abs. 1, 6 Abs. 1 GG, nach denen sich diese Ausgaben mindernd auf die Leistungsfähigkeit auswirken[326].

δδ) Die Bedeutung der Sollertragsbetrachtung

Klärungsbedürftig ist weiterhin die Bedeutung der Sollertragsbetrachtung, die dem Vermögensteuerbeschluß zugrunde liegt. So wird etwa in der Literatur gefragt, ob es mit dem Halbteilungsgrundsatz zu vereinbaren sei, wenn der Sollertrag mit 60 %, der tatsächlich erzielte Ertrag dagegen nur mit max. 50 % besteuert werde[327] oder umgekehrt[328]. Für die Beantwortung muß man sich den Grund der Sollertragsbetrachtung verdeutlichen: Ohne sie hätte sich die Vermögensteuer als schrittweise Konfiskation von Vermögen darstellt und wäre damit ein vom Senat nicht zugelassener Eigentumseingriff gewesen. Mit Hilfe der Sollertragsbetrachtung ließ sich die Vermögensteuer jedoch als ein nicht von vornherein unzulässiger Eingriff in den (ggf. negativen) Eigentumsgebrauch begreifen[329]. Der Senat ging dabei davon aus, daß die Vermögensteuer auch als Abgabe auf einen fiktiven Ertrag konzipiert worden ist[330].

---

324 So zutreffend *Rose*, DB 1997, 494 (497: das zur eigenen Existenzsicherung notwendige Einkommen sei nicht vorab zu berücksichtigen, weil es gerade den Kernbereich absoluter Privatnützigkeit markiere); a. A. *Butzer*, Freiheitsrechtliche Grenzen, S. 93; *Seer*, FR 1999, 1280 (1290).

325 BVerfGE 87, 153 (Leitsatz 1 und S. 169 f.); näher schon oben S. 43 ff.

326 Zutreffend *Rose*, DB 1997, 494 (497). Zum zwingend „vorab" zu berücksichtigenden Kindesunterhalt siehe BVerfGE 82, 60 (Leitsatz 2 und S. 86 ff.) – Kindergeldkürzung I.

327 Siehe *Arndt/Schumacher*, NJW 1995, 2603 (2604).

328 Siehe *Feldmann*, StuW 1998, 114 (118).

329 So zutreffend *Jachmann*, StuW 1996, 97 (101). Der Zweite Senat trug dem Gesetzgeber insofern auf, das ertragsunfähige, insbesondere das der persönlichen Lebensführung des Steuerpflichtigen und seiner Familie dienende Vermögen (vergegenständlicht: das Einfamilienhaus) von der Sollertragsteuer abzuschirmen (BVerfGE 93, 121 [140 f.]).

330 *Böckenförde* weist in seiner abweichenden Meinung (BVerfGE 93, 149 [158 ff.]) u. a. anhand von Nachweisen aus dem Gesetzgebungsverfahren im Jahr 1974 und der bewußten Erstreckung auf ertragsunfähiges Vermögen nach, daß die Vermögensteuer als Belastung der

Der Sollertrag hat den Zweck, ungenutztes bzw. nicht optimal genutztes Vermögen in seiner nicht bzw. nicht voll realisierten Ertragsfähigkeit zu erfassen[331]. Richtigerweise kann vor diesem Hintergrund eine Verletzung des Art. 14 Abs. 2 S. 2 GG nicht festgestellt werden, solange der tatsächlich erzielte Ertrag mindestens zur Hälfte dem Steuerpflichtigen verbleibt. Umgekehrt kann es dagegen gerechtfertigt sein, daß vom Istertrag wegen eines höheren Sollertrags weniger als die Hälfte übrigbleibt.

Für Arbeitserträge kann derzeit jedoch nur der *tatsächliche* Verdienst maßgeblich sein[332]. Das Anknüpfen an einen *Sollarbeitsertrag* bedeutet einen mittelbaren[333], durch die Androhung von Nachteilen[334] ausgeübten Zwang, mit dem Einsatz der eigenen Arbeitskraft ein bestimmtes finanzielles Ergebnis zu erreichen bzw. überhaupt eine Berufstätigkeit auszuüben. Darin liegt, je nach den Umständen des Einzelfalls, ein Eingriff in die positive Berufswahl- oder Berufsausübungsfreiheit oder in die negative Berufsfreiheit[335]. Wenn sich die Gegenansicht[336] insofern gegen ein „Recht auf Faulheit" bzw. eine „Freiheit zum Müßiggang" wendet, verkennt sie, daß das Grundgesetz eben nicht nur „ethisch wertvolle" Tätigkeiten schützt. Ein derartiger Eingriff bedarf zumindest einer gesetzlichen Grundlage[337], an der es bisher fehlt. Die Bemessungsgrundlage der Einkommensteuer richtet sich de lege lata bei Arbeits- und Vermögenserträgen gleichermaßen nach den tatsächlich erzielten Erträgen. Nachdem neben der Vermögensteuer inzwischen auch die Gewerbekapitalsteuer abgeschafft worden ist, hat die Sollertragsbetrachtung an Bedeutung verloren[338].

Substanz gewollt und konzipiert war. Er wirft der Mehrheit auch vor, den Widerspruch zu BVerfGE 43, 1 (7: die Vermögensteuer sei rechtlich nicht als Ertragsteuer angelegt) nicht thematisiert zu haben.

[331] Entgegen *Wagner/Hör*, DB 1996, 585 (585 f.) läßt sich der Sollertrag deshalb nicht einfach mit dem Istertrag gleichsetzen.

[332] So zu Recht *Rose*, DB 1995, 2387 (2389); a. A. wohl *Feldmann*, StuW 1998, 114 (118), der jedoch nicht beachtet, in welchem Zusammenhang der Zweite Senat die Sollertragsbetrachtung anstellt.

[333] Zur Gleichwertigkeit von unmittelbaren oder mittelbaren Beeinträchtigungen im Rahmen der Eingriffsdefinition siehe unten S. 178 ff.

[334] Anders mag die Vorenthaltung von Vorteilen zu beurteilen sein. Insofern läßt sich das von *Scholz*, in: Maunz/Dürig, Art. 12 Rn. 2 und *Tipke*, Die Steuerrechtsordnung II, § 12, S. 569 f. gewählte Beispiel der Kürzung der Sozialhilfe nicht verallgemeinern.

[335] Zur Freiheit, keinen Beruf zu ergreifen, siehe BVerfGE 58, 358 (364) – Bewährungsauflage; 68, 256 (267) – Unterhaltspflicht; *Gubelt*, in: v. Münch/Kunig, Art. 12 Rn. 37; *Jarass*, in: Jarass/Pieroth, Art. 12 Rn. 8; *Manssen*, in: v. Mangoldt/Klein/Starck, Art. 12 Rn. 52; *Tettinger*, in: Sachs, Art. 12 Rn. 56.

[336] *Tipke*, Die Steuerrechtsordnung II, § 12, S. 569 f; siehe auch *Scholz*, in: Maunz/Dürig, Art. 12 Rn. 2.

[337] *Kirchhof* (in: Steuern im Verfassungsstaat, S. 34 f.) sieht die Istertragsbesteuerung beim Arbeitsertrag sogar als durch Art. 12 GG verfassungsrechtlich vorgeprägt an. Ob dem zuzustimmen ist, kann hier offenbleiben.

[338] Zu ihrer Bedeutung für die Grundsteuer siehe oben S. 57.

εε) Gesamtbelastung als Durchschnitts-, nicht als Grenzbelastung

Vereinzelt wird aus dem Vermögensteuerbeschluß geschlossen, ein Spitzensteuersatz von mehr als 50% verstoße bereits für sich genommen gegen Art. 14 Abs. 1 S. 1, Abs. 2 S. 2 GG[339]. Maßstab der Halbteilung ist in der Entscheidung aber nicht die (individuelle) Grenzsteuerbelastung, sondern die durchschnittliche Steuerlast des jeweiligen Steuerpflichtigen[340]. Dies ergibt sich daraus, daß der Senat auf die Gesamtbelastung abstellte und gerade keine maximalen Steuersätze festlegte. Auch unabhängig von einem etwaigen Toleranzspielraum bei der Halbteilung[341] wäre eine Besteuerung, die für einen Teil des Einkommens ein Höchstsatz von über 50% vorsieht, noch nicht allein deshalb verfassungswidrig. Da stets ein Teil des Einkommens in die tarifliche Nullzone fällt (Grundfreibetrag) und darüber hinausgehendes Einkommen zu einem Teil dem Eingangssteuersatz und zu weiteren Teilen den erst nach und nach steigenden Grenzsteuersätzen unterliegt, liegt der individuelle Durchschnittssteuersatz (weit) unter dem individuellen Spitzensteuersatz. Der Gesetzgeber muß allerdings beachten, daß sich der durchschnittliche Steuersatz mit steigendem Einkommen dem Spitzensteuersatz *nähert*, weil sich die Wirkung der Abzugsbeträge[342] und der geringeren Eingangs- und Grenzsteuersätze nach und nach verliert.

ζζ) Die Bindungswirkung des Beschlusses

In Literatur[343] und Rechtsprechung der Fachgerichte[344] wird teilweise problematisiert, ob bzw. inwieweit den Ausführungen zum Halbteilungsgrundsatz *eine Bindungswirkung* nach § 31 Abs. 1 BVerfGG zukommt. Diese Frage betrifft nicht die hier im Vordergrund stehenden inhaltlichen Maßstäbe und soll deshalb nur kurz beantwortet werden, ohne auf die streitigen Einzelfragen grundsätzlich einzugehen. Zweck des § 31 Abs. 1 BVerfGG ist ähnlich wie bei der Vorlagepflicht an das Plenum nach § 16 BVerfGG, abweichende Entscheidungen gleichgelagerter Fälle zu verhindern. Die Verfassungsrechtsprechung geht vor diesem Hintergrund davon aus, daß neben dem Tenor auch die tragenden Gründe verbindlich sind[345], zumal die Entschei-

---

339 *Fleischmann*, DB 1998, 1484 (1486).

340 So auch *Feldmann*, StuW 1998, 114 (118).

341 BVerfGE 93, 121 (Leitsatz 3 und S. 138: Die Gesamtbelastung müsse „*in der Nähe* einer hälftigen Teilung" verbleiben, – Hervorhebung nur hier).

342 Zu den in Betracht kommenden Abzugsvorschriften siehe oben S. 63 ff.

343 Siehe die Nachweise in Fußnote 206; siehe auch *Papier*, in: FS für Vogel, S. 117 (127 f.). Eine Bindungswirkung für andere Steuerarten als die VSt bejahen *Rose*, DB 1998, 1154 f. und *Vogel*, NJW 1996, 1257 (1257 f.).

344 BFH, NJW 1999, 3798 (3799) und FG Düsseldorf, EFG 1998, 378 f. (Vorinstanz).

345 BVerfGE 1, 14 (37); 19, 377 (392); 20, 56 (87); 40, 88 (93 ff.); 96, 375 (404); a. A. ein großer Teil des Schrifttums, siehe *Schlaich/Korioth*, Das Bundesverfassungsgericht, Rn. 473 ff. m. w. N. in Fußnote 110.

dungsformel allein häufig nichtssagend ist[346]. Wie die tragenden Gründe zu bestimmen sind, ist zwischen den Senaten des Bundesverfassungsgerichts (weniger wegen der Bindungswirkung nach § 31 Abs. 1 BVerfGG als wegen der Pflicht zur Anrufung des Plenums nach § 16 BVerfGG) umstritten[347]. Der entscheidende Senat ist an der Frage, welche Gründe für das von ihm angenommene Entscheidungsergebnis maßgebend waren, „näher" dran[348]. Wenn die tragenden Gründe nicht als solche bezeichnet sind, bleibt den Fachgerichten, Behörden, Verfassungsorganen bzw. dem anderen Senat[349] nichts anderes übrig, als die ihnen vorliegende Entscheidung zu interpretieren[350]. Wenn der entscheidende Senat aber, wie es beim Vermögensteuerbeschluß hinsichtlich der freiheitsrechtlichen Maßstäbe über die Gesamtbelastung der Fall ist[351], selbst Gründe als „tragend" einstuft[352], so muß diese Festlegung, nicht anders als bei materiell-rechtlichen Fragen, jedenfalls dann verbindlich sein, wenn der Senat die *Kompetenz* hatte, sich inhaltlich zu der entsprechenden Frage zu äußern. Beim Vermögensteuerbeschluß stand diese – gemessen an der ständigen Rechtsprechung – dem Zweiten Senat zu. Im Rahmen eines *konkreten Normenkontrollverfahrens* prüft das Gericht die ihm vorgelegte Gesetzesnorm in jeder Hinsicht auf ihre Verfassungsmäßigkeit[353]. Dementsprechend waren die betreffenden Vorschriften des Vermögensteuer- und des Bewertungsgesetzes vom Zweiten Senat auch auf ihre Vereinbarkeit mit den Freiheitsrechten hin zu untersuchen[354], zumal sich die Rechtsfolgen ihrer Verletzung von denen bei einem Verstoß gegen den Gleichheitssatz[355] un-

---

[346] Nach *Pestalozza*, Verfassungsprozeßrecht, § 20 Rn. 90 nehmen die Gründe deshalb als Auslegungshilfe an der Rechtskraft- und Bindungswirkung teil.

[347] Zu einem Streit zwischen den beiden Senaten um die Notwendigkeit einer Anrufung des Plenums siehe den Beschluß des Ersten Senats BVerfGE 96, 375 (403 ff.) – Arzthaftung und die Stellungnahme des Zweiten Senats BVerfGE 96, 409 (409 f.); näher *Benda*, NJW 1998, 3330 f.

[348] Siehe die Stellungnahme des Zweiten Senats BVerfGE 96, 409 (410).

[349] Im Unterschied zu den anderen in dieser Aufzählung genannten potentiellen Interpreten, für die sich die Frage nach der Bindungswirkung nach § 31 Abs. 1 BVerfGG stellt, hat der andere Senat zu klären, ob er nach § 16 BVerfGG das Plenum anrufen muß.

[350] So lag es in BVerfGE 77, 84 (104) im Hinblick auf eine vorherige Äußerung zum Normwiederholungsverbot in BVerfGE 1, 14 (15 und 37) und auch in BVerfGE 96, 375 (404 ff.) – Arzthaftung bezüglich einer Äußerung des Zweiten Senats, der es bei der Entscheidung zum Schwangerschaftsabbruch BVerfGE 88, 203 (206) abgelehnt hatte, Unterhaltszahlungen zugunsten eines Kindes als Schaden zu begreifen.

[351] Siehe BVerfGE 93, 121 (136). *Lang*, NJW 2000, 457 (457 f.) behauptet allerdings, Argumentation und Entscheidungsaufbau des Vermögensteuerbeschlusses ließen nicht erkennen, daß es sich um tragende Gründe handele, weil der „tragende Konnex zwischen dem Gleichheitssatz und den ... aufgestellten freiheitsrechtlichen Postulaten nicht überzeugend dargelegt" werde (Hervorhebung nur hier). *Lang* vermischt dabei die Frage nach der formellen Bindungswirkung mit der nach der inhaltlichen Richtigkeit und setzt sich über den Wortlaut des Vermögensteuerbeschlusses hinweg.

[352] Dies hatte der Zweite Senat auch zuvor schon getan: In der Entscheidung zum Grundlagenvertrag hatte er die (genauer: alle) Gründe für tragend erklärt (BVerfGE 36, 1 [36]).

[353] So BVerfGE 26, 44 (58); 67, 1 (11).

[354] So zu Recht *Vogel*, NJW 1996, 1257 (1257 f.); a. A., aber insofern nicht überzeugend die abweichende Meinung von *Böckenförde*, BVerfGE 93, 149 (157).

[355] Hierzu siehe *Wernsmann*, Das gleichheitswidrige Steuergesetz, S. 80 ff.

terscheiden. Vorschriften anderer Gesetze[356] sind dabei nach der Rechtsprechung einzubeziehen, wenn mehrere Komponenten gerade in ihrem Zusammenwirken problematisch sind[357]. Nur eine Gesamtbetrachtung verhindert dann, daß der Gesetzgeber eine grundrechtliche Position durch eine Vielzahl von Maßnahmen schwächt, die alle einzeln Bestand haben könnten, aber nicht in ihrer Kombination. In diesem Sinn ist die Prüfung der *Gesamtbelastung* im Vermögensteuerbeschluß zu verstehen. Der hinter § 31 Abs. 1 BVerfGG stehende Rechtssicherheitsgedanke kann dann auch nur durch eine Ausdehnung der Bindungswirkung auf diese nicht unmittelbaren Entscheidungsgegenstände erreicht werden. Ausgehend von der eigentlichen Fragestellung nach der Verfassungsmäßigkeit des Vermögensteuergesetzes waren indes nur *Vermögens*erträge, nicht auch Arbeitserträge zu beurteilen; zu letzteren enthielt der Beschluß auch keine ausdrückliche Festlegung[358]. Wenn der Bundesfinanzhof[359] in einem neueren Urteil bei einer Gesamtbelastung durch Einkommen- und Gewerbesteuer von zusammen ca. 60 % keine Verletzung von Art. 14 Abs. 1 S. 1, Abs. 2 S. 2 GG als gegeben ansah, so liegt darin kein Verstoß gegen die Bindungswirkung des Vermögensteuerbeschlusses[360]. Allerdings gilt dies aus den genannten Gründen nicht schon deshalb, weil die Belastung durch *andere Steuerarten* als die Vermögensteuer auf dem Prüfstand war[361], sondern weil die konkret betroffenen Einkünfte aus Gewerbebetrieb keine (reinen) *Vermögens*erträge waren.

e) Der Wasserpfennigbeschluß vom 7.11.1995

Im Wasserpfennigbeschluß[362] ging es um die von den Ländern Baden-Württemberg und Hessen mit dem Ziel einer Verbrauchsreduktion eingeführten Abgaben für die Entnahme von Wasser aus dem Grundwasser. Der Senat wies die gegen die jeweiligen landesrechtlichen Vorschriften gerichteten Verfassungsbeschwerden zurück. In der Entscheidung ging es wie beim Kohlepfennigbeschluß[363] hauptsächlich um finanzverfassungsrechtliche, insbesondere kompetentielle Fragen[364]. Als „Um-

---

356 Innerhalb ein und desselben Gesetzes ergibt sich die Möglichkeit der Erstreckung aus §§ 82 Abs. 1, 78 S. 2 BVerfGG.

357 So bereits BVerfGE 82, 60 (84) bezogen auf das „Normgeflecht" des einkommensteuerlichen Kinderfreibetrages mit dem (damals noch) im BKGG geregelten Kindergeld; siehe auch *Vogel*, NJW 1996, 1257 (1257 f. m. w. N.).

358 Siehe oben S. 52 ff.

359 BFH, NJW 1999, 3798 f.; ebenso FG Düsseldorf, EFG 1998, 378 f. als Vorinstanz.

360 Ob dem Halbteilungsgrundsatz inhaltlich zuzustimmen ist, soll erst an späterer Stelle untersucht werden, siehe unten S. 147 ff.

361 So aber BFH, NJW 1999, 3798 (3798: Bindungswirkung ausschließlich für das VStG); ebenso FG Düsseldorf, EFG 1998, 378 f.

362 BVerfGE 93, 319 ff.

363 BVerfGE 91, 186 ff. Siehe oben S. 44.

364 Nachdem die Grundwassernutzung in zulässiger Weise aus der Privatrechtsordnung herausgenommen worden ist (BVerfGE 58, 300 ff. – Naßauskiesung; näher unten S. 129 ff.), stellen

schaltnorm“ von der subjektiven auf die objektive Rechtmäßigkeit diente hier ohne einen Hinweis auf mögliche Spezialgrundrechte die allgemeine Handlungsfreiheit[365]. Insofern ist bemerkenswert[366], daß der Bundesverfassungsrichter Paul Kirchhof an ihr wegen einer gutachterlichen Vorbefassung[367] nicht mitgewirkt hat.

f) Der Beschluß zum Abbau der Schiffsbausubventionen vom 3.12.1997

Im Beschluß zum Abbau der Schiffsbausubventionen ging es um die Änderung einer Regelung des Einkommensteuergesetzes, durch die eine besonders hohe Abschreibung für die Anschaffung oder Herstellung von Handelsschiffen möglich war. Diese Sonderabschreibung sollte nach einer Ankündigung der Bundesregierung vom 25.4.1996 für neue Verträge abgeschafft werden, als Stichtag war dafür der 1.5.1996 vorgesehen. Nachdem in den letzten Tagen des Aprils eine Reihe weiterer Verträge geschlossen worden waren, die eine Weitersubventionierung über mehrere Jahre zur Folge gehabt hätten, wurde der ursprünglich angekündigte Stichtag in dem im Juni 1996 eingeleiteten und im Dezember 1996 abgeschlossenen Gesetzgebungsverfahren auf den 25.4.1996 vorverlegt.

Die gegen die Streichung der Sonderabschreibung gerichtete Verfassungsbeschwerde wies der Senat zurück. Im Rahmen seiner Begründung ließ er offen, ob es sich um einen Fall tatbestandlicher Rückanknüpfung oder um die Rückbewirkung von Rechtsfolgen handele. Selbst im letzten Fall dürfe das grundsätzliche Rückwirkungsverbot durchbrochen werden. Im vorliegenden Zusammenhang geht es weniger um die für die Entscheidung zentrale Rückwirkungsproblematik, auf die später eingegangen wird[368], als um die vom Senat in Betracht gezogenen freiheitsrechtlichen Maßstäbe für den Fall tatbestandlicher Rückanknüpfung. Dies sind „für das Einkommensteuerrecht ... je nach Art der betroffenen Einkünfte und der Wege, auf denen sie erzielt worden sind, namentlich Art. 12 Abs. 1, 14 Abs. 1 und 2 sowie Art. 2 Abs. 1 GG“[369]. Der Beschluß liegt damit auf derselben Linie wie der zum Außensteuergesetz.

---

sich die Abgaben als *Gegenleistung* für die Wasserentnahme dar, weshalb sie nicht als Steuer zu charakterisieren waren. Als Gebühr bzw. einer Gebühr ähnlich (BVerfGE 93, 319 [345 f.]) ließ sich der Wasserpfennig nach Auffassung des Senats mit der Finanzverfassung vereinbaren.

365 BVerfGE 93, 319 (338 ff.). Auf die Art. 12, 14 GG ging der Senat nur im Zusammenhang mit dem Schutz der papierproduzierenden Gewerbebetriebe ein und hielt die bestehenden Befreiungsmöglichkeiten von der Abgabepflicht für ausreichend (ebenda, S. 351).

366 Da *Kirchhof* von einem durch Art. 14 GG gewährten Vermögensschutz ausgeht (siehe in: Jura 1983, 505 [507]), müßte nach seinem Konzept (näher oben S. 49 ff.) die Belastungswirkung an Art. 14 GG gemessen werden. Allerdings geht *Kirchhof* in seinen Darlegungen nur auf den Grundrechtsschutz näher ein, der den einzelnen Steuergegenständen zukommt, nicht aber auf die Belastungswirkung.

367 Zur Begründung der Besorgnis der Befangenheit siehe den Beschluß BVerfGE 82, 30 ff.

368 Dazu unten S. 220 ff.

369 BVerfGE 97, 67 (79).

g) Der Eurobeschluß vom 31.3.1998

Im Eurobeschluß[370] ging der Zweite Senat erneut auf die Reichweite der Eigentumsgarantie ein. Sie bezwecke, dem Grundrechtsträger einen Freiraum im vermögensrechtlichen Bereich zu sichern und ihm dadurch die eigenverantwortliche Gestaltung seines Lebens zu ermöglichen. Vor diesem Hintergrund seien Sach- und Geldeigentum gleichwertig; Geld sei „geprägte Freiheit"[371]. Der Arbeitsertrag sei heute als wirtschaftliche Grundlage der menschlichen Existenz und der Freiheiten wichtiger als privates Sachvermögen[372]. Der Zweite Senat verneinte einen *allgemeinen grundrechtlichen Entwertungsschutz*, ließ aber offen, ob für den Währungsumtausch etwas anderes gelte, denn jedenfalls sei der Eingriff in die Eigentumsfreiheit gerechtfertigt[373].

Die Problematik des vom Senat angesprochenen etwaigen grundrechtlichen Inflationsschutzes ist für die hier zu untersuchende Frage nach der Geltung der Eigentumsfreiheit für das Schutzgut Vermögen, verstanden als Zusammenfassung aller eigentumsgeschützten Positionen, nicht relevant und von dieser zu trennen[374]. Wichtig ist jedoch die ausdrückliche Einbeziehung des *Arbeitsertrags* in den Schutzbereich der *Eigentumsfreiheit*. Damit bestätigt der Eurobeschluß den Vermögensteuerbeschluß[375] und stützt die oben[376] geäußerte Vermutung, daß die Halbteilungsgrenze nach dem Konzept des Vermögensteuerbeschlusses auch für Arbeitserträge gilt.

h) Die Urteile zu den Sondermüllabgaben und zur kommunalen Verpackungsteuer vom 7.5.1998

Im Jahr 1998 hatte der Zweite Senat über landesrechtliche Abgabennormen zu entscheiden. Zum einen ging es um Gesetze der Länder Baden-Württemberg, Hessen, Niedersachsen und Schleswig-Holstein, die Abgaben für Sondermüll oder bestimmte andere Abfallprodukte vorsahen[377]. Zum anderen ging es um die von der Stadt Kassel erhobene Verpackungsteuer, die denjenigen traf, der Speisen und Getränke zum Verzehr an Ort und Stelle in Wegwerfverpackungen oder -geschirr ab-

---

370 BVerfGE 97, 350ff.

371 BVerfGE 97, 350 (371); ausführlich hierzu *Kirchhof*, in: FS für Leisner, S. 635 (638ff.).

372 BVerfGE 97, 350 (371); zur Bedeutung des Arbeitsertrages siehe auch BVerfGE 53, 257 (290) – Versorgungsausgleich.

373 BVerfGE 97, 350 (371ff.).

374 Zur Trennbarkeit sei darauf hingewiesen, daß sich *Papier* (in: Maunz/Dürig, Art. 14 Rn. 183ff.) für eigentumsrechtlichen Inflationsschutz einsetzt, ohne das Vermögen als solches dem Schutz des Art. 14 GG zu unterstellen (ebenda, Rn. 160ff.). In der Tat stellt sich das Problem einer Garantie des Markt- oder Tauschwertes bereits für jeden einzelnen Gegenstand (siehe auch *Sieckmann*, in: Berliner Kommentar, C Art. 14 Rn. 53 Fußnote 207).

375 Vgl. *Battis*, in: FS für Leisner, S. 679 (687).

376 Siehe dazu oben S. 52ff.

377 BVerfGE 98, 83ff.

gab[378]. Einige Abgabenschuldner rügten daraufhin im Verfassungsbeschwerdeverfahren die Verletzung der Art. 2 Abs. 1, 12 Abs. 1, 14 Abs. 1 GG, teilweise auch des Gleichheitssatzes. Der Zweite Senat nahm für die Verpackungsteuer eine örtliche Verbrauchsteuer (Art. 105 Abs. 2 a GG) an; die genaue Zuordnung der Sondermüllabgabe ließ er offen. Für beide Maßnahmen habe den Ländern die Zuständigkeit gefehlt, weil der Bund mit dem Abfallgesetz 1986 bzw. dem späteren Kreislaufwirtschafts- und Abfallgesetz ein *umfassendes* abfallrechtliches Konzept beschlossen habe. Er gab den Beschwerden mit Hinweis auf die berufsregelnde Tendenz der Normen jeweils aus Art. 12 GG statt, ohne auf die Eigentumsfreiheit einzugehen.

i) Zusammenfassung

An der neueren Rechtsprechung des Zweiten Senats fällt auf, daß die Bedeutung der Eigentumsfreiheit als Maßstab für Steuerrechtsgesetze zugenommen hat. Eine Aktivierung der Eigentumsfreiheit für den Schutz vor der Auferlegung von Zahlungspflichten (Belastungswirkung) läßt sich aber, anders als manche Stimmen in der Literatur meinen[379], nicht positiv belegen[380]. Dies zeigt sich insbesondere an Entscheidungen, die eine nichtsteuerliche Belastungswirkung zum Gegenstand hatten. So war festzustellen, daß der Kohle- und der Wasserpfennigbeschluß sowie die Urteile zu Sondermüllabgaben und zur kommunalen Verpackungsteuer bei der Untersuchung der Belastungswirkung nicht auf die Eigentumsfreiheit abstellten[381]. Die Veränderungen gegenüber der traditionellen Rechtsprechung liegen auf einer anderen Ebene: In den Entscheidungen, die *steuerrechtliche* Normen zum Gegenstand haben, wird Art. 14 GG neuerdings im Zusammenhang mit dem Schutz der *dem Steuertatbestand zugrunde liegenden Handlung* genannt; unter Zugrundelegung der oben genannten Anknüpfungspunkte der grundrechtlichen Prüfung beziehen sich die Entscheidungen auf die Gestaltungswirkung. Der Vermögensteuerbeschluß und der Eurobeschluß lassen dabei die Tendenz erkennen, die Einkommenserzielung *unabhängig* von der Einkunftsart der Eigentumsfreiheit zuzuordnen. Andere Entscheidungen wie der Beschluß zum Außensteuergesetz und der Beschluß zum Abbau der Schiffsbausubventionen deuten eine Differenzierung nach den jeweiligen Einkom-

378 BVerfGE 98, 106 ff.

379 Insofern gehen *Leisner*, NJW 1995, 2591 (2594: „Beendet ist damit die unendliche Geschichte des Streits um den ‚Schutz des Vermögens' durch Art. 14 I GG. Dieses wird nun verfassungsrechtlich geschützt, als Eigentum, und zwar wirkungsvoll."); *Bull*, NJW 1996, 281 (283: „Durch die Erweiterung des Eigentumsschutzes zum Vermögensschutz wird Art. 14 GG zur zweiten grundrechtlichen Generalklausel ...", „die Subsumtion von ‚Vermögen' unter ‚Eigentum' ...") und *Lang*, FS für Vogel, S. 173 (179) bei ihrer Einordnung des Vermögensteuerbeschlusses etwas zu weit.

380 So wohl auch *Eschenbach*, DStZ 1997, 413 (414); *Pieroth/Schlink*, Grundrechte, Rn. 974; *Papier*, in: Maunz/Dürig, Art. 14 Rn. 170; *Bryde*, in: v. Münch/Kunig, Art. 14 Rn. 23.

381 Allerdings ist hinzuzufügen, daß die Entscheidungen, in denen eine Verfassungswidrigkeit (bereits) aus anderen Normen hergeleitet wurde, auch nicht unbedingt gegen die Maßgeblichkeit der Eigentumsfreiheit sprechen.

mensarten an, indem sie die Berufsfreiheit, die Eigentumsfreiheit und die allgemeine Handlungsfreiheit nennen.

Die verstärkte Heranziehung der Freiheitsrechte bedeutet keine Abkehr von der Anwendbarkeit (auch) des Gleichheitssatzes in Form des Leistungsfähigkeitsgrundsatzes im Steuerrecht. So folgte der Zweite Senat in seinen Entscheidungen aus dem Jahr 1998 der gleichheitsrechtlichen Argumentation des Ersten Senats für den Kinderlastenausgleich[382]. Auch andere Steuerrechtsfälle entschied er weiterhin anhand des Art. 3 Abs. 1 GG[383].

3. Die Position des Ersten Senats

Der Erste Senat schließt eine Beeinträchtigung des Eigentumsgrundrechts durch die Auferlegung von Geldleistungspflichten weiterhin aus[384]. Nur die Erdrosselungswirkung nimmt er von diesem Grundsatz aus; nach dem LPG-Altschulden-Urteil ist sie nicht schon dann gegeben, wenn die Erfüllung dieser Pflicht die Fortführung *einzelner* Unternehmen unmöglich macht, sondern nur wenn dieser Effekt *regelmäßig* hervorgerufen wird[385]. Dementsprechend sieht er regelmäßig die allgemeine Handlungsfreiheit als Kontrollmaßstab für die Belastungswirkung an[386]. Da die *außersteuerlichen* Geldleistungspflichten von den dogmatischen Neuorientierungen (bislang) nicht betroffen sind, sieht der Erste Senat in seinen Entscheidungen mit gutem Grund keinen, jedenfalls keinen förmlichen Widerspruch zur bisherigen Rechtsprechung des Zweiten Senats. Prüfstein für eine Divergenz wären erst Normen des *Steuerrechts*. Solche waren jedoch *nach* dem Erlaß des Vermögensteuerbeschlusses nicht Gegenstand der Rechtsprechung des Ersten Senats; zuletzt hatte er darüber im Jahr 1994 beim Beschluß zu den Berufsausbildungskosten[387]

---

[382] BVerfGE 99, 246 ff.; 99, 268 ff.; 99, 273 ff. Der Beschluß zum Betreuungs- und Erziehungsbedarf BVerfGE 99, 216 ff. weicht insoweit von den genannten Entscheidungen des Ersten Senats ab, als dort aus Art. 6 Abs. 1 GG ein spezieller Gleichheitssatz abgeleitet wird. Auf weitere Unterschiede in den Einzelheiten soll hier nicht eingegangen werden.

[383] Siehe etwa BVerfGE 99, 88 (94 ff.) – Verlustabzugsverbot bei sonstigen Einkünften; 99, 280 (289 ff.) – steuerfreie Stellenzulage; 101, 132 (138 ff.) – Umsatzsteuerpflicht für Heilberufe; 101, 151 (155 ff.) – Rechtsformabhängigkeit der Umsatzsteuerpflicht; 101, 297 (309) – Arbeitszimmer.

[384] BVerfGE 89, 48 (61) – Versorgungsausgleich; 91, 207 (220 f.) – Bremer Hafengebühren. Vgl. auch BVerfGE 97, 332 (349) – Kindergartengebühren, wo die Aussage allerdings enger gefaßt ist als üblich: Art. 14 GG „schütze nicht vor der Auferlegung von Geldleistungspflichten, die für die Inanspruchnahme öffentlicher Einrichtungen erhoben werden". Damit sollte wohl vermieden werden, daß sich die Frage nach einem möglichen Widerspruch zur Rechtsprechung des Zweiten Senats stellt.

[385] BVerfGE 95, 267 (301); siehe vorher schon BVerfGE 31, 8 (17) – Spielautomaten II.

[386] BVerfGE 92, 91 (113) – Feuerwehrabgabe; 95, 267 (300 ff.) – LPG-Altschulden; 96, 375 (397) – Arzthaftung; 97, 332 (349) – Kindergartengebühren; 99, 202 (215).

[387] BVerfGE 89, 346 (352: der allgemeine Gleichheitssatz, ergänzt durch Art. 6 Abs. 1 GG, sei der „primäre" Maßstab für die Beurteilung) – einen „sekundären" Prüfungsmaßstab sucht

und beim Beschluß zur Kindergeldkürzung II[388] zu entscheiden. Beide Male ging er auf etwaige freiheitsrechtliche Vorgaben nicht ein, sondern argumentierte rein gleichheitsrechtlich.

4. Zusammenfassung der Rechtsprechungsergebnisse

Der Stand der Rechtsprechung läßt sich wie folgt zusammenfassen: Die Belastungswirkung wird, wie sich insbesondere bei der Behandlung nichtsteuerlicher Abgaben zeigt, von beiden Senaten bisher nicht am Eigentumsgrundrecht, sondern an der allgemeinen Handlungsfreiheit gemessen. Insofern haben die neueren Entscheidungen des Zweiten Senats keine Änderung der traditionellen Rechtsprechung gebracht, ihr aber möglicherweise den Weg bereitet. Die Forderung eines Großteils der Lehre, die Art. 14 GG auf das Vermögen angewendet wissen will[389], ist bisher nicht erfüllt.

Die sich beim Zweiten Senat abzeichnende Änderung der Rechtsprechung liegt auf einer anderen Ebene. Er richtet seine Maßstäbe zunehmend an dem jeweiligen Steuertatbestand aus und aktiviert auf diesem Weg die Eigentumsfreiheit für den Steuergegenstand Vermögensertrag und teilweise auch für den Arbeitsertrag. Eine derartige Entwicklung läßt sich in der Rechtsprechung des Ersten Senats bislang nicht feststellen.

Die dargelegte Rechtsprechung zu den verfassungsrechtlichen Vorgaben für Steuerrechtsnormen muß sich daran messen lassen, ob und wie sie mit der *allgemeinen* Grundrechtsdogmatik zu vereinbaren ist, denn deren Aufgabe besteht gerade darin, möglichst umfassende und einheitliche Lösungen zu entwickeln.

II. Die Entwicklung des freiheitsrechtlichen Schutzes vor Besteuerung anhand allgemeiner Kriterien

Bei der Entwicklung der freiheitsrechtlichen Anforderungen an die Normen des Einkommensteuergesetzes ist von den *Wirkungen* der Besteuerung auszugehen. Nach ihnen ist zu beurteilen, in welche Freiheitsrechte eingegriffen ist. Der Zweck oder die Zwecke der Besteuerung erlangen, da die Finalität als ein nicht (mehr) ent-

---

man in der Entscheidung vergebens, obwohl das Verfahren nach Art. 100 Abs. 1 GG eine umfassende Prüfung gebietet (so BVerfGE 26, 44 [58]; 67, 1 [11]).

388 BVerfGE 91, 93 (109). Hier war der Senat allerdings anders als im Vorlageverfahren (siehe Fußnote 387) zur Prüfung der Eigentumsfreiheit nicht verpflichtet; im Verfassungsbeschwerdeverfahren behält das Gericht sich die Entscheidung darüber vor, ein nicht gerügtes Grundrecht (dazu, daß Art. 14 GG nicht gerügt war, ebenda, S. 100) in seine Prüfung einzubeziehen, BVerfGE 42, 312 (325 f.); 70, 138 (162).

389 Nachweise in Fußnote 407.

scheidendes Kriterium für einen Grundrechtseingriff gilt[390], erst Bedeutung bei der Rechtfertigung der Freiheitsbeeinträchtigungen[391].

Eine Steuernorm ist nur dann verfassungsmäßig, wenn sich sowohl die von ihr ausgehende Belastungswirkung als auch die (dem Staat zurechenbaren[392]) Gestaltungswirkungen als vereinbar mit dem Grundgesetz erweisen[393]. Bei der Prüfung ist wie folgt vorzugehen:

Jede Steuernorm ist zum einen hinsichtlich der Belastungswirkung auf ihre Verfassungsmäßigkeit zu prüfen[394]. Dabei ist zu klären, ob Art. 14 GG oder Art. 2 Abs. 1 GG vor der Auferlegung von Zahlungspflichten schützt. Der von Birk[395] vorgeschlagene Verzicht auf die Heranziehung von Freiheitsrechten zugunsten einer rein gleichheitsrechtlichen Prüfung, den er mit der fehlenden Aussagekraft der Freiheitsrechte, insbesondere dem Versagen der Verhältnismäßigkeitsprüfung begründet[396], ist angesichts des lückenlosen freiheitsrechtlichen Grundrechtsschutzes dogmatisch nicht haltbar und hat sich deshalb zu Recht nicht durchsetzen können[397]. Zudem treten die von ihm erwähnten Schwierigkeiten auf der Abwägungsebene nur bei einer Rechtfertigung durch den Fiskalzweck auf, es kommen aber auch Lenkungszwecke in Frage.

Zum anderen sind die Gestaltungswirkungen der Steuer auf ihre Verfassungsmäßigkeit zu untersuchen[398]. Sie können potentiell in jedes Freiheitsgrundrecht eingreifen[399], so daß sich die Anforderungen hier von Fall zu Fall unterscheiden. Als Rechtfertigungsgründe kommen die vom Gesetzgeber verfolgten Lenkungszwecke in Betracht, bei den unbeabsichtigten Gestaltungswirkungen kann nur auf den Fiskalzweck zurückgegriffen werden.

---

390 Näher unten S. 170 ff.

391 *Birk*, Das Leistungsfähigkeitsprinzip, S. 195 ff. und 199 ff.

392 Näher zu den Anforderungen an das Vorliegen eines Grundrechtseingriffs unten S. 165 ff.

393 So in der Sache *Birk*, Das Leistungsfähigkeitsprinzip, S. 68 ff. und 153 ff.; derselbe in: Allg. Steuerrecht, § 2 Rn. 21 a. E. sowie § 7 Rn. 21 f. und in: Steuerrecht Rn. 177 ff.; ihm folgend *Rodi*, Steuern als Verfassungsproblem, S. 80 ff. m. w. N. Wenn *Birk* ausführt, eine Steuer, deren Belastungswirkung gegen das Grundgesetz verstoße, könne gerechtfertigt sein, wenn ihre Gestaltungswirkungen verfassungsmäßig seien (so z. B. in: Allg. Steuerrecht, ebenda), so ist dies nur scheinbar ein Widerspruch zu dem hier Gesagten. Zu beachten ist nämlich, daß *Birk* von einem „Verstoß" gegen die Verfassung spricht, obwohl über die Rechtfertigung noch nicht abschließend entschieden ist (siehe nur ebenda, § 7 Rn. 21). Dies entspricht nicht der gängigen Terminologie (zu dieser siehe *Pieroth/Schlink*, Grundrechte Rn. 9). *Gawels* Kritik (in: StuW 2001, 26 [34]) an *Birks* Steuerrechtfertigungslehre beruht auf diesem Mißverständnis.

394 Dazu S. 75 ff.

395 Siehe in: Das Leistungsfähigkeitsprinzip, S. 179 ff.; Allg. Steuerrecht, § 7 Rn. 16; Steuerrecht Rn. 178.

396 Zum Versagen der üblichen Verhältnismäßigkeitsprüfung, aber auch zu den Möglichkeiten ihrer Anpassung an die steuerlichen Besonderheiten siehe unten S. 141 ff.

397 Zur Rechtsprechung siehe die Nachweise in Fußnoten 148 und 149, zur Literatur siehe unten Fußnote 413.

398 Näher unten S. 164 ff.

399 *Kirchhof*, Besteuerungsgewalt, S. 17 f.; *Rodi*, Steuern als Verfassungsproblem, S. 98.

1. Freiheitsrechtlicher Schutz bezogen auf die in der Zahlungspflicht als solcher liegende Belastung

Die Untersuchung beginnt mit der jeder Steuer begriffsimmanent zukommenden Belastungswirkung. Zur Klarstellung sei gesagt, daß hier der gängigen Unterscheidung[400] zwischen dem grundrechtlichen Schutzbereich, der noch keine abschließende Aussage über die Reichweite der Freiheit im Einzelfall enthält, aber Eingriffe an bestimmte formelle und materielle Voraussetzungen bindet, und dem effektiven Garantiebereich, in dem der geschützten Freiheit nach der Abwägung mit einen anderen Gut der relative Vorrang oder auch absoluter Schutz einzuräumen ist, gefolgt wird (Außentheorie)[401]. Demgegenüber ordnet die Innentheorie die auf die Vorbehalte gestützten gesetzlichen Regelungen als bloße *Ausgestaltungen* ein; da das jeweilige Recht von vornherein nur in den Grenzen der verfassungsmäßigen Gesetze bestehe, treffe die Vorstellung der Beschränkung eines an sich weitergehenden Rechts nicht zu[402]. Die innentheoretische Sicht hat sich nicht durchsetzen können[403]. Wenn Pflichtigkeit und Freiheit nicht als Gegensätze, sondern als eine Einheit gesehen werden, ist es nur noch ein kleiner Schritt zur Verdrängung der individuellen Freiheit zugunsten einer institutionellen Freiheit[404].

a) Die tatbestandliche Zuordnung der einkommensteuerlichen Belastungswirkung

Die Belastungswirkung der Steuer führt zu dem als klassisch zu bezeichnenden Streit um die Reichweite des Eigentumsgrundrechts bei der Auferlegung von Geld-

[400] An der Berechtigung der Differenzierung ändert es nichts, daß bei einzelnen Grundrechten Schutzbereich und effektiver Garantiebereich zusammenfallen können (*v. Arnauld*, Die Freiheitsrechte, S. 45 ff.). Das gilt z. B. bei der „unantastbaren" Menschenwürde (hierzu siehe *Kunig*, in: v. Münch/Kunig, Art. 1 Rn. 4 m. w. N.).

[401] *Alexy*, Theorie der Grundrechte, S. 250 ff.; *v. Arnauld*, Die Freiheitsrechte, S. 41 ff.; *Borowski*, Grundrechte als Prinzipien, S. 99 ff.; *Lübbe-Wolff*, Eingriffsabwehrrechte, S. 25 f.; *v. Münch*, in: v. Münch/Kunig, Vorb. Art. 1–19 Rn. 48; *Schwabe*, Probleme der Grundrechtsdogmatik, S. 152 ff.; *Eckhoff*, Der Grundrechtseingriff, S. 13 ff.; *Schlink*, EuGRZ 1984, 457 ff.; siehe auch das methodische Vorgehen im Beschluß BVerfGE 32, 54 (72).

[402] *Häberle*, Die Wesensgehaltgarantie, S. 179 f.; siehe auch BVerwGE 87, 37 (45 ff.) – Glykolwein; anders aber BVerwGE 90, 112 (122 ff.) – Osho.

[403] Bei den vorbehaltlosen Grundrechten ist allerdings umstritten, ob der Ausgleich mit anderen Verfassungsgütern durch eine Begrenzung des Schutzbereichs oder durch (sog. verfassungsimmanente) Schranken herzustellen ist (zur Vorzugswürdigkeit der zweiten Möglichkeit siehe *Pieroth*, in: AöR 114. Band [1989], S. 422 [442 f.] m. w. N.). Zu den Besonderheiten bei dem normgeprägten Grundrecht der Eigentumsfreiheit siehe noch ausführlich unten S. 95 ff.

[404] Siehe denn auch die Betonung der institutionellen als der „eigentlichen" Freiheit bei *Häberle*, Die Wesensgehaltgarantie, S. 98 ff. Gegen ihn *Steiger*, in: Schelsky, Zur Theorie der Institution, S. 91 (111: „Wo hier noch Selbstbestimmung möglich sein soll, bleibt offen."); *Böckenförde*, NJW 1974, 1529 (1532 f.); *Schwabe*, Probleme der Grundrechtsdogmatik, S. 152 ff.; *v. Münch*, in: v. Münch/Kunig, Vorb. Art. 1–19, Rn. 24.

leistungspflichten. Die Vorschläge zur Aktivierung des Art. 14 GG sind vielfältig und stellen auf unterschiedliche Steuerwirkungen[405] ab[406]. Sie reichen von dem Schutz des Vermögens vor der Belastungswirkung[407] über eine – erst später näher zu untersuchende – Anknüpfung an das dem Steuertatbestand zugrunde liegende und für einige[408] oder alle[409] Steuern eigentumsrechtlich geschützte Verhalten (Gestaltungswirkung) bis hin zu der Argumentation, daß die Erfüllung der Schuld mit einer Beeinträchtigung zwar keines vorbestimmten, aber in jedem Fall eigentumsrechtlich geschützten Guts verbunden ist (Folgewirkung)[410]. Nach der letztgenannten Konstruktion des Eigentumsschutzes ist das Schutzgut nicht das Vermögen, sondern das konkret zur Erfüllung der Steuerschuld verwendete Rechtsgut[411].

Hier steht zunächst nur der erste Vorschlag auf dem Prüfstand. Die anderen Steuerwirkungen und ihre eigentumsgrundrechtliche Relevanz können bei der Darstellung des Streitstands zur Belastungswirkung aber nicht völlig ausgeklammert werden, weil bei der Frage nach der Schutzwürdigkeit des Vermögens häufig auf andere Wege verwiesen wird, über die Art. 14 GG zur Anwendung kommen kann[412].

---

405 Zu den verschiedenen Steuerwirkungen siehe oben S. 30 ff.

406 Eine klare Kategorisierung der Vorschläge nimmt *Wendt*, in: Sachs, Art. 14 Rn. 38 f. vor.

407 So erstmals *Imboden*, in: Archiv für Schweizerisches Abgaberecht, 29. Band (1960), S. 2 (6). Ferner *Pieroth*, Rückwirkung, S. 307 ff.; *Kimminich*, in: BK, Art. 14 Rn. 61; *Vogel*, in: Isensee/Kirchhof, HdbStR IV, § 87 Rn. 85 und 87; *Rodi*, Steuern als Verfassungsproblem, S. 88 ff.; *Draschka*, Steuergesetzgebende Staatsgewalt, S. 102 ff.; *Starck*, in: v. Mangoldt/Klein/Starck, Art. 2 Rn. 77; neuerdings auch *Papier*, in: FS für Vogel, S. 117 (123). Vgl. auch *Friauf*, in: DStJG 12. Band (1989), S. 3 (23), dort kombiniert mit Eigentumswertschutz und der Berücksichtigung der sog. Folgewirkung. *Kirchhof* verbindet Vermögensschutz und Schutz des Steuergegenstands miteinander (ausführlich oben S. 49 ff.).

408 *Faehling*, Die Eigentumsgewährleistung, S. 49 ff. und 94 ff.; *Papier*, in: Maunz/Dürig, Art. 14 Rn. 170: Eigentumsschutz für Steuern, die an Innehabung oder Nutzung von Eigentum, nicht an dessen Erwerb anknüpfen (siehe jedoch auch den Nachweis in der vorherigen Fußnote zugunsten eines eigentumsgrundrechtlichen Vermögensschutzes); noch enger *Jarass*, in: Jarass/Pieroth, Art. 14 Rn. 12 i.V. m. Rn. 4 und in: Nichtsteuerliche Abgaben, S. 82 ff.: Innehabung oder spezifische Eigentumsnutzung, insbes. Ertragserzielung; *Jachmann*, Grenzen der Besteuerung, S. 38 ff.

409 So z. B. *Kirchhof*, in: VVDStRL 39. Band (1981), 213 (242 ff.); *Bryde*, in: v. Münch/Kunig, Art. 14 Rn. 23; *Schenke*, in: FS für Armbruster, S. 177 (190 ff.: Eigentumsschutz bei praktisch allen heute erhobenen Steuerarten).

410 *Depenheuer*, in: v. Mangoldt/Klein/Starck, Art. 14 Rn. 89 und 173; *Wendt*, in: Sachs, Art. 14 Rn. 38; *Rittstieg*, in: AK, Art. 14/15 Rn. 258; *Ehlers*, in: VVDStRL 51. Band (1992), S. 211 (224).

411 Näher unten S. 82 f. und S. 214.

412 Näher unten S. 82 ff.

aa) Die Bedeutung der Zuordnung gerade zur Eigentumsgarantie im Vergleich zum Grundrechtsschutz durch Art. 2 Abs. 1 GG

Im Ergebnis besteht weitgehende Einigkeit darüber, daß die Belastungswirkung jedenfalls an der allgemeinen Handlungsfreiheit zu messen ist[413]. Der Streit um die grundrechtliche Verortung wäre bedeutungslos, wenn sich die Qualität des Schutzes durch Art. 14 GG und durch Art. 2 Abs. 1 GG nicht voneinander unterschiede.

Art. 2 Abs. 1 GG sieht drei Schranken vor, von denen für das Steuerrecht nur der „verfassungsmäßigen Ordnung" Bedeutung zukommt[414]. Die ständige Rechtsprechung und die herrschende Lehre verstehen darunter die Gesamtheit der Normen, die formell und materiell verfassungsmäßig, insbesondere verhältnismäßig, sind[415]. Sie legen den Begriff der „verfassungsmäßigen Ordnung" hier im Vergleich zu anderen Grundgesetzvorschriften[416] weit aus, was eine gewisse Bestätigung in der Entstehungsgeschichte findet[417] und im Hinblick auf die weite Schutzbereichsdefinition[418] konsequent ist[419]. Es wäre widersprüchlich, wenn die allgemeine Handlungsfreiheit resistenter gegen Eingriffe wäre als benannte Grundrechte mit einem einfachen Gesetzesvorbehalt[420]. Die Schranke der „verfassungsmäßigen Ordnung" stellt demnach also keine besonderen inhaltlichen Anforderungen an das Eingriffsziel[421].

Bei der Eigentumsfreiheit ist die Schrankensystematik nicht so schnell zu erfassen wie bei der allgemeinen Handlungsfreiheit[422]. Die Enteignung nach Art. 14 Abs. 3 GG

---

413 Vgl. dazu die Rechtsprechungsnachweise in Fußnote 148; aus der Literatur etwa *Jarass*, in: Jarass/Pieroth, Art. 2 Rn. 5; *Degenhart*, JuS 1990, 161 (166); *Kunig*, in: v. Münch/Kunig, Art. 2 Rn. 16; *Murswiek*, in: Sachs, Art. 2 Rn. 87 a; *Papier*, in: Benda/Maihofer/Vogel, HdbVerfR, § 18 Rn. 101; a. A. *Birk* (Nachweise in Fußnote 395). *Wieland* geht in seiner Kommentierung (in: Dreier, Art. 14 Rn. 48) nicht auf die Füllung der Lücke durch Art. 2 Abs. 1 GG ein.

414 Sie ist auch sonst die wichtigste Schranke, siehe *Pieroth/Schlink*, Grundrechte Rn. 382 ff.

415 St. Rspr. seit BVerfGE 6, 32 (38 ff.) – Elfes; 74, 129 (152); 80, 137 (153) – Reiten im Walde; siehe auch *Starck*, in: v. Mangoldt/Klein/Starck, Art. 2 Rn. 23; *Pieroth/Schlink*, Grundrechte Rn. 383; *Murswiek*, in: Sachs, Art. 2 Rn. 89.

416 Bei Art. 9 Abs. 2 GG bzw. Art. 20 Abs. 3 GG werden nur Vorschriften des Grundgesetzes, bei der Vereinigungsfreiheit sogar nur bestimmte Kernaussagen der Verfassung zur „verfassungsmäßigen Ordnung" gezählt; siehe *Löwer*, in: v. Münch/Kunig, Art. 9 Rn. 41 und *Schnapp*, in: v. Münch/Kunig, Art. 20 Rn. 42 m. w. N.; BVerfGE 6, 32 (38) – Elfes.

417 Siehe JöR n. F. 1. Band (1951), S. 54 ff.; u. a. darauf abstellend BVerfGE 6, 32 (37 ff.) – Elfes.

418 Zur Deutung des Art. 2 Abs. 1 GG als allgemeine Handlungsfreiheit siehe oben S. 38.

419 Eine engere Auslegung der Schranke „verfassungsmäßige Ordnung" vertreten denn auch gerade jene, die auch den Schutzbereich enger definieren (Nachweise oben Fußnote 149).

420 Siehe *Kunig*, in: v. Münch/Kunig, Art. 2 Rn. 22.

421 *Kunig*, in: v. Münch/Kunig, Art. 2 Rn. 23 und *Merten*, JuS 1976, 345 (346): Rechtsvorbehalt; die Gleichsetzung mit einem einfachen Gesetzesvorbehalt findet man bei *Pieroth/Schlink*, Grundrechte Rn. 383; *Murswiek*, in: Sachs, Art. 2 Rn. 90; siehe auch BVerfGE 6, 32 (40) – Elfes; 80, 137 (153).

422 Auf die Bedeutung des für die Freiheitsgrundrechte atypischen Regelungsvorbehalts wird auf S. 90 ff. noch genauer unter dem Stichwort der Normgeprägtheit der Eigentumsfreiheit zurückzukommen sein.

kann wegen ihres engen Anwendungsbereichs[423] hier außer Betracht bleiben; Normen des Steuerrechts wären bei einer Einschlägigkeit des Art. 14 GG als Inhalts- und Schrankenbestimmung nach Art. 14 Abs. 1 S. 2 GG einzuordnen. Diese Vorschrift wird durch Art. 14 Abs. 2 S. 2 GG ergänzt[424]. Da dieser die gesetzgeberische Tätigkeit[425] an das „Wohle der Allgemeinheit" bindet, könnte man ihn mit Lubberger[426] auf den ersten Blick für einen qualifizierten Gesetzesvorbehalt halten. Die Bindung an das Gemeinwohl gilt aber unabhängig von ihrer ausdrücklichen Aufnahme in Art. 14 Abs. 2 S. 2 GG für das ganze Staatshandeln[427]. Sie kann je nach betroffenem Grundrecht bzw. sonstigem Verfassungsgrundsatz unterschiedlich ausgeprägt sein[428]. So hat das Merkmal „Wohle der Allgemeinheit" für Art. 14 *Abs. 3* GG anerkanntermaßen eine einschränkende Funktion, insbesondere sind fiskalische Interessen ungenügend zur Rechtfertigung von Enteignungen[429]. Für andere Eigentumseinschränkungen läßt sich jedoch in der bisherigen Rechtsprechung und Literatur keine Begrenzung der potentiellen Eingriffs*ziele* gegenüber Art. 2 Abs. 1 GG nachweisen[430]; insbesondere wird bei Art. 14 Abs. 2 S. 2 GG üblicherweise[431] nichts gegen fiskalische Interessen vorgebracht[432].

---

423 Zum Enteignungsbegriff siehe unten S. 85 (Nachweise in Fußnoten 479, 480).

424 Siehe BVerfGE 56, 249 (260: „Die soziale Bindung des Eigentums im Sinne des Art. 14 Abs. 2 GG umschreibt die Pflichten und Beschränkungen des Eigentums. Diese bestimmt der Gesetzgeber im Rahmen des ihm nach Art. 14 Abs. 1 Satz 2 GG obliegenden Regelungsauftrages ...") – Dürkheimer Gondelbahn; siehe auch 20, 351 (355 f.); 58, 300 (338) – Naßauskiesung; *Papier*, in: Maunz/Dürig, Art. 14 Rn. 298 ff.; *Leisner*, Sozialbindung, S. 44; *v. Brünneck*, Die Eigentumsgarantie, S. 395 f.; *Depenheuer*, in: v. Mangoldt/Klein/Starck, Art. 14 Rn. 223.

425 Ein Teil der Literatur meint, Art. 14 Abs. 2 GG sei auch an den Eigentümer gerichtet und lege ihm verfassungsunmittelbare Verpflichtungen auf (so z. B. *Bryde*, in: v. Münch/Kunig, Art. 14 Rn. 69 und *Kimminich*, in: BK, Art. 14 Rn. 154; a. A. *Papier*, in: Maunz/Dürig, Art. 14 Rn. 298 ff.; *Grochtmann*, Eigentumsdogmatik, S. 14). Es besteht aber Einigkeit darüber, daß auch eine – etwaige – Grundpflicht (zur Steuerzahlung) einer einfach-rechtlichen Konkretisierung bedarf (siehe *Bryde*, ebenda).

426 In: Eigentumsdogmatik, S. 260.

427 Siehe BVerfGE 12, 354 (364); 50, 50 (51: „Die Bindung an das Gemeinwohl ist im übrigen selbstverständliche Voraussetzung jeder verfassungsrechtlich gebundenen Gesetzgebung."); *Isensee*, in: Isensee/Kirchhof, HdbStR III, § 57 Rn. 109 ff.; *Kunig*, in: Das Rechtsstaatsprinzip, S. 333 f.; *Sieckmann*, in: Berliner Kommentar, C Art. 14 Rn. 168.

428 *Kunig*, in: Das Rechtsstaatsprinzip, S. 333 f.

429 BVerfGE 38, 175 (180) – Rückübereignung; *Bryde*, in: v. Münch/Kunig, Art. 14 Rn. 83; *Jarass*, in: Jarass/Pieroth, Art. 14 Rn. 80; *Papier*, in: Maunz/Dürig, Art. 14 Rn. 583.

430 So gelingt es auch *Lubberger*, Eigentumsdogmatik, S. 260 ff. trotz der Annahme eines qualifizierten Gesetzesvorbehalts nicht, dem Gemeinwohlbegriff eine Ausschlußfunktion nachzuweisen (siehe insbesondere seine Fußnote 71).

431 Eine vereinzelt gebliebene Gegenauffassung fürchtet die Aushöhlung des Verbots fiskalisch motivierter Enteignungen (so *Grochtmann*, Eigentumsdogmatik, S. 18 ff.). *Grochtmann* erwägt jedoch, zur Rechtfertigung eines steuerlichen Eingriffs, für den er allerdings ohnehin einen Vorrang der Finanzverfassung gegenüber den Freiheitsrechten annimmt (ebenda, S. 19), ausnahmsweise fiskalische Zwecke im Rahmen des Art. 14 Abs. 2 GG zuzulassen (ebenda, S. 21 f.).

432 *Jaschinski*, Enteignender Eingriff, S. 148. Auch *Starck* (in: v. Mangoldt/Klein/Starck, Art. 1 Abs. 3 Rn. 235) und *Sachs* (in: Sachs, vor Art. 1 Rn. 115) ordnen Art. 14 Abs. 1 S. 2 GG als einfachen Gesetzesvorbehalt ein und sehen dabei die Anforderungen des Abs. 2 S. 2 GG offenbar

Hinsichtlich der durch die geregelten Schrankenvorbehalte[433] zugelassenen Eingriffsziele unterscheiden sich die beiden Grundrechte also nicht. Dem Freiheitsgebrauch ist aber bei der Eigentumsfreiheit wie bei den anderen durch ihre Benennung als besonders schutzwürdig anerkannten Grundrechten ein *größeres Gewicht* zugewiesen als bei Art. 2 Abs. 1 GG[434]. Dies wirkt sich auf die Verhältnismäßigkeitsprüfung aus[435]. So gestattet Art. 14 GG die Relativierung der Privatnützigkeit nur zugunsten eines konkret überwiegenden Ziels des Gemeinwohls, wobei die soziale Funktion des Gegenstands und dessen Persönlichkeitsbezug zu beachten sind[436]. Das verfassungsrechtliche Spannungsfeld ist gegenüber Art. 2 Abs. 1 GG präzisiert, so daß die grundrechtliche Verortung nicht bedeutungslos ist.

bb) Die spezifisch eigentumsgrundrechtliche Schutzbedürftigkeit der steuerlichen Belastungswirkung

Es ist daher zu klären, welches der beiden genannten Freiheitsrechte durch die Belastungswirkung angesprochen wird. Die Besonderheit der Auferlegung einer Geldleistungspflicht gegenüber dem eindeutig eigentumsrelevanten Zugriff auf ein bestimmtes Rechtsgut besteht darin, daß sie dem Schuldner die *Auswahl* des Erfül-

---

nicht als Qualifizierung; siehe auch *Sieckmann*, in: Berliner Kommentar, C Art. 14 Rn. 168. Ausdrückliche Stellungnahmen sind selten; bei der Durchsicht der Kommentarliteratur fällt auf, daß die Herausnahme fiskalischer Zwecke stets erst bei der Enteignung thematisiert wird (siehe nur *Bryde*, in: v. Münch/Kunig, Art. 14 Rn. 83 und *Jarass*, in: Jarass/Pieroth, Art. 14 Rn. 80), was für Art. 14 Abs. 1 S. 2, Abs. 2 S. 2 GG einen Umkehrschluß nahelegt.

433 Neben den geregelten Vorbehalten ist nach zutreffender Ansicht für verfassungsimmanente Schranken nur dann Raum, wenn erstere das konkrete Eingriffsziel thematisch nicht erfassen (siehe die zutreffende Kritik an der Glykolweinentscheidung BVerwGE 87, 37 [46 ff.] durch *Schoch*, DVBl 1991, 667 [671 f.]; *Jarass*, in: Jarass/Pieroth, Vorb. vor Art. 1 Rn. 47 und *Lerche*, in: Isensee/Kirchhof, HdbStR V, § 122 Rn. 46 Fußnote 166). Bei Art. 2 Abs. 1 GG kann die Bewahrung von Grundrechten Dritter und anderer Verfassungswerte unter die „verfassungsmäßige Ordnung", bei Art. 14 Abs. 1, 2 GG unter das „Wohle der Allgemeinheit" subsumiert werden.

434 *Jarass*, in: Nichtsteuerliche Abgaben, S. 86. *Schenke*, in: FS für Armbruster, S. 177 (195) mißt die Belastungswirkung an der allgemeinen Handlungsfreiheit, zieht aber wegen der wirtschaftlichen Bedeutung von Geldleistungspflichten bei der Schutzintensität wieder eine Parallele zur Eigentumsbeeinträchtigung (von ihm sog. „Aufladung" des Art. 2 Abs. 1 GG durch Art. 14 GG). Die unterschiedliche Schutzintensität ist hier augenfällig. Wieso sich *Schenke* allerdings der unmittelbaren Anwendung des Art. 14 GG verschließt, bleibt offen (zu Recht kritisch *Rodi*, Steuern als Verfassungsproblem, S. 94 Fußnote 167).

435 Allgemein zur Beeinflussung der Verhältnismäßigkeitsprüfung durch das betroffene Grundrecht siehe *Kunig*, Das Rechtsstaatsprinzip, S. 355 ff. Speziell zu Art. 14 GG siehe *v. Brünneck*, Die Eigentumsgarantie, S. 398 ff., der in Übertragung des zu Art. 5 Abs. 1 GG ergangenen Lüthurteils (BVerfGE 7, 198 ff.) vom „besonderen Wertgehalt" bzw. von „der besonderen Bedeutung" der Eigentumsgarantie spricht, und *Rodi*, Steuern als Verfassungsproblem, S. 96; *Depenheuer*, in: v. Mangoldt/Klein/Starck, Art. 14 Rn. 231.

436 Zur Konkretisierung der eigentumsgrundrechtlichen Verhältnismäßigkeitsprüfung siehe vor allem BVerfGE 37, 132 (141); 50, 290 (340 f.) – Mitbestimmung; 70, 191 (201) – Fischereirechte.

lungsgegenstands überläßt[437]. Fraglich ist, ob dieser verbleibende „Rest von Freiheit" den tatbestandlichen Schutz des Art. 14 GG ausschließt. Das nimmt die ständige Rechtsprechung[438] an.

Diese Argumentation übersieht jedoch, daß der Festlegung des einzelnen Objekts nicht immer wesentliche Bedeutung für die geschützte Freiheitsentfaltung des Eigentümers zukommt. Art. 14 GG erfaßt auch Rechtspositionen, die ohne weiteres austauschbar sind. Dazu gehören – jedenfalls im Regelfall – Geldscheine und Münzen als gültige Zahlungsmittel[439]. Außerdem nimmt die Rechtsprechung zu den Geldleistungspflichten eine nicht zu rechtfertigende Sonderstellung ein, was deutlich wird, wenn man sie mit der Entscheidung zum Pflichtexemplar[440] vergleicht: Das hessische Landesrecht verpflichtete den Verleger, unentgeltlich ein *beliebiges* Exemplar aus der jeweils gedruckten Auflage an die öffentlichen Bibliotheken abzugeben. Die fortbestehende Auswahlfreiheit hielt das Bundesverfassungsgericht nicht von der Annahme eines Eigentumseingriffs ab[441]. Nachdem der eigentumsrechtliche Schutz des Geldes[442] und der privatrechtlichen Zahlungsansprüche[443] anerkannt ist, ist es nicht nachvollziehbar, wieso für Geldleistungspflichten etwas anderes gelten sollte als für die ebensowenig auf ein bestimmtes Stück konkretisierte Abgabepflicht des Verlegers.

Daß die Auswahlfreiheit den Eigentumseingriff nicht auszuschließen vermag[444], bestätigt auch der Zweck des Art. 14 GG, der die Rechtspositionen nicht um ihrer selbst willen schützt, sondern um dem Grundrechtsträger den durch sie vermittelten Handlungsspielraum zu gewährleisten und zu bewahren[445]. Das Vermögen, insbesondere das Einkommen, hat heute weitgehend die freiheitssichernde Funktion

---

437 Siehe auch *Jachmann*, Grenzen der Besteuerung, S. 37 ff.

438 Siehe etwa BVerfGE 95, 267 (300) – LPG-Altschulden. Näher oben S. 36 ff. Aus der Literatur siehe *Papier*, in: Benda/Maihofer/Vogel, HdbVerfR, § 18 Rn. 99; *Wäßle*, Das Vermögen, S. 54 ff.; *Gellermann*, Grundrechte, S. 106 ff.

439 Zum Schutz des Geldes siehe BVerfGE 97, 350 (371) – Euro; *Kirchhof*, in: FS für Leisner, S. 635 (638 f.); *Depenheuer*, in: v. Mangoldt/Klein/Starck, Art. 14 Rn. 24; *Bryde*, in: v. Münch/Kunig, Art. 14 Rn. 24. Umstritten ist heute nur noch, ob der Wert des Geldes garantiert ist (Inflationsschutz). Die Frage stellt sich jedoch für jeden Eigentumsgegenstand und darf deshalb mit Vermögensschutz nicht vermischt werden (siehe schon Fußnote 374).

440 BVerfGE 58, 137 ff.

441 Das BVerfG hat die Regelung nicht als Enteignung, sondern als Inhalts- und Schrankenbestimmung angesehen. Soweit sie auch für in geringer Auflage und mit großem Aufwand gedruckte bibliophile Kostbarkeiten galt, war sie ohne finanziellen Ausgleich unverhältnismäßig (BVerfGE 58, 137 [147 ff.]; näher unten S. 128).

442 Siehe Fußnote 439.

443 BVerfGE 37, 132 (141 f.) – Mietzins; 83, 201 (210) – Vorkaufsrecht; 92, 262 (271) – Darlehnsforderung.

444 Siehe auch *Rodi*, Steuern als Verfassungsproblem, S. 92 f.; *Seer*, FR 1999, 1280 (1283); *Wendt*, in: Sachs, Art. 14 Rn. 38. *Depenheuer* zieht (in: v. Mangoldt/Klein/Starck, Art. 14 Rn. 89, 173) eine Parallele zur fortbestehenden Eingriffsqualität bei Einräumung eines Austauschmittels im Polizeirecht.

445 Stichwort „Eigentümerfreiheit" (Nachweise oben Fußnoten 217, 218).

übernommen, die früher dem Sacheigentum (insbesondere dem Grund und Boden) zukam[446]. Daher beeinträchtigt auch die Zahlungslast die geschützte Freiheitsverwirklichung des Eigentümers, denn der (Steuer)Schuldner kann in ihrer Höhe über sein Eigentum nicht nach seinen Interessen verfügen und es nicht nach seinem Belieben nutzen, sondern muß seine Entscheidungen an der bestehenden Verbindlichkeit ausrichten[447]. Daß die Rechtsprechung zu den Geldleistungspflichten diesen Gesichtspunkt ohne nähere Begründung[448] ausblendet[449], kann nicht überzeugen, zumal sie bei anderen Erweiterungen der eigentumsgrundrechtlich geschützten Positionen, beispielsweise um obligatorische Rechte oder bestimmte öffentlich-rechtliche Ansprüche, durchaus auf den Zweck und die Funktion der Eigentumsgarantie abstellt[450]. Die Einbeziehung der Auferlegung von Geldleistungspflichten in den Schutzbereich des Art. 14 GG schließt es nicht aus, den Zugriff auf einen konkreten Gegenstand ggf. als *zusätzliche* Beeinträchtigung zu begreifen, vor allem wenn das betreffende Objekt schwer oder gar nicht zu ersetzen ist.

Auch bei Verneinung eines eigentumsrechtlichen Vermögensschutzes müßte zumindest in der Besteuerung mittels *Steuerabzugs* (vor allem Lohnsteuer und Kapitalertragsteuer, §§ 38 ff. bzw. 43 ff. EStG) ein Eigentumseingriff gesehen werden, denn bei dieser Form der Erhebung ist eine konkret benennbare Rechtsposition, nämlich beispielsweise der zivilrechtliche Zahlungsanspruch gegen den Arbeitgeber oder gegen die Bank, beeinträchtigt. Erstaunlicherweise wird ein derartiger Eigentumsschutz vor Quellensteuern aber weder in der Rechtsprechung noch in der Literatur erwogen[451]. Soll der Unterschied in der Steuererhebung verständlicherweise für den Grundrechtsschutz nicht ausschlaggebend sein, so spricht dies für einen Vermögensschutz durch Art. 14 GG.

Manche wenden ein, die hier beschriebene Art der Freiheitsbeeinträchtigung werde bereits vollständig durch den eigentumsrechtlichen Schutz der *einzelnen*

---

446 Nachweise oben in Fußnote 219; zu *Stein/Frank* siehe sogleich Fußnote 449.

447 Siehe *Rodi*, Steuern als Verfassungsproblem, S. 92 f.; *v. Arnim*, in: VVDStRL 39. Band (1981), S. 286 (301). Dies erkennen auch *Papier*, in: Benda/Maihofer/Vogel, HdbVerfR, § 18 Rn. 98 und *Jachmann*, Grenzen der Besteuerung, S. 38 f., die aber dennoch daran festhalten, daß nur die einzelnen Rechtspositionen geschützt sind.

448 *Pestalozza* weist in: Der Staat 11. Band (1972), S. 161 (177 Fußnote 63) darauf hin, daß das BVerfG weder in der grundlegenden Investitionshilfeentscheidung BVerfGE 4, 7 (17: es bestehe „Einmütigkeit darüber, daß Art. 14 GG nicht das Vermögen gegen Eingriffe durch Auferlegung von Geldleistungspflichten schützt") noch später eine Begründung für seine Rechtsprechung geliefert hat.

449 Siehe auch die Argumentation von *Stein/Frank*, die zwar die Existenzgrundlage heute nicht mehr hauptsächlich im Grundeigentum, sondern im Einkommen sehen, aber die Auferlegung von (Einkommen-)Steuerpflichten trotzdem nicht an Art. 14 GG messen wollen (in: Staatsrecht, S. 338 f.).

450 BVerfGE 36, 281 (290); 53, 257 (289 ff.) – Versorgungsausgleich; 83, 201 (208) – Vorkaufsrecht. *Herdegen* betont (in: FS 50 Jahre BVerfG, Band 2, S. 273 [275]), der Schutz des Vermögens durch Art. 14 GG sei die konsequente Fortführung früherer Erweiterungen des verfassungsrechtlichen Eigentumsbegriffs.

451 Das Phänomen des Steuerabzugs wird ignoriert, siehe oben Fußnote 101.

Rechtsgüter erfaßt, weshalb es keiner Erstreckung des Art. 14 GG auf das Vermögen bedürfe. In diesem Sinn aktiviert ein Teil des Schrifttums[452] das Eigentumsgrundrecht unter dem Aspekt der Folgewirkung der Besteuerung. Dem liegt der Gedanke zugrunde, es sei dem Staat zuzurechnen, daß es bei der Erfüllung der Steuerpflicht (nahezu) zwangsläufig zur Beeinträchtigung (irgend-)eines eigentumsgeschützten Rechtsguts komme. Dies läßt sich auch nicht mit dem Argument bestreiten, der Grundrechtsträger könne eine Banküberweisung veranlassen oder einen Kredit aufnehmen[453], denn auch diese privatrechtlichen Zahlungsansprüche genießen Eigentumsschutz[454]. Da nur in seltenen Ausnahmefällen wie bei dauerhafter Insolvenz des Steuerschuldners die Konkretisierung entfällt, kann der Folgewirkung eine Eigentumsrelevanz richtigerweise nicht abgesprochen werden[455]. Der Verweis auf den so begründeten (mittelbaren[456]) Eigentumsschutz ist jedoch aus zwei Gründen ungenügend: Er kann *zeitlich* erst greifen, wenn die Verbindlichkeit durch Erfüllung oder zwangsweise Durchsetzung auf einen (oder mehrere) bestimmte Gegenstände bezogen ist[457], und er kann vor allem die *Eingriffsintensität* nicht richtig erfassen. Für die Beantwortung der Frage, ob die Besteuerung den einzelnen übermäßig belastet, muß die Belastung dem Gesamtvermögen bzw. dem Einkommen gegenüber gestellt werden. Daß zur Erfüllung etwa eine Forderung gegen die Bank in einer bestimmten Höhe ganz oder teilweise aufgegeben wird, ist für die Bestimmung der Verhältnismäßigkeit des Steuereingriffs keine hilfreiche Information. Mit einem eigentumsgrundrechtlichen Schutz vor der Belastungswirkung ist es dagegen möglich, die Intensität des Eingriffs juristisch so zu erfassen, wie es der wirtschaftlichen Bedeutung entspricht.

Darüber hinaus findet man auch die Argumentation, es bedürfe deshalb keines eigentumsgrundrechtlichen Schutzes des Vermögens, weil Art. 14 GG schon von den Steuer*tatbeständen* aktiviert werde, die an Eigentumserwerb, -innehabung oder -verwendung anknüpfen[458]. Diese Konstruktion scheint auch der Zweite Senat des

---

[452] Nachweise oben in Fußnote 410. Bemerkenswert ist, daß sich diejenigen, die einen Eigentumsschutz vor der Belastungswirkung ablehnen, häufig nicht mit der Folgewirkung und ihrer Eigentumsrelevanz beschäftigen (siehe etwa *Schmidt-Bleibtreu*, in: Schmidt-Bleibtreu/Klein, Art. 14 Rn. 4b; *Wieland*, in: Dreier, Art. 14 Rn. 45ff. und 77; *Jarass*, in: Jarass/Pieroth, Art. 14 Rn. 15ff.; *Papier*, in: Maunz/Dürig, Art. 14 Rn. 165ff.).

[453] *Ramsauer*, Die Beeinträchtigungen, S. 142.

[454] So zu Recht *Friauf*, in: DStJG 12. Band (1989), S. 3 (23 Fußnote 69). Zum Eigentumsschutz von Forderungen siehe oben Fußnote 443.

[455] A. A. BVerfGE 4, 7 (15ff.: die Liquidität sei „kein selbständiges Recht") – Investitionshilfe; siehe auch *Eschenbachs* Hinweis auf den Grundsatz „Geld hat man zu haben", der ihn einen Abbruch des Zurechnungszusammenhangs erwägen läßt (in: Der Schutz des Eigentums, S. 404 in Fußnote 1525).

[456] Zum Problem mittelbarer Grundrechtseingriffe siehe ausführlich unten S. 178ff.

[457] Auch mit einer schon vor der Erfüllung vorhandenen Grundrechtsgefährdung ließe sich hier kaum sinnvoll argumentieren, kann doch der Schutzgegenstand noch nicht benannt werden, ohne daß dies wiederum auf Vermögensschutz hinausliefe.

[458] So am deutlichsten *Bryde*, in: v. Münch/Kunig, Art. 14 Rn. 23; siehe auch *Schenke*, in: FS für Armbruster, S. 177 (194); *Faehling*, Die Eigentumsgewährleistung, S. 49ff. und 94ff.

Bundesverfassungsgerichts in seiner neuen Rechtsprechung für vorzugswürdig zu halten[459]. Bei näherer Betrachtung kann die an die Gestaltungswirkungen anknüpfende Aktivierung des Art. 14 GG den gebotenen eigentumsgrundrechtlichen Schutz vor der Belastungswirkung aber nicht *ersetzen*[460]. Erstens knüpft nicht jede Geldleistungspflicht an Eigentumsbestand, -verwendung oder -erwerb[461] an, das heißt für bestimmte steuerliche[462] und vor allem auch außersteuerlich begründete Belastungswirkungen bestünde kein Eigentumsschutz[463]. Zweitens geht der Schutz vor Gestaltungswirkungen schon deshalb in eine andere Richtung, weil er einen anderen Schutzgegenstand hat.

Auch die übrigen Einwände gegen die Anwendung der Eigentumsfreiheit auf die Auferlegung von Geldleistungspflichten vermögen nicht zu überzeugen. So spricht die Entstehungsgeschichte[464] nicht gegen einen Vermögensschutz nach hiesigem Verständnis. Aus den Materialien ergibt sich folgendes: Der Grundsatzausschuß des Parlamentarischen Rats lehnte die von Richard Thoma unterbreiteten Vorschläge, den ersten Satz des Artikels wie folgt zu fassen, ab[465]: „*Privatvermögen* und Eigentum werden gewährleistet“ oder „*Unbeschadet der staatlichen Besteuerungs-* und Sozialisierungsgewalt gewährleistet die Verfassung die Privatvermögensrechte ...“[466]. Diese Tatsache wird als Nachweis einer bewußten Entscheidung gegen Vermögensschutz angeführt, was sie bei näherer Betrachtung aber nicht ist. Der einhelligen Ablehnung des ersten Vorschlags ging eine Diskussion über den Begriff „Privatvermögen“ voran[467], aus der sich ergibt, daß der Begriff im Grundsatzausschuß als zu unbestimmt angesehen wurde. Außerdem wollte man die Produktionsmittel nicht aus dem Schutz ausnehmen. Von einer mangelnden Schutzwürdigkeit des Vermögens ging man dagegen nicht aus[468]. Die schließlich Gesetz gewordene

---

[459] Dazu oben S. 40 ff.

[460] So auch *v. Arnim*, in: VVDStRL 39. Band (1981), S. 286 (305 in Fußnote 75).

[461] Der Schutz des Eigentumserwerbs ist umstritten (siehe etwa *Jarass*, in: Jarass/Pieroth, Art. 14 Rn. 16 m. w. N.); speziell zum Arbeitsertrag siehe oben Fußnote 246.

[462] *Osterloh* kritisiert die von manchen (z. B. von *Kirchhof*, in: VVDStRL 39. Band [1981], S. 213 [233 ff., 269 ff.]) vertretene Verengung des Steuerbegriffs auf solche Abgaben, die an Eigentumserwerb, -innehabung oder -verwendung anknüpfen (in: NVwZ 1991, 823 [826 f.]).

[463] Dies übersieht *Bryde*, in: v. Münch/Kunig, Art. 14 Rn. 23, wenn er glaubt, die Eigentumsrelevanz des gesamten Abgabenrechts lasse sich ohne eigentumsgrundrechtlichen Schutz des Vermögens begründen. Hierfür kann er sich auch nicht auf *Kirchhof* berufen, denn dieser nimmt durchaus einen eigentumsgrundrechtlichen Schutz des Vermögens an (siehe oben S. 49 ff.).

[464] *Pieroth/Schlink*, Grundrechte, Rn. 907 und *Depenheuer*, in: v. Mangoldt/Klein/Starck, Art. 14 Rn. 169 führen die Entstehungsgeschichte gegen den Schutz des Vermögens vor der Auferlegung von Geldleistungspflichten an.

[465] Nachzulesen in: Der Parlamentarische Rat 1948–49, Band 5/II, S. 712 (725 und 736) bei der Aussprache in der 26. Sitzung am 30.11.1948.

[466] Nachzulesen ebenda, Band 5/I, S. 361 (371 ff.); Hervorhebungen nur hier.

[467] Ebenda, Band 5/II, S. 712 (725).

[468] So spricht *v. Mangoldt* davon, daß „jeder ein gewisses Vermögen und ein gewisses Eigentum haben (müsse), mit dem er sich erhält“, s. in: Der Parlamentarische Rat 1948–49, Band 5/II, S. 712 (731).

Fassung dürfte mit der weit verbreiteten Sorge zusammenhängen, grundrechtlicher Vermögensschutz könne entweder als Inflationsschutz[469] oder als Erstreckung auf Positionen verstanden werden, die noch nicht bestimmt und rechtlich verdichtet sind, also auf tatsächliche Chancen, Hoffnungen und ungesicherte Aussichten[470]. Wird „Vermögen" jedoch als Gesamtheit der *eigentumsgeschützten* Rechtspositionen verstanden, so ist mit seinem Schutz weder zwangsläufig eine Wertgarantie verbunden[471] noch ist die Furcht vor drohender Konturlosigkeit und Vorverlagerung berechtigt[472]. Schließlich können Steuerschulden und andere Geldleistungspflichten nur unter Aufgabe gesicherter vermögenswerter Güter erfüllt werden; der Staat gibt sich mit der Übertragung von Chancen und Hoffnungen nicht zufrieden. Über die ebenfalls von Thoma vorgeschlagene Herausnahme der Besteuerungsgewalt wurde im Parlamentarischen Rat nicht diskutiert. Das Scheitern seines Vorstoßes kann entweder darauf beruhen, daß seine Forderung als inhaltlich bereits erfüllt angesehen wurde, oder auf dem Willen, die Eigentumsgarantie als Besteuerungsmaßstab nicht (ganz) auszuschließen. Letzteres ist wahrscheinlicher[473]: Es gab bereits unter der Weimarer Reichsverfassung Ansätze zum Schutz vor konfiskatorischen Steuern und vor Umgehung des Eigentumsschutzes[474]; sie sollten offenbar auch beibehalten werden[475].

Auch besagt es noch nichts über den *verfassungsrechtlichen* Eigentumsbegriff, daß Zivil- und Strafrecht „Eigentum" und „Vermögen" trennen. Die Unterscheidung ist in diesen Rechtsgebieten bedingt durch die Systematik der Anspruchsgrundlagen bzw. der Straftatbestände. Es ist anerkannt, daß objektiv-teleologische Kriterien[476] einer einheitlichen Auslegung von Begriffen in verschiedenen Rechtsgebieten entgegenstehen können. Der verfassungsrechtliche Eigentumsbegriff geht auch in anderen Bereichen anerkanntermaßen über den zivilrechtlichen hinaus[477].

Ferner ist das in der Vergangenheit vorgebrachte Argument, bei Annahme tatbestandlichen Vermögensschutzes führe das Entschädigungsgebot des Art. 14 Abs. 3

---

[469] Siehe den Hinweis von *Rodi*, Steuern als Verfassungsproblem, S. 95.

[470] Siehe etwa *Depenheuer*, in: v. Mangoldt/Klein/Starck, Art. 14 Rn. 164; *Papier*, in: KritV 1987, 140 (144 f.) und in: Maunz/Dürig, Art. 14 Rn. 9.

[471] Siehe oben Fußnote 374.

[472] *Pieroth*, Rückwirkung, S. 310.

[473] Siehe auch *Kirchhof*, in: VVDStRL 39. Band (1981), S. 213 (218 Fußnote 9), nach dem die Ablehnung dieses Vorschlags nicht auf einen allgemeinen ungeschriebenen Steuervorbehalt hindeute.

[474] Nachweise bei *Selmer*, Steuerinterventionismus, S. 297 f.

[475] Siehe die Aussprache zum Vorschlag der DP („Eine Aushöhlung des Eigentums ... durch die Steuergesetzgebung ist unzulässig") in derselben Sitzung des Grundsatzausschusses. *v. Mangoldt* sah diese Forderung nicht etwa als unberechtigt an, sondern verwies darauf, daß die Wesensgehaltsgarantie sie bereits in einem ausreichenden Maß zum Ausdruck bringe (s. in: Der Parlamentarische Rat 1948–49, Band 5/II, S. 712 [729]).

[476] Dazu *Larenz*, Methodenlehre der Rechtswissenschaft, S. 333 ff., 360 ff.

[477] Vgl. oben Fußnote 443 zum grundrechtlichen Schutz von Forderungen; umstritten ist die Erstreckung auf das Besitzrecht des Mieters (BVerfGE 89, 1 ff.).

GG jede Abgabenerhebung ad absurdum[478], durch das Verständnis der Enteignung als vollständige oder teilweise Entziehung von Rechten zur Erfüllung eines *bestimmten* öffentlichen Zwecks[479] überholt[480]. Auch kann daraus, daß eine Enteignung im Sinne des Art. 14 *Abs. 3* GG für das „Vermögen" nicht denkbar ist, sondern nur für Einzelgegenstände, nicht auf die Reichweite des Art. 14 *Abs. 1, Abs. 2* GG geschlossen werden[481]. Wenn Gellermann an der Anwendbarkeit dieser beiden Absätze für Steuereingriffe wegen der Rechtsfigur der ausgleichspflichtigen Inhalts- und Schrankenbestimmung[482] zweifelt[483], so übersieht er, daß Art. 14 Abs. 1, Abs. 2 GG primär eine zu starke Eigentumsbindung verhindern soll und eine solche ohnehin *nur in Ausnahmefällen* durch einen finanziellen Ausgleich gerechtfertigt werden kann[484]. Fälle einer ungewollt unverhältnismäßigen Belastung kann es im außersteuerlichen Bereich geben wie beispielsweise die Abgabe eines Pflichtexemplars beim Druck bibliophiler Raritäten[485], aber auch bei einer Kumulation von Steuern oder einer grundlegenden Verschlechterung der Vermögenssituation, für die dann der Steuererlaß aus Billigkeitsgründen (§ 227 Abs. 1 AO) die Funktion einer salvatorischen Entschädigungsklausel übernimmt. Beide Male läßt sich nicht behaupten, daß die Abgabepflichten grundsätzlich nicht sinnvoll seien.

Manche meinen allerdings, daß eine Anwendung des Art. 14 Abs. 1, Abs. 2 GG nicht in Frage käme, weil sie der in der Verfassung vorausgesetzten Steuerstaatlichkeit die Grundlage entziehe[486]. Zu dieser Argumentation ist folgendes zu sagen: Daß der Staat seine Ausgaben hauptsächlich aus Steuermitteln bestreiten muß, entspricht

---

478 Siehe etwa *Forsthoff*, in: VVDStRL 12. Band (1954), S. 8 (32); vgl. aus neuerer Zeit auch *Gellermann*, Grundrechte, S. 109.

479 BVerfGE 70, 191 (199 f.) – Fischereirechte; 72, 66 (76) – Fluglärm; BVerfGE 100, 226 (239 f.) – Abbruchverbot; Hervorhebung nur hier. Umstritten ist, ob es sich gerade um eine Güterbeschaffung handeln muß (ablehnend etwa BVerfGE 83, 201 [211] – Vorkaufsrecht).

480 So zu Recht *Eschenbach*, Der Schutz des Eigentums, S. 601 f. Fußnote 63; *Draschka*, Steuergesetzgebende Staatsgewalt, S. 103 f.

481 So aber *Schenke*, in: FS für Armbruster, S. 177 (186 f.); zutreffend dagegen *Pieroth*, Rückwirkung, S. 309. Daß manche Absätze oder Sätze von Grundrechtsartikeln für nur einen Teil der Eingriffe gelten, ist nichts besonderes. So betrifft etwa Art. 8 Abs. 2 GG nur die Versammlungen unter freiem Himmel, ohne daß deshalb der Schutz solcher in geschlossenen Räumen bestritten wäre.

482 Siehe hierzu den grundlegenden Beschluß zum Pflichtexemplar BVerfGE 58, 137 ff.; näher unten S. 128.

483 *Gellermann*, Grundrechte, S. 109 f. mit Hinweis auf die Absurdität einer salvatorischen Entschädigungsklausel in Steuergesetzen.

484 Siehe BVerfGE 100, 226 (244 f.) – Abbruchverbot.

485 Zum Pflichtexemplarbeschluß siehe schon oben S. 80 und näher noch unten S. 128.

486 *Forsthoff*, in: VVDStRL 12. Band (1954), S. 8 (32); einschränkend derselbe, NJW 1955, 1249 (1250: Eigentumsschutz nur bei Steuern auf das Vermögen, nicht bei solchen auf das Einkommen); siehe auch *Böckenförde*, in: FS für Arndt, S. 53 (71). Aus neuerer Zeit *Depenheuer*, in: v. Mangoldt/Klein/Starck, Art. 14 Rn. 165, den dies aber nicht hindert, Art. 14 GG unter dem Aspekt der Folgewirkung zu aktivieren (ebenda, Rn. 173).

der in jüngerer Zeit zwar von manchen in Frage gestellten[487], aber immer noch herrschenden[488] Meinung. Diese verweist darauf, daß die Art. 105 ff. GG die Gesetzgebungskompetenzen und die Verteilung des Aufkommens *nur für Steuern* regeln. Durch nicht steuerliche Abgaben von nennenswertem Umfang werde das diffizile Ertragsverteilungssystem der Art. 106 ff. GG aus dem Gleichgewicht gebracht[489]. Dies stelle aber einen Eckpfeiler der bundesstaatlichen Ordnung dar[490]. Auch Sozialstaatsprinzip und Rechtsstaatsprinzip führen Teile der Literatur an, um die Steuerstaatlichkeit zu begründen[491]. Aus Sicht des Steuerpflichtigen wird argumentiert, daß ihnen Geldleistungspflichten neben den Steuern regelmäßig deshalb nicht zugemutet werden könnten, weil sonst die Belastungsgleichheit nicht mehr gewahrt sei[492]. Außerdem habe der im Steuerstaat mögliche weitgehende Verzicht auf eine staatliche Wirtschaftstätigkeit und auf eine Auferlegung persönlicher Dienste eine freiheitssichernde Wirkung[493]. Mit der Annahme einer Steuerstaatlichkeit[494] steht jedoch noch nicht fest, daß die Besteuerung als Voraussetzung des – freiheitssichernden – Steuerstaats selbst nicht rechtfertigungsbedürftig ist. Vielmehr gibt es auch Stimmen, die den betreffenden Vorschriften der Finanzverfassung im Verhältnis zwischen den Steuerpflichtigen und dem Staat keine[495] oder nur eingeschränkte[496]

---

487 Siehe die grundlegende Untersuchung von *Sacksofsky*, Umweltschutz, S. 161 ff.; vgl. auch *Hendler*, in: AöR 115. Band (1990), S. 577 (595 ff.).

488 Siehe die Nachweise in den folgenden Fußnoten und BVerfGE 78, 249 (266 f.) – Fehlbelegungsabgabe; 82, 159 (178); 91, 186 (201) – Kohlepfennig; 93, 121 (134) – Vermögensteuer; 93, 319 (342) – Wasserpfennig; 101, 141 (147) – Ausgleichsfonds; *Vogel/Waldhoff*, in: BK, Vorbem. z. Art. 104 a–115 Rn. 327 ff.; *Fischer-Menshausen*, in: v. Münch/Kunig, Vorbem. zu Art. 104 a–109 Rn. 1; *Pieroth*, in: Jarass/Pieroth, Art. 105 Rn. 2; *Tipke*, Die Steuerrechtsordnung I, § 7, S. 230; *Scholz*, in: FS für Leisner, S. 797 (797); *Papier*, FS für Vogel, S. 117 (118); weitgehend übereinstimmend auch *Siekmann*, in: Sachs, vor Art. 104 a Rn. 44 ff.: Grundsatzentscheidung für die Finanzierung durch Steuern.

489 BVerfGE 93, 319 (342); 101, 141 (147); *Vogel/Waldhoff*, in: BK, Vorbem. z. Art. 104 a–115 Rn. 405.

490 BVerfGE 55, 274 (300); *Fischer-Menshausen*, in: v. Münch/Kunig, Vorbem. zu Art. 104 a–109 Rn. 1; *Siekmann*, in: Sachs, vor Art. 104 a Rn. 23.

491 Zur Heranziehung des Sozialstaatsprinzips siehe *Lehner*, Einkommensteuerrecht, S. 354; in Kombination mit dem Rechtsstaatsprinzip siehe *Isensee*, in: FS für Ipsen, S. 409 (433 f.).

492 BVerfGE 93, 319 (343); 55, 274 (302); 101, 141 (147).

493 *Isensee*, in: FS für Ipsen, S. 409 (431 f.); *Vogel*, in: Isensee/Kirchhof, HdbStR I, § 27 Rn. 69 ff. und HdbStR IV, § 87 Rn. 43 ff.; *Gramm*, in: Der Staat 36. Band (1997), S. 267 (273); *Depenheuer*, in: v. Mangoldt/Klein/Starck, Art. 14 Rn. 165; *Papier*, in: Benda/Maihofer/Vogel, HdbVerfR, § 18 Rn. 94; *Kirchhof*, in: VVDStRL 39. Band (1981), S. 213 (215 f. und 232); *Jachmann*, Grenzen der Besteuerung, S. 5. An der freiheitsbeschränkenden Wirkung ändert dies nichts, worauf *Draschka*, Steuergesetzgebende Staatsgewalt, S. 125 ff. zutreffend hinweist; näher sogleich im Text. Auch *Kirchhof* (ebenda, S. 234 ff.) und *Depenheuer* (ebenda, Rn. 173) messen Steuergesetze an Art. 14 GG.

494 Die Steuerstaatlichkeit soll hier unterstellt werden (zur Gegenauffassung siehe Fußnote 487). Wie im folgenden gezeigt wird, kommt es auf die Richtigkeit der Annahme insofern nicht entscheidend an, als aus der Steuerstaatlichkeit jedenfalls nicht auf eine Einschränkung des Grundrechtsschutzes geschlossen werden kann.

495 So *Tipke*, Die Steuerrechtsordnung II, § 11, S. 528 ff.

Bedeutung zumessen. Die Frage nach den Konsequenzen für die Besteuerung führt auf das allgemeine Problem, ob aus grundgesetzlichen Bestimmungen, die kompetentielle und organisatorische Bereiche regeln, *inhaltliche* Aussagen abgeleitet werden können[497]. Ausgangspunkt der Überlegungen muß dabei sein, daß die entsprechenden Normen *primär* dazu dienen, den formellen Rahmen des Staatshandelns festzulegen. So kann etwa bei einer Kompetenzverteilung nach dem Enumerationsprinzip (z. B. Art. 70 ff. GG) aus der Erwähnung eines Gesetzgebungsgegenstands noch nicht auf einen Verfassungsauftrag geschlossen werden[498]. Ist grundsätzlich Zurückhaltung bei der Ableitung inhaltlicher Aussagen geboten, kann doch nicht ausgeschlossen werden, daß die betreffende Norm doppelfunktional ist, also *auch* einen materiellen Gehalt aufweist[499]. Deshalb ist, wie eine vermittelnde Ansicht denn auch zu Recht hervorhebt[500], im Wege der Auslegung zu ermitteln, ob die jeweilige Norm ein *Rechtsinstitut* bezeichnet. Stellt die Verfassung dem Staat eine Aufgabe nämlich nicht anheim, sondern macht sie ihm diese zur Pflicht, so bedeutet dies, daß bestimmte Grundrechtseingriffe zur Erfüllung der Aufgabe zulässig sein müssen. Für den hier zu untersuchenden Bereich ergibt sich aus der Festlegung auf Steuerstaatlichkeit, daß die Besteuerung verfassungsmäßig ist, soweit es ihrer zur Erfüllung der *zwingenden* Staatsaufgaben bedarf[501]. Das besagt nicht viel mehr, als daß eine (Einkommens-)Besteuerung nicht von vornherein unzulässig ist[502]; sie muß insbesondere strukturell möglich sein. Dies gilt im übrigen auch, wenn man mit Sacksofsky und Hendler[503] keinen Vorrang der Steuern vor anderen Abgaben annimmt. Auch dann wäre die Besteuerung als Finanzierungsinstrument nicht gänz-

---

496 Die ganz h. M. geht von einer Rechtfertigung der Steuern dem Grunde nach aus; siehe BVerfGE 26, 1 (8) zur Erhebung der GewSt; 55, 274 (301); 93, 121 (134) zur Rechtfertigung von VSt und Realsteuern; *Vogel/Waldhoff*, in: BK, Vorbem. z. Art. 104 a–115 Rn. 336; *Herzog*, in: FS 75 Jahre RFH – BFH, S. 105 (111); *Rodi*, Steuern als Verfassungsproblem, S. 155; *Kirchhof*, in: Besteuerungsgewalt, S. 10 ff., in: JZ 1982, 305 (307) und in: VVDStRL 39. Band (1981), S. 213 (218 f.); *Pieroth*, in: Jarass/Pieroth, Art. 105 Rn. 2.

497 Hierzu siehe *Pestalozza*, in: Der Staat 11. Band (1972), S. 161 (169, 183); *Pieroth*, in: AöR 114. Band (1989), S. 422 (442).

498 So *Pieroth*, in: AöR 114. Band (1989), S. 422 (442); *Pestalozza*, in: Der Staat 11. Band (1972), S. 161 (184 f.). Nicht überzeugend daher *Bleckmann*, DÖV 1983, 129 ff.; problematisch BVerfGE 53, 30 (56: Anerkennung und Billigung der Atomkraft in Art. 74 Nr. 11 a GG); 69, 1 (12) – Zivildienst.

499 Zu eng daher tendenziell die Richter *Böckenförde* und *Mahrenholz* in ihrer abweichenden Meinung zu BVerfGE 69, 1 ff., ebenda, S. 57 (59 ff.).

500 *Pestalozza*, in: Der Staat 11. Band (1972), S. 161 (169 ff.); *Pieroth*, in: AöR 114. Band (1989), S. 422 (431 ff.) m. w. N.

501 Vgl. *Fischer-Menshausen*, in: v. Münch/Kunig, Art. 105 Rn. 5: „Die Steuerkompetenz ist insoweit von der Eigentumsgarantie freigestellt, als es der Wesenskern des Instituts der Steuer erfordert“. Allerdings bedarf es dazu keiner „Freistellung“ von der Eigentumsgarantie; die Besteuerung verträgt sich nämlich mit der – im Gemeinwohl relativierbaren – Aussage der Eigentumsfreiheit.

502 Nachweise in Fußnote 496.

503 Nachweise in Fußnote 487.

lich verzichtbar[504]. Diesen Notwendigkeiten kann aber ohne weiteres *bei der Anwendung des Art. 14 GG* Rechnung getragen werden, indem der Fiskalzweck als ein im Gemeinwohl liegendes Zwischenziel anerkannt wird, das den individuellen Zugriff beim Steuerpflichtigen in der Regel zu rechtfertigen vermag[505]. Mehr als diese Rechtfertigung dem Grunde nach kann der „Wesenskern des Instituts Steuer"[506] nicht bewirken. Die behauptete Unvereinbarkeit eines Eigentumsschutzes des Vermögens und der verfassungsrechtlichen Entscheidung zugunsten des Steuerstaats erweist sich als unzutreffend; bei Forsthoff[507] ist sie denn auch durch ein Verständnis der Enteignung bedingt, das heute so nicht mehr vertreten wird[508].

Einen anderen, ebenfalls grundsätzlichen Einwand gegen die Subsumtion des Vermögens unter den Eigentumsbegriff des Art. 14 Abs. 1 S. 1 GG erhebt Wieland[509]. Er befürchtet, daß ansonsten die gesetzgeberischen Kompetenzen zugunsten des Bundesverfassungsgerichts zurückgedrängt würden. Das Problem der Gewaltenteilung bei der Anwendung des Verhältnismäßigkeitsgrundsatzes[510] stellt sich aber erstens ebenso bei der Annahme eines Eingriffs in Art. 2 Abs. 1 GG und ist zweitens nicht auf das Steuerrecht beschränkt.

Schließlich kann der Besorgnis, daß die Abwehrwirkung des Art. 14 GG bei Einbeziehung des Vermögens geschwächt werde[511], durch die Aufrechterhaltung der bisher anerkannten Schutzintensität für Eingriffe in das Eigentum an einzelnen Schutzgütern Rechnung getragen werden. Dies ist ohne weiteres möglich, denn der Vermögensschutz tritt ja nicht an die Stelle, sondern neben den Schutz der Einzelgegenstände[512].

Als Ergebnis ist festzuhalten, daß Art. 14 GG entgegen der Rechtsprechung auch das Vermögen als Zusammenfassung einzelner eigentumsrechtlicher geschützter

---

504 Nichtsteuerliche Abgaben wie Gebühren, Beiträge und Sonderabgaben leisten nur einen eingeschränkten Finanzierungsbeitrag, insbesondere keinen zur Bestreitung von allgemeinen öffentlichen Aufgaben.

505 Siehe BVerfGE 84, 239 (268 f.) – Steuererhebungsgleichheit; *v. Arnim*, in: VVDStRL 39. Band (1981), S. 286 (316); *Breuer* und *Badura* in ihren Stellungnahmen zu den Referaten auf der Staatsrechtslehrertagung 1980 (in: VVDStRL 39. Band [1981], S. 361 [383 f. bzw. 396]); siehe auch *Birk*, Das Leistungsfähigkeitsprinzip, S. 192; *Vogel*, in: Isensee/Kirchhof, HdbStR IV, § 87 Rn. 102.

506 So die Formulierung von *Fischer-Menshausen*, siehe das Zitat in Fußnote 501.

507 Nachweis in Fußnote 478.

508 Siehe dazu bereits S. 85.

509 In: Dreier, Art. 14 Rn. 48.

510 Dazu unten S. 113 ff.

511 So die Bedenken von *Bull*, NJW 1996, 281 (283); *Papier*, in: Maunz/Dürig, Art. 14 Rn. 42; *v. Arnim*, VVDStRL 39. Band (1981), S. 286 (309: Man müsse die Erweiterung des Schutzbereiches mit einer Verringerung der Schutzintensität erkaufen.).

512 *Papiers* Kommentierung in: Maunz/Dürig, Art. 14 Rn. 3, 160 erweckt an manchen Stellen den unzutreffenden Eindruck, der geforderte Vermögensschutz solle den Schutz der Einzelgegenstände nicht ergänzen, sondern ersetzen.

Rechtspositionen schützt. Das Grundgesetz sieht mit der Eigentumsfreiheit eine spezielle Regelung für den Ausgleich zwischen der Privatnützigkeit und dem Gemeinwohlinteresse vor. Art. 14 GG vermag daher vor der Besteuerung, die gerade im Spannungsfeld dieser beiden Pole liegt, sachnäheren Schutz zu gewähren als die allgemeine Handlungsfreiheit.

cc) Die Einkommensbesteuerung als Beeinträchtigung des Einkommens als Teilmenge des Vermögens

Die Einkommensbesteuerung ist allerdings als Beeinträchtigung des *Gesamtvermögens* nicht hinreichend genau charakterisiert. Das Einkommensteuergesetz setzt nicht voraus, daß neben dem Einkommen weiteres Vermögen vorhanden ist; es bezieht konsolidiertes Altvermögen als solches nicht ein. Die gesetzgeberische Entscheidung über den Belastungsgrund macht die Einkommensteuer zu einem Eingriff in das *Einkommen*, das heißt das im Laufe des Veranlagungszeitraums neu zufließende und noch nicht konsolidierte Vermögen[513]. Die Besteuerung muß demnach gerade bezogen auf das Einkommen verfassungsmäßig sein. An der grundrechtlichen Verortung des Schutzes ändert das nichts[514]. Was zum Eigentumsschutz des Vermögens gesagt wurde, gilt auch für das Einkommen, das ebenfalls eine Zusammenfassung einzelner eigentumsgeschützter Rechtspositionen ist und das je nach den Verhältnissen des Steuerpflichtigen entweder sein Gesamtvermögen darstellt oder aber eine Teilmenge dessen bildet und zur Freiheitsentfaltung beiträgt[515].

b) Die Reichweite des Eigentumsschutzes

Nach diesen Vorüberlegungen liegt es nahe, die Einkommensbesteuerung als Eingriff in Art. 14 GG insbesondere auf ihre Verhältnismäßigkeit anhand der Bedeutung der Privatnützigkeit des Einkommens einerseits und der Sozialbindung andererseits zu prüfen. Tatsächlich liegen die Dinge jedoch nicht so einfach. Es müssen erst zwei Einwände überwunden werden, welche die Anwendung des Verhältnismäßigkeitsgebots in Frage stellen: Die Steuergesetzgebung ist zunächst von einer bloßen inhaltlichen Ausgestaltung des Eigentumsgrundrechts abzugrenzen. Damit ist ein *allgemeines* Problem angesprochen, nämlich die Anwendung der Außentheorie

---

513 Gemeint ist hier also das finanzielle Ergebnis. Auf welche Weise es erzielt wird und welche Grundrechte insofern einschlägig sind, ist keine Frage der Belastungs-, sondern der Gestaltungswirkung (dazu siehe unten S. 164 ff.).

514 Im Ergebnis ebenso *Lehner*, Einkommensteuerrecht, S. 380 ff., der den eigentumsrechtlichen Schutz des Einkommens aus dessen freiheitssichernder Funktion ableitet.

515 Dies verkennt *Forsthoff*, NJW 1955, 1249 (1250), wenn er Steuern auf das Vermögen an Art. 14 GG messen will, nicht aber solche auf das Einkommen; siehe auch *v. Arnim*, in: VVDStRL 39. Band (1981), S. 286 (302 ff.).

auf normgeprägte Grundrechte[516]. Außerdem ist zu fragen, wie sich die *Besonderheit*, daß die Besteuerung (auch) aus fiskalischen Gründen erfolgt, auf die Rechtfertigungsanforderungen auswirkt[517]. Der Gang der Untersuchung entspricht dieser Reihenfolge.

aa) Die Entwicklung der allgemeinen Eigentumsdogmatik

Schon beim Wortlaut des Art. 14 Abs. 2 S. 2 GG, der dem Gesetzgeber die Bestimmung des Inhalts und der Schranken des Eigentums zuweist, fällt auf, dass die Eigentumsfreiheit eine Gewährleistungsstruktur aufweist, die von anderen Grundrechten abweicht[518]. Auf die Hintergründe und die Folgen dieser Besonderheit soll daher näher eingegangen werden.

α) *Die Charakterisierung der Eigentumsfreiheit und ihrer Schutzrichtungen*

αα) Die Normgeprägtheit der Eigentumsfreiheit

Die Eigentumsfreiheit gehört nach ganz herrschender Meinung[519] zu den Grundrechten, die (jedenfalls mit dem sie prägenden Inhalt[520]) als „vorstaatliche" Freiheiten nicht denkbar sind, weil sie eine *rechtliche* Konkretisierung des geschützten Bereichs voraussetzen. „Eigentum" bezeichnet nicht lediglich eine faktische Position oder eine tatsächliche Sachherrschaft, sondern ist ein Rechtsbegriff. So ordnen beispielsweise die Normen des Zivilrechts bewegliche und unbewegliche Sachen nach bestimmten Regeln *verbindlich* bestimmten Personen zu[521]. Wenn Eschenbach und

---

516 Obwohl sich die Außentheorie im allgemeinen durchgesetzt hat (siehe oben S. 75), ist der Umgang mit normgeprägten Grundrechten wie Art. 14 GG teilweise von innentheoretischen Vorstellungen geprägt (hierzu unten S. 96 ff.).

517 Hierzu S. 141 ff.

518 *Pieroth/Schlink*, Grundrechte Rn. 895; *Gellermann*, Grundrechte, S. 93.

519 BVerfGE 58, 300 (330) – Naßauskiesung; *Depenheuer*, in: v. Mangoldt/Klein/Starck, Art. 14 Rn. 29; *Alexy*, Theorie der Grundrechte, S. 213; *Lübbe-Wolff*, Eingriffsabwehrrechte, S. 80 f.; *Pieroth/Schlink*, Grundrechte Rn. 209 ff.; *Eckhoff*, Der Grundrechtseingriff, S. 15; *Herzog*, in: FS für Zeidler, Band 2, S. 1415 (1417 ff.); *Ehlers*, in: VVDStRL 51. Band (1992), S. 211 (214); *Jestaedt*, Grundrechtsentfaltung, S. 30 ff.; a. A. *Waschull*, Das Unternehmen, S. 354 ff., der eine Güterzuordnung nach wirtschaftlichen Gesichtspunkten für möglich und gesetzliche Regelungen damit für verzichtbar hält, siehe auch *Eschenbach*, Der Schutz des Eigentums, S. 548 ff.

520 Naturrechtliche Eigentumsmodelle, nach denen das Eigentum etwa aus der Besitzergreifung (sog. Okkupationstheorie) oder aus der aufgewendeten Arbeit (sog. Arbeitstheorie) folgt, sind hier nicht Gegenstand der Erörterung. Ihnen liegt ein anderes Eigentumsverständnis zugrunde (siehe *Brocker*, Arbeit und Eigentum, S. 30 ff. und 125 ff.).

521 Siehe *Pieroth/Schlink*, Grundrechte Rn. 209 f.; *Depenheuer*, in: v. Mangoldt/Klein/Starck, Art. 14 Rn. 29.

Waschull demgegenüber auf die *dispositiven* Normen des Schuldrechts hinweisen und meinen, zur Begründung, Änderung und Aufhebung vertraglicher Schuldverhältnisse sei ein Vertrag erforderlich, aber auch ausreichend[522], so verkennen sie, daß die *Rechtsgültigkeit* einer Vereinbarung nicht allein durch die Absprache der Bürger herbeigeführt werden kann[523]. Dafür bedarf es staatlicher Anerkennung, was nur deshalb nicht so deutlich wird, weil die getroffenen Absprachen nach unserer Rechtsordnung grundsätzlich „gelten" sollen und nur unter bestimmten Voraussetzungen nicht. Für das grundgesetzliche Eigentum und zivilrechtliche Ansprüche ist es wesentlich, daß sie mit Hilfe der Rechtsordnung durchgesetzt werden können[524]; unter der Geltung des staatlichen Gewaltmonopols[525] ist der einzelne darauf auch angewiesen.

Die Eigentumsfreiheit und die durch Art. 2 Abs. 1 GG[526] oder andere Grundrechte[527] geschützte Vertragsfreiheit lassen sich also nicht in der Kategorie des etwas „Dürfens" oder „nicht Dürfens" erfassen, sie betreffen ein „rechtliches Können"[528]. Der Wortlaut des Art. 14 Abs. 1 S. 2 GG spiegelt die Normgeprägtheit der Eigentumsfreiheit wider, indem er anordnet, daß auch der „Inhalt" der Freiheit durch die Gesetze bestimmt wird.

Dadurch unterscheidet sich die Eigentumsfreiheit von anderen Grundrechten wie dem Recht auf Leben und körperliche Unversehrtheit, der körperlichen Bewegungsfreiheit, der Meinungsfreiheit und der Versammlungsfreiheit, die dem Menschen *von sich aus* zukommende Fähigkeiten unter Schutz stellen. Die Hauptschutzrichtung dieser „natürlichen"[529] Freiheiten ist die Abwehr von staatlichen Hindernissen; ihre tatsächliche Ausübung hängt nicht zwingend von einer staatlichen Ordnung bzw. staatlicher Aktivität ab. Das heißt nicht, daß eine Freiheitsgewährleistung nicht aus „natürlichen" *und* „normgeprägten" Elementen bestehen kann. So mag man das Innehaben und die Nutzung von Gegenständen (also den tatsächlichen Besitz) als einen „natürlichen" Bestandteil der Eigentumsfreiheit ansehen, das schöpft ihren Inhalt aber nicht aus und ist für sie auch nicht charakteri-

---

522 *Eschenbach*, Der Schutz des Eigentums, S. 548 ff.; *Waschull*, Das Unternehmen, S. 357 ff.

523 *Eschenbach*, Der Schutz des Eigentums., S. 547 geht es in der Sache um effektiven Grundrechtsschutz vor dem Gesetzgeber, dieser kann aber auch bei Anerkennung der Normgeprägtheit des Eigentums erreicht werden (zum Prinzipienmodell siehe unten S. 107 ff.).

524 BVerfGE 35, 263 (276 f.) – Verwaltungsakt mit Doppelwirkung; 49, 220 (225 ff.); 51, 150 (156); 53, 352 (356 ff.) – Vergleichsmiete.

525 Siehe die Begrenzung der Selbsthilfe in §§ 229 f., 859 BGB.

526 BVerfGE 81, 242 (255) – Handelsvertreter; 89, 214 (231) – Bürgschaft.

527 Zu den in Betracht kommenden Grundrechten siehe *Höfling*, Vertragsfreiheit, S. 14 ff.

528 Grundlegend zu dieser Unterscheidung *G. Jellinek*, System der subjektiven öffentlichen Rechte, S. 46 ff. Siehe auch *Alexy*, Theorie der Grundrechte, S. 212 ff.; *Höfling*, Vertragsfreiheit, S. 20 ff.: Vertragsfreiheit als „kompetentielle" Freiheit.

529 Zur Bezeichnung siehe *G. Jellinek*, System der subjektiven öffentlichen Rechte, S. 46 Fußnote 1; aus neuerer Zeit etwa *Lübbe-Wolff*, Eingriffsabwehrrechte, S. 75 ff.; *Gellermann*, Grundrechte, S. 94.

stisch[530]; umgekehrt kommt auch Grundrechten wie dem Recht auf Leben und körperliche Unversehrtheit über die Lehre von den Schutzpflichten[531] eine Aufgabe zu, deren Erfüllung staatliches Handeln, auch in der Form der Normsetzung, erfordern kann. Die Inanspruchnahme „natürlicher" Grundrechte ist aber – und das ist der zentrale Unterschied – in ihrem Kerngewährleistungsbereich nicht auf den Gesetzgeber bzw. den Staat angewiesen. Wie Lübbe-Wolff betont, „pflegen wir unser Leben einschließlich der davon abhängigen elementaren Fähigkeiten ... nicht in derselbe Weise als Gabe des Staates zu betrachten wie etwa Rechte auf Nutzung des staatlichen Ausbildungsangebots"[532].

ββ) Die eigentumsgrundrechtlichen Schutzrichtungen: Unterscheidung von befugnisbestimmender und bestandsbeeinträchtigender Wirkung von Normen

Die beschriebene Normgeprägtheit macht es erforderlich, zwei Schutzrichtungen der Eigentumsfreiheit zu unterscheiden[533]: Art. 14 GG stellt noch näher zu untersuchende[534] Anforderungen an Normen, die generell und abstrakt die Eigentümerbefugnisse und -pflichten für die Zukunft festlegen, und er enthält im einzelnen noch zu betrachtende[535] Vorgaben an eine Schmälerung oder Entziehung bereits begründeter Rechtspositionen. Viele einfach-rechtliche Gesetze sprechen beide Schutzrichtungen an, indem sie im Zuge der Neuordnung von Befugnissen auch bestehende Rechte beeinträchtigen[536].

---

530 Siehe *Herzog*, in: FS für Zeidler, Band 2, S. 1415 (1418: das Mehr, das der Eigentumsbegriff gerade gegenüber dem des Besitzes enthalte, sei ohne Rechtsordnung schon begrifflich nicht denkbar).

531 Vgl. dazu u. a. BVerfGE 39, 1 (41); 88, 203 (251 ff.) – Schwangerschaftsabbruch; 46, 160 (164 f.) – Schleyer; 79, 174 (201 f.) – Verkehrslärm. Zu den dogmatischen Problemen der Schutzpflichtenlehre, die hier nicht behandelt werden, siehe *Dietlein*, Schutzpflichten; *Unruh*, Schutzpflichten, jeweils m. w. N.

532 In: Eingriffsabwehrrechte, S. 84 f. Sie wendet sich vor diesem Hintergrund auch gegen die institutionelle Grundrechtsinterpretation *Häberles* (in: Die Wesensgehaltgarantie, S. 71).

533 Dies ist allgemein anerkannt, siehe *Wendt*, in: Sachs, Art. 14 Rn. 56; *Rittstieg*, in: AK, Art. 14/15 Rn. 168 und 180; *Kloepfer*, Grundrechte als Entstehenssicherung, S. 24 ff.; *Bryde*, in: v. Münch/Kunig, Art. 14 Rn. 31 ff.; *v. Arnauld*, Die Freiheitsrechte, S. 134 ff.; *Schmidt-Aßmann*, in: 600 Jahre Universität Heidelberg, S. 107 (114, 116 f.); *Pieroth*, Rückwirkung, S. 293 ff.; *Schwerdtfeger*, Die Eigentumsgarantie, S. 13 ff.; *Kimminich*, in: BK, Art. 14 Rn. 100; *v. Arnim*, in: VVDStRL 39. Band (1981), S. 286 (306 f.); *Jestaedt*, Grundrechtsentfaltung, S. 31; *Gellermann*, Grundrechte, S. 93. Zur Rspr. siehe die Nachweise in Fußnote 543.

534 Siehe unten S. 95 ff.

535 Siehe unten S. 214 ff.

536 Siehe *Pieroth/Schlink*, Grundrechte Rn. 920; *Pieroth*, Rückwirkung, S. 301; *Rittstieg*, in: AK, Art. 14/15 Rn. 180; *v. Arnauld*, Die Freiheitsrechte, S. 136 f. *Wendt*, in: Sachs, Art. 14 Rn. 56 macht darin den Grund dafür aus, daß zwischen beiden Schutzrichtungen häufig nicht unterschieden wird.

Bisher hat sich keine einheitliche Begrifflichkeit gebildet. Teilweise wird auf die Bezeichnungen in Art. 14 Abs. 1 S. 2 GG zurückgegriffen. So liegt zum Beispiel nach Sachs eine Schrankenbestimmung vor, sobald die Regelung für mindestens einen konkreten Eigentümer dessen *bisherige* Befugnisse schmälert, sonst bezeichnet er Festlegungen über Bestehen und Reichweite der Eigentümerbefugnisse in der *Zukunft* als Inhaltsbestimmungen[537]. Das Bundesverfassungsgericht trennt dagegen terminologisch nicht bzw. jedenfalls nicht durchgängig[538] nach Inhaltsbestimmungen einerseits und Schrankenbestimmungen andererseits; meist nennt es sie in einem Atemzug und als Gegenbegriff zur Enteignung nach Art. 14 Abs. 3 GG[539]. Es ist der Literatur[540] bislang auch nicht gelungen, eine Struktur zu erkennen, wann bzw. warum die Betonung in einzelnen Urteilen und Beschlüssen des Bundesverfassungsgerichts mal auf der Inhaltsbestimmung[541] und mal auf der Schrankenbestimmung[542] liegt. Die sachliche Unterscheidung zwischen der Festlegung von Rechten und Pflichten für die Zukunft und der Beeinträchtigung der nach altem Recht begründeten Befugnisse in der Hand eines konkreten Eigentümers liegt der Rechtsprechung aber durchaus zugrunde[543], auch wenn sie sie nicht immer deutlich macht[544]. Hier soll das Begriffspaar „Inhalts- und Schrankenbestimmung" nicht verwendet werden, weil dafür so viele verschiedene Bedeutungen vorgeschlagen werden, daß leicht Mißverständnisse auftreten könnten. So versteht Parodi beispielsweise unter der Inhaltsbestimmung die Abgrenzung der Rechte im Verhältnis der Bürger zueinander und unter der Schrankenbestimmung eine Bindung, die im öffentlichen Inter-

537 In: Stern, Staatsrecht III/2, § 80 III 2, S. 408 ff. Ebenso, aber ohne Ausschließlichkeit der Kategorien *v. Arnauld*, Die Freiheitsrechte, S. 136 f.; *Grochtmann*, Eigentumsdogmatik, S. 281 ff.

538 Eine Differenzierung nach „Inhalt" und „Schranken" legt die Kleingartenentscheidung nahe. Dort heißt es: „das Grundgesetz (versteht) unter Inhaltsbestimmung im Sinne des Art. 14 Abs. 1 Satz 2 GG die generelle und abstrakte Festlegung von Rechten und Pflichten ... Sie ist auf die Normierung objektiv-rechtlicher Vorschriften gerichtet, die den ‚Inhalt' des Eigentumsrechts vom Inkrafttreten des Gesetzes an für die Zukunft bestimmen." (BVerfGE 52, 1 [27]). Erst im Zusammenhang mit der Bestandsbeeinträchtigung und der Abgrenzung zur Enteignung ist auch von „Schranken" die Rede (ebenda, S. 28).

539 Bspw. BVerfGE 58, 300 (330) – Naßauskiesung.

540 Siehe *Wendt*, in: Sachs, Art. 14 Rn. 58; *Bryde*, in: v. Münch/Kunig, Art. 14 Rn. 51; *Lubberger*, Eigentumsdogmatik, S. 166 Fußnote 32; *Schmidt-Aßmann*, in: FS 600 Jahre Universität Heidelberg, S. 107 (115); *Kimminich*, in: BK Art. 14 Rn. 133.

541 BVerfGE 11, 95 (96); 58, 137 (144 f.); 72, 66 (76).

542 BVerfGE 49, 382 (394).

543 Siehe BVerfGE 24, 367 (392 f.: Änderung des *objektiven* Rechts für Deichgrundstücke und Eingriff in das *subjektive* Recht der einzelnen Grundrechtseigentümer; Hervorhebung im Original) – Hamburger Deichgesetz; 58, 81 (121: eine an sich zulässige Bestimmung des Eigentums für die Zukunft rechtfertige die mit ihr verbundene Verkürzung erworbener Rechte noch nicht) – Ausbildungsausfallzeiten; ebenso 72, 9 (22 f.) – Anwartschaft auf Arbeitslosengeld; vgl. auch 58, 300 (348 ff.) – Naßauskiesung; 52, 1 (27 f.) – Kleingarten; 74, 203 (216); 83, 201 (211 ff.) – Vorkaufsrecht.

544 So zutreffend *Rittstieg*, in: AK, Art. 14/15 Rn. 168. Ein Beispiel für eine unklare Entscheidung ist BVerfGE 70, 191 ff. – Fischereirechte.

esse auferlegt wird[545]. In dieser Arbeit wird von der befugnisbestimmenden und der bestandsbeeinträchtigenden Normwirkung gesprochen, wobei sich beide Kategorien nicht ausschließen[546]: Eine Befugnisbestimmung kann[547] (zusätzlich) bestandsbeeinträchtigend wirken.

γγ) Die Zuordnung der (Einkommens-)Besteuerung

Welche Schutzrichtung ist nun bei der (einkommen-)steuerlichen Belastungswirkung angesprochen? Die Auferlegung der Geldleistungspflicht zielt auf die Erfüllung der Steuerschuld aus dem vorhandenen Bestand an Rechtspositionen. Sie entsteht nach der Grundregel des § 36 Abs. 1 EStG erst mit Ablauf des Veranlagungszeitraums. Das spricht auf den ersten Blick dafür, immer (auch) eine Bestandsbeeinträchtigung anzunehmen. In der Tat gewinnt man den Eindruck, daß diese Einschätzung weit verbreitet ist[548]. Den Erkenntnissen zur Normgeprägtheit des Eigentums wird dies jedoch nicht gerecht; eine Bestandsbeeinträchtigung setzt nämlich logisch voraus, daß das Einkommen nicht bereits *bei seiner Bildung vorbelastet* ist. Bestimmt eine Norm des Einkommensteuerrechts[549], ob und inwieweit der Steuerpflichtige *künftiges* Einkommen an den Fiskus abgeben muß, das heißt, tritt die Norm in

---

[545] In: Eigentumsbindung, S. 78 ff. Für die Rechtfertigung stellt sie unterschiedliche Voraussetzungen auf; insbesondere sei der Verhältnismäßigkeitsgrundsatz auf „Inhaltsbestimmungen" nicht anwendbar (ebenda, S. 98 f.). Sie hat sich damit weder terminologisch noch inhaltlich durchsetzen können (siehe nur die Rechtsprechung zum Miet- und Pachtrecht unten S. 125 ff., S. 132 f., S. 134 ff.). Zu anderen Differenzierungsvorschlägen zwischen der Inhalts- und der Schrankenbestimmung siehe *Bryde*, in: v. Münch/Kunig, Art. 14 Rn. 51 m. w. N., der selbst von einer Ununterscheidbarkeit ausgeht, so auch *Rozek*, Eigentumsbindung, S. 57 ff.; *Papier*, in: Maunz/Dürig, Art. 14 Rn. 300; *Wieland*, in: Dreier, Art. 14 Rn. 68.

[546] Dem Vorschlag von *Sachs* (oben Fußnote 537) wird nicht gefolgt, weil die Ausschließlichkeit der Bezeichnungen die etwaige Kombination der Wirkungen verdeckt und auf diese Weise die Maßstabsbildung erschwert. Man denke etwa an den Fall, daß jemand eine auch bestandsbeeinträchtigende Regelung wegen ihrer zukunftsgerichteten Wirkung angreift, aber selbst von der Schmälerung von Altrechten nicht betroffen ist. Siehe auch *v. Arnauld*, Die Freiheitsrechte, S. 136 f.

[547] Eine Neudefinition, die nicht auch bereits begründete Rechtspositionen verändert, kommt selten vor. *v. Arnauld* (in: Die Freiheitsrechte, S. 136) konstruiert als Beispiel die Abschaffung der in § 958 BGB enthaltenen Befugnis, sich herrenlose Tiere anzueignen. Eine solche Regelung bliebe ohne Auswirkung auf den bereits gebildeten Eigentumsbestand.

[548] Eine Bestandsbeeinträchtigung nimmt wohl *Kirchhof*, in: VVDStRL 39. Band (1981), S. 213 (245) an, wenn er dort ausführt, daß sich bereits ein geschützter Bestand gebildet habe, bevor die Steuerforderung entstehe und erfüllt werde (etwas anders jedoch ebenda, S. 254 und in: StuW 2000, 221 [226], wo er davon spricht, daß das Steuerrecht das Eigentumsgrundrecht ausgestaltet). Auch *Herzogs* Prüfung der Verhältnismäßigkeit von Steuerpflichten (in: FS 75 Jahre RFH – BFH, S. 105 [110]) läßt sich nach seiner Sicht zu Befugnisbestimmungen (siehe unten S. 97 ff.: Begrenzung der gesetzgeberischen Definitionsmacht allein durch den Wesensgehalt) nur damit erklären, daß er von einer Bestandsbeeinträchtigung ausgeht.

[549] Auch für andere Steuerarten wie Grund- und Vermögensteuer läßt sich bei gleichbleibender Rechtslage sagen, das Vermögen oder das Grundstück sei bereits mit der Verpflichtung erworben worden, Grund- bzw. Vermögensteuer zu zahlen.

Kraft[550], bevor Eigentum gebildet ist, so realisiert sich bei der Steuerveranlagung nur die Vorbelastung des Einkommens, so daß es zu einer Bestandsbeeinträchtigung nicht kommt[551]. Anders liegt es, wenn das Einkommensteuergesetz bereits vorhandene Rechtspositionen schmälert, insbesondere wenn es die Steuerpflicht im *laufenden* Veranlagungszeitraum oder sogar mit Wirkung für einen *vorangegangenen* Zeitraum (erstmals schafft oder) verschärft. Dieser Fall „rückwirkender“ Besteuerung wird hier zunächst[552] ausgeklammert.

β) *Die Schutzaussage der Eigentumsfreiheit für die befugnisbestimmende Normwirkung*

Zu untersuchen sind also zunächst die eigentumsgrundrechtlichen Anforderungen an Befugnisbestimmungen, und zwar sowohl die absoluten als auch die relativierbaren[553]. Die insofern von Art. 14 GG entfaltete Schutzwirkung ist noch völlig ungeklärt[554]. In der Literatur wird die Frage einer Pflicht zur Einräumung von Befugnissen gelegentlich anhand der Urheberrechte erörtert[555]. Hinsichtlich der Reichweite sei beispielhaft der Streit darum genannt, ob Art. 14 GG beim Grundeigentum – vorbehaltlich zulässiger Einschränkungen – ein Recht zur Bebauung gewährt oder fordert[556].

Bei der Diskussion um die eigentumsgrundrechtliche Schutzaussage für Befugnisbestimmungen fällt auf, daß der jeweilige Standpunkt in der Literatur häufig ohne Erörterung der abweichenden Vorschläge mit einer gewissen Selbstverständlichkeit und meist unter Berufung auf die Rechtsprechung des Bundesverfassungsgerichts eingenommen wird[557]. Nicht zuletzt deshalb sollen Darstellung und Zuord-

---

550 Zur Maßgeblichkeit des Inkrafttretens siehe BVerfGE 52, 1 (27) – Kleingarten; 72, 66 (76) – Fluglärm.

551 Siehe allgemein auch *Pieroth*, Rückwirkung, S. 299: bei gleichbleibender Rechtslage besteht kein Rückwirkungsproblem; die Rechtsstellungsgarantie des Art. 14 GG ist nicht betroffen. Vgl. auch *v. Arnim*, in: VVDStRL 39. Band (1981), S. 286 (306); vgl. auch die Ausführungen unten S. 128 zur Pflichtexemplarentscheidung.

552 Dazu unten S. 214 ff.

553 Zur Außentheorie siehe oben Fußnote 401.

554 So zu Recht *Herzog*, in: FS für Zeidler, Band 2, S. 1415 (1428); siehe auch *Lubberger*, Eigentumsdogmatik, S. 220 ff.

555 Siehe *Herzog*, in: FS für Zeidler, Band 2, S. 1415 (1419): „Gäbe es die diversen Urhebergesetze ... nicht, so wäre allenfalls darüber zu philosophieren, ob und in welchem Umfang sie zu erlassen wären“. Zu anderen Ergebnissen kommen wiederum auf unterschiedlichen Wegen *Nierhaus*, in: AöR 116. Band (1991), S. 72 (100 f.) und *Borowski*, Grundrechte als Prinzipien, S. 341 ff.

556 Eine ausführliche und aktuelle Darstellung des Streits um grundrechtliche Baufreiheit findet man bei *Grochtmann*, Eigentumsdogmatik, S. 139 ff. m. w. N.

557 So erwähnen *Herzog*, in: FS für Zeidler, Band 2, S. 1415 (1419); *v. Arnauld*, Die Freiheitsrechte, S. 134 f.; *Rittstieg*, in: AK, Art. 14/15 Rn. 47 ff. die Vorschläge zugunsten einer Verhältnismäßigkeitsprüfung von Befugnisbestimmungen nicht. Umgekehrt erörtern *Wendt*, in: Sachs, Art. 14 Rn. 56; *Rozek*, Eigentumsbindung, S. 30 ff.; *Papier*, in: Maunz/Dürig, Art. 14

nung der Rechtsprechung zugunsten eines Überblicks über die in der Literatur vertretenen Eigentumslehren zurückgestellt werden[558]. Die Standpunkte unterscheiden sich erheblich; nur darüber, daß die gesetzgeberische Definitionsmacht jedenfalls *nicht unbegrenzt* ist, besteht Einigkeit.

αα) Die Lehre von der Eigentumsfreiheit nach Maßgabe einfachen Rechts und die daraus gezogenen Folgerungen

Die herrschende Lehre[559] schließt aus der Normgeprägtheit des Eigentums[560] und der mit ihr zusammenhängenden Formulierung des Art. 14 Abs. 1 S. 2 GG[561] sowie aus der „Neutralität" des Grundgesetzes in bezug auf die Wirtschaftsordnung[562], es gebe keinen eigenen *verfassungsrechtlichen* Eigentumsbegriff. Der verfassungsrechtliche Schutz richte sich vielmehr danach, welche Befugnisse *das einfache Recht* dem einzelnen verleihe, denn dieses bestimme den Inhalt des Eigentums im Sinne des Art. 14 GG. Dementsprechend sieht diese Lehre Art. 14 GG hauptsächlich als Grundrecht zum Schutz des gebildeten Eigentumsbestands an, während sie für die Befugnisbestimmungen zunächst die weite Ausgestaltungsfreiheit des Gesetzgebers betont[563]. Zu den Grenzen der Definitionsmacht lassen sich zwei unterschiedliche Konzepte ausmachen.

Rn. 35 ff. (insbes. Rn. 38) und *Zippelius*, in: Maunz/Zippelius, Deutsches Staatsrecht, § 28 II 5, S. 248 die von anderen geforderte Beschränkung auf die von der Institutsgarantie gezogenen Grenzen nicht. Ausnahmen stellen *Brydes* Kommentierung (in: v. Münch/Kunig, Art. 14 Rn. 32) und *Sieckmanns* Kommentierung (in: Berliner Kommentar, C Art. 14 Rn. 15 ff.) sowie die eingehende Untersuchung von *Grochtmann*, Eigentumsdogmatik, S. 139 ff. dar.

558 Siehe unten S. 121 ff.

559 *Herzog*, in: FS für Zeidler, Band 2, S. 1415 (1418 f.); *Papier*, in: Maunz/Dürig, Art. 14 Rn. 38 (siehe aber auch Rn. 301); *Pieroth/Schlink*, Grundrechte Rn. 899 ff.; *Zippelius*, in: Maunz/Zippelius, Deutsches Staatsrecht, § 28 II 2 a, S. 246; *Wieland*, in: Dreier, Art. 14 Rn. 30; *Dietlein*, Schutzpflichten, S. 78 f.; *v. Arnauld*, Die Freiheitsrechte, S. 134 ff.; *Rittstieg*, in: AK, Art. 14/15 Rn. 52; *Herbert Krüger*, in: FS für Schack, S. 71 ff.

560 Besonders deutlich *v. Arnauld*, Die Freiheitsrechte, S. 135: die Bezugnahme auf das einfache Recht sei zwangsläufig vorprogrammiert und folge einer gesetzgebungstechnischen Notwendigkeit. Dagegen wendet sich *Depenheuer*, in: v. Mangoldt/Klein/Starck, Art. 14 Rn. 36, der der Normprägung insofern eine unberechtigte Suggestivkraft zuspricht (näher zu seiner Sicht unten S. 106 ff.).

561 So *Pieroth/Schlink*, Grundrechte Rn. 900; *Herbert Krüger*, in: FS für Schack, S. 71 ff.

562 So *v. Arnauld*, Die Freiheitsrechte, S. 135. Der Hinweis auf die wirtschaftspolitische Neutralität, von der das BVerfG im übrigen auch nur im Rahmen der von den Grundrechten gezogenen Grenzen ausgeht (BVerfGE 4, 7 [17] – Investitionshilfe; 50, 290 [338] – Mitbestimmung), ist eine petitio principii (so zutreffend *Butzer*, Freiheitsrechtliche Grenzen, S. 66 f.).

563 *Herzog*, in: FS für Zeidler, Band 2, S. 1415 (1419 ff.); *Pieroth/Schlink*, Grundrechte Rn. 900; *v. Arnauld*, Die Freiheitsrechte, S. 135; *Rittstieg*, in: AK, Art. 14/15 Rn. 163; *Bryde*, in: v. Münch/Kunig, Art. 14 Rn. 32 und Rn. 64; *Schmidt-Aßmann*, in: FS 600 Jahre Universität Heidelberg, S. 107 (116 f.); *Jarass*, in: Jarass/Pieroth, Art. 14 Rn. 21.

(1) Der Kernbereichsschutz durch die Wesensgehalts- bzw. Institutsgarantie als einzige und absolute Grenze

Ein Teil der Literatur[564] meint, die Verfassung verlange nur *ein Mindestmaß* an Normen, aufgrund derer die Bildung individueller Rechtspositionen möglich ist. Das von der Rechtsprechung[565] aufgestellte Verhältnismäßigkeitsgebot für Inhalts- und Schrankenbestimmungen wird von dieser Ansicht entweder ausschließlich auf die bestandsbeeinträchtigende Normwirkung bezogen[566] oder als widersprüchlich kritisiert[567].

Sehr anschaulich formuliert etwa Herzog[568] seine Sicht anhand der Beispiele der (Ab-)Schaffung des Wohnungseigentums und der Urheberrechte in einem Festschriftenbeitrag mit dem programmatischen Titel „Grundrechte aus der Hand des Gesetzgebers". Er sieht die Legislative im Grundsatz als berechtigt an, beliebige Eigentümerbefugnisse zu schaffen und auch wieder abzuschaffen; ein verfassungsrechtliches Problem ergebe sich daraus nur für die inzwischen entstandenen Rechte. Als Schranke der Definitionsmacht wirke ausschließlich die *Wesensgehaltsgarantie* des Art. 19 Abs. 2 GG; sie verbiete dem Gesetzgeber objektiv-rechtlich[569], das Eigentum „auszuhöhlen" bzw. „umzufunktionieren". Es müsse also die Privatnützigkeit als qualitatives Element gewahrt werden; Privateigentum dürfe nicht zur Ausnahme werden oder auch nur den kleineren Teil der vorhandenen Güter erfassen[570].

Andere Autoren[571] kommen der Sichtweise Herzogs sehr nahe, bezeichnen aber die *Institutsgarantie*[572] des Eigentums als alleinige verfassungsrechtliche Vorgabe.

---

564 *Herzog*, in: FS für Zeidler, Band 2, S. 1415 (1419 ff.); *Sachs*, in: Stern, Staatsrecht III/2, § 80 III 2, S. 409; *v. Arnauld*, Die Freiheitsrechte, S. 134 ff.; *Herbert Krüger*, in: FS für Schack, S. 71 (74); *Gellermann*, Grundrechte, S. 92 ff.; i. E. auch *Rittstieg*, in: AK, Art. 14/15 Rn. 47 ff. und 168 ff. Ebenso wohl auch *Pieroth/Schlink*, Grundrechte, Rn. 214, 896 und 900, nach denen die Bestimmungsmacht des Gesetzgebers nur durch die Institutsgarantie begrenzt ist. Ihr auf den ersten Blick etwas widersprüchlich anmutender Hinweis auf die indirekte Begrenzung durch den Verhältnismäßigkeitsgrundsatz insoweit, als die Definitionen zugleich Schrankenbestimmungen für nach altem Recht begründetes Eigentum sind, bezieht sich bei näherer Betrachtung auf die bestandsbeeinträchtigende Normwirkung. Damit dürften sich die Konzepte der in dieser Fußnote genannten Autoren im großen und ganzen decken (vgl. auch *Sachs*, ebenda, S. 408 Fußnote 123).

565 Siehe unten S. 121 ff.

566 So etwa *Pieroth/Schlink*, Grundrechte Rn. 900 (siehe bereits Fußnote 564); *Gellermann*, Grundrechte, S. 419 f.

567 So *Rittstieg*, in: AK, Art. 14/15 Rn. 172.

568 In: FS für Zeidler, Band 2, S. 1415 (1419 ff.).

569 *Herzog* spricht sich in: FS für Zeidler, Band 2, S. 1415 (1423 ff.) aufgrund der Entstehungsgeschichte und der bei einzelnen Grundrechten vorgesehenen Möglichkeit eines Totalentzugs für ein objektives Verständnis der Wesensgehaltsgarantie aus. In der Literatur ist dies umstritten, a. A. etwa *Pieroth/Schlink*, Grundrechte Rn. 301 ff.

570 In: FS für Zeidler, Band 2, S. 1415 (1425 f.).

571 Dies gilt für alle in Fußnote 564 außer *Herzog* genannten Literaturstimmen.

572 Die Terminologie folgt der *Carl Schmitts*, der zwischen Institutsgarantien, die sich auf die (hauptsächlich) privatrechtlich ausgestalteten Lebensbereiche beziehen, und den institutio-

Hier werden dieser Auffassung nur diejenigen zugerechnet, die am überkommenen Verständnis dieser Rechtsfigur festhalten. Die Institutsgarantie war für die Grundrechte der Weimarer Reichsverfassung, die keine Grundrechtsbindung des Gesetzgebers kannte, entwickelt worden, um der Allmacht der Legislative entgegenzuwirken[573], und wurde vom Bundesverfassungsgericht[574] unter weitgehender Zustimmung des Schrifttums[575] u. a. für die grundgesetzliche Eigentumsgarantie fruchtbar gemacht. Die Aussage der Institutsgarantie läßt sich wie folgt beschreiben[576]: Sie sichert „einen Grundbestand von Normen, die das Eigentum ... umschreiben" und verbietet dem Gesetzgeber, „solche Sachbereiche der Privatrechtsordnung [zu entziehen], die zum elementaren Bestand grundrechtlich geschützter Tätigkeit im vermögensrechtlichen Bereich gehören" und an die Stelle des Eigentums etwas zu setzen, „was den Namen ‚Eigentum' nicht mehr verdient". Nach ihrer Zielrichtung soll die Institutsgarantie die Freiheit des einzelnen nicht schmälern, sondern im Gegenteil ermöglichen und sichern[577]. Sie ist insofern auch von Häberles institutionellen Grundrechtsverständnis[578] zu unterscheiden, das viel grundsätzlicher angelegt ist und die „institutionelle" als die eigentliche Freiheit begreift[579].

Zur Klarstellung sei erwähnt, daß der Rechtsfigur der Institutsgarantie von manchen ein über die traditionelle Bedeutung hinausgehender Gehalt zugesprochen wird, etwa in der Weise, der Gesetzgeber habe nicht nur das beschriebene Minimum, sondern ein möglichst hohes Maß an Privatnützigkeit zu verwirklichen[580], oder auch in der Weise, der geschützte Kernbereich sei mit Hilfe des Verhältnismäßigkeitsgrundsatzes zu bestimmen[581]. Auch die Rechtsprechung prüft die Instituts-

---

nellen Garantien, die öffentlich-rechtliche Einrichtungen betreffen, unterscheidet (in: Verfassungsrechtliche Aufsätze, S. 140 ff.). Nahezu die gesamte Staatsrechtslehre hat sich dem angeschlossen. *Friedrich Klein* hat (in: Institutionelle Garantien, S. 2) als Oberbegriff die „Einrichtungsgarantie" geprägt.

573 Siehe vor allem *M. Wolff*, in: FS für Kahl, S. IV 3 (6); *C. Schmitt*, Verfassungsrechtliche Aufsätze, S. 140 ff.; w. N. bei *Stern*, in: Staatsrecht III/1, § 68 I 2, S. 756 ff.

574 BVerfGE 24, 367 (389) – Hamburger Deichordnung; 58, 300 (339) – Naßauskiesung; 100, 226 (243) – Abbruchverbot.

575 Aus der frühen Literatur siehe *Scheuner*, in: Recht-Staat-Wirtschaft, 4. Band, S. 88 ff. Siehe ferner *Abel*, Einrichtungsgarantien, S. 70 ff.; *Schmidt-Jortzig*, Die Einrichtungsgarantien, S. 63 ff.; aus neuerer Zeit etwa *Depenheuer*, in: v. Mangoldt/Klein/Starck, Art. 14 Rn. 227 ff.; *Wendt*, in: Sachs, Art. 14 Rn. 10; *Ehlers*, in: VVDStRL 51. Band (1992), S. 211 (216).

576 BVerfGE 24, 367 (389) – Hamburger Deichordnung; 26, 215 (222); 58, 300 (339) – Naßauskiesung und st. Rspr.; vgl. auch *Papier*, in: Maunz/Dürig, Art. 14 Rn. 11 ff.

577 Siehe BVerfGE 50, 290 (337) – Mitbestimmung; *Stern*, in: HdbStR V, § 109 Rn. 54; *Wendt*, in: Sachs, Art. 14 Rn. 12; *Papier*, in: Maunz/Dürig, Art. 14 Rn. 15. Kritisch *Leisner*, in: Isensee/Kirchhof, HdbStR VI, § 149 Rn. 12 ff.; *v. Münch*, in: v. Münch/Kunig, Vorb. Art. 1–19 Rn. 24; die von ihnen geäußerten Sorgen um eine etwaige Zurückdrängung der individuellen Freiheit richten sich jedoch vor allem gegen das institutionelle Grundrechtsverständnis *Häberles* (dazu sogleich im Text).

578 In: Die Wesensgehaltgarantie, passim.

579 In: Die Wesensgehaltgarantie, S. 98 ff. Zur Kritik siehe die Nachweise in Fußnote 404.

580 So *Borowski*, Grundrechte als Prinzipien, S. 339 ff., vor allem S. 343 f.

581 Vgl. etwa *Schwerdtfeger*, Öffentliches Recht, Rn. 539 und 545.

garantie und den Verhältnismäßigkeitsgrundsatz teilweise zusammen[582]. Die eigentumsgrundrechtliche Schutzaussage, die sich bei einem erweiterten Verständnis der „Institutsgarantie" ergibt, ist hier nicht gemeint und wird weiter unten behandelt[583].

Der Lehre von der Institutsgarantie ist die Erkenntnis zu verdanken, daß die Inanspruchnahme der Eigentumsfreiheit befugnisbestimmende Normen voraussetzt[584]. Daß dieser Rechtsfigur praktisch nur geringe Bedeutung zukommt[585], dürfte daran liegen, daß Verfassungsgeber und einfacher Gesetzgeber eine einfach gesetzliche Ordnung der Rechtsverhältnisse vorgefunden haben bzw. vorfinden[586], so daß nicht erst nachträglich begonnen werden mußte bzw. muß, den von der Institutsgarantie geforderten Grundbestand von Normen einzurichten. So ist es auch zu erklären, daß Rechtsprechung und Literatur die Garantie häufig so beschreiben[587], als handele es sich (nur) um ein Verbot, bestimmte Befugnisse wieder abzuschaffen. Dies ist jedoch irreführend; die herrschende Meinung[588] geht davon aus, daß die Verfassung dem Gesetzgeber (zumindest auch) *positives Tun* abverlangt, etwa wenn die fortschreitende technische Entwicklung die rechtliche Ordnung eines bis dahin unbedeutenden Bereichs notwendig macht. Die Gegenauffassung meint, zum Kernbereich gehöre schon begrifflich nur der *überkommene* Rechtszustand, so daß es auch nur um dessen *Nichtbeseitigung* gehen könne[589]. Ausgehend von der Normgeprägtheit des Eigentums[590] ist es jedoch nur konsequent, die Einrichtungspflicht als ein primär auf positives Tun

---

582 Siehe z. B. BVerfGE 58, 300 (339: „Die Gewährleistung *des Rechtsinstituts* wird nicht angetastet, wenn für die Allgemeinheit lebensnotwendige Güter zur Sicherung *überragender* Gemeinwohlbelange und zur Abwehr von Gefahren nicht der Privatrechtsordnung, sondern einer öffentlich-rechtlichen Ordnung unterstellt werden", Hervorhebung nur hier) – Naßauskiesung. Die Anforderungen der Institutsgarantie einerseits und des Verhältnismäßigkeitsgrundsatzes andererseits sind hier sprachlich miteinander vermengt. Weitere Nachweise bei *Lübbe-Wolff*, Eingriffsabwehrrechte, S. 133 Fußnote 191.

583 Siehe S. 103 ff. bzw. S. 106 ff. und S. 107 ff.

584 Siehe *Alexy*, Theorie der Grundrechte, S. 303; BVerfGE 24, 367 (389: „Das Grundrecht des Einzelnen setzt das Rechtsinstitut ‚Eigentum' voraus.") – Hamburger Deichordnung. Zur Normgeprägtheit siehe schon oben S. 90 ff.

585 Siehe *Pieroth/Schlink*, Grundrechte Rn. 952; *Jarass*, in: Jarass/Pieroth, Art. 14 Rn. 4.

586 *Borowski*, Grundrechte als Prinzipien, S. 341 f.

587 Siehe die obigen Zitate im Text.

588 Besonders deutlich *Borowski*, Grundrechte als Prinzipien, S. 341; *Alexy*, in: Der Staat 29. Band (1990), S. 49 (62); *Sieckmann*, Eigentumsschutz, S. 142 f. und in: Berliner Kommentar, C Art. 14 Rn. 22; *Queng*, Der Anspruch auf Normerlaß, S. 138 f.; *Gellermann*, Grundrechte, S. 119. Aber auch viele andere stellen das Gebot zu positivem Tun neben die abwehrrechtliche Dimension, so *Stern*, in: Staatsrecht III/1, § 68 VI 5, S. 872; *Wendt*, in: Sachs, Art. 14 Rn. 11 und 60; *Dreier*, in: Dreier, Vorb. Rn. 68; *Depenheuer*, in: v. Mangoldt/Klein/Starck, Art. 14 Rn. 227; *Papier*, in: Maunz/Dürig, Art. 14 Rn. 11; *Bryde*, in: v. Münch/Kunig, Art. 14 Rn. 60; *Peine*, Systemgerechtigkeit, S. 129; vgl. auch BVerfGE 58, 300, (335) – Naßauskiesung.

589 *Bumke*, Der Grundrechtsvorbehalt, S. 68; *Eisele*, Rechte auf Normerlaß, S. 160 f.

590 Wenn *Eisele*, Rechte auf Normerlaß, S. 156 davon ausgeht, die Eigentumsfreiheit erfordere keine gesetzliche Inhaltsbestimmung, so verkennt sie die Normgeprägtheit des Grundrechts.

gerichtetes Verfassungsgebot zu verstehen[591]. Ob der Pflicht des Gesetzgebers auch ein subjektives Recht des Bürgers entspricht, ist bis heute[592] nicht eindeutig geklärt[593]. Die Frage soll an dieser Stelle[594] nicht vertieft werden.

Die beiden beschriebenen Modelle zur Entwicklung der Vorgaben für Befugnisbestimmungen aus der Wesensgehalts- bzw. der Institutsgarantie weisen eine konstruktive Ähnlichkeit auf[595]. Die unterschiedliche Verortung des verfassungsrechtlichen Maßstabs hängt mit der Interpretation des Art. 19 Abs. 2 GG[596] zusammen, die sich auf die Einschätzung auswirkt, ob den Institutsgarantien unter Geltung des Grundgesetzes ein Anwendungsbereich verbleibt[597]. Dieser Fragestellung wird später nachgegangen[598]. Für den Fortgang der Untersuchung ist entscheidend, daß der Gesetzgeber nach diesen Ansichten *außerhalb* des beschriebenen Kernbereichs *keinen eigentumsrechtlichen* Bindungen unterliegt[599]. Unter der Geltung der Weimarer Reichsverfassung, die dem Gesetzgeber im übrigen unbegrenzte Souveränität ein-

---

591 Der eigentumsrechtliche Schutz vor Bestandsbeeinträchtigungen richtet sich dagegen primär auf ein Unterlassen.

592 Zum Streitstand unter der Weimarer Reichsverfassung siehe die Nachweise bei *Stern*, in: Staatsrecht III/1, § 68 VI 3, S. 856 ff.

593 Dafür treten etwa *Stern*, in: Staatsrecht III/1, § 68 VI 5, S. 873; *Peine*, Systemgerechtigkeit, S. 129; *Wendt*, in: Sachs, Art. 14 Rn. 12 und *Sass*, Art. 14 GG, S. 244 ein. Ebenso *Alexy*, in: Der Staat 29. Band (1990), S. 49 (60 ff.) und in: Theorie der Grundrechte, S. 442 ff.; *Borowski*, Grundrechte als Prinzipien, S. 342 f. und *Sieckmann*, Eigentumsschutz, S. 147 f., die allerdings vom Prinzipienmodell ausgehen und die Institutsgarantie deshalb im Ergebnis für überflüssig halten (siehe unten S. 107 ff.). Bei einer objektiv-rechtlichen Aussage beläßt es dagegen ausdrücklich *Queng*, Der Anspruch auf Normerlaß, S. 139 f.; siehe auch *Lerche*, Übermaß und Verfassungsrecht, S. 238 f.; *Zippelius*, in: Maunz/Zippelius, Deutsches Staatsrecht, § 18 II 1, S. 138 f.; *Wieland*, in: Dreier, Art. 14 Rn. 117; *Eschenbach*, Der Schutz des Eigentums, S. 343; *Lubberger*, Eigentumsdogmatik, S. 241 ff.

594 Unten wird auf S. 118 ff. zur Subjektivierung der aus dem Prinzipienmodell entwickelten Einrichtungspflicht Stellung genommen.

595 Der jeweilige Kernbereich wird nicht so präzise beschrieben, daß ein Vergleich der Ergebnisse möglich wäre. Die quantitative Vorgabe *Herzogs* geht ggf. über den von der Institutsgarantie beschriebenen Mindestgehalt hinaus.

596 Die Wesensgehaltsgarantie wird von einigen relativ, von anderen absolut gedeutet; manche beziehen ihre Aussage auf die Gesamtheit der Berechtigten, manche auf den einzelnen Grundrechtsträger (näher unten S. 137 ff.).

597 Eine Verletzung des Art. 19 Abs. 2 GG bei Mißachtung einer grundrechtlichen Institutsgarantie nehmen etwa *Stern*, in: Isensee/Kirchhof, HdbStR V, § 109 Rn. 54 und in: Staatsrecht III/2, § 85 III 2, S. 865; *Krebs*, in: v. Münch/Kunig, Art. 19 Rn. 23 und *Papier*, in: Maunz/Dürig, Art. 14 Rn. 325 an. *Bryde*, in: v. Münch/Kunig, Art. 14 Rn. 32 und *Dreier*, in: Dreier, Vorb. Rn. 69; *Waechter*, in: Die Verwaltung 29. Band (1996), S. 47 ff. und *Waschull*, Das Unternehmen, S. 338 ff. sehen die Institutsgarantie sogar als eine von Art. 1 Abs. 3 GG und Art. 19 Abs. 2 GG überholte Rechtsfigur an. *Eschenbach*, Der Schutz des Eigentums, S. 342 ff. und *Pieroth/Schlink*, Grundrechte Rn. 275, 278 halten dagegen an ihr fest.

598 Siehe noch unten S. 137 ff.

599 So besonders deutlich *Abel*, Einrichtungsgarantien, S. 61; vgl. auch *Selmer*, Steuerinterventionismus, S. 286 f., nach dem das Übermaßverbot im Bereich des objektiven Rechts keine Anwendung findet.

räumte[600], bedeutete es aus rechtsstaatlicher Sicht einen erheblichen Fortschritt, daß immerhin ein Mindestbestand von Normen, die die Bildung von Individualgrundrechten ermöglichten, gesichert war. Auch wenn sich der Wortlaut der beiden Gewährleistungen ähnelt, hat Art. 14 Abs. 1 GG eine grundsätzlich andere Bedeutung als seine Vorgängerregelung (Art. 153 Abs. 1 WRV[601]). Vom Grundgesetz sind die Weichen anders gestellt[602]. Um in dessen Grundrechtsteil eine Bestimmung mit bloßer Programmsatzqualität aufzunehmen, hätte in Anbetracht der grundsätzlichen Entscheidung in Art. 1 Abs. 3 GG und 20 Abs. 3 GG eine Formulierung gewählt werden müssen, aus der sich die Unverbindlichkeit ergibt[603]. Dies ist jedoch nicht geschehen[604]. Ein Programmsatzcharakter[605] paßt auch nicht zu einer so zentralen Gewährleistung, der existenz- und freiheitssichernde Funktion zugesprochen wird[606]. Wegen der unterschiedlichen Funktion der Eigentumsgewährleistungen in den beiden Verfassungen kann die Lehre von der Institutsgarantie nicht ohne weiteres auf das Grundgesetz übertragen werden, jedenfalls nicht als *alleiniger* Maßstab[607]. Au-

---

600 Zum Programmsatzcharakter der Grundrechte der Weimarer Reichsverfassung siehe *C. Schmitt*, in: Handbuch des Deutschen Staatsrechts II (1932), § 101, S. 590 ff. Es wirkte damals aus der Zeit der Monarchie noch die Vorstellung weiter, daß der Gesetzgeber die Interessen des Bürgertums vertritt, so daß kein Kontrollbedarf gesehen wurde; hierzu *Wahl*, in: Der Staat 19. Band (1979), S. 321 (329 ff.).

601 Art. 153 WRV lautete:

(1) Das Eigentum wird von der Verfassung gewährleistet. Sein Inhalt und seine Schranken ergeben sich aus den Gesetzen.

(2) Eine Enteignung kann nur zum Wohle der Allgemeinheit und auf gesetzlicher Grundlage vorgenommen werden. Sie erfolgt gegen angemessene Entschädigung, soweit nicht ein Reichsgesetz etwas anderes bestimmt. Wegen der Höhe der Entschädigung ist im Streitfalle der Rechtsweg bei den ordentlichen Gerichten offen zu halten, soweit Reichsgesetze nichts anderes bestimmen. Enteignung durch das Reich gegenüber Ländern, Gemeinden und gemeinnützigen Verbänden kann nur gegen Entschädigung erfolgen.

(3) Eigentum verpflichtet. Sein Gebrauch soll zugleich Dienst sein für das Gemeine Beste.

602 Zu der grundlegenden Neuerung, die die Gestaltung der Grundrechte als „unmittelbar geltendes Recht" bedeutet, siehe *Böckenförde*, in: Der Staat 29. Band (1990), S. 1 (2); *Sachs*, in: Stern, Staatsrecht III/1, § 65 I 3, S. 481 ff. Vor diesem Hintergrund wendet sich *Waschull*, Das Unternehmen, S. 339 gegen das Fortbestehen der Rechtsfigur „Institutsgarantie".

603 Nach der Rechtsprechung ist „im Zweifel" sogar nicht nur von einer Verbindlichkeit auszugehen, sondern sogar die Annahme eines subjektiven Rechts geboten, siehe BVerfGE 6, 386 (387).

604 Die Konsequenzen, die sich aus Art. 1 Abs. 3 GG für die Eigentumsfreiheit ergeben, wurden im Parlamentarischen Rat und seinen Ausschüssen nicht erörtert. Zur Entstehungsgeschichte des Art. 14 GG siehe JöR n. F. 1. Band (1951), S. 144 ff.

605 Auch für die Staatszielbestimmung Umweltschutz in Art. 20 a GG nimmt die herrschende Meinung eine objektive Verpflichtung des Staats an und nicht nur einen Programmsatz an; siehe *Murswiek*, in: Sachs, Art. 20 a Rn. 12 m. w. N.

606 Siehe BVerfGE 50, 290 (339) – Mitbestimmung; 97, 350 (370 f.) – Euro.

607 So auch *Lübbe-Wolff*, Eingriffsabwehrrechte, S. 132 ff. Sie meint, daß man den Kernbereich nur effektiv schützen könne, wenn dieser von einer Zone relativen Schutzes flankiert werde (näher ebenda., S. 135). Auch *Bryde* meint (in: v. Münch/Kunig, Art. 14 Rn. 32), der Gesetz-

ßerdem hängt die Effektivität des von ihr vermittelten Schutzes maßgeblich davon ab, was dem Kernbereich zugerechnet wird und was nicht[608]. Der Umstand, daß innerhalb des *absolut* geschützten Bereichs keine Relativierung zugunsten anderer Werte mehr erfolgen kann, legt eine enge Festlegung nahe[609]. Der grundgesetzlichen Wertentscheidung zugunsten des Privateigentums[610] wird man jedoch nicht gerecht, wenn man den Gesetzgeber von Begründungs- und Rechtfertigungslasten für Befugnisbestimmungen so weitgehend freistellt.

Die Heranziehung der Institutsgarantie unterliegt noch zusätzlichen Bedenken, wenn sie mit einer verbreiteten Ansicht[611] (auch) traditionsbezogen[612] interpretiert wird, das heißt anhand der überkommenen Rechtslage ausgefüllt wird. Es besteht dann die Gefahr, daß der Schutz der verfassungsrechtlichen Wertentscheidung zugunsten des Schutzes der einfach gesetzlichen Ordnung zurückgedrängt wird und letztere vor Änderungen mit der Begründung bewahrt wird, sie sei die traditionelle Ausgestaltung der jeweiligen Einrichtung[613]. Das konservierende Element, das der Institutsgarantie entnommen wird, wirkt reformfeindlich[614]; es verstärkt die durch

geber sei über die von der Institutsgarantie gezogene äußerste Grenze hinaus gebunden, indem er der „Wertentscheidung" für das Privateigentum gerecht werden müsse; vgl. auch *Scholz*, NVwZ 1982, 337 (338). Daß die Institutsgarantie von vielen neben dem Verhältnismäßigkeitsgrundsatz, also als zusätzliche Sicherung, angewendet wird, dürfte auch erklären, warum die Rechtsfigur der Einrichtungsgarantie als solche relativ unbestritten ist.

608 Der Kernbereich kann nicht durch einen Vorher-Nachher-Vergleich, sondern muß qualitativ ermittelt werden (siehe *Schmidt-Jortzig*, Die Einrichtungsgarantien, S. 39 f.: es drohe sonst die sukzessive Entleerung des Instituts nach Art der „Salamitaktik"; *Stern*, in: Staatsrecht III/1, § 68 VI 5, S. 869). Die Abgrenzung des absolut geschützten „Kerns" von der ungeschützten „Schale" (zu diesem Bild siehe *Stern*, in: Staatsrecht III/1, § 68 VI 5, S. 868) bereitet Schwierigkeiten (siehe *Leisner*, in: Isensee/Kirchhof, HdbStR VI, § 149 Rn. 13; *Papier*, in: Maunz/Dürig, Art. 14 Rn. 39).

609 Zum interpretatorischen Zusammenhang zwischen dem Schutzbereich und den Beschränkungsmöglichkeiten siehe *Kunig*, in: v. Münch/Kunig, Art. 2 Rn. 14, 22.

610 So z. B. BVerfGE 14, 263 (277 f.) – Fehlmühle-AG.

611 Siehe *Wendt*, in: Sachs, Art. 14 Rn. 11 und 60; *Depenheuer*, in: v. Mangoldt/Klein/Starck, Art. 14 Rn. 227; vgl. auch *Pieroth/Schlink*, Grundrechte Rn. 213. Noch stärker ist dies bei *Eisele* und *Bumke* ausgeprägt, die der Institutsgarantie nur eine erhaltende Funktion zuschreiben (Nachweise in Fußnote 589), wobei sich letzterer von der Lehre der Institutsgarantie distanziert (ebenda, S. 68 und 94 ff.). Vgl. auch BVerfGE 1, 264 (278: das Rechtsinstitut des Eigentums werde geschützt, so wie es das bürgerliche Recht und die gesellschaftlichen Anschauungen geformt haben); 2, 380 (401), aber auch die Nachweise in Fußnote 615.

612 Die Begriffe „traditionsbezogener" und „funktionsbezogener" Garantiegehalt gehen auf *Wendt* zurück, ihm folgend *Depenheuer* (siehe vorherige Fußnote); siehe auf der Grundlage einer kritischen Sicht der Institutsgarantie auch *Waschull*, Das Unternehmen, S. 333 ff.

613 Dies betont *Böckenförde*, in: NJW 1974, 1529 (1533: Die institutionelle Freiheitsgewährleistung ... ruf ... [die] Tenden ... zur Unantastbarkeit vorhandener Besitzstände oder entstandener einfachgesetzlicher Regelungen [hervor]"); siehe auch *Leisner*, u. a. in: Isensee/Kirchhof, HdbStR VI, § 149 Rn. 54 ff.; *Willke*, Grundrechtstheorie, S. 123 f.; *v. Münch*, in: v. Münch/Kunig, Vorb. Art. 1–19 Rn. 24.

614 So müßten *Pieroth/Schlink* (Grundrechte Rn. 214) eigentlich mit ihrer an der Tradition orientierten Sicht Schwierigkeiten haben, zur Rechtfertigung der von ihnen beispielhaft ge-

die Bestandsgarantie ohnehin in einem gewissen Maß geforderte Selbstbindung des Gesetzgebers. Dahinter dürfte die unausgesprochene Erwartung stehen, daß die vorgefundene Ordnung die Wertentscheidung umsetzt und mit widerstreitenden Interessen zu einem angemessenen Ausgleich gebracht hat und immer noch bringt, was aber nicht gesichert ist[615].

(2) Der Verhältnismäßigkeitsgrundsatz bei Maßgeblichkeit des einfachen Rechts

Viele Vertreter der Lehre von der Maßgeblichkeit einfachen Rechts sehen die Institutsgarantie nicht als alleinige Begrenzung an, sondern fordern daneben eine Prüfung, ob die gesetzlich angeordneten Nutzungs- und Verfügungsbeschränkungen verhältnismäßig sind[616]. Sie stützen sich auf die Rechtsprechung des Bundesverfassungsgerichts, nach der der Gesetzgeber die Belange der Beteiligten, das heißt regelmäßig des einzelnen und der Allgemeinheit[617], zu einem gerechten Ausgleich zu bringen habe, wobei es wesentlich darauf ankomme, ob der Gegenstand hauptsächlich der persönlichen Freiheitssicherung diene oder einen starken sozialen Bezug aufweise[618].

Die Verhältnismäßigkeitsprüfung ist bei Ablehnung eines verfassungsrechtlichen Eigentumsbegriffs hinsichtlich ihrer Herleitung und hinsichtlich ihres Bezugspunkts problematisch. Aus der behaupteten *schutzbereichsbestimmenden* Definitionsmacht des Gesetzgebers folgt logisch, daß die Bestimmung von Befugnissen als solche kein Grundrechtseingriff sein kann, sondern die „offene" Verfassungsgewährleistung erst oder auch neu ausfüllt[619]. Dann ist das Verhältnismäßigkeitsgebot

---

nannten Ehescheidungsreform zu kommen. Sie ziehen sich auf den Standpunkt zurück, das Verschuldensprinzip im Scheidungsrecht gehöre nicht zum traditionellen Bild der Ehe. Diese Annahme ist jedoch bezogen auf den Zeitpunkt der Reform durchaus angreifbar.

615 Zu der Notwendigkeit, Reformen zuzulassen, siehe BVerfGE 31, 275 (284 f.); 83, 201 (212) – Vorkaufsrecht. Siehe auch BVerfGE 52, 1 (29 ff.: Verfügungs- und Nutzungseinschränkungen bleiben auch in der Zeit rechtfertigungsbedürftig) – Kleingarten (näher unten S. 125 ff.); *Depenheuer*, in: v. Mangoldt/Klein/Starck, Art. 14 Rn. 48.

616 So recht deutlich *Wendt*, in: Sachs, Art. 14 Rn. 56 ff.; *Schwerdtfeger*, Öffentliches Recht, Rn. 539 und 545 (dort mißverständlich unter der Bezeichnung „Institutsgarantie"); *Rozek*, Eigentumsbindung, S. 30 ff.; *Papier*, in: Maunz/Dürig, Art. 14 Rn. 35 ff., vor allem Rn. 38; *Grochtmann*, Eigentumsdogmatik, S. 25 ff.; *Zippelius*, in: Maunz/Zippelius, Deutsches Staatsrecht, § 28 II 5, S. 248. *Bryde*, in: v. Münch/Kunig, Art. 14 Rn. 32, 64; *Jarass*, in: Jarass/Pieroth, Art. 14 Rn. 21 und *Schmidt-Aßmann*, in: FS 600 Jahre Universität Heidelberg, S. 107 (116 f.) gehen von einer abgeschwächten Aussage des Verhältnismäßigkeitsgrundsatzes aus.

617 Denkbar ist auch der Ausgleich zwei privater Interessen untereinander, so im Miet- und Nachbarrecht, siehe z. B. BVerfGE 89, 1 (7 ff.) – Besitzrecht des Mieters, näher unten S. 132 f.

618 BVerfGE 50, 290 (340 f.) – Mitbestimmung; 58, 137 (147 f.) – Pflichtexemplar; 70, 191 (201 f.) – Fischereirechte. Näher zur Rspr. noch unten S. 121 ff.

619 Siehe ausführlich dazu *Jaschinski*, Enteignender Eingriff, S. 136 ff.; *Gellermann*, Grundrechte, S. 96 f.; *Wendt*, Eigentum, S. 149.

aber nicht als eine *aus dem Grundrecht* folgende Anforderung zu erklären. Allerdings verortet es eine verbreitete Auffassung ohnehin nicht dort, sondern im „Rechtsstaatsprinzip"[620]. Kunig[621] hat jedoch nachgewiesen, daß das Grundgesetz Rechtsstaatlichkeit nicht durch ein allgemeines Prinzip, sondern vielmehr durch verschiedene Normen wie den Gewaltenteilungsgrundsatz nach Art. 20 Abs. 2 GG, die Gesetzesbindung nach Art. 20 Abs. 3 GG und insbesondere die Grundrechte[622] verwirklicht und daß deshalb auch ein von diesen Einzelbestimmungen losgelöster Verhältnismäßigkeitsgrundsatz abzulehnen ist.

Selbst wenn man die Herleitungsfrage ausblendet, bleiben die Schwierigkeiten zu benennen, was zueinander ins „Verhältnis" gesetzt werden soll[623]. Eine Möglichkeit der Maßstabsbildung ist der Vergleich der einfachgesetzlichen Eigentümerbefugnisse vor und nach der Änderung[624]. Er kann jedoch nicht vorgenommen werden, wenn Befugnisse *erstmals* eingeräumt werden, etwa, wenn der Gesetzgeber auf neue technische Entwicklungen reagiert[625]. Außerdem würde dieser Maßstab es der Legislative ermöglichen, die Befugnisse „scheibchenweise", das heißt durch mehrere aufeinanderfolgende Änderungen von jeweils geringer Intensität, zu vermindern[626] und bis auf den absolut geschützten Kern zurückzustutzen. Der Vorher-Nachher-Vergleich bewirkt zwar eine gewisse Selbstbindung des Gesetzgebers, ist aber nicht ergiebig für die Frage, ob der Gesetzgeber *bei der Neuregelung* den Privatnützigkeitsgedanken angemessen zur Geltung gebracht hat[627]. Dafür ist nämlich unerheblich,

[620] BVerfGE 6, 389 (439); 38, 348 (368); *Sobota,* Das Prinzip Rechtsstaat, S. 251 ff. m. w. N.; speziell zur Verhältnismäßigkeitsprüfung von Inhalts- und Schrankenbestimmungen siehe auch *Papier*, in: Maunz/Dürig, Art. 14 Rn. 38.

[621] Siehe *Kunig*, in: Das Rechtsstaatsprinzip, S. 350 ff. Kritisch zu *Papiers* außergrundrechtlicher Verortung (siehe vorige Fußnote) auch *Bryde,* in: v. Münch/Kunig, Art. 14 Rn. 62.

[622] Vgl. BVerfGE 19, 342 (348 f.: Der Verhältnismäßigkeitsgrundsatz „ergibt sich aus dem Rechtsstaatsprinzip, im Grunde bereits aus dem Wesen der Grundrechte selbst"); 35, 382 (401); 61, 126 (134); 76, 1 (51 f.); *Starck*, in: v. Mangoldt/Klein/Starck, Art. 2 Rn. 29.

[623] Vgl. auch *Bryde*, in: v. Münch/Kunig, Art. 14 Rn. 63, 63 a.

[624] *Maurer*, in: Isensee/Kirchhof, HdbStR III, § 60 Rn. 49 in Fußnote 139; *Grochtmann*, Eigentumsdogmatik, S. 224 ff. *Wieland*, in: Dreier, Art. 14 Rn. 119 erklärt mit Hilfe der Vorher-Nachher-Betrachtung die Rechtsprechung, nach der die Schaffung von Eigentumspositionen kein eigentumsrechtliches Problem aufwirft (so BVerfGE 15, 126 (143) – Reichsverbindlichkeiten). Näher unten S. 121 ff.

[625] Siehe auch *Eschenbachs* Hinweis (in: Der Schutz des Eigentums, S. 361) und *Bryde*, in: v. Münch/Kunig, Art. 14 Rn. 63 a.

[626] Zu den entsprechenden Vorschlägen bei der Institutsgarantie und ihrer Kritik siehe bereits Fußnote 608. Auch *Depenheuer* übt deutliche Kritik an der von ihm sog. „freiheitserdrosselnden Dogmatik" der Lehre von der Maßgeblichkeit einfachen Rechts: „Je weniger Eigentumsbefugnisse das einfache Gesetz zugestände, desto schwächer würde der Schutz für das verbleibende Resteigentum" (in: v. Mangoldt/Klein/Starck, Art. 14 Rn. 44).

[627] Vgl. in anderem Zusammenhang, nämlich bei der Abschichtung von Rechtsfolgen im Steuerrecht, *Vogel*, StuW 1977, 97 (101). Er hält den Vorher-Nachher-Vergleich für grundsätzlich ungeeignet, um eine Norm als Steuervergünstigung oder -benachteiligung zu qualifizieren, weil die alte Rechtslage nicht weniger „beliebig" sei als die neue.

ob und ggf. wie der Konflikt *von der Altregelung* gelöst war. Die alte Rechtslage ist für eine im Zuge der Neuordnung der Befugnisse bewirkte Bestandsbeeinträchtigung, aber auch nur für diese, von Bedeutung[628].

Manche legen bei der Verhältnismäßigkeitsprüfung als Maßstab eine weiterreichende Befugnis, als sich aus der Gesamtheit des einfachen Rechts ergibt, zugrunde[629]. Fraglich ist, wie sich das begründen läßt. Wer von einer schutzbereichsbestimmenden Definitionsmacht des Gesetzgebers ausgeht, kann sich für dieses Mehr an Berechtigung nicht auf materielle Vorgaben *der Verfassung* berufen[630]. Es bleibt also nur noch die Möglichkeit, auf eine überschießend formulierte Norm des *einfachen Rechts* abzustellen[631] und an ihr die Vorschriften, die die Befugnisse wieder ein Stück weit zurücknehmen, die also als Einschränkungen eines an sich weitergehenden Rechts gefaßt sind, zu messen. Dieses Vorgehen scheitert aber, wenn das Gesetz die Reichweite der verliehenen Befugnis von vornherein *positiv* beschreibt. Daß es für die verfassungsrechtliche Beurteilung auf rechtstechnische Fragen ankommen soll, überzeugt nicht[632]. Der Gesetzgeber könnte sonst nach seinem Belieben durch die Art und Weise der Formulierung eine Bindung an die Verfassung herbeiführen oder ihr ausweichen.

Der Versuch zur Begrenzung der gesetzgeberischen Definitionsmacht mittels des Verhältnismäßigkeitsgrundsatzes unter gleichzeitiger Ablehnung eines eigenen verfassungsrechtlichen Eigentumsbegriffs ist demnach zum Scheitern verurteilt[633]. Wie

---

628 Die zur Herbeiführung der Verhältnismäßigkeit einer Rechtsschmälerung anerkannten Mittel (Übergangsregelungen, Härteklauseln, individuelle Ansprüche auf Dispensation, Anspruch auf Übernahme durch die öffentliche Hand, Entschädigungsausgleich) sind für die zukunftsgerichtete Normwirkung, als deren Adressaten alle Grundrechtsträger in Betracht kommen, weitgehend untauglich. Übergangsregelungen verzögern die Neuordnung nur zeitlich. Ausnahme- und Befreiungsvorschriften führen zu einer unvollkommenen Umsetzung der Neuordnung. Entschädigungen kommen zur Kompensation einer zu starken Eigentumsbindung nur ausnahmsweise in Frage (siehe BVerfGE 100, 226 [244 f.] – Abbruchverbot).

629 Siehe etwa *Zippelius*, in: Maunz/Zippelius, Deutsches Staatsrecht, § 28 II 5, S. 248, der die Interessen des Eigentümers an möglichst weitgehender privater Nutzung und die Aspekte des Gemeinwohls zu einem gerechten und optimalen Ausgleich bringen will; *Wendt*, in: Eigentum, S. 147 ff. und in: Sachs, Art. 14 Rn. 55, etwas anders ebenda Rn. 56.

630 Siehe die Nachweise in Fußnote 619.

631 Genannt werden insbesondere §§ 903, 905 BGB; siehe etwa BGH, NJW 1978, 2290 (2291) in seinem Vorlagebeschluß zur Naßauskiesungsentscheidung. Kritisch dazu *Papier*, in: Maunz/Dürig, Art. 14 Rn. 36; *Bryde*, in: v. Münch/Kunig, Art. 14 Rn. 11, 63 m. w. N. Beide betonen, daß dies aber nicht zur Prämisse einer schutzbereichsbestimmenden Definitionsmacht paßt. Auch die vom BVerfG angenommenen Gleichrangigkeit von privatem und öffentlichen Recht spricht dagegen (BVerfGE 58, 300 [336] – Naßauskiesung).

632 Siehe BVerfGE 58, 300 (336); *Sachs*, in: Stern, Staatsrecht III/2, § 80 III 2, S. 407; vgl. auch *Depenheuer*, in: v. Mangoldt/Klein/Starck, Art. 14 Rn. 45 f.

633 So auch *Rittstieg*, in: AK, Art. 14/15 Rn. 172, der der Verhältnismäßigkeitsprüfung wegen der Maßgeblichkeit einfachen Rechts kritisch gegenübersteht; vgl. auch *Wieland*, in: Dreier, Art. 14 Rn. 118 f. Bei der Kommentierung von *Papier*, in: Maunz/Dürig, Art. 14 Rn. 301 fällt insofern auf, daß er auf allgemeine „nicht spezifisch eigentumsgrundrechtliche" Schranken ausweicht (siehe dazu schon Fußnote 621).

gezeigt, läßt sich einfaches Recht nicht sinnvoll an der Eigentumsgarantie messen, wenn man auch den Kontrollmaßstab dem einfachen Recht entnimmt[634]. Daß die Einordnung von Nutzungs- und Verfügungsgrenzen als rechtfertigungsbedürftige Einschränkung dennoch so verbreitet ist, dürfte seinen Grund darin haben, daß insbesondere die hier relevanten öffentlich-rechtlichen Bindungen des Eigentums als etwas von „außen" Kommendes erkannt werden, als etwas, was nicht „Inhalt" des Eigentums ist, weil die betreffenden Normen nicht der Verwirklichung des Privatnützigkeitsgedankens dienen, sondern idealtypischerweise dem Gemeinwohl. Diese Sicht läßt sich jedoch nicht mit der Annahme einer *schutzbereichsbestimmenden* Definitionsmacht vereinbaren. Die Verhältnismäßigkeitsprüfung erfordert den Selbstand des verfassungsrechtlichen Eigentumsbegriffs[635]. An dessen Bestimmung ist deshalb nicht vorbeizukommen.

ββ) Das Zwei-Stufen-Modell

Einen Vorschlag für einen verfassungsrechtlichen Eigentumsbegriff hat jüngst Depenheuer mit dem Zwei-Stufen-Modell[636] gemacht. Auf einer ersten Stufe räume der Gesetzgeber Eigentum ein. Verpflichtet sei er dazu nur im Rahmen der Institutsgarantie, das heißt nur hinsichtlich eines Mindestbestands privatnütziger Vermögensrechte[637]. Die verliehenen Befugnisse seien nach dem verfassungsrechtlich geprägten Typus „Eigentum" immer *umfassende* Nutzungs- und Verfügungsrechte[638]. Deren etwaige Beschränkung erfolge erst auf einer zweiten Stufe. Zeitlich und rechtstechnisch könne die Gewährung mit der Beschränkung zusammenfallen, aus logischer Sicht aber sei die zweite Stufe nachrangig. Einschränkungen der Herrschafts- und Verfügungsmacht stellten sich daher stets als rechtfertigungsbedürftiger Eingriff dar. Um verfassungsmäßig zu sein, müsse die jeweilige Eigentumsbin-

---

[634] *Depenheuer*, in: v. Mangoldt/Klein/Starck, Art. 14 Rn. 45.

[635] Siehe *Leisner*, Verfassungsmäßigkeit der Gesetze, passim und in: HdbStR VI, § 149 Rn. 54 a.E.; *Wahl*, in: Der Staat 20. Band (1981), S. 485 (486 f.); *Depenheuer*, in: v. Mangoldt/Klein/Starck, Art. 14 Rn. 43; siehe auch *Jestaedt*, Grundrechtsentfaltung, S. 31. *Zippelius* nennt, obwohl er die der Maßgeblichkeit des einfachen Rechts betont, versteckt einen inhaltlichen Maßstab für Befugnisbestimmungen (siehe näher oben Fußnote 629), der dem Prinzipienmodell (dazu unten S. 107 ff.) entspricht.

[636] In: v. Mangoldt/Klein/Starck, Art. 14 Rn. 32 ff., 46 ff.; in: FS für Leisner, S. 277 (293 ff.).

[637] Bei *Depenheuer* bleiben die verfassungsrechtlichen Maßstäbe zur ersten Stufe etwas unklar, siehe in: v. Mangoldt/Klein/Starck, Art. 14 Rn. 46 ff. Die hier angenommene Bezugnahme auf die Institutsgarantie ergibt sich aus der Kommentierung in Rn. 61, wenn man sie in Verbindung mit den Ausführungen zur Institutsgarantie (in den Rn. 91 f. und 227 ff.) liest.

[638] *Depenheuer*, in: v. Mangoldt/Klein/Starck, Art. 14 Rn. 32 ff., 46 ff., 61 ff. In Rn. 65 bemerkt er, es handele sich schon nicht um „Eigentum" im Sinne des Art. 14 GG, wenn keine freie Verfügungsbefugnis gegeben sei. Dann müßten Verfügungsbeschränkungen konsequenterweise schon den Eigentumsbegriff und damit die Schutzgewährung ausschließen, während die Rechtsprechung sie im Gegenteil als besonders intensive Eigentumsbeschränkungen ansieht.

dung dem Gemeinwohl im Sinne des Art. 14 Abs. 2 GG dienen und für diesen Zweck geeignet, erforderlich und angemessen sein. Wenn es daran fehle, könne derjenige, dem ein Gut als Eigentum zugewiesen sei, erfolgreich geltend machen, in seinen Eigentümerbefugnissen durch die Herausnahme bestimmter Nutzungs- und Verfügungsrechte verletzt zu sein.

Durch die Annahme einer zunächst umfassenden Befugnisgewährung kommt Depenheuer sowohl ohne den bereits oben[639] als ungeeignet erkannten Vorher-Nachher-Vergleich als auch ohne ein Anknüpfen an die Formulierung des einfachen Rechts[640] aus. Sein Vorschlag geht in die richtige Richtung, weist aber Schwächen auf. Er ist stark am Sacheigentum orientiert und muß dort versagen, wo Rechte eingeräumt werden, deren Reichweite *im einzelnen* bestimmt werden muß[641]. Vor allem jedoch sind die Maßstäbe auf den beiden Stufen nicht aufeinander abgestimmt: Nach Depenheuers Modell ist es wegen der vergleichsweise geringen eigentumsrechtlichen Bindung des Gesetzgebers auf der ersten Stufe verfassungsrechtlich unproblematisch, wenn Befugnisse, die der Kernbereichsschutz nicht erzwingt, schon gar nicht *eingeräumt* werden. Demgegenüber soll die mit einer (sozusagen freiwilligen) Gewährung einhergehende Beschränkung auf der zweiten Stufe rechtfertigungsbedürftig sein, obwohl der Privatnützigkeitsgedanke hier besser verwirklicht ist als bei einer völligen Vorenthaltung von Befugnissen.

γγ) Der Maßstab einer möglichst weitgehenden Privatnützigkeit (Prinzipienmodell)

(1) Die objektiv-rechtliche Pflicht des Gesetzgebers zur Schaffung eines möglichst hohen Maßes an Privatnützigkeit

Ein Teil der Literatur[642] vermeidet den Wertungswiderspruch des Zwei-Stufen-Modells durch einen einheitlichen Maßstab für die befugnisbestimmende Tätigkeit

---

639 Siehe oben S. 104 und Fußnote 608.

640 Dazu siehe oben S. 105.

641 Siehe dazu die Dreiteilung von *Leisner*, in: HdbStR VI, § 149 Rn. 67: bei „natürlich abgrenzbaren Gütern" genüge es, ohne weitere Konkretisierung das Recht zu verleihen (Mobiliarsachenrecht), anders sei dies schon bei den „wesentlich abgrenzungsbedürftigen Gütern" (Immobiliarsachenrecht) und erst recht bei den „gesetzlich erst zu bestimmenden Gütern" (Forderungsrechte, Immaterialgüter).

642 Grundlegend *Alexy*, Theorie der Grundrechte, S. 75 ff., der zwischen einer Regel, die nur befolgt oder nicht befolgt werden kann, und einem Prinzip, das in unterschiedlichen Maßen erfüllt werden kann, unterscheidet. Die grundrechtlichen Institutsgarantien haben nach *Alexy* (allerdings nicht reinen, dazu S. 300 ff.) Prinzipiencharakter. Ihm folgend *Lubberger*, Eigentumsdogmatik, S. 244 ff.; *Höfling*, Vertragsfreiheit, S. 34 ff.; *Borowski*, Grundrechte als Prinzipien, S. 76 ff.; *Sieckmann*, Eigentumsschutz, S. 37 ff. und in: Berliner Kommentar, C Art. 14 Rn. 19; siehe auch *Leisner*, in: HdbStR VI, § 149 Rn. 71; *Kloepfer*, Grundrechte als Entstehungssicherung, S. 35 ff.

des Gesetzgebers. Das Prinzipienmodell will die Wertentscheidung zugunsten des Privateigentums[643] verwirklichen, indem es dem Gesetzgeber vorgibt, im Rahmen der rechtlichen und tatsächlichen Gegebenheiten ein *möglichst hohes Maß* an Privatnützigkeit und Verfügungsbefugnis zu verwirklichen[644]. Wie jedes Prinzip strebe auch das Eigentumsgrundrecht für sich genommen nach maximaler Erfüllung[645]. Bei Berücksichtigung der widerstreitenden Aspekte wie etwa dem Sozialstaatsgebot könne es aber nicht absolut verwirklicht werden. Vorschriften, die die Freiheitsverwirklichung hemmten oder die Freiheit nicht so umfassend realisierten wie möglich, seien immer eine Einschränkung des Prinzips und als solche rechtfertigungsbedürftig[646]. Der Gesetzgeber müsse die gegenläufigen Forderungen optimieren, das heißt zu einem verhältnismäßigen Ausgleich bringen, so daß beide die höchst mögliche Wirksamkeit entfalten, ohne den jeweils anderen Aspekt mehr als erforderlich zurückzudrängen.

Das Prinzipienmodell stellt damit einen Gegensatz zum institutionellen Grundrechtsverständnis dar, das Normen, die auf den grundrechtlichen Gesetzesvorbehalten beruhen, als bloße „Ausgestaltungen" des Grundrechts ansieht[647]. Daß diese – auf Häberle zurückgehende – Sicht dem Grundgesetz nicht entspricht, weil sie Freiheit und Pflichtigkeit nicht als Gegensätze begreift und so die individuelle zugunsten der institutionellen Freiheit zurückdrängt, wurde bereits erwähnt[648]. Das Prinzipienmodell ist in der Lage, die Forderung, die objektive Wertentscheidung zugunsten des Eigentums solle der Verwirklichung individueller Freiheit dienen[649], umzusetzen.

Über den Sinn von gesetzgeberischen Normgebungspflichten ließe sich allerdings streiten[650], wenn sie nicht justiziabel wären[651]. Der Einwand mangelnder Justitiabilität beinhaltet zwei Aspekte, zum einen die Zweifel an hinreichend konkreten (ver-

---

643 Art. 14 GG kommt hier zunächst in seiner objektiv-rechtlichen Komponente zum Tragen; zur Subjektivierung unten S. 118 ff.

644 Primär ist die beschriebene Pflicht eine, die auf positives Tun gerichtet ist, siehe schon oben Fußnote 588, dort bezogen auf die Institutsgarantie.

645 *Alexy*, Theorie der Grundrechte, S. 302 f. zählt Regelungen, die in diesem Sinn das Höchstmaß an Freiheit realisierten, zu den ausgestaltenden Normen im engeren (und eigentlichen) Sinn, die – im Gegensatz zu den Einschränkungen – keiner Rechtfertigung (vor dem von ihnen verwirklichten Prinzip) bedürfen.

646 *Alexy*, Theorie der Grundrechte, S. 302 f.

647 *Häberle*, Die Wesensgehaltgarantie, S. 70 ff.

648 Siehe oben Fußnoten 404, 532 und 577.

649 BVerfGE 50, 290 (337) – Mitbestimmung; *Steiger*, in: Schelsky, Zur Theorie der Institution, S. 91 (111); *Böckenförde*, NJW 1974, 1529 (1532 f.); *v. Münch*, in: v. Münch/Kunig, Vorb. Art. 1–19 Rn. 24; *Schwabe*, Probleme der Grundrechtsdogmatik, S. 152 ff.; *Heintzen*, DÖV 1994, 413 (416).

650 Dann würde sich das Problem stellen, ob Handlungs- und Kontrollnorm unter dem Grundgesetz auseinanderfallen können (sog. Divergenzlösung) oder nicht (sog. Konvergenzlösung); siehe hierzu *Raabe*, Grundrechte und Erkenntnis, S. 147 ff. m. w. N.; *Hesse*, in: FS für Mahrenholz, S. 541 (542); *Jestaedt*, Grundrechtsentfaltung, S. 186 ff.

651 Fehlende Justitiabilität nimmt etwa *Allesch*, BayVBl 1990, 120 (120) an; zum Problem siehe auch *Doehring*, in: FS für Stern, S. 1059 (1064 f.).

fassungs-)rechtlichen *Maßstäben*, zum anderen Bedenken an der Durchsetzbarkeit vor den Gerichten, hier vor allem vor dem Bundesverfassungsgericht im Rahmen der ihm zugewiesenen *Verfahren*[652]. Der erste Gesichtspunkt stellt sich bei den Normgebungspflichten, die aus dem Prinzipienmodell für den Bereich der Eigentumsordnung abgeleitet werden, nicht als Problem dar. Hinsichtlich des zweiten Aspekts ergibt sich folgendes: Die Durchsetzbarkeit ist jedenfalls für Befugnisbestimmungen gegeben, wenn und soweit diese auch zu einer Bestandsbeeinträchtigung führen. In materiell-rechtlicher Hinsicht setzt die Rechtfertigung des Eingriffs in individuelle Altrechte voraus, daß die Neuordnung als solche verfassungsmäßig ist[653]. Für die Geltendmachung einer etwaige Verletzung dieser subjektiven Eigentümerrechte und damit für eine indirekte Überprüfung der Befugnisbestimmung kommen folgende Möglichkeiten in Frage: Setzt das Gesetz noch einen Umsetzungsakt voraus, ist dieser vor den Fachgerichten angreifbar und das Gesetz damit indirekt überprüfbar. Handelt es sich dabei um eine (vorkonstitutionelle oder) untergesetzliche Norm, haben die Fachgerichte selbst die Verwerfungskompetenz. Wenn sie von dieser keinen Gebrauch machen, kann nach Erschöpfung des Rechtswegs Verfassungsbeschwerde gegen die betreffende Norm und gegen die Gerichtsentscheidungen erhoben werden. Ergibt sich die Befugnisbestimmung aus einem formellen (und nachkonstitutionellen) Gesetz, so hat das Fachgericht, vor dem der Umsetzungsakt angegriffen wird, das Recht bzw. die Pflicht, ein konkretes Normenkontrollverfahren einzuleiten, wenn es das Gesetz für verfassungswidrig hält (Art. 100 Abs. 1 GG). Andernfalls kann gegen seine Entscheidung und die Norm nach Erschöpfung des Rechtswegs immer noch Verfassungsbeschwerde erhoben werden. Sieht das umgestaltende Gesetz eine Rechtsschmälerung ohne einen Umsetzungsakt vor, so bleibt – vorbehaltlich der Eröffnung vorrangiger fachgerichtlicher Verfahren – die Möglichkeit, Verfassungsbeschwerde zu erheben und in ihrem Rahmen die Verfassungsmäßigkeit der Befugnisbestimmung kontrollieren zu lassen. Das umgestaltende Gesetz kann außerdem immer Gegenstand einer abstrakten Normenkontrolle sein.

Die Justitiabilität kann also nur bei *reinen* Befugnisbestimmungen zum Problem werden. Wie bereits erwähnt[654], sind Beschränkung und Vorenthaltung von Befugnissen nach materiellem Recht gleich zu behandeln. Für die prozessuale Lage ist dagegen zu differenzieren: Entscheidet eine *vorhandene Rechtsnorm* über die Reichweite von Eigentümerkompetenzen, so kann das Bundesverfassungsgericht die Vereinbarkeit mit der Verfassung im Wege eines abstrakten Normenkontrollverfahrens nach Art. 93 Abs. 1 Nr. 2 GG prüfen. Dies gilt für alle Normen, die als Beschränkun-

---

652 Zu den beiden Bezugspunkten der Justitiabilität siehe *Jestaedt*, Grundrechtsentfaltung, S. 197 Fußnote 265.

653 In diesem Sinne, wenn auch nicht ausdrücklich, BVerfGE 24, 367 (392 f.) – Hamburger Deichgesetz; 58, 81 (121: eine an sich zulässige Bestimmung des Eigentums für die Zukunft rechtfertige die mit ihr verbundene Verkürzung erworbener Rechte noch nicht) – Ausbildungsausfallzeiten; ebenso 72, 9 (22 f.) – Anwartschaft auf Arbeitslosengeld; vgl. auch 58, 300 (348 ff.) – Naßauskiesung; 52, 1 (27 f.) – Kleingarten; 74, 203 (216).

654 Siehe oben S. 103 ff. und S. 106 ff.

gen formuliert sind, aber auch für solche, die die Befugnisse aufzählen und dabei zu erkennen geben, daß weitergehende Kompetenzen nicht bestehen sollen[655]. Außerdem geht die Rechtsprechung[656] davon aus, daß sich der *Eigentümer*[657] unabhängig von einer Bestandsbeeinträchtigung gegen eine Befugnisbestimmung wenden kann, wenn diese das aus dem Eigentum fließende umfassende Nutzungs- und Verfügungsrecht[658] *an seiner Sache* bzw. Rechtsposition einschränkt[659]. Das Verfassungsbeschwerdeverfahren und die konkrete Normenkontrolle gegen formelle (und nachkonstitutionelle) Gesetze sind also ebenfalls eröffnet.

Damit reduziert sich die Justitiabilitätsfrage auf das sogenannte absolute oder echte Unterlassen, die sich bei der Beurteilung der Verfassungsmäßigkeit der Steuerrechtsnormen nicht stellt. Bei ihrer Beantwortung ist von folgendem auszugehen: Beim echten Unterlassen kann eine Verfassungsbeschwerde nicht mit Hinweis auf eine Einschränkung des prima facie umfassenden Nutzungs- und Verfügungsrechts an bestimmten Sachen oder Rechten als zulässig angesehen werden, weil es an der Verleihung von Rechtspositionen fehlt. Vorbehaltlich der noch zu klärenden Frage nach einer *Subjektivierung* der Normgebungspflicht[660] entfällt die Überprüfbarkeit in dieser Verfahrensart. Mangels eines angreifbaren „Gesetzes" ist auch ein konkretes Normenkontrollverfahren nach Art. 100 Abs. 1 GG nicht statthaft[661]. Auch für die abstrakte Normenkontrolle nach Art. 93 Abs. 1 Nr. 2 GG wird dies angenommen[662]. Letzteres ist jedoch nicht so eindeutig. Art. 93 Abs. 1 Nr. 2 GG setzt kein „Gesetz" voraus, sondern spricht von „Bundesrecht oder Landesrecht" als Verfahrensgegenstand[663]. Der Wortbestandteil „Recht" läßt es zu, darunter auch die

---

655 A. A. *R. Schneider*, in: AöR 89. Band (1964), S. 24 (27). Nach h. M. ist der Unterschied in der Formulierung nur für die Tenorierung von Bedeutung (siehe BVerfGE 22, 349 [360 f.]; näher *Pestalozza*, Verfassungsprozeßrecht, § 20 Rn. 114 f.).

656 Näher unten S. 121 ff.

657 Kritisch zur Rügemöglichkeit nur durch Eigentumsinhaber *Sieckmann*, Eigentumsschutz, S. 149: sie bedeute eine ungerechtfertigte Privilegierung der „beati possidentes". Er tritt für eine generelle Subjektivierung der gesetzgeberischen Optimierungspflicht ein (näher unten S. 118 ff.).

658 Vgl. insofern BVerfGE 68, 361 (370); siehe auch BVerfGE 81, 29 (34) – Besitzrecht des Mieters und das in diesem Punkt nicht davon abweichende Sondervotum, ebenda, S. 35 (37 und 39).

659 Siehe auch den richtigen Kern des Zwei-Stufen-Modells *Depenheuers*, in: v. Mangoldt/Klein/Starck, Art. 14 Rn. 47 (näher oben S. 106 ff.).

660 Näher unten S. 118 ff.

661 Siehe dazu *Pestalozza*, Verfassungsprozeßrecht, § 20 Rn. 114; *Benda/Klein*, Verfassungsprozeßrecht, § 23 Rn. 801; *Meyer*, in: v. Münch/Kunig, Art. 100 Rn. 19; *Jarass*, in: Jarass/Pieroth, Art. 100 Rn. 7; siehe auch BVerfGE 18, 38 (45).

662 Ausdrücklich zur Unzulässigkeit der abstrakten Normenkontrolle *Pestalozza*, Verfassungsprozeßrecht, § 20 Rn. 114 und *Stuth*, in: Umbach/Clemens, BVerfGG, § 76 Rn. 25. Daß dies der ganz herrschende Meinung entspricht, erkennt man daran, daß das gesetzgeberische Unterlassen üblicherweise zwar beim Verfassungsbeschwerdeverfahren und bei der konkreten, aber nicht bei der abstrakten Normenkontrolle thematisiert wird.

663 Die Begriffe „Gesetz" und „Recht" tauchen nebeneinander in Art. 20 Abs. 3 GG auf. Ob damit unterschiedliches gemeint ist (so *Schulze-Fielitz*, in: Dreier, Art. 20 (R) Rn. 85) oder ob

gesetzgeberische Untätigkeit zu subsumieren[664]. Auch der Hinweis auf den „Bund" bzw. das „Land" schließt die Einbeziehung des Unterlassens durch den jeweiligen Verband noch nicht aus[665]. Tatsächlich wird der Kreis der geeigneten Antragsgegenstände bei der abstrakten Normenkontrolle anerkanntermaßen weiter gefaßt als bei der konkreten Normenkontrolle[666]. So zählen nach allgemeiner Ansicht insbesondere untergesetzliche Normen und das vorkonstitutionelle Recht dazu[667]. Hinter der Differenzierung stehen teleologische Erwägungen: Die konkrete Normenkontrolle ist für den Fall vorgesehen, daß ein Fachgericht eine Norm sowohl für entscheidungserheblich als auch für verfassungswidrig hält. Das durch die Vorlagepflicht nach Art. 100 Abs. 1 GG gesicherte Verwerfungsmonopol des Bundesverfassungsgerichts dient dazu, den parlamentarischen Gesetzgeber vor einer Nichtanwendung seiner Gesetze durch Fachgerichte zu bewahren[668]. Da nur formelle und nachkonstitutionelle Gesetze mit seiner Autorität versehen sind, ist nach allgemeiner Ansicht der Anwendungsbereich des Art. 100 Abs. 1 GG auf diese Normen zu beschränken[669]. Eine Rechtsschutzlücke tritt durch diese Auslegung bei der konkreten Normenkontrolle nicht ein. Demgegenüber ist der Antragsgegenstand der abstrakten Normenkontrolle nicht nur sprachlich weiter gefaßt; diese Verfahrensart ist auch nicht von dem Gedanken, den parlamentarischen Gesetzgeber zu schützen, geprägt. Art. 93 Abs. 1 Nr. 2 GG dient vielmehr gerade dazu, gesetzgeberisches Verhalten auf seine Übereinstimmung mit der Verfassung prüfen zu können. Der Normzweck des Art. 93 Abs. 1 Nr. 2 GG trifft auch für echtes gesetzgeberisches Unterlassen zu[670]. Die Notwendigkeit, die Einhaltung der verfassungsrechtlichen Anforderungen an die Gesetzgebung gerichtlich durchsetzen zu können, besteht nicht nur bei einer Verpflichtung zum Unterlassen, sondern auch bei einer, die auf positives Tun gerichtet ist. Gegen die Einbeziehung des gesetzgeberischen Unterlassens in den Anwen-

---

es sich um eine Tautologie handelt (so *Jarass*, in: Jarass/Pieroth, Art. 20 Rn. 38; *Schnapp*, in: v. Münch/Kunig, Art. 20 Rn. 43), ist umstritten.

664 Entgegen *Stahler*, Gesetzgeberisches Unterlassen, S. 99 handelt es sich bei den nicht geregelten Lebenssachverhalten nicht nur um solche der „sozialen Wirklichkeit", sondern auch um solche der Rechtswirklichkeit. Dies zeigt sich nicht zuletzt daran, daß das materielle Verfassungsrecht auch in diesem Bereich Anforderungen stellt.

665 Siehe *Stahler*, Gesetzgeberisches Unterlassen, S. 100 f.

666 Siehe *W. Meyer*, in: v. Münch/Kunig, Art. 93 Rn. 37; *Wieland*, in: Dreier, Art. 93 Rn. 57.

667 Siehe allgemein *W. Meyer*, in: v. Münch/Kunig, Art. 93 Rn. 37; *Pieroth*, in: Jarass/Pieroth, Art. 93 Rn. 21; *Sturm*, in: Sachs, Art. 93 Rn. 45; für Rechtsverordnungen etwa BVerfGE 1, 184 (196); für Satzungen BVerfGE 10, 20 (54).

668 Grundlegend BVerfGE 1, 184 (187); 63, 131 (141); *Stern*, in: Staatsrecht III/2, § 91 II 3, S. 1262.

669 *Stern* spricht in: Staatsrecht III/2, § 91 II 3, S. 1262 von einer teleologischen Reduktion.

670 So auch *Stahler*, Gesetzgeberisches Unterlassen, S. 105 f. Problematisch ist jedoch die von ihm vorgeschlagene analoge Anwendung des Art. 93 Abs. 1 Nr. 2 GG (ebenda, S. 102 ff.). Erstens gibt es angesichts des weiten Wortlauts keine Notwendigkeit für eine Analogie, und zweitens stößt sie auf methodische Bedenken (siehe BVerfGE 1, 396 [408 f.]; 2, 341 [346]; 21, 52 [53]; 63, 73 [76]), weil das Grundgesetz keine Generalklausel zur Eröffnung des Rechtswegs zum BVerfG enthält, sondern dessen Zuständigkeit nach dem Enumerationsprinzip begründet.

dungsbereich dieser Verfahrensart kann auch nicht die grundsätzliche[671] Ablehnung einer *vorbeugenden* Normenkontrolle angeführt werden[672]. Diese stellt typischerweise, weil sie nur den *Zeitpunkt* der Überprüfung betrifft, nicht die Justitiabilität als solche in Frage. Wenn ein Verlust des Rechtsschutzes droht, wie es beispielsweise beim Abwarten eines Vertragsgesetzes der Fall ist, werden Ausnahmen erwogen[673]. Außerdem rechtfertigt sich die Notwendigkeit, die Verkündung einer Norm abzuwarten, maßgeblich daraus, daß das Gericht aus Gründen der Gewaltenteilung nach Möglichkeit nicht in den laufenden Gesetzgebungsprozeß eingreifen soll. Auch dieser Gesichtspunkt trifft auf das gesetzgeberische Unterlassen nicht zu. Die von der herrschenden Meinung[674] vorgenommene Beschränkung des Anwendungsbereichs des Art. 93 Abs. 1 Nr. 2 GG auf positive Rechtssätze mit formalen Geltungsanspruch ist damit zumindest nicht selbstverständlich[675]. Aber auch der nach der gängigen Auslegung festzustellende Mangel an Justitiabilität ist nicht grundsätzlicher Natur, sondern nur ein partielles Phänomen[676].

Ein anderer Einwand gegen das Prinzipienmodell beruht denn auch gerade auf der Annahme, daß es (grundsätzlich) auch gerichtlich durchsetzbar wäre. Böckenförde[677] gibt zu bedenken, daß die Gesetzgebung durch eine Deutung der Grundrechte als „wertentscheidende Grundsatznormen" bzw. als „objektive Wertordnung" ihres gestalterischen Moments beraubt und zu einem reinen Vollzug des Grundgesetzes degradiert werde. Die Verfassung verliere auf diese Weise ihren Charakter als bloße Rahmenordnung, was zwangsläufig zu einer Verlagerung von Staatsgewalt auf das Bundesverfassungsgericht führe.

Böckenfördes Kritik spricht die zentrale Frage nach der Dichte der materiellen verfassungsrechtlichen Vorgaben und damit zusammenhängend der Abgrenzung der Kompetenzen zwischen dem Gesetzgeber und dem Bundesverfassungsgericht an. Im Zusammenhang mit konkreten Entscheidungen wird diese Problematik auch gerichtsintern immer wieder lebhaft diskutiert[678], und es ist eine Vielzahl von Mo-

---

671 Dazu und zur ausnahmsweisen Zulässigkeit bei Vertragsgesetzen siehe BVerfGE 1, 396 (411 ff.); 36, 1 (15); vgl. auch *W. Meyer*, in: v. Münch/Kunig, Art. 93 Rn. 37; *Pieroth*, in: Jarass/Pieroth, Art. 93 Rn. 21; *Rinken*, in: AK, Art. 93 Rn. 26.

672 Siehe *Stahler*, Gesetzgeberisches Unterlassen, S. 107.

673 Nachweise in Fußnote 671.

674 Nachweise siehe oben Fußnote 662.

675 *Stern*, in: Staatsrecht III/2, § 91 II 3, S. 1261 und in: BK Art. 93 Rn. 230 m. w. N. und *Pieroth*, in: Jarass/Pieroth, Art. 93 Rn. 21 ff. äußern sich nicht zum gesetzgeberischen Unterlassen. Sie sehen aber immerhin vom Erfordernis eines geschriebenen Rechtssatzes ab und beziehen das Gewohnheitsrecht ein.

676 Von einer Justitiabilität des Prinzipienmodells geht offenbar auch *Alexy*, in: Der Staat 29. Band (1990), S. 49 (63) aus. Er nennt allerdings die in Betracht kommenden Verfahren zur Überprüfung objektiven Verfassungsrechts nicht im einzelnen.

677 U. a. in: Der Staat 29. Band (1990), S. 1 (21 ff.); vgl. auch *Lerche*, in: FS für Stern, S. 197 (202 f.); *Manterfeld*, Die Grenzen der Verfassung, S. 136 ff.; *Scherzberg*, Grundrechtsschutz, S. 169 ff.

678 Der Vorwurf eines Übergriffs in Kompetenzen des Gesetzgebers ist z. B. laut geworden in der abweichenden Meinung der Richterin *Rupp-v. Brünneck* und des Richters *Simon* zu

nographien und Festschriftenbeiträgen zu ihr erschienen[679]. Hier soll es genügen zu klären, ob die Anwendung des Prinzipienmodells *zwangsläufig* zum „verfassungsgerichtlichen Jurisdiktionsstaat“[680] führen muß[681].

Auszugehen ist dabei von folgender Lage: Das Grundgesetz hat sich für die Verfassungsgebundenheit aller Staatsgewalten (Art. 1 Abs. 3 und 20 Abs. 3 GG) und damit gegen eine unbegrenzte gesetzgeberische Souveränität entschieden. Der aus dem Gewaltenteilungsgrundsatz Art. 20 Abs. 2 S. 2 und Abs. 3 GG abzuleitende Funktionsvorbehalt der Legislative kann unter diesen Gegebenheiten die von der grundgesetzlichen Ordnung vorgesehene verfassungsgerichtliche Überprüfung von Gesetzen als solche nicht in Frage stellen. Möglich bleibt jedoch eine Begrenzung der Kontrolldichte.

So stimmt die ganz herrschende Meinung darin überein, daß bei *Prognosen* zwar eine gewisse gerichtliche Kontrolle notwendig ist[682], es aber nicht Aufgabe des Bundesverfassungsgerichts sein kann, die jeweilige gesetzgeberische Einschätzung durch eine eigene zu ersetzen[683]. Für die Lehre vom Prognosespielraum gibt es unterschiedliche Begründungsansätze[684]. Ausschlaggebend dürften letztlich funktionell-rechtliche Aspekte sein: Die Unsicherheit darüber, wie sich die Lage entwik-

---

BVerfGE 39, 1 ff. – Schwangerschaftsabbruch, ebenda, S. 68 (69 f.) sowie in *Böckenfördes* Sondervotum zum Vermögensteuerbeschluß BVerfGE 93, 121 ff., ebenda, S. 149 (157).

679 Siehe die grundlegenden Untersuchungen zum Verhältnis von BVerfG und Gesetzgeber von *Bryde*, Verfassungsentwicklung, hier insbes. S. 325 ff.; *Ebsen*, Das Bundesverfassungsgericht und *Gusy*, Parlamentarischer Gesetzgeber, hier vor allem S. 88 ff. Aus neuerer Zeit siehe *Rau*, Grenzen in der Rechtsprechung, S. 190 ff.; *Simons*, Grundrechte, S. 218 ff.; *Siedler*, Gesetzgeber und BVerfG, S. 75 ff.; *Doehring*, in: FS für Stern, S. 1059 ff.; *Knies*, in: FS für Stern, S. 1155 ff.; *Hesse*, in: FS für Mahrenholz, S. 541 ff. sowie die Beiträge in der von Guggenberger und Würtenberger 1998 herausgegebenen Schrift „Hüter der Verfassung oder Lenker der Politik?“ z. B. von *Wahl*, ebenda, S. 81 (82).

680 Zu dieser Bezeichnung siehe außer *Böckenförde* etwa auch *Knies*, in: FS für Stern, S. 1155 ff.

681 Hierzu auch *Sieckmann*, Eigentumsschutz, S. 59 ff.

682 Siehe insbesondere *Starck*, in: v. Mangoldt/Klein/Starck, Art. 1 Abs. 3 Rn. 244: „Wäre der Gesetzgeber bei den der grundrechtseinschränkenden Norm zugrundliegenden Tatsachenfeststellungen und Prognosen völlig frei, so könnte die Bindungsklausel unterlaufen werden“.

683 St. Rspr. seit BVerfGE 25, 1 (17) – Mühlengesetz; grundlegend zur Abstufung der Kontrolldichte 50, 290 (331 ff.) – Mitbestimmung. Aus der Literatur siehe *Gusy*, Parlamentarischer Gesetzgeber, S. 177; *Bryde*, Verfassungsentwicklung, S. 303 ff.; *Ossenbühl*, in: Bundesverfassungsgericht und Grundgesetz, Band 1, S. 458 (498); *Siedler*, Gesetzgeber und BVerfG, S. 77. Weitere Nachweise noch unten Fußnote 696.

684 Manche fordern generell eine Zurückhaltung des Gerichts in „politischen“ Fragen (vgl. *Ehmke*, in: VVDStRL 20. Band [1963], S. 53 [75 f. und 121 f.]). Die in Anspruch genommenen Vorbilder wie die „political question doctrine“ bzw. der „judicial self-restraint“ sind wegen des anderen Gerichtssystems in den USA, wozu insbesondere das Annahmeermessen des Supreme Courts zu zählen ist, nicht übertragbar (siehe *Gusy*, Parlamentarischer Gesetzgeber, S. 52 ff.; *Bryde*, Verfassungsentwicklung, S. 308 ff. und *Rau*, Grenzen in der Rechtsprechung m. w. N.). Dem BVerfG sind von der Verfassung Entscheidungen mit hoher politischer Brisanz (wie etwa die Wahlprüfung, die Präsidentenanklage oder das Parteiverbot) zugewiesen (so auch *Bryde*, ebenda, S. 311).

keln wird, bliebe auch dann erhalten, wenn das Gericht die Einschätzung des Gesetzgebers ersetzte. Dadurch könnte die Notwendigkeit einer Beobachtung der weiteren Entwicklung und ggf. der Anpassung der Rechtslage nicht abgewendet werden. Daß das Gericht an das Antragsprinzip gebunden ist und deshalb auf neue Erkenntnisse nicht von sich aus reagieren kann[685], legt es nahe, dem flexiblen und unmittelbar demokratisch legitimierten[686] Gesetzgeber die Aufgabe zuzuweisen und dementsprechend die Justitiabilität ein Stück weit zurückzunehmen. Dabei ist allerdings umstritten, wie weit die dem Gericht verbleibende Kontrollkompetenz geht[687]. Die Rechtsprechung macht die Intensität der Überprüfung (sogenannte Evidenz-[688], Vertretbarkeits-[689] bzw. Inhaltskontrolle[690]) von der Art des Regelungsbereichs, der Stärke des Eingriffs und den Möglichkeiten, sich ein sicheres Urteil zu bilden, abhängig. Bei einer funktionell-rechtlichen Ableitung des Prognosespielraums[691] bestehen Bedenken an der Abstufung der Prüfungsintensität[692], insbesondere an der Verdichtung zu einer Inhaltskontrolle[693]. Insofern erscheint die Vertretbarkeitskontrolle vorzugswürdig. Sie verlangt, daß der Gesetzgeber die erheblichen Tatsachen vollständig und zutreffend ermittelt, hinsichtlich der Folgen vorhandene Erkenntnisquellen ausschöpft und auf dieser Grundlage zu einer nachvollziehbaren Prognose gelangt[694]. Einschätzungen des Gesetzgebers, die diesen – im Grunde verfahrensrechtlichen[695] – Anforderungen nicht genügen, taugen nicht dazu, eine Grundrechtseinschränkung zu begründen.

---

685 Siehe etwa *Siedler*, Gesetzgeber und BVerfG, S. 77.

686 *Menger* stellt darauf ab, daß der Gesetzgeber unmittelbar demokratisch legitimiert sei (in: VerwArch 66. Band [1975], S. 397 [400 f.]). Insofern kritisch und auf die Gleichwertigkeit der Gewalten verweisend *Gusy*, Parlamentarischer Gesetzgeber, S. 89 f.; *Siedler*, Gesetzgeber und BVerfG, S. 29.

687 So sprechen sich etwa *Möstl*, DÖV 1998, 1029 (1038) und *Siedler*, Gesetzgeber und BVerfG, S. 77 ff. generell für eine bloße Evidenzkontrolle aus. *Gusy*, Parlamentarischer Gesetzgeber, S. 177 ff. wendet sich gegen die Abstufung der Kontrolldichte.

688 So im Bereich der Außen- und Sicherheitspolitik, dazu *Schwarz*, Außen- und Sicherheitspolitik, S. 205 ff.

689 So wohl im Bereich der Gesundheitspolitik (BVerfGE 68, 193 [218 ff.]) und wohl auch der Arbeits- und Wirtschaftspolitik, wobei die Entscheidungen offenlassen, ob das Gericht nicht auf eine Evidenzkontrolle beschränkt sei (BVerfGE 50, 290 [333]; 57, 139 [159 f.]).

690 So für die lebenslange Freiheitsstrafe (BVerfGE 45, 187 [238]).

691 Nicht zuletzt deshalb kritisch zu dieser Begründung Heun, Funktionell-rechtliche Schranken, S. 35 ff.; *Raabe*, Grundrechte und Erkenntnis, S. 261 ff.

692 *Gusy*, Parlamentarischer Gesetzgeber, S. 177 ff.

693 Vgl. auch *Möstl*, DÖV 1998, 1029 (1038). Die Kritik an der Inhaltskontrolle schließt nicht aus, daß sich aus der Bedeutung einzelner Grundrechte ergeben kann, daß auf der Grundlage von unsicheren Umständen nicht bzw. nicht in einer bestimmten Weise eingegriffen werden darf.

694 BVerfGE 50, 290 (333 f.) – Mitbestimmung.

695 So bezeichnet von BVerfGE 50, 290 (334) – Mitbestimmung; die Bedeutung der Rationalität des Entscheidungsfindungsprozesses betonen auch *Bryde*, Verfassungsentwicklung, S. 327 f. und *Gusy*, Parlamentarischer Gesetzgeber, S. 177 ff., letzterer auch mit Hinweis auf die beim Fehlen quantifizierbarer Daten und Gesetzmäßigkeiten nur intuitiv mögliche Einschätzung, die auch das BVerfG dann mangels besseren Wissens nicht ersetzen dürfe.

Die grundsätzliche Prärogative des Gesetzgebers bei der Einschätzung der zukünftigen Entwicklung bedeutet, daß ihm, da praktisch jede seiner Entscheidungen prognostische Elemente aufweist, auch unter Geltung des Prinzipienmodells ein Spielraum verbleibt[696]. Die Rechtsprechung verlangt jedoch vom Gesetzgeber, daß er die Lage beobachtet und seine Gesetze nachbessert, wenn sich seine Prognose nicht erfüllt[697].

Auch bei der *Abwägung* soll der Gesetzgeber nach überwiegender Ansicht nicht voller gerichtlicher Kontrolle unterliegen[698]; deshalb werden Prognose- und Abwägungsspielräume auch häufig gar nicht erst getrennt[699]. Dies ist methodisch unsauber[700], weil erstere tatsächliche Unsicherheiten und letztere den Bereich des Normativen betreffen. Der Abwägungsspielraum wird dahingehend beschrieben, daß sich das Bundesverfassungsgericht bei der Bewertung des gesetzgeberischen Ziels zurückhalten soll[701]. In dieselbe Richtung geht der für die Verhältnismäßigkeit im engen Sinn[702] verbreitete negative Prüfungsansatz, der danach fragt, ob die Wertigkeit des verfolgten Ziels *außer Verhältnis* zur Intensität des Eingriffs in das geschützte Rechtsgut steht[703]. Häufig steht hinter der Gewährung eines Abwägungsspielraums das materiell-rechtliche Verständnis, daß es bereits an einer hinreichend präzisen grundgesetzlichen Vorgabe fehlt[704]. Unter dieser Prämisse gerät die Annahme eines Abwägungsspielraums mit der Deutung von Grundrechten als Optimierungsgebo-

---

696 Zur Annahme eines Prognosespielraums durch Vertreter des Prinzipienmodells siehe *Alexy*, Theorie der Grundrechte, S. 421 ff. und in: Der Staat 29. Band (1990), S. 49 (62); *Borowski*, Grundrechte als Prinzipien, S. 158 f.; *Raabe*, Grundrechte und Erkenntnis, passim.

697 Zur Nachbesserungspflicht siehe BVerfGE 25, 1 (13) – Mühlengesetz; 50, 290 (335); *Bernd*, Prognosen, S. 122 ff. m. w. N.

698 Siehe etwa *Stern*, in: Staatsrecht III/1, § 69 VI 4, S. 994; *v. Arnauld*, Die Freiheitsrechte, S. 265; *Hain*, DVBl 1993, 982 (984); *Breuer*, in: FS für Redeker, S. 11 (52) – und auf der Grundlage des Prinzipienmodells – *Alexy*, Theorie der Grundrechte, S. 421 ff.; *Borowski*, Grundrechte als Prinzipien, S. 158 f. und 202 f. sowie *Raabe*, Grundrechte und Erkenntnis, S. 475 ff. A. A. *Reuber*, Lebens- und Gesundheitsschutz, S. 119 f.

699 Siehe etwa BVerfGE 77, 170 (215) – C-Waffen; *v. Arnauld*, Die Freiheitsrechte, S. 265 f.; *Simons*, Grundrechte, S. 218 ff.

700 Kritik an der Vermischung übt *Reuber*, Lebens- und Gesundheitsschutz, S. 119 f. Auch *Hain*, DVBl 1993, 982 (984); *Borowski*, Grundrechte als Prinzipien, S. 158 und *Raabe*, Grundrechte und Erkenntnis, S. 475 ff. differenzieren.

701 *v. Arnauld*, Die Freiheitsrechte, S. 265; *Sachs*, in: Sachs, Art. 20 Rn. 151.

702 Gegen die Forderung nach Verhältnismäßigkeit i. e. S. wendet sich aus grundsätzlichen Erwägungen *Schlink*, Abwägung, S. 152 und 192; siehe auch *Pieroth/Schlink*, Grundrechte Rn. 289 ff. Auch er kommt jedoch nicht ganz ohne – verdeckte – Abwägungen aus (näher *v. Arnauld*, Die Freiheitsrechte, S. 263 f.).

703 BVerfGE 7, 377 (407) – Apothekengesetz; 17, 108 (117); 25, 236 (247); *Starck*, in: v. Mangoldt/Klein/Starck, Art. 1 Abs. 3 Rn. 243.

704 Siehe *Schlaich*, in: VVDStRL 39. Band (1981), S. 99 (112). *Starck* begründet den negativen Prüfungsansatz denn auch damit, daß die Abwägung nach dem Verhältnismäßigkeitsgrundsatz keine Optimierung bedeute. Eine solche mache nämlich die Gestaltungsfreiheit des Gesetzgebers zunichte (s. in: v. Mangoldt/Klein/Starck, Art. 1 Abs. 3 Rn. 243).

ten in Konflikt[705]. Dennoch gehen auch die Vertreter des Prinzipienmodells davon aus, daß der Gesetzgeber bei der Gewichtung und Gegenüberstellung von Mittel und Ziel nicht voller Kontrolle durch die Gerichte unterliegt[706]. Das wird von ihnen wie folgt begründet: Das formelle Prinzip der Gewaltenteilung (Art. 20 Abs. 2 S. 2, Abs. 3 GG) wirke in Verbindung mit dem Demokratieprinzip (Art. 20 Abs. 1 und Abs. 2 GG) darauf hin, dem Gesetzgeber (ein gewisses Maß an) Gestaltungsfreiheit einzuräumen[707]. Das Optimierungsgebot laufe dem zuwider. Es nehme aber keine absolute Geltung für sich in Anspruch, sondern sei aus den genannten Gründen relativierbar. Mit dem Vorliegen einer (weiteren) Prinizipienkollision lasse sich sogar die vom Bundesverfassungsgericht vorgesehene Stufung der Kontrollintensität nach der Stärke des Grundrechtseingriffs[708] erklären[709].

Damit ist gezeigt, daß die allgemeine Dogmatik Wege zur Beschränkung der Kontrolldichte kennt. Die Befürchtung, daß die Ableitung objektiver Grundrechtsgehalte zwangsläufig zum „verfassungsgerichtlichen Jurisdiktionsstaat" führt, ist damit widerlegt. Für die Bewahrung des Gewaltenteilungsgrundsatzes ist es daher nicht notwendig, zu einer *rein* abwehrrechtlichen Grundrechtsinterpretation zurückzukehren. Dies würde im Gegenteil einen radikalen Bruch[710] mit der (vorsichtigen) Entwicklung von Grundrechtsdimensionen wie der Schutzpflicht[711] und dem Leistungsanspruch[712] bedeuten. Böckenförde ist zwar darin zuzustimmen, daß das liberale Grundrechtsverständnis[713] unter dem Grundgesetz nicht überholt ist[714]; es ist aber nicht rein verwirklicht[715], wie beispielsweise die Aufnahme der Sozialstaatsgewährleistung in Art. 20 Abs. 1 GG zeigt. Speziell für die Deutung des Art. 14 GG ist zu berücksichtigen, daß die Inanspruchnahme der Eigentumsfreiheit, anders als diejenige „natürlicher" Freiheiten, die Einrichtung einer einfach-rechtlichen Eigen-

---

705 *Scherzberg* hält das Prinzipienmodell und die gleichzeitige Annahme eines Abwägungsspielraums für unvereinbar (in: Grundrechtsschutz, S. 174 f.).

706 Nachweise in Fußnote 698.

707 *Sieckmann*, Eigentumsschutz, S. 60.

708 Zur Unterscheidung von Evidenz-, Vertretbarkeits- und Inhaltskontrolle siehe soeben im Zusammenhang mit dem Prognosespielraum (Nachweise in Fußnote 688 ff.).

709 Siehe *Sieckmann*, Eigentumsschutz, S. 61 ff.; *Borowski*, Grundrechte als Prinzipien, S. 159; vgl. auch *Raabe*, Grundrechte und Erkenntnis, S. 191 ff.

710 So auch *Breuer*, in: FS für Redeker, S. 11 (51 f.).

711 Grundlegend BVerfGE 39, 1 (41 ff.) – Schwangerschaftsabbruch; siehe auch 46, 160 (164 f.) – Schleyer; 79, 174 (201 f.) – Verkehrslärm.

712 Siehe bspw. BVerfGE 40, 121 (131).

713 Zu den verschiedenen Grundrechtstheorien und ihrer Bedeutung für die Auslegung siehe *Böckenförde*, NJW 1974, 1529 ff. und NJW 1976, 2089 ff.

714 Treffend *Pieroth/Schlink*, Grundrechte Rn. 87 mit dem Hinweis, daß auch das Prinzipienmodell dem liberalen Verständnis zuzurechnen ist, was jedenfalls dann richtig ist, wenn man Liberalität nicht im Sinne einer Ausschließlichkeit der abwehrrechtlichen Grundrechtswirkung versteht.

715 Das BVerfG bringt dies auf die Formel, Grundrechte seien „in erster Linie Abwehrrechte des Bürgers gegen den Staat" (siehe BVerfGE 7, 198 [204] – Lüth).

tumsordnung voraussetzt[716]. Der Grundrechtsträger ist hier schon im Kerngewährleistungsbereich der Freiheit auf die vom Staat zu schaffenden Bedingungen angewiesen. Die Eigentumsgarantie läßt sich damit nicht primär abwehrrechtlich konzipieren[717]. Die vorgeschlagene Beschneidung der Grundrechtsfunktionen kann zudem das vom Gewaltenteilungsgrundsatz aufgeworfene Problem nicht in seiner Gesamtheit lösen. Auch die abwehrrechtliche Verhältnismäßigkeitsprüfung berührt das Verhältnis von Gesetzgeber und Bundesverfassungsgericht[718], so daß an einer Kompetenzabgrenzung ohnehin nicht vorbeizukommen ist.

Damit vermögen die Einwände gegen die Anwendung des Prinzipienmodells auf das Eigentumsgrundrecht letztlich nicht zu überzeugen. Sein Vorteil ist darin zu sehen, daß es der verfassungsrechtlichen Wertentscheidung zugunsten der Privatnützigkeit[719] Verbindlichkeit verleiht[720]. Auf diese Weise kann die Außentheorie[721] auch im Bereich der normgeprägten Freiheiten Anwendung finden[722]. Mit der Forderung nach einem *möglichst hohen* Maß an Privatnützigkeit wird der Grad der Grundrechtsverwirklichung meßbar, was der Verhältnismäßigkeitsprüfung Konturen verschafft. Lerche wendet ein, man käme auch ohne „jenen zusätzlich anschiebenden Impetus aus, der in der Fixierung auf das Höchsterreichbare liegt"[723]. Die Alternative zur Forderung nach möglichst weitgehender Privatnützigkeit wäre ein verfassungsrechtlicher Eigentumsbegriff, der nur einen Teil der Nutzungs- und Verfügungsmöglichkeiten bzw. nur bestimmte Güter und Positionen erfaßt, also die Anwendung einer engen Tatbestandstheorie[724]. Nur hat bisher niemand Kriterien dafür vorgeschlagen, wie schützenswerte und von vornherein aus dem Schutzbereich auszunehmende Befugnisse voneinander abgegrenzt werden könnten; aus Art. 14 Abs. 1 S. 1 GG lassen sich solche auch schwerlich ableiten. Bezeichnenderweise versucht Lerche dies auch gar nicht, vielmehr steht er in der Sache durchaus dem Prinzipienmodell nahe[725].

---

716 Zur Normgeprägtheit oben S. 90 ff.

717 Vgl. *Sieckmann*, in: Berliner Kommentar, C Art. 14 Rn. 22.

718 So zutreffend *Jeand'Heur*, JZ 1995, 116 (167); *Alexy*, in: AöR 121. Band (1996), S. 155 (157). Für *Schlink* ist dies konsequenterweise ein Grund, die Verhältnismäßigkeitsprüfung im engen Sinne grundsätzlich abzulehnen (Nachweise in Fußnote 702).

719 Siehe BVerfGE 14, 263 (277 f.) – Feldmühle-AG (siehe noch unten S. 121 f.).

720 Eine bloße Programmsatzfunktion kann nicht angenommen werden, siehe oben S. 97 ff.

721 Bei den „natürlichen" Freiheiten ist die Geltung der Außentheorie ganz herrschende Meinung (siehe oben Fußnote 401).

722 Siehe *Sieckmann*, in: Berliner Kommentar, C Art. 14 Rn. 23 f.

723 In: FS für Stern, S. 197 (205).

724 Zu engen Tatbestandstheorien und ihren Schwächen siehe allgemein *Alexy*, Theorie der Grundrechte, S. 288 ff. Nach ihm spricht für die weite Tatbestandstheorie, daß sie die Anforderungen an die Begründung der jeweiligen Maßnahme steigert, was wiederum eine wesentliche Voraussetzung dafür ist, daß nur solche Freiheitseinschränkungen normiert werden, die auch materiell zulässig sind (ebenda, S. 306 f.).

725 Siehe *Lerches* Darstellung des Prinzipienmodells in der FS für Stern, S. 197 (204 ff.). Auch *Sieckmann* weist (in: Eigentumsschutz, S. 45) darauf hin, daß *Lerches* Konzept des nach beiden Seiten möglichst schonenden Ausgleichs (siehe etwa in: Übermaß und Verfassungs-

Dann ist es jedoch nur konsequent, den zugrunde gelegten Maßstab offenzulegen und damit die Diskussion über ihn zu erleichtern.

Die Forderung nach möglichst weitgehender Privatnützigkeit wahrt den Selbststand des Verfassungsrechts. Dieser ermöglicht den Verzicht auf eine Aufwertung des vorgefundenen einfachen Rechts zu einem verfassungsrechtlichen Prüfungsmaßstab und hat dadurch den Vorteil, nicht konservierend und damit tendenziell reformfeindlich zu wirken[726]. Die Forderung nach Optimierung der widerstreitenden Interessen ist eine Daueraufgabe[727] und kann eine Anpassung der einfachen Rechtsordnung an geänderte Umstände und neue Erkenntnisse erforderlich machen[728]. Das Prinzipienmodell ist damit im besonderen Maß geeignet, die verfassungsrechtlichen Wertentscheidung des Art. 14 GG zu verwirklichen.

(2) Die subjektiv-rechtliche Seite

Zu den noch weitgehend ungeklärten Fragen gehört, ob der objektiven Pflicht des Gesetzgebers auch ein (deckungsgleiches) subjektives Recht des einzelnen Bürgers entspricht[729]. Hierauf soll nur kurz eingegangen werden, denn es wäre damit nur eine Erweiterung der Rechtsschutzmöglichkeiten um die Verfassungsbeschwerde, aber keine *qualitative* Steigerung verbunden[730].

Soweit gegen Ansprüche auf Normerlaß Bedenken aus dem Gewaltenteilungsgrundsatz (Art. 20 Abs. 2 S. 2 und Abs. 3 GG) geltend gemacht werden[731], richten sich diese, jedenfalls bei konsequenter Betrachtung, bereits gegen das Bestehen einer – justitiablen – objektiven Gesetzgebungspflicht[732], weshalb sie dort behandelt wurden[733]. Die heute ganz herrschende Meinung geht denn auch davon aus, daß subjektive Rechte auf Normerlaß nicht völlig ausgeschlossen sind[734]; ihr Vorliegen wird jedoch von unterschiedlichen Voraussetzungen abhängig gemacht.

---

recht, S. 153 und in: Isensee/Kirchhof, HdbStR V, § 122 Rn. 3) dem Prinzipienmodell durchaus ähnlich ist.

726 Zur der diesbezüglichen Kritik an der traditionsbezogenen Deutung der Institutsgarantie und dem Vorschlag einer Verhältnismäßigkeitsprüfung anhand eines Vergleichs der neuen mit der alten Befugnisbestimmung siehe oben S. 102 und S. 104 f.

727 Zu Nachbesserungspflichten siehe in anderem Zusammenhang schon Fußnote 697.

728 Die Aufgabe, bei solchen Reformen bestehende Individualrechte zu schonen, übernimmt die klassische Schutzfunktion der Eigentumsgarantie als individuelles Abwehrrecht vor Bestandsbeeinträchtigungen. Näher dazu siehe S. 214 ff.

729 Hierzu und zum folgenden *Eisele*, Rechte auf Normerlaß, S. 108 ff. und 141 ff. m. w. N.

730 So in Zusammenhang mit der Subjektivierung von Schutzpflichten im Ausgangspunkt zutreffend *Dietlein*, Schutzpflichten, S. 154 ff. Seine Folgerungen (siehe Fußnote 747) sind allerdings zweifelhaft.

731 Siehe etwa BVerfGE 1, 97 (100 f.).

732 *Alexy*, in: Der Staat 29. Band (1990), S. 49 (63 und 67); siehe auch *Queng*, Der Anspruch auf Normerlaß, S. 122.

733 Siehe oben S. 113 ff.

Am zurückhaltendsten ist der Bundesgerichtshof. Nach seiner Rechtsprechung zum Staatshaftungsrecht ist (unterlassene) Gesetzgebung grundsätzlich nicht „drittbezogen"; nur bei Maßnahme- oder Einzelfallgesetzen könne dies anders beurteilt werden[735]. Das Bundesverfassungsgericht ist von seiner ursprünglich ähnlich restriktiven Rechtsprechung[736] mittlerweile etwas abgerückt. Inzwischen nimmt es einen Normgebungsanspruch an, wenn eine ausdrückliche Pflicht zum Gesetzeserlaß besteht, die zu treffende Regelung inhaltlich hinreichend bestimmt und durch das Unterlassen ein Grundrecht verletzt ist[737]. Ein Großteil der Literatur hat diese Formel übernommen[738]; manche[739] wenden jedoch ein, es könne nach allgemeinen Maßstäben weder darauf ankommen, ob sich die Pflicht aus der Verfassung ausdrücklich[740] oder konkludent ergebe. Auch die Bestimmtheit sei nicht für das Bestehen des Rechts, sondern nur für dessen Inhalt[741] relevant. Maßgeblich sei, wie im Verwaltungsrecht[742], die Frage, wem die Gesetzgebungspflicht *diene* (sogenannte Schutznormtheorie)[743]. Dem ist zuzustimmen.

Auf dieser Grundlage argumentiert ein Teil der Literatur[744], daß die Gesetzgebungspflicht als notwendige Voraussetzung für die Bildung individueller Rechtspositionen letztlich im Interesse des einzelnen Grundrechtsträgers liege. Richtig daran ist, daß sie der Freiheitsverwirklichung dient. Die befugnisbestimmende Tätigkeit des Gesetzgebers schafft dabei aber die *für alle* verbindlichen generellen und abstrakten Regeln für die Inanspruchnahme der – normgeprägten – Freiheit. Das Individuum ist in diesem Stadium aus der Allgemeinheit nicht herausgehoben. Da die befugnisbestimmende Schutzwirkung der Eigentumsfreiheit im Vorfeld des Bestehens

---

734 Siehe allgemein *Eisele*, Rechte auf Normerlaß, S. 108 ff. und 141 ff.; *Queng*, Der Anspruch auf Normerlaß, S. 45 ff.; *Gleixner*, Die Normerlaßklage, S. 106 ff. Zur Subjektivierung der positiven Einrichtungspflicht aus der Institutsgarantie siehe die Nachweise in Fußnote 593.

735 Siehe BGHZ 56, 40 (46); 87, 321 (335); 134, 30 (32). Zur Kritik an dieser Rechtsprechung siehe die Nachweise bei *Bonk*, in: Wendt, Art. 34 Rn. 56 Fußnote 112.

736 BVerfGE 1, 97 (100 f.); bestätigt von BVerfGE 2, 237 (244); 2, 287 (291).

737 Siehe BVerfGE 55, 37 (53 ff.); 56, 54 (70 ff.) – Fluglärm; 59, 360 (375). Vgl. auch BVerfGE 11, 255 (261); 12, 139 (142); 23, 242 (249).

738 Siehe etwa *Gleixner*, Die Normerlaßklage, S. 107 ff.

739 Nachweise bei *Eisele*, Rechte auf Normerlaß, S. 146 f. in den Fußnoten 197 ff.

740 *Gleixner*, Die Normerlaßklage, S. 107 versteht „ausdrücklich" nicht als Gegenbegriff zu „konkludent", sondern als „unmißverständlich". Auch in dieser Deutung widerspricht das der üblichen Methode zur Bestimmung der Schutzrichtung (hierzu sogleich im Text).

741 *Eisele*, Rechte auf Normerlaß, S. 146 in Fußnote 200 verweist darauf, daß ein Anspruch zwar auf ein bestimmtes Ziel gerichtet sein muß, daß aber dafür nicht unbedingt nur ein einziges Mittel in Betracht kommt.

742 Siehe die Nachweise bei *Eisele*, Rechte auf Normerlaß, S. 44 ff.

743 So überzeugend *Eisele*, Rechte auf Normerlaß, S. 95 f.; siehe auch *Alexy*, in: Der Staat 29. Band (1990), S. 49 (61).

744 So ausdrücklich zu der auf Befugnisbestimmungen bezogenen Schutzwirkung der Eigentumsfreiheit *Borowski*, Grundrechte als Prinzipien, S. 337 ff., vor allem S. 342 f. und *Sieckmann*, Eigentumsschutz, S. 147 ff. Auch die Subjektivierung der aus der Institutsgarantie abgeleiteten Normgebungspflicht wird von manchen auf diese Weise begründet (Nachweise oben Fußnote 593).

individueller Rechtspositionen wirkt, ist die Situation eine andere als bei der Abwehr staatlicher Eingriffe in „natürliche" Grundrechte, wo die Maßnahme auf *bestehende* Rechte stößt. Dort kann es für die Charakterisierung als subjektives Recht keine Rolle spielen, wenn von einer Maßnahme der öffentlichen Gewalt besonders viele oder potentiell alle Grundrechtsträger betroffen sind[745]. Der dort notwendige Verzicht auf das Erfordernis eines begrenzten oder auch nur begrenzbaren Adressatenkreises kann aber für die hier zu untersuchende Grundrechtsdimension nicht gelten; andernfalls würde die Schutznormtheorie ihre Abgrenzungsfunktion verlieren[746].

Für die Subjektivierung wird aber auch angeführt, daß die Durchsetzbarkeit durch den einzelnen die Effektivität der objektiv-rechtlichen Gesetzgebungspflicht steigere[747]. Betrachtet man nur die Verstärkung des Privatnützigkeitsgedankens, so ist dies richtig. Nach dem Grundgedanken der Optimierung sollen jedoch *beide* Prinzipien, die miteinander im Widerstreit liegen, soweit wie möglich verwirklicht werden[748]. Die der Privatnützigkeit entgegenstehenden Prinzipien wie das Sozialstaatsgebot verfügen aber nicht über eine derartige Durchsetzbarkeitsstärkung, so daß die Subjektivierung einseitig wirken würde.

Damit ist festzuhalten, daß die von der Eigentumsfreiheit geforderte Gesetzgebungspflicht nicht subjektiviert ist. Deshalb wurde in diesem Zusammenhang auch der Begriff des „Grundrechtseingriffs" vermieden. Das schließt jedoch nicht aus, daß ein einzelner *Eigentümer* reine Befugnisbestimmungen in Form von Nutzungs- und Verfügungsbeschränkungen, die für sein Eigentum gelten, abwehren kann[749]. Die Rechtsprechung[750] geht insofern davon aus, daß sich die betreffenden Befugnisbestimmungen dann als Beeinträchtigung eines subjektiven Rechts darstellen.

---

745 *Ossenbühls* Popularklageeinwand (DÖV 1981, 1 [7: „Wo alle gleichermaßen betroffen sind, kann von einer individuellen Betroffenheit keine Rede mehr sein."]) gegen den Mülheim-Kärlich-Beschluß (BVerfGE 53, 30ff.) ist vor dem Hintergrund zu sehen, daß das Gericht mit grundrechtlichen Schutzpflichten gearbeitet hat, und ist insofern nicht ohne weiteres als unberechtigt abzutun. *Pietzckers* Kritik (in: FS für Bachof, S. 131 [143]) läßt eine abwehrrechtliche Einordnung anklingen (Ausdehnung des klassischen Eingriffsbegriffs auf den „mittelbaren" Grundrechtseingriff durch Erteilung einer atomrechtlichen Genehmigung; dazu unten S. 165 ff.) und ist in sich stimmig.

746 Der Erlaß von Gesetzen wird insofern traditionell als Maßnahme allein zugunsten der Allgemeinheit angesehen; siehe etwa *van den Hövel*, Verfassungsbeschwerde gegen Gesetze, S. 63; *Dietlein*, Schutzpflichten, S. 170.

747 *Alexy*, in: Der Staat 29. Band (1990), S. 60: höheres Maß an Realisierung; *Borowski*, Grundrechte als Prinzipien, S. 242 f. *Dietlein* beschreibt zutreffend, daß die Subjektivierung keine „qualitative Steigerung" bedeute (in: Schutzpflichten, S. 154 ff.); als Kritik geht dieser Einwand fehl, weil *Alexy* und *Borowski* nur auf eine bessere Durchsetzbarkeit verweisen (so auch *Queng*, Der Anspruch auf Normerlaß, S. 103 f.).

748 Siehe *Kirchhof*, in: VVDStRL 39. Band (1981), S. 213 (250 f.). Er wendet sich konkret gegen einen individuellen Einfluß auf die Steuerverwendung.

749 Siehe insofern oben S. 106 ff.

750 Näher unten S. 121 ff.

δδ) Darstellung und Zuordnung der Verfassungsrechtsprechung anhand ausgewählter Entscheidungen

Nach der Darlegung der unterschiedlichen Eigentumslehren und ihrer Kritik soll nun die bisher weitgehend ausgeblendete Verfassungsrechtsprechung in die Betrachtung einbezogen werden. Das Bundesverfassungsgericht hat seine Konzeption einer Bindung des Gesetzgebers an die Eigentumsfreiheit bei gleichzeitiger Annahme einer gesetzgeberischen Definitionsmacht bislang nicht deutlich gemacht[751]. Die dogmatische Zuordnung seiner Rechtsprechung zu einer Eigentumslehre wird dadurch erschwert, daß es bei der Überprüfung von Inhalts- und Schrankenbestimmungen[752] nicht in jedem Fall deutlich macht, ob sich die Ausführungen auf die befugnisbestimmende und/oder die bestandsbeeinträchtigende Wirkung beziehen. Normen mit rein befugnisbestimmender Wirkung sind relativ selten[753]. So ist es zu erklären, daß *alle* genannten Theorien eine Übereinstimmung mit der Rechtsprechung für sich in Anspruch nehmen.

Der nachfolgende Überblick über die Rechtsprechung des Bundesverfassungsgerichts strebt keine Vollständigkeit an, sondern soll leglich die Bandbreite der verwendeten Argumentationsmuster widerspiegeln. Die Entscheidungen sind zeitlich geordnet, wobei thematisch ähnliche Entscheidungen zusammengefaßt wurden, um Wiederholungen in Grenzen zu halten.

(1) Das Urteil zur Mehrheitsumwandlung (Feldmühle-AG)

Dem Urteil zur Mehrheitsumwandlung, das kürzlich in einem Beschluß des Ersten Senats bestätigt wurde[754], lag ein konkretes Normenkontrollverfahren mit folgendem Sachverhalt zugrunde: Die Feldmühle-AG hatte von der im Umwandlungsgesetz von 1956 eingeräumten Möglichkeit Gebrauch gemacht, mit einer ¾-Mehrheit zu beschließen, das gesamte Vermögen der Gesellschaft rechtsformwahrend auf den Hauptaktionär zu übertragen. Die Minderheitsaktionäre hatten dadurch ihre Beteiligung verloren und konnten nach § 12 UmwG a. F. lediglich eine „angemessene" Entschädigung verlangen. Das für die Eintragung des Umwandlungsbeschlusses zuständige Amtsgericht hatte die entsprechenden Vorschriften des Gesetzes dem Bundesverfassungsgericht vorgelegt, weil es in ihnen einen Verstoß gegen Art. 14 Abs. 1 S. 1, Art. 3 Abs. 1 GG sah. Dieses hielt das Umwandlungsgesetz jedoch für verfassungsmäßig[755]. Der Gesetzgeber habe den Schutz der Minderheitsaktionäre hinter

---

[751] *Herzog*, in: FS für Zeidler, Band 2, S. 1415 (1420); *Nierhaus*, in: AöR 116. Band (1991), S. 72 (96).

[752] Zum Begriff der Inhalts- und Schrankenbestimmung nach der Terminologie der Rechtsprechung siehe bereits oben Fußnote 539.

[753] So auch *Borowskis* Erklärung für die verbreiteten Defizite bei der Trennung der eigentumsgrundrechtlichen Schutzrichtungen (in: Grundrechte als Prinzipien, S. 341 f.).

[754] BVerfGE 100, 289 (302 ff.) – Eingliederung der DAT AG.

[755] BVerfGE 14, 263 (273 ff.).

die Interessen an der Entfaltung einer unternehmerischen Initiative im Konzern zurücktreten lassen dürfen. Die aktienrechtliche Nichtigkeits- und Anfechtungsklage böten ausreichenden Schutz vor einem Machtmißbrauch. Bei einer verfassungskonformen Auslegung sei allerdings nur die Entschädigung zum vollen Wert „angemessen" im Sinne des § 12 UmwG a. F. Wenn es in dem Urteil hieß, „es [sei] ... selbstverständlich, daß *jede* gesetzliche Inhalts- und Schrankenbestimmung ... die grundlegende Wertentscheidung zugunsten des Privateigentums ... zu beachten [habe]"[756], spricht dies dafür, daß dem Grundrecht auch für die Befugnisbestimmung eine verbindliche Aussage zukommen soll, die über den mit dem Begriff Institutsgarantie umschriebenen absoluten Kernbereich hinausgeht[757]. Bei der Gegenüberstellung der Interessen wird erkennbar, daß das Gericht eine Abwägung vornimmt. Der Bezugspunkt der Verhältnismäßigkeitsprüfung ist allerdings wegen der gleichzeitig vorliegenden Bestandsbeeinträchtigung nicht eindeutig.

(2) Das Urteil zu den Reichsverbindlichkeiten

Nach dem in einem Verfassungsbeschwerdeverfahren ergangenen Urteil zu den Reichsverbindlichkeiten war das Gesetz, wonach die Schulden des Deutschen Reiches von der Bundesrepublik Deutschland nicht erfüllt werden, materiell verfassungsmäßig. Die Verfassung bestimme nicht selbst, ob und welche Leistungen auf die Reichsverbindlichkeiten zu erbringen seien. Die Garantiewirkung des Art. 14 Abs. 1 GG trete erst durch die *gesetzliche* Bestimmung von Inhalt und Schranken ein. Bezüglich der in Frage stehenden Ansprüche habe Art. 14 GG bei seinem Inkrafttreten aber noch kein konkretes Schutzobjekt vorgefunden. In dieser Lage werfe die Eigentumsfreiheit „kein verfassungsrechtliches Problem auf"[758]. Bemerkenswert an diesem Urteil ist weniger der – später in ständiger Rechtsprechung wiederkehrende – Verweis auf die einfachen Gesetze, der von vielen als Ausdruck der Lehre von der Eigentumsfreiheit nach Maßgabe einfachen Rechts verstanden wird, als die völlige Negierung von Vorgaben an die befugnisbestimmende Gesetzgebung[759]. Spätere Entscheidungen[760], die die Rechtsüberleitung nach der Vollendung der Einheit im Jahr 1990 zum Gegenstand haben, weichen von diesem Urteil deutlich ab.

---

[756] BVerfGE 14, 263 (277 f.); Hervorhebung nur hier.

[757] Auch *Bryde*, in: v. Münch/Kunig, Art. 14 Rn. 32 und *Scholz*, NVwZ 1982, 337 (338) meinen, die „Wertentscheidung" für das Privateigentum bedeute mehr als die Gewährung eines Kernbereichsschutzes; a. A. offenbar *Jarass*, in: Jarass/Pieroth, Art. 14 Rn. 4 und 21.

[758] BVerfGE 15, 126 (143). Auf diese Urteilspassage bezieht sich etwa *Wieland* in: Dreier, Art. 14 Rn. 119 zur Stützung seiner Eigentumsdogmatik (zu ihr oben S. 104).

[759] Das Urteil erwähnt nicht einmal die eigentumsgrundrechtliche Institutsgarantie, die in st. Rspr. anerkannt ist; näher zur Interpretation siehe unten S. 135 ff.

[760] BVerfGE 91, 294 ff. – Mietpreisbindung Ost; 100, 1 ff.; 100, 59 ff.; 100, 104 ff.; 100, 138 ff. – Rentenüberleitung; dazu unten S. 134 ff.

(3) Das Urteil zur Hamburger Deichordnung und der Beschluß zum Niedersächsischen Deichgesetz

Das Urteil zur Hamburger Deichordnung[761] und der Beschluß zum Niedersächsischen Deichgesetz[762] liegen zwar thematisch und zeitlich dicht beieinander[763], aber nicht dogmatisch.

In der ersten Entscheidung[764] prüfte das Gericht im Rahmen einer Verfassungsbeschwerde die (weitgehende) Herausnahme von Deichgrundstücken aus dem Privatrecht und die Begründung öffentlichen Eigentums an ihnen. Das Gericht sah die Neuordnung des „objektiven Rechts" (hier sogenannte Befugnisbestimmung) mit der Begründung, die Institutsgarantie sei nicht verletzt, als materiell verfassungsmäßig an[765]. Anhaltspunkte für eine Verhältnismäßigkeitsprüfung gibt es in dem Urteil nicht[766]. Das Urteil liegt damit auf der Linie der Lehre, die die Definitionsmacht des Gesetzgebers erst bei Beeinträchtigung des Kernbereichs enden läßt[767].

Anders stellt sich die Lage bei der Entscheidung zum Niedersächsischen Deichgesetz[768] dar: Hier untersuchte das Gericht in einem konkreten Normenkontrollverfahren das Verbot zur Bebauung von Deichgrundstücken anhand von Art. 14 Abs. 1, Abs. 2 GG. Für die Schutzbereichseröffnung genügte es dem Gericht, daß die Beschwerdeführer (überhaupt) privates Grundeigentum an den Deichgrundstücken hatten. Wie weit die Eigentümerbefugnisse nach der vorkonstitutionellen Rechtslage reichten, prüfte das Gericht erst beim Vorliegen einer Enteignung. Dabei stellte es fest, auch die alte Deichordnung habe ein grundsätzliches Bauverbot enthalten, so daß eine Enteignung schon *mangels Schmälerung bestehender Rechte* ausscheide. Wenn das Gericht das Deichgesetz jedoch unabhängig von einer Bestandsbeeinträchtigung als eine anhand des Art. 14 GG rechtfertigungsbedürftige *Eigentumseinschränkung* ansah, kann es ihm nur um die befugnisbestimmende Wirkung gegangen sein. In diesem Zusammenhang sah es die Baufreiheit als durch den Schutzbereich der Eigentumsfreiheit erfaßt an. Indem es Baubeschränkungen nur im Rahmen des

---

761 BVerfGE 24, 367 ff.

762 BVerfGE 25, 112 ff.

763 Beide Entscheidungen sind solche des Ersten Senats, der auch in derselben Besetzung entschieden hat. Zeitlich liegen sie nicht einmal einen Monat auseinander.

764 BVerfGE 24, 367 (388 ff.) – Hamburger Deichordnung. Zur Struktur des Urteils: Unter dem Gliederungspunkt D prüft das Gericht die Neuordnung als solche an der Institutsgarantie und an den Kompetenznormen. Unter E untersucht es die Beeinträchtigung der subjektiven Rechte einzelner Eigentümer durch die Rechtsumwandlung, die es als Enteignung nach Art. 14 Abs. 3 GG ansieht.

765 Siehe BVerfGE 24, 367 (388 ff.).

766 Das Gericht ging auf den Zweck der Regelung (Hochwasserschutz) nur einmal im Zusammenhang mit der Institutsgarantie ein (BVerfGE 24, 367 [388 ff.]). Im übrigen ließ es offen, ob die Begründung „öffentlichen Eigentums" eine vollständige Herausnahme aus der Privatrechtsordnung bedeutet, obwohl dies abwägungserheblich sein könnte.

767 Siehe oben S. 97 ff.

768 BVerfGE 25, 112 ff.

Erforderlichen und nur aus überwiegenden Gründen des Gemeinwohls zuließ[769], gewährte es mehr als „Baufreiheit nach Maßgabe einfachen Rechts“[770]. Es ging unabhängig von den nach einfachem Recht zugestandenen und nicht zugestandenen Befugnissen von einem – im Gemeinwohl beschränkbaren – subjektiven Recht der Eigentümer auf Bebauung aus. Die Verhältnismäßigkeit des Bauverbots für Deichgrundstücke begründete das Gericht konkret mit der von jedem Bauwerk ausgehenden Schwächung der Dämmfunktion und der daraus folgenden Überschwemmungsgefahr.

(4) Das Mitbestimmungsurteil

Das Mitbestimmungsurteil[771] betraf mehrere Verfassungsbeschwerden gegen das Mitbestimmungsgesetz von 1976, die mit einer konkreten Normenkontrolle zur gemeinsamen Verhandlung und Entscheidung verbunden waren. Das zur Überprüfung gestellte Gesetz sah in bestimmten Unternehmen (hauptsächlich Kapitalgesellschaften mit mehr als 2000 Arbeitnehmern) eine nahezu gleichberechtigte Beteiligung der Arbeitnehmerseite an Aufsichtsratsentscheidungen vor. Die Anteilseigner behielten einen geringen, aber entscheidenden Stimmüberhang[772]. Das Gericht sah in diesen Vorschriften einen gerechtfertigten Eingriff u. a. in das Eigentumsgrundrecht der beschwerdeführenden Anteilseigner und Unternehmen. Art. 14 Abs. 1 S. 2 GG weise dem Gesetzgeber die Aufgabe zu, *die konkrete Reichweite* der Eigentumsgarantie zu bestimmen. Dieser sei dabei aber *nicht gänzlich frei*. Das Wohl der Allgemeinheit sei Grund und Grenze für die Beschränkung des Eigentümers (Art. 14 Abs. 2 GG). Das zulässige Ausmaß einer Sozialbindung müsse *auch vom Eigentum selbst her bestimmt* werden. Bestandsgarantie, Regelungsauftrag und Sozialpflichtigkeit seien nach folgenden Grundsätzen zu einem verhältnismäßigen Ausgleich zu bringen: Soweit es um die Eigentumsfunktion der persönlichen Freiheitssicherung gehe, seien Beschränkungen nur unter besonders strengen Voraussetzungen möglich; je mehr das Eigentumsobjekt dagegen in einem sozialen Bezug und einer sozialen Funktion stehe, desto weiter sei die Befugnis des Gesetzgebers zur Beschränkung des Eigentums zugunsten des Gemeinwohls. Aus Gründen des Bestandsschut-

---

769 BVerfGE 25, 112 (118).

770 Die häufig zum Nachweis der Maßgeblichkeit einfachen Rechts (siehe etwa *Pieroth/Schlink*, Grundrechte Rn. 902) zitierte Entscheidung BVerfGE 35, 263 (276: Dem Eigentümer komme das Recht zu, das Grundstück im Rahmen der Gesetze zu bebauen) scheint in die gegenteilige Richtung zu weisen. Die Bezugnahme auf die (ergänze: verfassungsmäßigen) Gesetze zur Begründung einer Individualrechtsstellung findet sich auch BVerfGE 58, 300 (336) – Naßauskiesung. Auf die Interpretationsmöglichkeiten wird auf S. 129 näher eingegangen.

771 BVerfGE 50, 290 ff.

772 Das Gericht weist darauf hin, daß die betriebliche Mitbestimmung im Gegensatz zur Unternehmensmitbestimmung als paritätisch bezeichnet werden könne, aber die Vorschriften des BetrVG nicht Gegenstand der Entscheidung seien. Die Mitbestimmungsrechte in Aufsichtsrat und Betriebsrat würden sich zwar zum Teil überschneiden, aber nicht kumulieren (siehe BVerfGE 50, 290 [326 f.]).

zes müsse die Substanz des Eigentums und das Zuordnungsverhältnis gewahrt bleiben. Gemessen an diesen Vorgaben seien die angegriffenen Vorschriften des Mitbestimmungsgesetzes verhältnismäßig, was näher ausgeführt wird[773].

Ausgangspunkt der gerichtlichen Erörterung waren – den Verfahrensarten entsprechend – die individuellen Rechtspositionen der Eigentümer. Das Gericht sah die aus ihrer Sicht in der Mitbestimmung der Arbeitnehmer liegende Nutzungs- und Verfügungsbeschränkung als rechtfertigungsbedürftig an, ohne auf den Zeitpunkt des Inkrafttretens des Gesetzes und der Unternehmensgründung abzustellen. Ihm ging es um die Ausgeglichenheit der objektiv-rechtlichen Eigentumsordnung, das heißt, um die befugnisbestimmende, nicht um die bestandsbeeinträchtigende Wirkung des Mitbestimmungsgesetzes[774]. Von der Dreiecksbeziehung Bestandsgarantie – Regelungsauftrag – Sozialpflichtigkeit stand der Ausgleich der beiden zuletzt genannten Aspekte im Mittelpunkt. Das Gericht sprach dem Gesetzgeber eine Definitionsmacht zu, bestimmte die Grenzen zulässiger Sozialbindung dann aber doch aus dem Eigentum heraus. Der erste Teil bedeutet eine Absage an einen absoluten Eigentumsbegriff der Verfassung[775]; der zweite spricht dafür, daß das „Eigentum" nicht ohne weiteres mit der Gesamtheit des einfachen Rechts gleichzusetzen ist. Eine *relativierbare* Vorgabe für die Ausgestaltung der einfachen Rechtsordnung vermag beides auf einen Nenner zu bringen[776]. Nach dem oben Gesagten[777] muß sie verfassungsrechtlicher Natur sein, um einen brauchbaren Maßstab zu bilden.

(5) Der Kleingartenbeschluß

Der Kleingartenbeschluß[778] weist eine ähnliche Struktur auf wie der Beschluß zum Niedersächsischen Deichgesetz[779]. Das Bundesverfassungsgericht hatte im Rahmen eines konkreten Normenkontrollverfahrens über die Verfassungsmäßigkeit der für Kleingärten geltenden Kündigungsnormen zu entscheiden. Die Rechtsstellung der Verpächter war zu diesem Zeitpunkt wie folgt gekennzeichnet: Der Pachtzins war auf eine sehr niedrige Höhe (einen Teil des potentiellen Ertrags) beschränkt und befristete Verträge wurden von Gesetzes wegen auf unbestimmte Zeit verlängert. Kündigungen durch den Verpächter setzten eine behördliche Genehmigung voraus; das Gesetz ließ sie überhaupt nur unter engen Voraussetzungen und regelmäßig nur gegen Entschädigung des Pächters zu. Die maßgeblichen Vorschriften stammten aus Notzeiten. In diesen hatten die Pächter, die meist nur über ein gerin-

---

773 BVerfGE 50, 290 (339ff.).

774 *Grochtmann*, Eigentumsdogmatik, Endnote 2 zu Fußnote 175, S. 329.

775 Dazu auch BVerfGE 20, 351 (355f.); 31, 229 (240).

776 Näher unten bei der Interpretation des Naßauskiesungsbeschlusses S. 129ff.

777 Siehe oben S. 104ff. zu dem nicht überzeugenden Vorschlag, eine Verhältnismäßigkeitsprüfung des einfachen Rechts anhand einfachen Rechts vorzunehmen.

778 BVerfGE 52, 1ff.

779 Zu BVerfGE 25, 112ff. näher oben S. 123f.

ges Einkommen verfügten, in den Gärten Obst und Gemüse angebaut, und waren zu ihrer Versorgung auf den Fortbestand des Pachtverhältnisses angewiesen. Diese Funktion hatten die Kleingärten nach Gründung des Bundesrepublik Deutschland verloren; sie waren nun begehrt als Freizeitobjekte. Der Gesetzgeber hatte eine grundlegende Neuregelung des Kleingartenrechts mehrfach aufgeschoben und die Bindungen der Verpächter nur unwesentlich gelockert. Ihre Nutzungsbefugnisse blieben stärker beschränkt als die der Vermieter von Wohnraum. Die Verpflichtung zur Aufrechterhaltung der – unwirtschaftlichen – Verpachtung führte faktisch zur Unveräußerlichkeit der Grundstücke.

Das Gericht sah die Kündigungsschutznormen insbesondere in ihrem Zusammenwirken mit den anderen Beschränkungen als unverhältnismäßigen Eingriff in die Eigentümerstellung der Verpächter an. Der Gesetzgeber stehe bei der Inhalts- und Schrankenbestimmung des Eigentums vor der Aufgabe, Privateigentum einerseits und Sozialgebot andererseits gerecht auszugleichen und in ein ausgewogenes Verhältnis zu bringen, ohne eines der beiden Elemente einseitig zu bevorzugen oder zu benachteiligen. Die Bindung des Eigentümers dürfe nicht weitergehen, als es das Gemeinwohl erfordere. Die Nutzung der Kleingärten zu Erholungszwecken sei zwar ein schützenswerter Belang des Gemeinwohls, rechtfertige aber nicht die oben geschilderte extreme Belastung der Verpächter[780].

Der Kleingartenbeschluß ist besonders ergiebig für die hier zu untersuchende Frage. Die vom Gericht durchgeführte Verhältnismäßigkeitsprüfung kann sich, weil die strenge Bindung des Verpächters bereits vorkonstitutionell begründet und aufgrund der Zeitumstände damals auch gerechtfertigt war[781], nicht auf eine Bestandsbeeinträchtigung beziehen[782]. Aus der Entscheidung läßt sich ableiten, daß Verfügungs- und Nutzungseinschränkungen in ihrer befugnisbestimmenden Wirkung an der Eigentumsfreiheit, insbesondere am Verhältnismäßigkeitsgrundsatz, zu messen sind und *auch in der Zeit* rechtfertigungsbedürftig bleiben[783], also bei einem Wandel der Verhältnisse ggf. zurückgenommen werden müssen. Man wird die Entscheidung wie schon diejenige zum Niedersächsischen Deichgesetz so verstehen müssen oder zumindest können, daß mit der Zuerkennung von Grundeigentum ein zunächst allumfassendes und auch weder voraussetzungslos noch unbegrenzt einschränkbares Nutzungs- und Verfügungsrecht verbunden ist. Als dogmatische Grundlage dieser Rechtsprechung kommen das Zwei-Stufen-Modell oder die Prinzipientheorie in Frage. Über eine Maßgeblichkeit einfachen Rechts kann das vom Bundesverfassungsgericht erzielte Ergebnis nicht erreicht werden.

---

780 BVerfGE 52, 1 (29 ff.).

781 So wohl auch BVerfGE 52, 1 (30).

782 Zur Einordnung des Kleingartenbeschlusses siehe auch *Schwerdtfeger*, Die Eigentumsgarantie, S. 17 Fußnote 71.

783 Vgl. dazu auch *Depenheuer*, in: v. Mangoldt/Klein/Starck, Art. 14 Rn. 48.

(6) Die Beschlüsse zu den Ausbildungsausfallzeiten, zur Kürzung der Zahntechnikervergütungen, zur Anwartschaft auf Arbeitslosengeld, zur Meldezeitversäumung und zu den Versorgungsanwartschaften

Schwieriger ist das Verständnis der Beschlüsse zu den Ausbildungsausfallzeiten[784], zur Kürzung der Zahntechnikervergütungen[785], zur Anwartschaft auf Arbeitslosengeld[786], zur Meldezeitversäumung[787] und zu den Versorgungsanwartschaften im öffentlichen Dienst[788]. Das Bundesverfassungsgericht hatte im ersten Fall zu entscheiden über Verfassungsbeschwerden gegen eine Gesetzesänderung, nach der bei der Rente nicht mehr die gesamten tatsächlichen Ausbildungsausfallzeiten als Versicherungszeiten anerkannt wurden; statt dessen bildeten bestimmte Durchschnittswerte eine Höchstgrenze. Gegenstand der zweiten Entscheidung war die Kürzung der Vergütungen der gesetzlichen Krankenversicherung für zahntechnische Leistungen um 5 % mit Wirkung für die Zeit nach dem Auslaufen der getroffenen Vereinbarungen. Die dritte Entscheidung erging zur Verdoppelung der erforderlichen Versicherungszeit für die Anwartschaft auf Arbeitslosengeld. In allen Entscheidungen sah das Gericht die Wirkung auf *künftig entstehende* Versicherungs- bzw. Vertragsverhältnisse ohne weitere Begründung als eigentumsgrundrechtlich „unbedenklich" an. Das könnte auf das Urteil zu den Reichsverbindlichkeiten zurückzuführen sein. Das Gericht sprach aber in zwei Beschlüssen auch davon, daß eine Norm, die *für die Zukunft allen rechtlichen Anforderungen des Art. 14 GG* entspreche, in ihrer bestandsbeeinträchtigenden Wirkung gegen das Eigentumsgrundrecht verstoßen könne[789]. Das spricht dafür, daß das Eigentumsgrundrecht nach dieser Rechtsprechung durchaus Anforderungen an Befugnisbestimmungen stellt, *welche* das sind, blieb allerdings offen.

Der Beschluß zur Meldezeitversäumung ist insofern etwas aufschlußreicher: Das Gericht sah darin eine zweiwöchige Entziehung des Arbeitslosengeldes bei Versäumung der Meldezeit als grundsätzlich *unverhältnismäßig* an, soweit sie nicht der Mißbrauchsabwehr diene. Die Entscheidung bezog sich dabei nicht nur auf die durch die Rechtsänderung eingetretene Verschärfung für bereits entstandene Ansprüche, sondern auch auf die zukünftige Wirkung der Regelung[790].

---

[784] BVerfGE 58, 81 (110).

[785] BVerfGE 68, 193 (221).

[786] BVerfGE 72, 9 (22).

[787] BVerfGE 74, 203 ff.

[788] BVerfGE 98, 365 ff.

[789] BVerfGE 58, 81 (121) – Ausbildungsausfallzeiten; 72, 9 (22) – Anwartschaft auf Arbeitslosengeld; Hervorhebung nur hier. Mit der Wirkung „für die Zukunft" kann in diesem Zusammenhang nur die befugnisbestimmende Komponente der Norm gemeint sein.

[790] Siehe BVerfGE 74, 203 (213 ff.).

Der Beschluß zu den Versorgungsanwartschaften[791] liegt wieder auf der Linie des Urteils zu den Reichsverbindlichkeiten[792]. Gegenstand der Verfassungsbeschwerden war u. a. § 18 BetrAVG, der Fortbestand und Höhe der Zusatzversorgung im öffentlichen Dienst bei vorzeitigem Ausscheiden anders und typischerweise ungünstiger für den Arbeitnehmer regelte als die Normen über Versorgungsanwartschaften von sonstigen Arbeitnehmern. Das Gericht nahm einen Verstoß gegen Art. 3 Abs. 1, 12 Abs. 1 GG an. Hingegen sah es Art. 14 Abs. 1 GG mangels Bestandsbeeinträchtigung als nicht verletzt an; ein eigentumsrechtlicher Schutz vor der Befugnisbestimmung blieb dabei völlig außer Betracht[793]. Ähnlich argumentierte das Gericht auch im Beschluß zu den Kindererziehungszeiten[794].

(7) Der Beschluß zum Pflichtexemplar

Auch der Beschluß zum Pflichtexemplar[795] behandelt bei näherer Betrachtung eine Befugnisbestimmung[796]. Die Pflicht des Verlegers zur Abgabe eines beliebigen Exemplars eines Druckwerks zugunsten der öffentlichen Bibliotheken galt in der vom Gericht zu entscheidenden Fallgestaltung schon, als das Eigentum an dem Druckwerk begründet wurde, es war „vorbelastet"[797]. Dieser Umstand schließt jedoch nicht nur das Vorliegen einer Enteignung aus[798], was vom Gericht ausdrücklich erwähnt wurde, sondern konsequenterweise auch jede andere Form der Bestandsbeeinträchtigung. Ob das Gericht dies ebenso gesehen hat, wird nicht ganz deutlich[799]. Inhaltlich prüfte es die Pflicht zur unentgeltlichen Abgabe eines Exemplars auf die Einhaltung des Verhältnismäßigkeitsgebots. Es stellte dabei das Gemeinwohlinteresse an einer vollständigen literarischen Sammlung in öffentlicher Hand den privaten Interessen des Verlegers an der freien Verwertung des Druckwerks gegenüber und bejahte die Verhältnismäßigkeit bei Massenproduktionen, nicht aber bei sol-

---

[791] BVerfGE 98, 365 ff.

[792] BVerfGE 15, 126 (143); näher siehe oben S. 122.

[793] BVerfGE 98, 365 (401: „Art. 14 Abs. 1 GG wird durch die angegriffene Regelung nicht verletzt. Die Eigentumsgarantie schützt den konkreten Bestand an vermögenswerten Rechte ... § 18 BetrAVG greif ... nicht in erworbene Versorgungsanwartschaften ein. Weitergehende Anwartschaften, als sie durch dieses Gesetz begründet werden, standen den Beschwerdeführern zu keinem Zeitpunkt zu.").

[794] BVerfGE 94, 241 (258).

[795] BVerfGE 58, 137 ff. Hierzu schon oben S. 80.

[796] So auch *Rittstieg*, in: AK, Art. 14/15 Rn. 178 mit Rn. 168; *Schwerdtfeger*, Die Eigentumsgarantie, S. 17 Fußnote 71; *Jaschinski*, Enteignender Eingriff, S. 138 f.; *Grochtmann*, Eigentumsdogmatik, Endnote 2 zu Fußnote 175, S. 329.

[797] BVerfGE 58, 137 (144).

[798] So BVerfGE 58, 137 (144).

[799] Einerseits betont das Gericht hier die Inhaltsbestimmung durch das Pressegesetz i. V. m. der entsprechenden Verordnung (ebenda, S. 144 f.; hierzu aber oben Fußnote 539), andererseits bezieht es sich ebenda, S. 152 auf die Bestandsgarantie des Art. 14 Abs. 1 S. 1 GG.

chen Druckwerken, die mit hohem Aufwand und nur in kleiner Auflage hergestellt werden. Der Beschluß war die Geburtsstunde der „ausgleichspflichtigen Inhalts- und Schrankenbestimmungen". Das Argumentationsmuster entspricht den Beschlüssen zum Niedersächsischen Deichgesetz und zu den Kleingärten.

(8) Der Naßauskiesungsbeschluß

Dem vielbeachteten Naßauskiesungsbeschluß[800] lag folgender Sachverhalt zugrunde: Der Kläger des Ausgangsverfahrens hatte in Übereinstimmung mit der Rechtslage nach dem Preußischen Wassergesetz jahrzehntelang auf seinem Grundstück Kies im Grundwasserbereich abgebaut. Das Wasserhaushaltsgesetz unterstellte das Grundwasser bundesweit einer öffentlich-rechtlichen Nutzungsordnung; auf die erforderliche Genehmigung zur Nutzung gewährte es keinen Rechtsanspruch. Nur übergangsweise ließ es die Fortsetzung einer bereits ausgeübten Nutzung zu. Nach Ablauf dieser Zeit wurde dem Kläger die beantragte Genehmigung und schließlich auch eine Entschädigung versagt. Im Entschädigungsrechtsstreit legte der Bundesgerichtshof die von ihm für verfassungswidrig gehaltenen Normen des Wasserhaushaltsgesetzes dem Bundesverfassungsgericht vor.

Dieses teilte die geltend gemachten Bedenken im Ergebnis nicht. Bei seiner Begründung machte es grundlegende Aussagen zur Dogmatik des Art. 14 GG[801]. Es führte u. a. aus, „der Begriff des von der Verfassung gewährleisteten Eigentums [müsse] aus der Verfassung selbst gewonnen werden. Aus Normen des einfachen Rechts, die im Range unter der Verfassung stehen, [könne nicht] der Begriff des Eigentums im verfassungsrechtlichen Sinn abgeleitet... werden"[802]. Das Gericht sah in den betreffenden Vorschriften des Wasserhaushaltsgesetzes unabhängig von dem – erst später geprüften – Bestehen etwaiger Altbefugnisse eine Einschränkung des Grundeigentums in Form einer *der Rechtfertigung bedürfenden* Inhalts- und Schrankenbestimmung[803]. Die Verfassungsmäßigkeit begründete es damit, daß die Institutsgarantie nicht verbiete, bestimmte Rechtsgüter der Privatrechtsordnung zur Sicherung überragender Gemeinwohlbelange zu entziehen[804], und daß die Regelun-

800 BVerfGE 58, 300ff.

801 Zur Systematik der Entscheidung: Unter dem Gliederungspunkt C II lehnt das BVerfG das Vorliegen einer Enteignung ab und ordnet den Eingriff als Inhalts- und Schrankenbestimmung ein, unter C III begründet es die Verfassungsmäßigkeit der im WHG liegenden Befugnisbestimmung (also der grundsätzlichen Herausnahme des Grundwassers aus dem Privateigentum), wobei es die Einhaltung des Verhältnismäßigkeitsgrundsatzes und der Institutsgarantie prüft. Unter D erörtert das Gericht das Vorliegen einer Bestandsbeeinträchtigung und deren Verhältnismäßigkeit.

802 BVerfGE 58, 300 (335).

803 BVerfGE 58, 300 (338ff.); siehe auch den Beschluß der 1. Kammer des Ersten Senats, NJW 1998, 367 (368).

804 BVerfGE 58, 300 (339). Zur häufigen Vermischung von Institutsgarantie und Verhältnismäßigkeit siehe schon oben S. 98.

gen wegen der lebenswichtigen Bedeutung des Grundwassers und den lokal nicht abgrenzbaren Auswirkungen von Entnahmen und Stoffeinbringungen angemessen seien. Insbesondere reiche ein präventives Erlaubnisverfahren mit Verbotsvorbehalt als Mittel nicht aus[805]. Eine – etwaige[806] – Altbefugnis habe dem Kläger des Ausgangsverfahrens entschädigungslos entzogen werden dürfen, denn die Übergangsvorschrift des § 17 WHG habe sichergestellt, daß eine ausgeübte Nutzung noch mehrere Jahre (im Fall des Klägers sogar 17 Jahre) lang fortgesetzt werden durfte, so daß die Verhältnismäßigkeit auch insofern gewahrt sei.

Das Gericht ging, wie aus dem obigen Zitat ersichtlich, ausdrücklich von einem *verfassungsrechtlichen* Eigentumsbegriff aus[807]. Vor diesem Hintergrund ist auch seine Distanzierung von der Rechtsauffassung des vorlegenden Gerichts[808] zu verstehen. Der Bundesgerichtshof war im Hinblick auf die §§ 903, 905 BGB von einem – nicht entschädigungslos zu entziehenden – Recht auf Grundwassernutzung im Rahmen der Grundeigentumsnutzung ausgegangen. Das Bundesverfassungsgericht lehnte den vom Bundesgerichtshof angenommenen Vorrang der privatrechtlichen Rechtsordnung ab und betonte die Gleichrangigkeit des öffentlichen Rechts[809]. Es leitete die Anforderungen an Befugnisbestimmungen *aus der Verfassung* her. Seine weitere Argumentation setzt voraus, daß die Naßauskiesung als faktisch mögliche Grundstücksnutzung *tatbestandlich* von Art. 14 Abs. 1 S. 1 GG erfaßt ist, so daß sich ihr Ausschluß als rechtfertigungsbedürftig darstellt. Diesen Weg waren bereits der Beschluß zum Niedersächsischen Deichgesetz und der Kleingartenbeschluß gegangen. Der hier vorgestellten Interpretation der Naßauskiesungsentscheidung stehen auf den ersten Blick allerdings einige Beschlußpassagen entgegen, die für den Eigentumsinhalt auf die einfache Rechtsordnung verweisen[810] und von der Gegenauffassung[811] dement-

805 BVerfGE 58, 300 (339 ff., vor allem auch S. 346 f.).

806 Der Kläger gehörte zu denjenigen, die das Grundwasser vorher entsprechend nutzen durften (das hing vom entsprechenden Landesrecht ab, siehe BVerfGE 58, 300 [348]). Das BVerfG wies aber auch auf die Besonderheit hin, daß die Naßauskiesung in immer tiefere Grundwasserbereiche vordringe (ebenda, S. 352), und stellte in Frage, ob die Bestandsgarantie überhaupt greife. Diese erfasse nur eine ausgeübte Nutzung, und dabei den rechtlichen und tatsächlichen Zustand, der im Zeitpunkt der hoheitlichen Maßnahme bestünde, aber kein „räumliches Ausgreifen".

807 So auch *Leisner*, in: HdbStR VI, § 149 Rn. 72; *Alexy*, Theorie der Grundrechte, S. 305 f. Fußnote 174.

808 Der Vorlagebeschluß des BGH ist in NJW 1978, 2290 ff. abgedruckt.

809 BVerfGE 58, 300 (335 f.).

810 BVerfGE 58, 300 (336: „Bei der Bestimmung der verfassungsrechtlichen *Rechtsstellung* des Eigentümers (wirken) bürgerliches Recht *und* öffentlich-rechtliche Gesetze gleichrangig zusammen ... Welche Befugnisse einem Eigentümer in einem bestimmten Zeitpunkt konkret zustehen, ergibt sich ... aus der Zusammenschau aller in diesem Zeitpunkt geltenden, die Eigentümerstellung regelnden gesetzlichen Vorschriften. Ergibt sich hierbei, daß der Eigentümer eine bestimmte Befugnis nicht hat, so gehört diese nicht zu seinem Eigentumsrecht ... Aus der Gesamtheit der verfassungsmäßigen Gesetze, die den Inhalt des Eigentums bestimmen, ergeben sich Gegenstand und Umfang des durch Art. 14 Abs. 1 S. 1 GG gewährleisteten Bestandsschutzes"; Hervorhebungen im Original).

sprechend hervorgehoben werden. Bei näherer Betrachtung beziehen sie sich jedoch allein auf den Bestandsschutz[811]. Auch die auf den ersten Blick gegebene Unstimmigkeit läßt sich so auflösen, und es kann nicht angenommen werden, daß das Gericht sich in ein und derselben Entscheidung selbst widersprechen wollte[812]. Die Bezugnahme auf das einfache Recht zur Bestimmung des geschützten Bestands schließt es logisch nicht aus, bei der Überprüfung von Befugnisbestimmungen einen eigenen *verfassungsrechtlichen* Eigentumsbegriff zugrunde zu legen[813]. Daß das Gericht dies gemeint hat, wird deutlich, wenn es die „Maßgeblichkeit einfachen Rechts" mit der Forderung nach dessen Verfassungsmäßigkeit verbindet. Nutzungs- und Verfügungsbeschränkungen müssen demnach den o. g. Anforderungen, insbesondere dem Verhältnismäßigkeitsgebot, genügen, um die Bildung eines weitergehenden Bestands auszuschließen[814]. Die Unterscheidung der beiden eigentumsgrundrechtlichen Schutzwirkungen erklärt auch, warum das Gericht die Verhältnismäßigkeit unter zwei Aspekten prüfte[815], einmal bei der Beurteilung der zukunftsgerichteten befugnisbestimmenden Normwirkung und einmal bei der etwaigen Bestandsbeeinträchtigung (dort mit besonderer Berücksichtigung der Übergangsregelung).

(9) Die Entscheidungen zur Zuchtbucheintragung, zum Sachenrechtsmoratorium, zur Urhebervergütung, zur Kündigung von Wohnraum und zum Schuldrechtsanpassungsgesetz

Nach den Entscheidungen zur Zuchtbucheintragung und zum Sachenrechtsmoratorium „schützt [die grundrechtliche Eigentumsgewährleistung] grundsätzlich auch die Entscheidung des Eigentümers darüber, wie er das Eigentumsobjekt verwenden

---

[811] So zu Recht *Alexy*, Theorie der Grundrechte, S. 305 f. in Fußnote 174; *Depenheuer*, in: v. Mangoldt/Klein/Starck, Art. 14 Rn. 48 mit Fußnote 128; *Leisner*, in: Isensee/Kirchhof, HdbStR VI, § 149 Rn. 54 ff.; *Lubberger*, Eigentumsdogmatik, S. 163 ff.; vgl. etwa auch die Formulierung in BVerfGE 58, 81 (109 f.) – Ausbildungsausfallzeiten. Die Betonung des in Fußnote 810 wiedergegebenen Zitats liegt darauf, daß sich aus der Gesamtheit der *verfassungsmäßigen* Gesetze der Inhalt des Eigentums (genauer: Gegenstand und Umfang des zu schützenden *Bestands*) ergebe.

[812] Siehe auch *Leisner*, in: Isensee/Kirchhof, HdbStR VI, § 149 Rn. 72.

[813] So im Ausgangspunkt u. a. auch *Schoch*, Jura 1989, 113 (118) m. w. N., der allerdings die Aussage des verfassungsrechtlichen Eigentumsbegriffs mit der Institutsgarantie gleichsetzt und die Verhältnismäßigkeitsprüfung unter Gliederungspunkt C III des Naßauskiesungsbeschlusses ignoriert (zur Struktur des Beschlusses siehe Fußnote 801).

[814] Dies betonen *Alexy*, Theorie der Grundrechte, S. 305 f. und *Leisner*, in: Isensee/Kirchhof, HdbStR VI, § 149 Rn. 54 ff.; a. A. *Eschenbach*, Der Schutz des Eigentums, S. 360 in Fußnote 1327: auch die verfassungswidrige Neugestaltung von Befugnissen sei schutzbereichsbestimmend. Wegen der Nichtigkeit verfassungswidriger Normen ist dies nicht überzeugend; nur bei Nichteinräumung von Befugnissen kann auch dann, wenn diese verfassungswidrig ist, kein geschützter Bestand gebildet werden.

[815] Siehe auch *Schwerdtfeger*, Die Eigentumsgarantie, S. 24; *Grochtmann*, Eigentumsdogmatik, Endnote 2 zu Fußnote 175, S. 329 f.; *Schmidt-Aßmann*, in: FS 600 Jahre Universität Heidelberg, S. 107 (116 f.), der allerdings der Verhältnismäßigkeitsprüfung von Befugnisbestimmungen wegen der gesetzgeberischen Gestaltungsfreiheit wenig Bedeutung beimißt.

will"[816]. Für den Urheber erkannte das Gericht ein Verwertungsinteresse an, aufgrund dessen der Gesetzgeber ihm „die vermögenswerten Ergebnisse seiner schöpferischen Leistung grundsätzlich zuzuordnen"[817] habe. Das Wort „grundsätzlich" könnte eine Einschränkung dahingehend bedeuten, daß manche Nutzungen dennoch vom tatbestandlichen Schutz nicht erfaßt sind. Dafür spricht auf den ersten Blick, daß es in dem Beschluß zur Urhebervergütung später heißt, „der einzelne [habe] nicht Anspruch auf die Zuordnung jedweden noch so geringen Ergebnisses der Werknutzung"[818], und daß in anderen Entscheidungen zu lesen ist, die Eigentumsgarantie „gewährleiste[]"[819] bzw. „schütz[e][820] nicht die einträglichste Nutzung des Eigentums". Es ist aber auch möglich, die Ausführungen so zu verstehen, daß sich das tatbestandlich geschützte Eigentümerinteresse nicht unbedingt gegenüber öffentlichen Belangen durchsetzen muß[821], daß also – im Sinne der Außentheorie[822] – Einschränkungen gemacht werden können. Diese Interpretation ist überzeugender, denn es läßt sich keine nachvollziehbare Begründung dafür finden, eine Nutzung *nur* deshalb nicht zu „schützen"[823], weil sie die einträglichste ist. Ob sie überwiegenden Gemeinwohlinteressen zuwiderläuft und deshalb nicht *effektiv garantiert* ist, ist eine andere Frage. In den konkreten Entscheidungen gehen die den „Schutz" einschränkenden Zitate dementsprechend mit der Erläuterung des jeweiligen mehr oder weniger intensiven Sozialbezugs der jeweiligen Eigentumsgegenstände bzw. ihrer Nutzung und einer Abwägung der widerstreitenden Belange einher.

Auch die zahlreichen Entscheidungen zum Wohnraummietrecht[824] passen sich in diesen Interpretationsvorschlag ein[825]: Nach diesen fließt aus dem Eigentum eine „freie Verfügungsbefugnis"[826], die in verschiedener Hinsicht durch das einfache Recht, beispielsweise durch das Erfordernis eines berechtigten Interesses bei der Kündigung, beschränkt ist. Über die materielle Verfassungsmäßigkeit der jeweiligen Regelung entscheidet regelmäßig die Abwägung zwischen dem Interesse des

---

816 BVerfGE 88, 366 (377); 98, 17 (35).

817 BVerfGE 79, 29 (40); siehe auch 79, 1 (25).

818 BVerfGE 79, 29 (44).

819 BVerfGE 91, 294 (310) – Mietpreisbindung Ost.

820 BVerfGE 100, 226 (243) – Abbruchverbot.

821 So recht deutlich auch BVerfGE 79, 29 (43: das Individualinteresse des Urhebers könne keinen unbedingten Vorrang vor den Gemeinwohlinteressen beanspruchen).

822 Nachweise zur Außentheorie oben Fußnote 401.

823 Das Wort „Schutz" hat demnach eine unglückliche Doppelbedeutung. Es kann sich auf den tatbestandlichen Schutz beziehen (so hier und beim Zitat bei Fußnote 817) oder aber zur Bezeichnung des effektiven Garantiebereichs verwendet werden (so beim Zitat bei Fußnote 821). Unterschiedliche Aussagen zum „Schutz" müssen daher je nach dem Zusammenhang nicht im Widerspruch zueinander stehen.

824 Insbesondere BVerfGE 37, 132 (141 f.); 68, 361 (367 ff.); 79, 292 (302 ff.); 81, 29 (32); 89, 1 (8 ff.) – Besitzrecht des Mieters.

825 Siehe auch *Alexy*, Theorie der Grundrechte, S. 305 f. (zu BVerfGE 37, 132 ff.).

826 BVerfGE 68, 361 (370); siehe insoweit übereinstimmend auch BVerfGE 81, 29 (34) und die abweichenden Meinung, ebenda, S. 35 (37 und 39: Art. 14 Abs. 1 S. 1 GG umfasse [ergänze: tatbestandlich] die Dispositionsfreiheit des Eigentümers).

Eigentümers an einer Nutzung, die seinen Vorstellungen entspricht, und der besonderen sozialen Bedeutung des Wohnraums für den Mieter. In der umstrittenen[827] Entscheidung über die Verfassungsbeschwerde eines Mieters, dem die Wohnung von der Vermieterin wegen Eigenbedarfs gekündigt worden war, war die beschriebene gängige Argumentation durch die Anerkennung einer eigentumsgrundrechtlich geschützten Position *des Mieters* auf den Ausgleich zweier eigentumsrechtlich geschützter Positionen verschoben[828]. Auch das Eigentümerinteresse des Mieters wurde dabei auffallend umfassend formuliert.

Die hier erwähnten Entscheidungen wie auch die zur Schuldrechtsanpassung[829] beschreiben die Eigentumsgarantie auf Tatbestandsebene *unabhängig* von der einfachen Rechtslage und typischerweise über diese hinausgehend, nämlich im Sinne einer umfassenden Nutzungs- und Verfügungsbefugnis desjenigen, dem eine Eigentumsposition zugewiesen ist. Sie gehen demnach bei der Beurteilung von Befugnisbestimmungen von einem eigenen verfassungsrechtlichen Eigentumsbegriff und dessen Relativierbarkeit aus.

(10) Die Entscheidungen zur Neuordnung der Fischereirechte

Aus eigentumsdogmatischer Sicht sind auch die Beschlüsse des Bundesverfassungsgerichts zur Neuordnung der Fischereirechte von Interesse. Sie hatten Landesgesetze zum Gegenstand, durch die die individuellen Rechte zur Fischerei in fließenden Gewässern abgeschafft wurden. An ihre Stelle trat eine Beteiligung an Genossenschaften, die jeweils aus den davor lokal Fischereiberechtigten gebildet wurden. Die Genossenschaften sollten für die Aufzucht der Fische verantwortlich sein und waren zur Ausübung der Fischerei nicht nur berechtigt, sondern in bestimmtem Umfang auch verpflichtet. Die Gesetzgeber versprachen sich davon eine bessere Hege der Fische, einen erleichterten Zugang für Sportfischer und eine bessere ökologische Verträglichkeit der Fischerei.

Das Gericht hielt die betreffenden Landesgesetze für gerechtfertigt. Dazu führte es aus, die gewählten Maßnahmen überstiegen nicht das für die Verwirklichung der vom Gesetzgeber angestrebten Gemeinwohlziele Gebotene, sondern seien geeignet

---

827 Ablehnend etwa *Depenheuer*, in: v. Mangoldt/Klein/Starck, Art. 14 Rn. 157 ff. m. w. N.

828 BVerfGE 89, 1 (6 ff.) – Besitzrecht des Mieters; siehe auch 91, 294 (310) – Mietpreisbindung Ost, dort nannte das Gericht zugunsten des Mieter(schutze)s sowohl Art. 14 Abs. 1 (Eigentumsposition des Mieters) als auch Abs. 2 GG (soziale Bedeutung der Wohnraumvermietung).

829 BVerfGE 101, 54 (76 ff.): Der Gesetzgeber habe die Interessen von Grundstückseigentümern einerseits und den Nutzern andererseits im SchuldRAnpG im großen und ganzen angemessen zum Ausgleich gebracht; in bestimmten Punkten sei jedoch ein Mißverhältnis auszumachen. Der Beschluß ist für die Anforderungen an die befugnisbestimmende Normwirkung deshalb besonders aussagekräftig, weil den Eigentümern nach Auffassung des Ersten Senats im Vergleich zur alten Rechtslage gerade keine Befugnisse genommen wurden, d. h. es ging nicht um eine Bestandsbeeinträchtigung (siehe ebenda, S. 78).

und erforderlich[830]. Die Altrechte blieben, wenn auch eingeschränkt und in anderer Form, im wirtschaftlichen Kern erhalten. Die mit der Umgestaltung verbundene Rechtsschmälerung sei daher nicht besonders intensiv und im Hinblick auf die Bedeutung der Regelungszwecke auch nicht unangemessen[831]. Einer Übergangsregelung habe es nicht bedurft.

In den Entscheidungen wurden befugnisbestimmende und bestandsbeeinträchtigende Normwirkungen gemeinsam behandelt. Bei der Verhältnismäßigkeitsprüfung nahm das Gericht sofort Zugriff auf die Beeinträchtigung der Altrechte[832]. Aus diesem Vorgehen läßt sich jedoch nicht schließen, daß die Befugnisbestimmung eigentumsgrundrechtlich ohne Belang wäre. Ihre Vernachlässigung kann damit erklärt werden, daß die Feststellung der Verhältnismäßigkeit einer Bestandsbeeinträchtigung auch diejenige der Befugnisbestimmung beinhaltet[833].

(11) Der Beschluß zur Mietpreisbindung Ost und die Urteile zur Rentenüberleitung

In einer neueren Entscheidung[834] zur befristeten Fortgeltung der Mietpreisbindung in den neuen Bundesländern stellte das Gericht die Rechte der Beschwerdeführerin, einer ehemaligen Arbeiterwohnungsbaugenossenschaft, an Grundstücken und Gebäuden unter den Schutz des Art. 14 Abs. 1 GG. Die konkrete Reichweite der Eigentumsgarantie ergebe sich erst aus der Bestimmung von Inhalt und Schranken des Eigentums durch den Gesetzgeber, so daß es des *Einigungsvertrags und seiner Ratifizierung bedurft* habe, um den nach den DDR-Gesetzen bestehenden Rechten *grundgesetzlichen* Eigentumsschutz zu verleihen. Insoweit ging das Gericht von der Maßgeblichkeit einfachen Rechts aus. Aber anders als im Urteil zu den Reichsverbindlichkeiten[835] betonte es, der Gesetzgeber sei bei der Bestimmung von Inhalt und Schranken im Einigungsvertrag nicht frei gewesen, sondern habe *bereits bei der Überleitung der Befugnisse* die grundsätzliche Privatnützigkeit und Verfügungsbe-

[830] BVerfGE 70, 191 (202 ff.) unter den dortigen Gliederungspunkten C I 3 b und c. In der Entscheidung zum niedersächsischen Gesetz begnügte sich das Gericht mit einem Verweis auf den vorgenannten Beschluß, siehe BVerfGE 71, 137 (143).

[831] BVerfGE 70, 191 (209 ff.) unter dem Gliederungspunkt C I 3 d; 71, 137 (143 ff.) unter C I 4.

[832] Etwas anders *Grochtmann*, Eigentumsdogmatik, Endnote 2 zu Fußnote 175, S. 328, der die Entscheidung BVerfGE 70, 191 ff. so versteht, daß das Gericht zunächst eine objektive Verhältnismäßigkeitsprüfung der neuen Fischereiordnung vornimmt und erst dann auf die Schmälerung von Altrechten eingeht. Nach hiesiger Auffassung handelt es sich dagegen um eine Inzidentprüfung.

[833] Siehe BVerfGE 83, 201 (212: „Voraussetzung der Zulässigkeit eines Eingriffs in bestehende Rechtspositionen durch eine gesetzliche Neuregelung ist zunächst, daß die Neuregelung als solche, unabhängig von der Frage der Beseitigung oder Einschränkung bestehender Rechtspositionen verfassungsmäßig ist.“) – Vorkaufsrecht.

[834] BVerfGE 91, 294 ff.

[835] BVerfGE 15, 126 (143).

fugnis beachten müssen. Seine Aufgabe sei es gewesen, die Interessen des Eigentümers und die Belange des Gemeinwohls zu einem gerechten Ausgleich zu bringen. Dies gelte auch dann, wenn die Bindungen (wie vorliegend diejenige zur Höhe des Mietpreises) bereits die Rechtsposition der Berechtigten in der DDR geprägt hätten[836]. Gerade an dieser Aussage läßt sich die Annahme einer vom Bestandsschutz zu unterscheidenden Schutzdimension der Eigentumsgarantie ablesen, was bedeutet, daß das Grundgesetz selbst verbindliche Vorstellungen über die Einräumung von Eigentumsrechten haben muß. Im Ergebnis hielt das Gericht die befristete Fortgeltung der Mietpreisbindung in ihrer rein befugnisbestimmenden Wirkung wegen der Einkommenssituation in den neuen Bundesländern unter Berufung auf Art. 14 Abs. 1[837] und Abs. 2 GG für gerechtfertigt, insbesondere für verhältnismäßig, auch wenn sie eine rentable Eigentumsnutzung zeitweise ausschließe. Die Bezugnahme auf das einfache Recht kann nach dieser Rechtsprechung also immer nur dazu dienen festzustellen, welcher *Bestand* in den Händen eines konkreten Eigentümers geschützt ist. Eine Maßgeblichkeit einfachen Rechts für den Inhalt des verfassungsrechtlichen Eigentumsbegriffs läßt sich ihr nicht entnehmen.

Die Urteile zur Rentenüberleitung entsprechen diesem Argumentationsmuster. Auch nach ihnen hat zwar erst der Einigungsvertrag die nach DDR-Recht begründeten Rentenansprüche und -anwartschaften dem Schutz des Art. 14 GG unterstellt, war der Gesetzgeber aber bereits bei dessen Ratifikation in der genannten Weise an das Grundgesetz gebunden[838]. Das Gericht führte zu der vorzunehmenden Interessenabwägung aus, der soziale Bezug rentenversicherungsrechtlicher Positionen eröffne einen weiten Gestaltungsspielraum des Gesetzgebers; dieser verenge sich allerdings in dem Maß, in dem die Ansprüche und Anwartschaften durch einen personalen Bezug geprägt seien, weil sie auf eigenen Leistungen der Versicherten beruhten. Die Systementscheidung, also die Überführung der Ansprüche in die gesetzliche Rentenversicherung unter Verzicht auf Zusatzleistungen und unter Absenkung des Rentenniveaus, sei nur verfassungskonform, wenn sie so ausgelegt werde, daß sich dabei die Höhe der Zahlbetragsgarantie dynamisch der Rentenentwicklung anpasse.

(12) Zusammenfassung und Analyse der Rechtsprechung

Der Überblick über die Verfassungsrechtsprechung hat ergeben, daß der Standpunkt des Gerichts zu den verfassungsrechtlichen Anforderungen an Befugnisbestimmungen bis in die neuere Zeit uneinheitlich ist[839]. Eine Extremposition nimmt das Urteil zu den Reichsverbindlichkeiten[840] ein mit der Aussage, die Schaffung von

836 BVerfGE 91, 294 (308 f.).

837 Zur Heranziehung des Art. 14 Abs. 1 GG zugunsten der Mieter siehe oben S. 133.

838 BVerfGE 100, 1 (37).

839 So auch das Untersuchungsergebnis von *Lubberger*, Eigentumsdogmatik, S. 160 ff.

840 BVerfGE 15, 126 ff.

Eigentumspositionen werfe *kein* verfassungsrechtliches Problem auf. Nimmt man dies wörtlich, bliebe das Urteil hinter *allen* oben diskutierten Vorschlägen, insbesondere hinter der ständigen Rechtsprechung zur Institutsgarantie[841] zurück. Dennoch kann wohl nicht angenommen werden, dass das Gericht die Grundsätze zur Einrichtungsgarantie in Frage stellen wollte; es sah wohl nur keinen Anlaß, sie zu erörtern, zumal ihr ja auch nur ein enger Anwendungsbereich zugestanden wird[842]. Es gibt jedoch noch weitere Entscheidungen, die die Aussage des Art. 14 GG im Hinblick auf Befugnisbestimmungen auf einen Kernbereichsschutz beschränken, so etwa das Urteil zur Hamburger Deichordnung[843]. Auch in den Beschlüssen zu den Ausbildungsausfallzeiten[844] und zur Anwartschaft auf Arbeitslosengeld[845] sah das Gericht die befugnisbestimmende Normwirkung in der konkreten Fallgestaltung jeweils ohne weiteres als verfassungsrechtlich unbedenklich an und sprach nur sehr unpräzise von den „Anforderungen des Art. 14 GG" an die zukunftsgerichtete Normwirkung.

In den meisten Entscheidungen, insbesondere auch in solchen von grundlegender Bedeutung für die Eigentumsdogmatik[846], werden Befugnisbestimmungen daraufhin untersucht, ob das Gesetz Privatnützigkeit und Gemeinwohl angemessen zum Ausgleich bringt[847]. Besonders deutlich wird dies in den Fallkonstellationen, bei denen nicht gleichzeitig auch Altrechte geschmälert waren[848]. Der zur Beurteilung von Befugnisbestimmungen herangezogene Eigentumsbegriff ist, ohne daß dies stets ausgesprochen wird, verfassungsrechtlicher[849] Natur. In seiner Reichweite wird er zwar nicht beschrieben, es gibt aber keine Hinweise darauf, daß er nach der Auffassung des Gerichts nur einen Teil der denkbaren Nutzungs- oder Verfügungsmöglichkeiten erfaßt[850]: Die Rechtsprechung sieht die Möglichkeit der Mieterhöhung, der Kündigung von Wohnraum und Pachtland, der Bebauung, der Naßauskiesung, der Zucht usw. als tatbestandlich geschützt, ihre Beschränkung als rechtfertigungsbedürftig an. Die Rechtsprechungspraxis entspricht dem dogmatischen Konzept einer

---

841 Siehe oben S. 97 ff. Nur ein rein traditionsbezogenes Verständnis der Institutsgarantie könnte die Schaffung von Eigentumspositionen nicht beeinflussen.

842 Dies dürfte wohl auch für den Beschluß zu den Versorgungsanwartschaften BVerfGE 98, 365 (401) gelten. Auch er ist so formuliert, als käme ein Schutz vor Befugnisbestimmungen gar nicht in Betracht.

843 BVerfGE 24, 367 (389 f.).

844 BVerfGE 58, 81 (110).

845 BVerfGE 72, 9 (22).

846 Als solche gelten der Naßauskiesungsbeschluß BVerfGE 58, 300 ff. und die Entscheidung zum Pflichtexemplar BVerfGE 58, 137 ff.

847 Zu diesem Ergebnis kommt auch *Grochtmann* bei seiner Rechtsprechungsanalyse (in: Eigentumsdogmatik, S. 41 Fußnote 41 mit Verweis auf die Endnote 2 auf S. 328 ff.), wobei er allerdings die mit dieser Linie nicht zu vereinbarenden Entscheidungen vernachlässigt.

848 So insbesondere BVerfGE 25, 112 (118) – Niedersächsisches Deichgesetz; 52, 1 (30 ff.) – Kleingarten; 91, 294 (310) – Mietpreisbindung Ost; 101, 54 (76 ff.) – SchuldRAnpG.

849 Die einfach-rechtliche Maßstabsbildung hat das Gericht nur einmal, nämlich in der Naßauskiesungsentscheidung BVerfGE 58, 300 (335), ausdrücklich verworfen.

850 Siehe auch die Zusammenfassung der Rspr. zu Befugnisbestimmungen durch Rittstieg, in: AK, Art. 14/15 Rn. 170 ff., vor allem Rn. 172.

möglichst weitgehenden Privatnützigkeit bzw.[851] der rechtfertigungsbedürftigen Einschränkung von zunächst unbeschränkt eingeräumten Befugnissen (Zwei-Stufen-Modell).

Die in ständiger Rechtsprechung betonte Maßgeblichkeit einfachen Rechts fügt sich in diesen Argumentationszusammenhang nur ein, wenn man sie ausschließlich auf Bestandsbeeinträchtigungen bezieht[852]. Ebenso muß die Aussage, die Verfassung enthalte keinen „absoluten Eigentumsbegriff"[853], nicht unbedingt einen Widerspruch zur Annahme eines Selbstands des Verfassungsrechts bedeuten, solange die Forderung nach möglichst weitgehenden Befugnissen *relativierbar* ist. Die Betonung liegt dann auf dem Wort „absolut" und verweist auf die Beschränkungsmöglichkeiten.

Die Rechtsprechung ist, wie gezeigt, uneinheitlich und kann insofern weder als Beleg für die hier zugrunde gelegte Eigentumslehre noch für eine andere angeführt werden. Manche Entscheidungen stellen an Befugnisbestimmungen weniger Anforderungen als das Prinzipienmodell. Der Naßauskiesungsbeschluß und die ihm in der Struktur entsprechenden Entscheidungen stehen der hier präferierten Eigentumslehre nicht entgegen, sondern kommen ihr in der Vorgehensweise nahe[854].

γ) *Die Aussage der eigentumsgrundrechtlichen Wesensgehaltsgarantie bzw. Institutsgarantie für Befugnisbestimmungen*

Neben dem eigentumsgrundrechtlichen Verhältnismäßigkeitsgrundsatz in der vom Prinzipienmodell beschriebenen Anwendung sind als weitere Grenzen die eigentumsgrundrechtliche Wesensgehaltsgarantie bzw. Institutsgarantie zu beachten.

Nach Art. 19 Abs. 2 GG[855] darf der Wesensgehalt eines Grundrechts „in keinem Falle" angetastet werden. Art. 19 Abs. 2 GG gestattet wie Art. 1 Abs. 1 GG nach seinem eindeutigen Wortlaut und seiner Entstehungsgeschichte[856] in seinem Anwen-

---

851 Die Frage nach einer Pflicht zur Schaffung von Eigentümerbefugnissen, die beide Lehren unterschiedlich beantworten, hat das Gericht bisher nicht beschäftigt.

852 Vgl. auch die Formulierung in BVerfGE 94, 241 (258: „Mit der ... Regelung hat der Gesetzgeber allerdings nicht in durch Art. 14 Abs. 1 GG geschützte Rechtspositionen eingegriffen, denn das HEZG hat diese Rechtsposition erst geschaffen") – Kindererziehungszeiten.

853 BVerfGE 20, 351 (355 f.); 31, 229 (240). Siehe schon oben S. 124 ff.

854 *Alexy*, Theorie der Grundrechte, S. 305 f. in Fußnote 174 nimmt den Naßauskiesungsbeschluß nachdrücklich für das Prinzipienmodell in Anspruch.

855 *Herbert Krüger*, in: FS für Schack, S. 71 (73 f.) äußert sich kritisch zur Anwendung des Art. 19 Abs. 2 GG auf Art. 14 GG, weil die Eigentumsfreiheit nur nach Maßgabe des einfachen Rechts gewährleistet sei. Diese Prämisse wurde hier bereits abgelehnt (siehe oben S. 96 ff.).

856 Zur Entstehungsgeschichte siehe JöR n. F. 1. Band (1951), S. 176 ff., vor allem *v. Mangoldts* Äußerung auf S. 177. Er erachtete die Wesensgehaltsgarantie als notwendig, um der – zugunsten der Gemeinschaftsinteressen zugelassenen – Relativierung der Grundrechte durch die Gesetzgebung eine Grenze zu setzen, damit die Grundrechte in ihrem Bestand erhalten blieben.

dungsbereich keine Relativierungen zugunsten anderer Werte[857]. Es wird dieser verfassungsrechtlichen Entscheidung nicht gerecht, wenn eine verbreitete Ansicht[858] zwar die Rechtsfolge absolut begreift, aber den Wesensgehalt als variable Größe versteht[859]. Die Wirkungsweise des Art. 19 Abs. 2 GG ist eine andere als die des Verhältnismäßigkeitsgrundsatzes, welcher nicht nur auf die Stärke der Beeinträchtigung abstellt, sondern auch auf den Nutzen der Maßnahme[860]. Eine andere Frage ist, ob der Verhältnismäßigkeitsgrundsatz die Garantie des Wesensgehalts *beinhaltet*, wofür angeführt wird, daß die Beeinträchtigung des Wesensgehalts – nicht zuletzt wegen der sich aus Art. 19 Abs. 2 GG ergebenden Wertung – stets auch unverhältnismäßig im engen Sinne sei[861]. Ob mit einer Antastung des Wesensgehalts zwingend ein Verstoß gegen den Verhältnismäßigkeitsgrundsatz einhergeht, ist für das Ergebnis der verfassungsrechtlichen Beurteilung ohne Bedeutung.

Fraglich ist, wie der Wesensgehalt zu bestimmen ist. Unter Geltung der hier zugrunde gelegten absoluten Theorie spricht gerade die Unmöglichkeit, die Schutzaussage zu relativieren, für ein *enges* Verständnis[862]. Der effektive Schutz der grundrechtlichen Freiheit ist dadurch nicht in Frage gestellt, weil Art. 19 Abs. 2 GG nicht allein über die Verfassungsmäßigkeit entscheidet, sondern vom Verhältnismäßigkeitsgrundsatz flankiert wird. Zum Wesensgehalt ist der Menschenwürdekern des jeweiligen Grundrechts zu zählen[863]; über diesen hinaus muß das gewahrt bleiben, was für das jeweilige Grundrecht charakteristisch ist[864]. Für die hier zu unter-

857 So eindeutig BVerfGE 80, 367 (373: selbst schwerwiegende Interessen der Allgemeinheit rechtfertigten keine Eingriffe in den unantastbaren Bereich privater Lebensgestaltung, was aus Art. 19 Abs. 2 GG folge, eine Abwägung nach Maßgabe des Verhältnismäßigkeitsgrundsatzes finde nicht statt) – Tagebuch; siehe auch 7, 377 (411) – Apothekengesetz; 34, 238 (245) – Tonbandaufnahme; 84, 212 (228) – Aussperrung; *Stern*, in: Staatsrecht III/2, § 85 III 2, S. 865 ff.; *Pieroth/Schlink*, Grundrechte Rn. 299 f.; *Hartmut Krüger*, in: Sachs, Art. 19 Rn. 29; *v. Arnauld*, Die Freiheitsrechte, S. 204 ff. jeweils m. w. N.

858 Siehe aus der – uneinheitlichen – Rechtsprechung etwa BVerfGE 22, 180 (220) – Unterbringung zur „Besserung"; 27, 344 (351 f.) – Scheidungsakten; aus der Literatur siehe *Maunz*, in: Maunz/Dürig, Art. 19 Abs. II Rn. 16 ff.; *Erichsen*, in: HdbStR VI, § 152 Rn. 29; *Alexy*, Theorie der Grundrechte, S. 269 ff.

859 Siehe die Kritik von *Jäckel*, Grundrechtsgeltung, S. 22; *L. Schneider*, Wesensgehalt, S. 18 f. sowie *Stern*, in: Staatsrecht III/2, § 85 III 2, S. 868. Letzterer wirft *Alexy* insofern zu Recht vor, daß dieser dem Wesensgehalt keinen Regelcharakter zuspricht (zum Unterschied zwischen Regel und Prinzip siehe schon oben Fußnote 642).

860 Siehe auch *Stern*, in: Staatsrecht III/2, § 85 III 2, S. 872.

861 Vgl. die – allerdings nicht ganz widerspruchsfreien – Ausführungen *Sterns*, in: Staatsrecht III/2, § 85 III 2, S. 867: „Gegenüber dem Wesengehalt gibt es keine höherrangigen Güter" einerseits und S. 872 f. andererseits: „Der Wesensgehalt eines Grundrechts soll sich auch im Verhältnis zu Rechtsgütern hohen oder höheren Ranges nicht in ein ‚Nichts' auflösen".

862 Zum Zusammenhang zwischen der Reichweite des Schutzbereichs und der Interpretation der Grundrechtsschranken siehe *Kunig*, in: v. Münch/Kunig, Art. 2 Rn. 14, 22 am Beispiel der unterschiedlichen Interpretationen des Art. 2 Abs. 1 GG.

863 A. A. insofern *Herzog*, in: FS für Zeidler, Band 2, S. 1415 (1425).

864 *Stern*, in: Staatsrecht III/2, § 85 III 2, S. 873 f.; *Lerche*, in: Isensee/Kirchhof, HdbStR V, § 122 Rn. 29; *Huber*, in: v. Mangoldt/Klein/Starck, Art. 19 Rn. 157 ff.; *Hartmut Krüger*, in: Sachs, Art. 19 Rn. 36 ff.

suchende Schutzrichtung der Eigentumsfreiheit bedeutet dies, daß der Gesetzgeber für eine Eigentumsordnung sorgen muß[865], die die Zuweisung von Positionen und Gütern an den Grundrechtsträger mit der Möglichkeit, sie im privaten Interesse zu nutzen und über sie zu verfügen, nicht als Ausnahme begreift und dem einzelnen auch nicht nur einen symbolischen Anteil des auf seiner Leistung beruhenden Erfolgs beläßt[866]. Wie Art. 15 GG zeigt, verstößt aber die Vergesellschaftung von Grund und Boden, Naturschätzen und Produktionsmitteln jedenfalls nach der Vorstellung der Verfassungsgeber nicht gegen die Wesensgehaltsgarantie[867]. Zum Kernbereich gehört, daß persönliches Eigentum gebildet werden kann[868], vor allem an den beweglichen Sachen, die der einzelne zu seiner Lebensführung verwendet[869]. Auch darf jede einzelne als Eigentum verliehene Rechtsposition keiner Totalbindung unterliegen[870].

Art. 19 Abs. 2 GG übernimmt damit die Funktion der für die Grundrechte der Weimarer Reichsverfassung entwickelten Institutsgarantie[871]. Für diese bleibt unter dem Grundgesetz kein eigenständiger Anwendungsbereich. Etwas anderes könnte nur gelten, wenn sie traditionsbezogen interpretiert wird. Dies wurde aber bereits abgelehnt[872].

Ob die Wesensgehaltsgarantie nur auf die Bewahrung des Grundrechts im allgemeinen zielt[873] oder auch[874] eine Schutzwirkung in der Weise entfaltet, daß jedem einzelnen Grundrechtsträger ein Rest von Freiheit im jeweiligen Lebensbereich erhalten bleiben muß[875], ist umstritten. Bei der hier vertretenen Deutung als absolute Garantie ist eine *durchgängige* Interpretation im Sinne der sogenannten subjektiven Theorie nicht möglich. So sehen etwa das Bundesverfassungsgericht und die herrschende Lehre die lebenslange Freiheitsstrafe nicht als Verstoß gegen Art. 19 Abs. 2

---

865 Die Verpflichtung des Gesetzgebers ist zunächst auf positives Tun gerichtet und kann sich nur deshalb als Verbot der Abschaffung von Normen darstellen, weil der Gesetzgeber eine einfachgesetzliche Ausgestaltung vorfindet; siehe bereits oben S. 99 f.

866 *Herzog*, in: FS für Zeidler, Band 2, S. 1415 (1425 f.).

867 Die private Wirtschaftstätigkeit darf aber nicht völlig beseitigt werden, siehe *Bryde*, in: v. Münch/Kunig, Art. 15 Rn. 10.

868 *Rittstieg*, in: AK, Art. 14/15 Rn. 49.

869 Vgl. insofern *Bryde*, in: v. Münch/Kunig, Art. 14 Rn. 13.

870 Siehe BVerfGE 100, 226 (243) – Abbruchverbot.

871 *Stern*, in: Staatsrecht III/2, § 85 III 2, S. 865 f.; siehe auch oben Fußnote 597.

872 Siehe oben S. 102.

873 Für eine rein objektive Theorie entscheiden sich etwa *Herzog*, in: FS für Zeidler, Band 2, S. 1415 (1424 f.); *Lerche*, in: Isensee/Kirchhof, HdbStR V, § 122 Rn. 27 f. und *Jarass*, in: Jarass/Pieroth, Art. 19 Rn. 7.

874 Wie *Stern*, in: Staatsrecht III/2, § 85 III 2, S. 869 zutreffend hervorhebt, folgen subjektive Rechte stets aus objektiv-rechtlichen Normen, so daß eine rein subjektive Theorie nicht in Betracht kommt.

875 In diesem Sinne etwa *Alexy*, Theorie der Grundrechte, S. 268; *Pieroth/Schlink*, Grundrechte Rn. 301 ff.; *Krebs*, in: v. Münch/Kunig, Art. 19 Rn. 24; *Huber*, in: v. Mangoldt/Klein/Starck, Art. 19 Abs. 2 Rn. 182; *Dürig*, in: Maunz/Dürig, Art. 1 Abs. I Rn. 8; *v. Arnauld*, Die Freiheitsrechte, S. 212 ff.

GG an[876]. Auch beim Recht auf Leben ist ein Eingriff nicht ausgeschlossen, sondern wird in Art. 2 Abs. 2 S. 3 GG als zulässig vorausgesetzt, obwohl er für den einzelnen einen Totalentzug bedeutet. Schließlich sieht Art. 18 GG eine Verwirkung bestimmter Grundrechte vor, wobei jedenfalls bei dem dort auch genannten Asylgrundrecht kein bloßer Teilentzug möglich ist. Für die genannten Grundrechte kommt eine subjektive Deutung des Art. 19 Abs. 2 GG nicht in Betracht[877]. Das schließt nicht aus, daß bei *einzelnen* Grundrechten der Wesensgehalt schon dann angetastet ist, wenn auch nur *einem* Grundrechtsträger von der jeweiligen Freiheit nichts mehr verbleibt[878]. Für die hier zu untersuchende objektiv-rechtliche Aussage der Eigentumsfreiheit zur Ausgestaltung der einfach-rechtlichen Eigentumsordnung kommt es jedoch konsequenterweise auch unter dem Aspekt einer etwaigen Verletzung des Art. 19 Abs. 2 GG nicht auf die individuelle Lage beim einzelnen Grundrechtsträger an.

δ) *Zusammenfassung der Ergebnisse der allgemeinen Eigentumsdogmatik in Hinblick auf Befugnisbestimmungen*

Als Ergebnis der Untersuchung der allgemeinen Eigentumsdogmatik ist festzuhalten, daß das normgeprägte Grundrecht der Eigentumsfreiheit neben der unbestrittenen Funktion, ungerechtfertigte Eingriffe in individuell gebildete Rechtspositionen abzuwehren, auch eine Wertentscheidung zugunsten der Privatnützigkeit enthält und insofern Anforderungen an die Ausgestaltung der einfach-rechtlichen Eigentumsordnung stellt. Entgegen einer verbreiteten Auffassung gewährleistet die grundgesetzliche Eigentumsfreiheit diesbezüglich nicht nur einen Mindestbestand an Regelungen entsprechend der für das Eigentumsgrundrecht der Weimarer Reichsverfassung entwickelten Figur der Institutsgarantie. Sie verlangt vielmehr für sich genommen, das heißt vorbehaltlich anderer gegenläufiger Verfassungsprinzipien, eine maximale Verwirklichung des Privatnützigkeitsgedankens. Realisiert die einfache Rechtsordnung die Privatnützigkeit nicht so umfassend wie es – isoliert betrachtet – möglich wäre, wird das Prinzip „Eigentum“ eingeschränkt. Dies ist insbesondere bei öffentlich-rechtlichen Eigentumsbindungen, die typischerweise die Möglichkeiten zur Nutzung und Verfügung nicht stärken, sondern beschränken, der Fall. Derartige Einschränkungen bedürfen einer Rechtfertigung anhand des Art. 14 GG. Als widerstreitende Interessen kommen nach der Schrankenregelung des Art. 14 Abs. 1 S. 2, Abs. 2 S. 2 GG solche Zwecke in Betracht, die im Gemeinwohl liegen. Die unvollkommene Verwirklichung des Prinzips „Eigentum“ muß, um gerechtfertigt zu sein, ein geeignetes Mittel sein, um das angestrebte Ziel zu erreichen, und sich dabei

---

[876] BVerfGE 45, 187 (223 ff.); bestätigt durch BVerfGE 64, 261 (272); 72, 105 (113). Die Rechtsprechung verlangt allerdings im Hinblick auf die Menschenwürde eine besonders strenge Prüfung der Verhältnismäßigkeit und die grundsätzliche Chance auf eine Wiedererlangung der Freiheit.

[877] Siehe bspw. für das Grundrecht auf Leben nach Art. 2 Abs. 2 GG *Kunig*, in: v. Münch/Kunig, Art. 2 Rn. 85.

[878] Siehe etwa *Lerche*, in: Isensee/Kirchhof, HdbStR V, § 122 Rn. 29.

als erforderlich und angemessen erweisen. Dafür ist die Bedeutung des öffentlichen Interesses mit derjenigen abzuwägen, die dem Privatnützigkeitsgedanken zukommt, wobei es nicht nur auf das abstrakte Gewicht der gegenläufigen Prinzipien ankommt, sondern auch auf den Grad der jeweiligen Zurückdrängung bzw. Realisierung. Der Ausgleich ist dabei nach beiden Seiten möglichst schonend vorzunehmen.

Zur Einhaltung dieser Anforderungen ist der Gesetzgeber bei der Ausgestaltung des einfachen Rechts objektiv-rechtlich verpflichtet. Dagegen existiert kein selbständiges subjektives Recht des einzelnen auf eine möglichst umfassende Verwirklichung des Privatnützigkeitsgedankens. Wenn der Gesetzgeber an bestimmten Gegenständen oder Rechten von vornherein kein Privateigentum einräumt, kann diese Unterlassung nicht von einzelnen angegriffen werden. Da Befugnisse nach dem verfassungsrechtlichen Eigentumsbegriff immer als (zunächst) umfassende Nutzungs- und Verfügungsrechte verliehen werden, kann der Inhaber einer Rechtsposition aber ungerechtfertigte Beschränkungen seines prima facie weitergehenden Rechts abwehren.

Zur Durchsetzbarkeit der grundrechtlichen Anforderungen an die einfach-rechtliche Eigentumsordnung stellt das Grundgesetz verschiedene Rechtsschutzverfahren zur Verfügung. Nur hinsichtlich der völligen Vorenthaltung von Rechtspositionen (sogenanntes echtes Unterlassen) besteht aufgrund der herrschenden, aber durchaus angreifbaren Auffassung zur Beschränkung der zulässigen Antragsgegenstände der abstrakten Normenkontrolle eine Justitiabilitätslücke. Im übrigen unterliegt die Kontrolle über die Einhaltung der Vorgaben des Art. 14 GG an die einfachrechtliche Eigentumsordnung den Gerichten, vor allem dem Bundesverfassungsgericht. Diese haben dabei die funktionellen Grenzen der Rechtsprechung zu beachten. Insbesondere müssen sie Prognose- und Abwägungsspielräume des Gesetzgebers wahren.

bb) Die Anpassung der allgemeinen Grundlagen bei der Anwendung auf die einkommensteuerliche Belastungswirkung

Die so beschriebene Eigentumslehre ist Ausgangspunkt für die Entwicklung der eigentumsgrundrechtlichen Anforderungen an *steuerliche,* insbesondere einkommensteuerliche Normen in ihrer befugnisbestimmenden Wirkung. Abweichungen sind nur dort zulässig und geboten, wo die Besonderheiten des Steuerrechts sie erfordern[879]. Die allgemeinen Grundsätze müssen dabei soweit wie möglich erhalten bleiben.

Die Normen des Steuerrechts dienen nicht der (optimalen) Verwirklichung der Privatnützigkeit, sondern stellen sich nach dem oben Gesagten als Einschränkung des Prinzips „Eigentum“ dar. Als Rechtfertigungsgründe kommen der Fiskalzweck oder ein Lenkungsziel in Betracht.

---

[879] Siehe *Rodi*, Steuern als Verfassungsproblem, S. 42 m. w. N.

α) Der Fiskalzweck der Besteuerung

Dient die Besteuerung der Erzielung von Einnahmen und auf diese Weise mittelbar zur Finanzierung von Ausgaben, so führt dies in der dogmatischen Bewältigung zu Schwierigkeiten, denn eine Abwägung zwischen Mittel und Zweck ist dann im üblichen Sinn nicht möglich[880]. Die Einnahmen stehen nach den Verteilungsregeln der Finanzverfassung häufig, so auch beim Aufkommen aus der Einkommensteuer, mehreren Berechtigten zu. Deswegen und wegen der zeitlichen Verschiebung von Einnahmen und Ausgaben durch Haushaltsdefizite bzw. -überschüsse können der Steuerbelastung eines einzelnen Bürgers nicht (anteilig) eine oder mehrere konkrete Ausgaben zugeordnet werden und umgekehrt. Aus diesem Dilemma werden folgende Auswege vorgeschlagen:

αα) Der Vorrang des Fiskalzwecks bis zur Grenze der Erdrosselung (sogenannte Ineffizienzlehre)

Nach einer vor allem von Papier[881] begründeten These ist das Versagen der Verhältnismäßigkeitsprüfung eine *unausweichliche* Folge der verfassungsrechtlichen Entscheidung für einen Steuerstaat. Der Fiskalzweck rechtfertige nun einmal (fast) jede steuerliche Belastung. Die Steuererhebung sei praktisch immer geeignet, um den mit ihr verfolgten Zweck der Erzielung von Einnahmen zu erreichen. Eine Ausnahme wird in der Literatur für solche Steuern erwogen, bei denen die Kosten für die Erhebung und Durchsetzung des Steueranspruchs den Ertrag (nahezu) aufzehren oder übersteigen[882]. Auch die Erforderlichkeit[883] sei regelmäßig gegeben. In der Tat

---

[880] BVerfGE 63, 343 (367: „im Bereich der Steuergesetze [ist] ... eine Verbindung zwischen Eingriffszweck und Eingriffsgewicht im Einzelfall nicht herzustellen und deshalb auch eine konkrete Verhältnismäßigkeitsprüfung im Sinne einer Abwägung der jeweiligen Interessen ... nicht möglich“) – Rechtshilfevertrag; 84, 239 (268 f.: „Weder der Zweck der Besteuerung, den staatlichen Haushalt mit Finanzmitteln auszustatten, noch die Verwendung des Steueraufkommens geben der Steuerbelastung Anknüpfungspunkte oder ziehen ihr Grenzen ...“) – Steuererhebungsgleichheit. Zu Nachweisen aus der Literatur siehe Fußnote 882.

[881] In: Gesetzesvorbehalte, S. 76 ff., in: Maunz/Dürig, Art. 14 Rn. 176 ff. und in: FS für Vogel, S. 117 (124); *Isensee*, in: FS für Ipsen, S. 409 (434); *Heun*, in: Dreier, Art. 3 Rn. 65; i. E. ähnlich *Herzog*, in: FS 75 Jahre RFH – BFH, S. 105 (109 f.); vgl. auch *Bryde*, in: v. Münch/Kunig, Art. 14 Rn. 66 und *Birk*, Das Leistungsfähigkeitsprinzip, S. 189 ff. Zur Rspr. siehe vorige Fußnote.

[882] *Jachmann*, Grenzen der Besteuerung, S. 31; *Gersch*, in: Klein, AO § 3 Rn. 11. Zu den Vollzugskosten siehe auch Eckhoff, Rechtsanwendungsgleichheit, S. 48 ff., dort auch Zahlenangaben.

[883] Nach *Schlink*, Abwägung, S. 117 f. kann von einer Steuer nicht verlangt werden, daß sie erforderlich ist. Andernfalls wäre eine Rechtfertigung prinzipiell unmöglich, weil unter dem Gesichtspunkt der Geldbeschaffung jede Steuer durch eine andere ersetzt werden könne. Mit dieser Sicht hat er sich zu Recht nicht durchsetzen können, weil die Erforderlichkeit nicht schon dann fehlt, wenn es einen anderen Weg zur Erreichung des Zwecks gibt, sondern nur, wenn ein ebenso geeignetes, aber weniger belastendes Mittel existiert.

werden nur bei einer *ungleichen* Verteilung der Steuerlast manche Steuerpflichtige stärker als notwendig belastet[884]. Schließlich sei der Fiskalzweck keiner Relativierung zugänglich; insbesondere ließe sich der staatliche Ausgabenbedarf der Höhe nach nicht abstrakt festlegen. Mit Ausnahme einer Erdrosselungswirkung[885] sei immer von der Angemessenheit und der Zumutbarkeit der Fiskalzweckbesteuerung ausgehen. Auf die Wichtigkeit der dadurch finanzierten Maßnahmen könne, weil das Grundgesetz die Frage des „Nehmens" strikt von der Frage des „Gebens" trenne, nicht abgestellt werden. Nach dieser sogenannten Ineffizienzlehre[886] ist das Versagen der Verhältnismäßigkeitsprüfung hinzunehmen, denn danach schützen Art. 3 Abs. 1 GG, der Gesetzesvorbehalt für die Steuererhebung, die Etathoheit des Parlaments und die politische Kontrolle die Freiheit[887] des Steuerpflichtigen in einem ausreichenden Maß[888].

Durch die These, die Steuerpolitik sei von der Ausgabenpolitik strikt zu trennen, wird der faktische Zusammenhang zwischen beiden ignoriert. Der auf diese Weise außer Kraft gesetzte Verhältnismäßigkeitsgrundsatz ist zudem eine ausgesprochen wirksame und praktisch wichtige Gegenschranke[889]. Die anderen verfassungsrechtlichen Sicherungen machen ihn nicht verzichtbar[890], insbesondere wirken sie im Steuerrecht auch nicht effektiver als bei anderen Bereichen.

---

884 *Kirchhof*, in: VVDStRL 39. Band (1981), S. 261 (269 f.); *Birk*, Das Leistungsfähigkeitsprinzip, S. 193. Mehrbelastungen lassen sich nur mit einem Lenkungszweck rechtfertigen (siehe unten S. 162 f.).

885 Den Erdrosselungsbegriff benutzt *Papier*, Gesetzesvorbehalte, S. 78. *Bryde* spricht in: v. Münch/Kunig, Art. 14 Rn. 66 von konfiskatorischer Besteuerung. Im Ergebnis ähnlich nimmt *Herzog*, in: FS 75 Jahre RFH – BFH, S. 105 (109) einen Verstoß gegen die Verhältnismäßigkeit in engen Sinne (von ihm sog. Zumutbarkeit) erst an, „wenn die Besteuerung des einzelnen so massiv wird, daß dadurch wichtige andere Verfassungsgüter gefährdet werden".

886 Siehe die Bezeichnung von *Lang*, in: FS für Vogel, S. 173 (178, 182).

887 Welches Freiheitsrecht von der Belastungswirkung betroffen ist, wird von den Vertretern dieser Ansicht unterschiedlich gesehen (für Art. 2 Abs. 1 GG *Papier*, in: Maunz/Dürig, Art. 14 Rn. 160 f. und *Birk*, Das Leistungsfähigkeitsprinzip, S. 179 ff.; für Art. 14 GG *Herzog*, in: FS 75 Jahre RFH – BFH, S. 105 [110 f.]; näher oben S. 79 ff.). Die Argumentation zum Versagen der Verhältnismäßigkeitsprüfung ist von dieser Verortungsfrage unabhängig.

888 So mit unterschiedlichen Schwerpunkten *Püttner* auf der Staatsrechtslehrertagung 1980, in: VVDStRL 39. Band (1981), S. 361 (380); *Mußgnug*, ebenda, S. 381 f. und 392 und in: JZ 1991, 993 (994 f.); *Birk*, Das Leistungsfähigkeitsprinzip, S. 189 ff.; i. E. auch *Papier*, in: Maunz/Dürig, Art. 14 Rn. 179, obwohl er den haushaltsrechtlichen Vorkehrungen im heutigen Parteienstaat eine nur sehr eingeschränkte Eignung zur Eindämmung der Kostenexplosion zugesteht; vgl. auch *Bryde*, in: v. Münch/Kunig, Art. 14 Rn. 66.

889 Vgl. etwa *v. Münch*, in: v. Münch/Kunig, Vorbem. Art. 1–19 Rn. 55: die Prüfung des Verhältnismäßigkeitsgrundsatzes werde häufig zum Dreh- und Angelpunkt eines Grundrechtsfalls; *Dreier*, in: Dreier, Vorb. Rn. 91 spricht von der „schlechthin überragende(n) Bedeutung" des Verhältnismäßigkeitsprinzips.

890 So zutreffend *Rodi*, Steuern als Verfassungsproblem, S. 54 f. Art. 3 Abs. 1 GG kann einem Übermaß der Steuerlast, das alle gleich trifft, nicht entgegenwirken; siehe BVerfGE 87, 153 (170) – Grundfreibetrag. Zur Unzulänglichkeit der politischen Kontrolle siehe auch BVerfGE 63, 343 (367: die demokratische Repräsentation bewirke keine hinreichende Begrenzung der Steuereingriffe) – Rechtshilfevertrag. Zum Parlamentsvorbehalt siehe auch *Vogels* und *v. Ar-*

ββ) Die Abstufung der Schutzintensität und der Halbteilungsgrundsatz

Wie bereits oben näher ausgeführt wurde, wollen Paul Kirchhof[891] und ihm folgend der Zweite Senat des Bundesverfassungsgerichts im Vermögensteuerbeschluß[892] die Verhältnismäßigkeitsprüfung in gewandelter Form erhalten. Es sei hier noch einmal in Erinnerung gerufen, daß nach dieser Lehre von einer höheren Schutzwürdigkeit des innegehabten Eigentums gegenüber dem gerade erworbenen oder am Markt verwendeten Eigentum auszugehen ist. Während die „Substanz" von der Steuer grundsätzlich unangetastet bleiben müsse, seien Eigentumsgebrauch und -erwerb einer Besteuerung prinzipiell zugänglich, wobei die Grenze der Ertragsbesteuerung bei der Halbteilung liege. Die Schutzintensitätsabstufung und der Halbteilungsgrundsatz werden nachfolgend einer kritischen Würdigung unterzogen.

(1) Kritik an der Schutzintensitätsabstufung

Ob Art. 14 GG in seinen Absätzen und Sätzen eine Differenzierung in der beschriebenen Weise enthält[893], bedarf einer näheren Untersuchung. Dabei dürfte es eindeutig sein, daß sich Art. 14 Abs. 1 S. 1 GG als *allgemeine* Gewährleistungsnorm („Das Eigentum und das Erbrecht werden gewährleistet."), Art. 14 Abs. 1 S. 2 GG als *umfassender* Regelungsvorbehalt („Inhalt und Schranken werden durch die Gesetze bestimmt.") und das ebenso *unspezifische* Verpflichtungsgebot des Art. 14 Abs. 2 S. 1 GG („Eigentum verpflichtet.") nicht zur Begründung unterschiedlicher Schutzintensitäten eignen[894].

Es bleibt also nur die Ableitung aus dem enger formulierten Art. 14 Abs. 2 S. 2 GG („Sein *Gebrauch* soll zugleich dem Wohle der Allgemeinheit dienen."[895]). Versteht man den „Gebrauch" dort in Abgrenzung zum Begriff der „Innehabung", so wäre die Verpflichtung nach Art. 14 Abs. 2 S. 1 GG *nur für den Gebrauch* des Eigentums durch das aus Art. 14 Abs. 2 S. 2 GG hergeleitete Halbteilungsgebot[896] quantitativ[897] begrenzt. Für die Behandlung der Innehabung von Eigentum gäbe es dann zwei Möglichkeiten:

---

nims Stellungnahmen der Aussprache auf der Staatsrechtslehrertagung 1980, in: VVDStRL 39. Band (1981), S. 362 f. bzw. S. 378.

[891] Dazu oben S. 49 ff.

[892] BVerfGE 93, 121 ff.; dazu oben S. 45 ff., dort auch w. N. zur Reaktion der Literatur und Fachgerichte.

[893] Dagegen etwa *Böckenförde* in seiner abweichenden Meinung zu BVerfGE 93, 121 ff., ebenda, S. 149 (154 f.); *Frenz*, StuW 1997, 116 (120 ff.); *Tipke*, Die Steuerrechtsordnung II, S. 530 f.

[894] Siehe auch *Frenz*, StuW 1997, 116 (122).

[895] Hervorhebung nur hier.

[896] Zur Auslegung des „zugleich" als Halbteilungsgrenze durch den Zweiten Senat siehe oben S. 45 ff.; näher sogleich die kritische Betrachtung unten S. 147 ff.

[897] Eine qualitative Einschränkung ergibt sich durch den Verweis auf das Gemeinwohl nicht, siehe oben S. 78, dort insbesondere Fußnote 431.

Man könnte mit Jachmann[898] Art. 14 Abs. 2 S. 2, Abs. 3, Art. 15 GG als *abschließende* Konkretisierungen des Verpflichtungsgebots begreifen. Die Innehabung von Eigentum unterfiele dann nur den Regeln über die Enteignung und Vergesellschaftung; im übrigen wäre mit ihr keine Sozialpflichtigkeit verbunden. Nach diesem Normverständnis wäre Art. 14 Abs. 2 S. 1 GG jedoch nicht nur überflüssig, sondern in der Weite seiner Formulierung sogar ausgesprochen mißverständlich. Man wird aber annehmen müssen, daß die Verfassung das Eigentum nicht ohne Grund einer umfassenden Sozialbindung unterwirft. Manche heute anerkannten einfach-rechtlichen Eigentümerpflichten müßten sonst für verfassungswidrig gehalten werden. Auch die vom Zweiten Senat angesprochene Möglichkeit eines ausnahmsweisen Zugriffs auf die Eigentumssubstanz in Notlagen[899] läßt sich nur damit erklären, daß die Eigentumsinnehabung eben nicht völlig von der allgemeinen Sozialpflichtigkeit ausgenommen ist. Diese Möglichkeit, der Innehabung zu einem besonders intensiven Schutz zu verhelfen, entfällt also.

Die Vertreter des abgestuften Schutzkonzepts verstehen denn auch überwiegend Art. 14 Abs. 2 S. 1 GG als *umfassendes* Verpflichtungsgebot und den nachfolgenden Satz dementsprechend nicht als Begründung der Sozialpflichtigkeit des Eigentumsgebrauchs, sondern als Ausdruck ihrer bereichsspezifischen Steigerung[900]. Eine solche Interpretation ist, auch wenn Art. 14 Abs. 2 S. 2 GG nicht vergleichend formuliert ist, prinzipiell möglich, wenn man in der – erneuten – Erwähnung der Gemeinwohlbindung ein verstärkendes Element sieht[901], sich also als Bindeglied zwischen beiden Sätzen des Art. 14 Abs. 2 GG ein „vor allem“ denkt. Diese Begründung der Schutzintensitätsabstufung paßt aber nicht zu einer gleichzeitigen Interpretation des Art. 14 Abs. 2 S. 2 GG als Halbteilungsgrundsatz[902]: Soll Art. 14 Abs. 2 S. 2 GG die Sozialpflichtigkeit *begrenzen*, so entfällt die Grundlage dafür, in derselben Norm auch eine Entscheidung zugunsten einer *Erhöhung* der Eigentumsbindung beim Gebrauch im Vergleich zur Innehabung zu sehen. Ihrer Struktur nach kann die Norm nur eines von beiden leisten.

Die Schutzintensitätsabstufung überzeugt aber auch aus anderen Gründen nicht. Das Innehaben ist eine Form des Gebrauchs. Ein reiner „Nichtgebrauch“ ist schwer denkbar, zum Beispiel mag im Brachliegenlassen eines Grundstücks immer noch eine Nutzung als (spekulative) Geldanlage oder als Wiese liegen. Auch wenn man

898 In: StuW 1996, 97 (101). Sie gelangt über das Enumerationsprinzip zu einem absoluten Schutz des Eigentumsbestands und hält Steuerlasten, die nicht aus dem Ertrag oder Sollertrag bestritten werden können, für verfassungswidrig.

899 BVerfGE 93, 121 (138f.).

900 So *Kirchhof*, in: Verh. des 57. DJT, 1988, Band 1, Gutachten F (F 19) und in: VVDStRL 39. Band (1981), S. 213 (242f.); *Bryde*, in: v. Münch/Kunig, Art. 14 Rn. 71.

901 So denn auch *Kirchhof*, in: Verh. des 57. DJT, 1988, Band 1, Gutachten F (F 19).

902 *Frenz*, StuW 1997, 116 (122) sieht deshalb in Art. 14 Abs. 2 S. 2 GG eine auch für die Innehabung geltende und einschränkend wirkende Konkretisierung des Art. 14 Abs. 2 S. 1 GG. Werde Art. 14 Abs. 2 S. 2 GG nur auf den Gebrauch bezogen, entstünde das Paradoxon, daß die Innehabung infolge der Uneingeschränktheit des Verpflichtungsgebots nach Art. 14 Abs. 1 S. 1 GG nicht besser, sondern schlechter geschützt sei als der Gebrauch.

diesen Zustand als „Nichtnutzung" bezeichnet will, ist er Folge einer *Entscheidung* über die Eigentumsnutzung und damit „Gebrauch" im grundrechtlichen Sinn[903]. Dies entspricht der Lehre von der negativen Seite der Freiheitsrechte[904], die allerdings für die Reichweite des grundrechtlichen Schutzbereichs entwickelt wurde, während es hier um unterschiedliche Tatbestandsmodalitäten geht[905]. Das stellt aber keinen entscheidenden Unterschied dar. Für die weitere von Paul Kirchhof zugrunde gelegte Steigerung der Zugriffsmöglichkeit beim Eigentumserwerb im Vergleich zur -verwendung[906] gibt es, wenn doch beides dem Gebrauch unterfallen soll[907], ohnehin keine Anhaltspunkte im Text des Art. 14 GG.

Vor allem jedoch kann die Wertung, die hinter der Abstufung der Schutzintensität steht, nicht überzeugen. Dabei ist klarstellend zu bemerken, daß die Zuordnung zur Stufe „Innehabung" nichts damit zu tun hat[908], ob eine bestandsbeeinträchtigende Besteuerung vorliegt und deshalb erhöhte Anforderungen an die Rechtfertigung zu stellen sind[909]. Im übrigen ist der Eigentumserwerb, insbesondere in Form der Einkommenserzielung[910], Voraussetzung für die Bildung von Vermögen, das „innegehabt" werden kann, und gibt vor, in welchem Umfang ein Eigentumsgebrauch möglich ist. Benötigt der Steuerpflichtige beispielsweise sein gesamtes Einkommen für den Lebensunterhalt, kommt es nicht zu einer Vermögensbildung. Dann nützt ihm der angenommene (nahezu) absolute Schutz der Eigentumsinnehabung nichts. Wie Tipke zu Recht betont, dürfte es, allgemein[911] gesprochen, dem Steuerpflichtigen sogar „wohl ziemlich gleich sein, ob man ihm durch Besteuerung Vermögen beim Zufluß, während des Ruhens oder bei der Verwendung wegnimmt. Der Effekt ist immer der-

903 Zum Nichtgebrauch als negative Seite der Eigentumsfreiheit siehe *Pieroth/Schlink*, Grundrechte, Rn. 914 und *Jachmann*, StuW 1996, 97 (101), die dabei ausdrücklich auf den von der h. M. geforderten Vermögensbezug der Eigentumsnutzung hinweist (dazu näher unten S. 206) und deshalb den Rückgriff auf die negative Seite nur zuläßt, sofern der Gegenstand ertragsbringend genutzt werden könnte.

904 Rechtsprechung zur negativen Seite gerade der Eigentumsfreiheit ist nicht ersichtlich, aber zu anderen Grundrechten, z. B. zur Vereinigungsfreiheit BVerfGE 10, 89 (102) – Zwangsvereinigung; zur Meinungsfreiheit BVerfGE 95, 173 (182) – Tabakwarnhinweis; zur Religionsfreiheit BVerfGE 52, 223 (238) – Schulgebet; 93, 1 (16) – Kruzifix; zur Berufsfreiheit BVerfGE 58, 358 (364 f.). Die überwiegende Meinung geht von einer negativen Seite (nahezu) aller Freiheitsrechte aus, die Handlungen zum Gegenstand haben, vgl. dazu die Nachweise bei *Hellermann*, Die sog. negative Seite, S. 130 ff.

905 Vgl. bereits Fußnote 903.

906 Vgl. oben S. 49 ff., dort insbesondere Fußnote 229.

907 Andernfalls wäre die Anwendung der Halbteilungsgrenze auf den Ertrag nicht zu erklären.

908 Steuernormen, die an die Innehabung anknüpfen, haben dann keine bestandsbeeinträchtigende Wirkung, wenn sie die Steuerpflicht definieren, bevor die Rechte entstehen (siehe bereits oben Fußnote 549).

909 Die Problematik der bestandsbeeinträchtigenden Wirkung von Steuergesetzen wird unten S. 214 ff. erörtert.

910 In Einzelfällen wird das Vermögen auf andere Weise erworben, z. B. durch Erbfall oder Schenkung, was allerdings auch voraussetzt, daß der Erblasser oder Schenker bzw. seine Vorgänger das Vermögen irgendwann aus Einkommen gebildet haben; i. ü. sind Erbschaft und Schenkung auch steuerpflichtige Vorgänge, denen hier allerdings nicht näher nachgegangen werden kann.

selbe: Der Steuerpflichtige wird ärmer, kann weniger investieren, sparen oder konsumieren"[912]. Deshalb ist ja auch die Begrenzung der *Gesamtbelastung* von so entscheidender Bedeutung für die Freiheitssicherung.

Die Lehre von der Schutzintensitätsabstufung liest in Art. 14 GG das vorgefundene System der Steuerarten hinein[913]. Tatsächlich sind aber weder die – eine viel längere Tradition aufweisenden – Steuerarten ursprünglich am grundgesetzlichen Eigentumsschutz ausgerichtet worden noch hatte der Verfassungsgeber bei der Formulierung des Art. 14 GG speziell oder hauptsächlich das Steuerrecht vor Augen[914]. Deshalb kann auch Paul Kirchhof nicht zugestimmt werden, wenn er zudem noch den „Gebrauch" steuerrechtsspezifisch versteht und darunter nur den Einsatz von Gütern und die Ertragserzielung *am Markt* subsumiert mit der Folge, daß etwa der Eigengebrauch einer Wohnung nicht unter Art. 14 Abs. 2 S. 2 GG fällt (sogenannte Markteinkommenstheorie[915]).

(2) Kritik an der Ableitung des Halbteilungsgrundsatzes

Der Halbteilungsgrundsatz benennt innerhalb des dargestellten Systems der Schutzintensitätsabstufung die verfassungsrechtlich zulässige Belastungsobergrenze für das gerade erworbene Eigentum, das heißt den Ertrag. Der Senat bezieht sich dafür auf Art. 14 Abs. 2 S. 2 GG, wonach der Eigentumsgebrauch zugleich dem Wohle der Allgemeinheit dienen soll. Das „zugleich" versteht er dabei als zahlenmäßige Relation („zu gleichen Teilen")[916], obwohl sowohl die Entstehungsgeschichte[917] als auch der übliche Sprachgebrauch[918] eher ein Verständnis als räumli-

---

911 Allerdings ist für den einzelnen Steuerpflichtigen die relative Höhe der Einkommensteuer, Umsatzsteuer, Vermögensteuer etc. von Bedeutung, je nachdem, welche Steuerarten ihn aufgrund seiner individuellen Verhältnisse und Bedürfnisse (verstärkt) betreffen.

912 *Tipke*, Die Steuerrechtsordnung II, S. 530; auch in: Die Steuerrechtsordnung I, § 8, S. 450 f.

913 In der Aussprache auf der Staatsrechtslehrertagung 1980 hat *Zacher* gegen *Kirchhofs* Lehre zu Recht eingewandt, sie sei „zu sehr vom Steuerrecht und zu wenig von der Eigentumsdogmatik her ‚geschneidert'" (in: VVDStRL 39. Band [1981], S. 361 [387]).

914 Zur Entstehungsgeschichte des Art. 14 GG siehe oben S. 83 f.

915 Siehe die Nachweise in Fußnote 228. Dagegen wendet *Tipke*, Die Steuerrechtsordnung II, § 12, S. 558 f. ein: „Der Markt ist keine staatliche Veranstaltun ... Der Staat soll u. a. ein geordnetes, sicheres Zusammenleben seiner Bürger ermöglichen. Dafür benötigt er Mittel. Ihre Höhe wird ohne Rücksicht auf staatliche Kausalbeiträge zum Einkommen festgesetzt. Nach dem Welteinkommenprinzi ... darf der Staa ... auf das Welteinkommen zurückgreifen; er hat aber keinen Kausalbeitrag zur Erzielung des Welteinkommens geleistet."

916 So ausdrücklich *Kirchhof*, in: Steuergerechtigkeit durch Steuervereinfachung, S. 23 (25); siehe auch *Seer*, FR 1999, 1280 (1285 f.).

917 In der 26. Sitzung des Ausschusses für Grundsatzfragen am 30.11.1948 wurden verschiedene Formulierungsvorschläge diskutiert. Aus der Aussprache geht hervor, daß man mit der später übernommenen Fassung das Nebeneinander von Privat- und Gemeinnützigkeit zum Ausdruck bringen wolle, vgl. insbesondere *Schloers* Hinweis, es müsse zum Ausdruck gebracht werden, daß der Gebrauch nicht bloß dem Gemeinwohl dienen soll (siehe Der Parlamentarische Rat 1948–49, Band 5/II, S. 712 [731] – Hervorhebung nur hier).

ches oder zeitliches Nebeneinander nahelegen („auch"). Aber selbst wenn man sich mit dem Zweiten Senat über diese Bedenken hinwegsetzt[919], stünde immer noch die Sollformulierung des Art. 14 Abs. 2 S. 2 GG („Sein Gebrauch *soll* zugleich dem Wohle der Allgemeinheit *dienen.*"[920]) der Ableitung einer Belastungs*obergrenze*[921] im Wege und man käme zu einer Aussage über den Anteil am Einkommen, der dem Staat *im Regelfall* zugedacht ist[922]. Art. 14 Abs. 2 S. 2 GG würde dann auf eine hälftige Teilung zwischen dem Individuum und dem Fiskus hinwirken – ein offenbar sinnwidriges Ergebnis. Zu Recht sehen daher der Bundesfinanzhof und viele Autoren im Halbteilungsgrundsatz eine Fehlinterpretation des Art. 14 Abs. 2 S. 2 GG[923].

Wegen der auch von ihm erkannten Unergiebigkeit des Wortlauts des Art. 14 Abs. 2 S. 2 GG hat Butzer[924] nach anderen Argumenten für die Halbteilungsgrenze gesucht. Er führt zwei Gesichtspunkte an: Nach Art. 19 Abs. 2 GG sei die Besteuerung nur zulässig, solange sie den Wesensgehalt der Eigentumsfreiheit wahre. Art. 14 GG diene sowohl dazu, dem Grundrechtsträger um seiner (weiteren) Persönlichkeitsentfaltung willen seine vermögenswerten Güter zu belassen, als auch dazu, seine privatinitiierte Leistung als Ausdruck seiner Persönlichkeitsentfaltung anzuerkennen. Die Festlegung auf *Privat*nützigkeit werde in ihrem Wesen verkehrt, wenn der Bürger primär fremdnützig arbeite. Außerdem sei der Mensch nach dem Bild der Verfassung ein freies und eigenverantwortliches Wesen. Die Zuständigkeit Dritter und des Gemeinwesens sei daher erst gegeben, wenn und soweit der Mensch seine existentiellen Bedürfnisse nicht selbst befriedigen könne. Auch aus dem Subsidiaritätsgrundsatz folge daher, daß der Bürger *primär eigennützig* arbeiten und erwerben können müsse[925].

---

918 Der Duden führt unter dem Stichwort „zugleich" zwei Bedeutungen auf: 1. im selben Augenblick, gleichzeitig und 2. in gleicher Weise, ebenso, auch. Ähnliches findet man auch im Brockhaus Wahrig: 1. im gleichen Augenblick, gleichzeitig und 2. auf einmal, miteinander, zusammen. Der Wortbestandteil „gleich" deutet also nach dem heute üblichen Sprachgebrauch auf das Nebeneinander hin, nicht auf ein bestimmtes zahlenmäßiges Verhältnis. Etymologisch läßt sich allerdings, wie *List* (in: NJW 2000, 1840 f.) dargelegt hat, auch eine Verwendung des Worts „zugleich" im Sinne von „zu gleichen Teilen" nachweisen.

919 So etwa *Leisner*, NJW 1995, 2591 (2594: „konstruktive Auslegung") und *Vogel/Waldhoff*, in: BK, Vorbem. z. Art. 104 a–115 Rn. 546: „mutiger Schritt", „plausibel".

920 Hervorhebung nur hier.

921 Vgl. auch *Tipke*, Die Steuerrechtsordnung I, § 8, S. 453 mit Fußnote 158.

922 Mit „sollen" wird in der Rechtssprache zum Ausdruck gebracht, daß das entsprechende Verhalten im Regelfall erwartet wird oder die betreffende Rechtsfolge typischerweise eintritt, ohne daß dies in das freie Ermessen gestellt („können") oder zwingend vorgeschrieben („müssen") wäre; siehe *Köbler*, in: Deutsches Rechts-Lexikon, Band 3 unter dem Stichwort „Soll-Vorschrift".

923 BFH, NJW 1999, 3798 (3799); vgl. auch *Böckenfördes* abweichende Meinung zu BVerfGE 93, 149 ff., ebenda, S. 157 ff.; *Arndt/Schumacher*, NJW 1995, 3603 (2604); *Bull*, NJW 1996, 281 (283); *Sieckmann*, Eigentumsschutz, S. 388 f.; *Tipke*, Die Steuerrechtsordnung I, § 8, S. 452 mit Fußnote 156; *Birk*, Steuerrecht Rn. 162.

924 In: Freiheitsrechtliche Grenzen, S. 77 ff. und in: StuW 1999, 227 (239 ff.).

925 Wie *Butzer*, Freiheitsrechtliche Grenzen, S. 77 ff. auch *Seer*, FR 1999, 1280 (1285 f.); *Feldmann*, StuW 1998, 114 (118); *Lang*, in: FS für Vogel, S. 173 (183). Ähnliche Argumente

Butzers Argumente sind ein beachtenswerter Versuch, den vom Gericht mit dem lapidaren Hinweis auf Art. 14 Abs. 2 S. 2 GG aufgestellten Halbteilungsgrundsatz zu begründen. Beide Ableitungsvorschläge sind jedoch im Ergebnis nicht tragfähig. Art. 19 Abs. 2 GG besagt, daß ein Grundrecht nicht in seinem Wesensgehalt angetastet werden darf. Die Bedeutung dieser Aussage ist immer noch in vielen Punkten umstritten[926]. Bei einer Deutung als Garantie dessen, was nach einer Abwägung übrigbleibt (relative Theorie)[927], enthielte Art. 19 Abs. 2 GG ohnehin nur den Verhältnismäßigkeitsgrundsatz und wäre kein zusätzliches Argument für den Halbteilungsgrundsatz. Butzer versteht die Wesensgehaltsgarantie demgegenüber offenbar mit der überwiegenden und auch hier vertretenen Meinung[928] in einem absoluten Sinn, das heißt als Gewährung eines nicht einschränkbaren Kernbereichs. Unter Zugrundelegung dieser Interpretation hat Art. 19 Abs. 2 GG allerdings nur einen engen Anwendungsbereich[929], so daß sich bei einer Gesamtbelastung von mehr als 50 % keine Verletzung des Wesensgehalts feststellen läßt. Die Anerkennung der Leistung des Steuerpflichtigen ist erst dann in Frage gestellt, wenn ihm kein *nennenswerter* Anteil des Einkommens mehr verbleibt. Auch die existenz- und freiheitssichernde Funktion der Eigentumsfreiheit wird bei einer derartigen Gesamtbelastung nicht verfehlt, wenn sie nur für Einkommensbereiche gilt, in denen das verbleibende Einkommen in der Lage ist, die Existenz und eine angemessene Freiheitsentfaltung zu sichern. Bei weit überdurchschnittlichen Einkünften ist dies der Fall[930]. Der Halbteilungsgrundsatz kann also nicht auf die Wesensgehaltsgarantie gestützt werden.

Die daneben von Butzer angebotene Herleitung aus dem „Subsidiaritätsgrundsatz" setzt streng genommen voraus, daß ein *allgemeiner* Rechtssatz[931] existiert, der besagt, daß *jede* Einheit (angefangen vom einzelnen Menschen über die Familie zur Gemeinde und Gemeindeverband, Land, Bund und EU usw.) nur für die Aufgaben zuständig ist, die die vorige, kleinere Einheit nicht bewältigen kann[932]. Der dafür von Butzer[933] als Beleg herangezogene Art. 23 Abs. 1 S. 1 GG n. F. befaßt sich nur mit einem Teilaspekt dieser Aussage; er bezieht sich nach seiner systematischen

finden sich bei *Draschka*, Steuergesetzgebende Staatsgewalt, S. 182 f. für seine (nur auf die Einkommensteuer bezogene) Halbteilungsgrenze.

926 Vgl. schon oben S. 137 ff. Von einer rein deklaratorischen Aussage des Art. 19 Abs. 2 GG geht *Häberle*, Die Wesensgehaltgarantie, S. 234 ff. aus.

927 Nachweise in Fußnote 859.

928 Siehe oben S. 137 ff.

929 Siehe oben Fußnote 863.

930 Vgl. auch *Mußgnugs* Hinweis (in: JZ 1991, 993 [995 f.]), daß der Spitzensteuersatz erst bei denen greift, die ihn verkraften können.

931 Die Formulierung des Subsidiaritätsprinzips wird üblicherweise auf die katholische Soziallehre zurückgeführt. Dazu näher und m. w. N. Hübner, Grundsatz der Subsidiarität, S. 171 ff.; *Butzer*, Freiheitsrechtliche Grenzen, S. 78 f. Zum Streit um die Rechtsgeltung des Subsidiaritätsprinzips siehe *Butzer*, Freiheitsrechtliche Grenzen, S. 79 f. m. w. N. in Fußnoten 67 ff.

932 So *Butzer*, Freiheitsrechtliche Grenzen, S. 79 f.; *Seer*, FR 1999, 1280 (1285 f.).

933 *Butzer*, Freiheitsrechtliche Grenzen, S. 79 f. unter Berufung auf *Oppermann*, JuS 1996, 569 (570 ff.).

Stellung und seiner Entstehungsgeschichte[934] nicht auf das Verhältnis zwischen dem Bürger und dem (Mitglieds-)Staat. Gegen eine Verallgemeinerung des Art. 23 Abs. 1 S. 1 GG im oben genannten Sinn spricht, daß eine solche die Unterschiede, die das Grundgesetz bei den jeweiligen Kompetenzabgrenzungen[935] vorsieht, nivellieren würde[936]. Aber auch Butzer geht es im Grunde nur um eine ganz bestimmte Aussage des „Subsidiaritätsgrundsatzes", nämlich die, daß staatliche Hilfe und Vorsorge erst gewährt werden sollen, wenn und soweit der einzelne seine existentiellen Bedürfnisse nicht selbst befriedigen kann. Insofern zeigt sich in der Tat an vielen Stellen des Grundgesetzes, vor allem an dessen Grundrechtsteil, daß das verfassungsrechtliche Menschenbild von der Annahme der Selbstverantwortlichkeit und Vernünftigkeit des Menschen geprägt ist[937]. Diese Erkenntnis gibt aber keinen Aufschluß über das zahlenmäßige Verhältnis von staatlichen Ausgaben und individuellen Einnahmen und taugt deshalb nicht zur Begründung der Halbteilungsgrenze. Im übrigen vernachlässigt Butzers Argumentation die vom Bundesverfassungsgericht betonte zweite Komponente des Menschenbilds, nämlich die Gemeinschaftsverbundenheit[938].

Ergänzend zu Butzers Vorschlägen sei auch noch erwähnt, daß die Halbteilungsgrenze auch keine „erdrosselnde Wirkung" im bisher anerkannten Sinn beschreibt[939]. Diese liegt nur vor, wenn die Steuerbelastung so intensiv ist, daß sie die Steuerquelle zerstört[940]. Der Gesichtspunkt des Erdrosselungsschutzes mag die Verschonung des Existenzminimums[941] und vielleicht auch die Deutung der Vermögen-

[934] Art. 23 Abs. 1 S. 1 GG n. F. ist eine Reaktion auf die Verlagerung von staatlichen Kompetenzen auf die EU.

[935] Z. B. die Grundrechte als „negative Kompetenznormen" (*Pieroth/Schlink*, Grundrechte Rn. 73); Art. 28 Abs. 2 GG für die Gemeinden und Gemeindeverbände, Art. 70 ff. und 83 ff. GG für das Verhältnis zwischen Bund und Ländern; Art. 23 GG Abs. 1 GG für die Zuständigkeit der EU.

[936] So zu Recht *Herzog*, Der Staat 2. Band (1963), S. 399 (411 ff.); vgl. auch die Bedenken von *Lecheler*, Das Subsidiaritätsprinzip, S. 46 ff.

[937] Siehe etwa BVerfGE 4, 7 (15 f.) – Investitionshilfe. Die Verfassung setzt, wie *Häberle* es (in: Das Menschenbild, S. 40 ff.) treffend formuliert, ein relativ „gutes" bzw. zumindest „optimistisches" Bild vom Menschen voraus.

[938] Wie *U. Becker*, in: Das ‚Menschenbild' nachgewiesen hat, bewegt sich das vom BVerfG herangezogene Menschenbild zwischen den Polen der Eigenverantwortung einerseits und der Gemeinschaftsgebundenheit andererseits (grundlegend BVerfGE 4, 7 [15 f.] – Investitionshilfe), wobei es in manchen Entscheidungen ergebnisorientiert nur auf die eine oder andere Komponente abstellt (Nachweise bei *U. Becker*, ebenda).

[939] Wie hier *Lang*, NJW 2000, 457 (457 und 458); *Tipke*, Die Steuerrechtsordnung I, § 8, S. 445; a. A. *Kirchhof*, in: Steuergerechtigkeit durch Steuervereinfachung, S. 23 (25, 30), der die Halbteilung als Quantifizierung des Erdrosselungsverbots begreift; vgl. auch *Trzaskalik*, in: Verh. des 63. DJT, 2000, Band 1, Gutachten E (E 53).

[940] Siehe BVerfGE 31, 8 (17) – Spielautomaten II; 95, 267 (301) – LPG-Altschulden. Zum Lehrbuchbeispiel der Nachtigallensteuer siehe bereits oben S. 35.

[941] Siehe *Mußgnug*, JZ 1991, 993 (993). Der Grundfreibetragsbeschluß BVerfGE 87, 153 ff. läßt sich insofern eher als der Vermögensteuerbeschluß in die Erdrosselungsrechtsprechung einordnen.

steuer als eine die Substanz des Vermögens wahrende *Sollertragsteuer* gebieten[942], rechtfertigt aber nicht die Halbteilungsgrenze. Daß die Steuerpflichtigen gerade ab einer Gesamtbelastung von 50% die Einkommenserzielung aufgeben, kann nicht festgestellt werden[943]. Dies hängt davon ab, ob sich der Aufwand, der je nach Einkunftsart und der konkreten Lage sehr unterschiedlich sein kann, im finanziellen Gesamtergebnis oder aber aus anderen Gründen lohnt und ob das Einkommen für den einzelnen überhaupt verzichtbar ist.

Für die Halbteilungsgrenze könnte noch sprechen, daß die Verfassungsgerichtsbarkeit vor einem Quantifizierungsproblem steht[944]. Irgendwo, spätestens beim vollständigen Entzug des Einkommens[945], muß eine Belastungsgrenze verlaufen, deren Überschreitung aus grundrechtlicher Sicht nicht mehr hingenommen werden kann. Eine zahlenmäßige Festlegung könnte für sich in Anspruch nehmen, zur Rechtssicherheit beizutragen[946]. Der Ausgabenbedarf ist jedoch langfristig so wenig vorhersehbar[947], daß eine derartige verfassungsrechtliche Belastungsobergrenze ausgesprochen problematisch wäre[948]. Die Festlegung der maximal verfügbaren Mittel ohne Rücksicht auf die jeweilige wirtschaftliche, politische und soziale Lage könnte die Funktionsfähigkeit des Staats gefährden und seine Möglichkeiten zur Wahrnehmung der humanitären und sozialstaatlich gebotenen oder sonst sinnvollen Aufgaben einschränken, und zwar gerade in Krisenzeiten[949]. Die Verfassung ist aber nicht nur für Zeiten überwiegenden Wohlstands und Friedens gültig; sie muß sich auch in außergewöhnlichen Lagen behaupten. Wollte der Verfassungsgeber eine zahlenmä ßige Belastungsobergrenze einführen, so müßte er sie wenigstens so beschaffen, daß sie über den absehbaren Finanzbedarf hinaus noch einen ganz erheblichen Spielraum bewahrt. Das bedeutet dann aber, daß sie zur Begrenzung der Steuerbelastung

---

942 *Selmer*, Steuerinterventionismus, S. 324 und *Mußgnug*, JZ 1991, 993 (993) weisen auf die wirtschaftliche Nähe zu einer Enteignung hin, wenn die Erträge im Regelfall nicht ausreichen, um die Steuerlast abzudecken. Zu den Bedenken gegen die Deutung der Vermögensteuer als Sollertragsteuer siehe schon Fußnote 330. Da hier nur die Einkommensbesteuerung Gegenstand ist, soll dies hier nicht vertieft werden.

943 *Mußgnug*, JZ 1991, 993 (994); für Vermögenserträge auch *Bull*, NJW 1996, 281 (284). *Friauf* geht allerdings von einer psychologischen Signifikanz der Halbteilung aus (in: DStJG 12. Band [1989], S. 3 [9 in Fußnote 19]).

944 Siehe *Vogel/Waldhoff*, in: BK, Vorbem. z. Art. 104a–115 Rn. 546; ebenso *Lang*, NJW 2000, 457 (458).

945 Zur Unverhältnismäßigkeit einer Totalbindung siehe auch BVerfGE 100, 226 (243: aus dem Recht dürfe keine Last werden, die der Eigentümer ohne privaten Nutzen allein im öffentlichen Interesse zu tragen habe) – Abbruchverbot.

946 Siehe auch *Tipke*, Die Steuerrechtsordnung I, § 8, S. 451. Für die Einführung einer verfassungsrechtlichen Belastungsobergrenze de lege ferenda setzt sich *Feldmann*, StuW 1998, 114 (115 ff.) ein.

947 Deshalb gestattet das Grundgesetz auch unter bestimmten Voraussetzungen im Haushaltsplan nicht vorgesehenen Ausgaben, siehe Art. 112 GG.

948 Gegen sie auch *Neumark*, in: Die Zukunft der Staatsfinanzierung, S. 45 (47).

949 Vgl. dazu *Böckenförde*, BVerfGE 93, 149 (157, 163 f.). Siehe auch *Mußgnug* bei der Aussprache zu den Referaten auf der Staatsrechtslehrertagung 1980, in: VVDStRL 39. Band (1981), S. 361 (381 f.).

in „normalen“ Zeiten nicht taugt; sie könnte im Gegenteil sogar eine Versuchung für den Gesetzgeber darstellen, die zugelassene Staatsquote ohne Not auszuschöpfen. Die Schaffung von Rechtssicherheit ginge dann zu Lasten der Freiheit.

Das Grundgesetz enthält mit gutem Grund keine zahlenmäßige Belastungsobergrenze. Die Ableitung aus dem Wort „zugleich“ hat sich bereits als sprachlich nicht überzeugend erwiesen. Für einen *subjektiven* Willen des Verfassungsgebers, eine Belastungsobergrenze zu statuieren[950], gibt es auch keine Anhaltspunkte[951]. Nicht zuletzt der Verzicht auf eine zahlenmäßige Festlegung in dem – nachträglich eingefügten – Art. 106 Abs. 3 S. 4 Nr. 2 GG, der lediglich besagt, eine „Überbelastung der Steuerpflichtigen“ müsse vermieden werden, spricht gegen den Halbteilungsgrundsatz.

Zudem ist die Grenze vom Senat ausgesprochen eng, aus den genannten Gründen zu eng gezogen worden[952]. Dies gilt insbesondere, wenn man die Steuern und Abgaben bedenkt, die zur Vermeidung einer bloßen Verschiebung der Lasten in die Gesamtbelastung einberechnet werden müssen[953]. Bei den europäischen Ländern, die eine (einfach-)gesetzliche Belastungsobergrenze kennen, liegt sie denn auch deutlich über 50 %[954].

Der Halbteilungsgrundsatz ist nicht zuletzt deshalb problematisch, weil er eine *spezifisch steuerrechtliche* Interpretation des Art. 14 Abs. 2 S. 2 GG bedeutet[955]. Das Bundesverfassungsgericht weist grundsätzlich bisher weder der Privatnützigkeit noch dem Gemeinwohl von vornherein einen Vorrang zu, sondern stellt auf die konkrete Bedeutung des Gegenstands oder Rechts für den Eigentümer einerseits und auf den Sozialbezug andererseits ab[956]. Bei besonderer Nähe zum Gemeinwohl prüft

---

[950] Zur Entstehungsgeschichte siehe oben Fußnote 918.

[951] Weder *Kirchhof* noch der Zweite Senat des BVerfGs behaupten, daß das „zugleich“ im Sinne von „hälftig“ gemeint war. Im übrigen bezweifeln auch weder *Kirchhof* (siehe seinen Hinweis zur Auslegung des Art. 106 Abs. 3 S. 4 Nr. 2 GG bei der Aussprache über die Referate, in: VVDStRL 39. Band [1981], S. 361 [402]), noch die Verfassungsrechtsprechung die Bedeutung der Entstehungsgeschichte für die Auslegung (siehe zwar die sehr zurückhaltenden Formulierungen in BVerfGE 1, 299 [312]; 11, 126 (129 f.), aber auch die Untersuchung der Rechtsprechungspraxis von *Sachs*, DVBl 1984, 73 [76 ff.]).

[952] So zutreffend *Böckenförde* in seinem Sondervotum, BVerfGE 93, 149 (157, 163 f.).

[953] Zu diesen siehe oben S. 52 ff. und S. 53 ff.

[954] Siehe die interessanten rechtsvergleichenden Hinweise von *Tipke*, GmbHR 1996, 8 (13 Fußnote 31 und in: Die Steuerrechtsordnung I, § 8, S. 454 und von Lang, NJW 2000, 457 (459 Fußnote 30): in den Niederlanden ist die Belastungsobergrenze aus Einkommen-, Vermögensteuer und Volksversicherungsprämie gesetzlich mit 68 % festgelegt; in Spanien dürften Einkommen- und Vermögensteuer nach Art. 30 Ley Impuesto sobre Patrimonio 70 % nicht übersteigen. In den klassischen Hochsteuerländern wie Schweden, Dänemark, Finnland und den Niederlanden liegen die Grenzen bei 60 bis über 70 %.

[955] So zutreffend *Tipke*, Die Steuerrechtsordnung I, § 8, S. 452. Ein Teil der Literatur folgert allerdings aus dem Vermögensteuerbeschluß, die Halbteilungsgrenze müsse auch für andere Eigentumseingriffe, z. B. im Umweltschutz- oder Denkmalschutzrecht gelten (Nachweise in Fußnote 293).

das Gericht nur, wann der Privatnützigkeitsgedanke so weit zurückgedrängt wird, daß dem Eigentümer keine nennenswerten Befugnisse mehr verbleiben (Totalbindung)[957]. Das die persönliche Freiheit sichernde Eigentum genießt dagegen besonderen Schutz[958].

Die Stärke des Verhältnismäßigkeitsgrundsatz liegt darin, daß er einerseits auch bei geringer Belastungsintensität begrenzend wirkt, andererseits aber grundsätzlich keine unüberwindbare Schranke darstellt[959]. Auf diese Weise vermag er sowohl den Grundrechten als auch dem Gemeinwohl Rechnung zu tragen. Der Halbteilungsgrundsatz weist diese Vorzüge nicht auf. Er greift erst bei einer bestimmten Intensität und bildet dann gleich eine – jedenfalls im Regelfall – nicht mehr überschreitbare Grenze. Er ist in seiner Starrheit[960] kein adäquater Ersatz für den Verhältnismäßigkeitsgrundsatz.

γγ) Die Erhaltung der Wertrelation von Einnahmebelastung und Ausgabenwichtigkeit als objektiv-rechtlicher Maßstab

Wie die Diskussion der eben vorgestellten Lösungsvorschläge gezeigt hat, führen sowohl die Ineffizienzlehre als auch die Anwendung des Halbteilungsgrundsatzes zu Ergebnissen, die den Wertungen der allgemeinen Eigentumsdogmatik widersprechen. Es liegt daher nahe, die Kernaussage des Verhältnismäßigkeitsgrundsatzes zu erhalten und seine Anwendungsweise nur insoweit anzupassen, als es in Anbetracht der steuerlichen Besonderheiten zwingend erforderlich ist.

956 Siehe *Böhmer* in seinem Sondervotum zu BVerfGE 56, 249 ff. – Dürkheimer Gondelbahn, (ebenda, S. 266 [275]). In diesem Punkt weicht er auch nicht von der Senatsentscheidung ab, sondern verdeutlicht nur die st. Rspr.; siehe insbes. BVerfGE 50, 290 (340) – Mitbestimmung; 58, 137 (147 f.) – Pflichtexemplar.

957 Für das Abbruchverbot eines denkmalgeschützten Hauses, dessen sinnvolle Nutzung nicht möglich ist, siehe den Beschluß des Ersten Senats BVerfGE 100, 226 (243).

958 Siehe BVerfGE 42, 263 (294 f.) – Contergan; 50, 290 (340) – Mitbestimmung.

959 Zur Struktur des Verhältnismäßigkeitsgrundsatzes siehe *Kunig*, in: Das Rechtsstaatsprinzip, S. 354.

960 *Depenheuer*, in: v. Mangoldt/Klein/Starck, Art. 14 Rn. 389; *Butzer*, Freiheitsrechtliche Grenzen, S. 92 f. und *Lang*, NJW 2000, 457 (459) meinen allerdings, der Halbteilungsgrundsatz sei flexibel genug, um in Ausnahmelagen eine weitergehende Sozialpflichtigkeit des Eigentums zu rechtfertigen.

(1) v. Arnims Vorschlag zur Verlagerung der Verhältnismäßigkeitsprüfung auf die Ebene der Ausgabenentscheidung

v. Arnim[961] hat auf der Staatsrechtslehrertagung 1980 diesbezüglich einen beachtenswerten Vorschlag gemacht. Im Steuerstaat bestehe ein enger Zusammenhang zwischen dem Umfang der Ausgaben und der Intensität der Besteuerung, allerdings nicht in der Weise, daß jede Fehlausgabe die Verfassungswidrigkeit der Besteuerung zur Folge habe, sonst gäbe es praktisch keine verfassungsmäßigen Steuern. Scheide sowohl eine Rückwirkung der Mittelverwendung auf die Rechtmäßigkeit der Steuererhebung als auch ein selbständiges subjektives Recht des einzelnen gegen die Vornahme unverhältnismäßiger Ausgaben aus, so bleibe immer noch die objektiv-rechtliche Komponente des Art. 14 GG zu beachten[962]. Sie sorge für eine ausgewogene Relation zwischen der Intensität der Besteuerung und der Dringlichkeit der Ausgaben, indem sie den Verhältnismäßigkeitsgrundsatz auf die Ebene der Steuer*verwendung* verlagere und auf diese Weise einer Verschwendung entgegenwirke. Das an die Exekutive gerichtete Wirtschaftlichkeitsgebot des Art. 114 Abs. 2 S. 1 GG sei nichts anderes als eine Ausprägung des Art. 14 GG; inhaltlich gelte es auch für den Gesetzgeber[963]. Die Verhältnismäßigkeit sei nur gewahrt, wenn, zugespitzt formuliert, „die am wenigsten dringliche Ausgabe noch die Erhebung der am schwersten belastenden Steuer rechtfertig(e)“[964].

v. Arnims Vorschlag hebt sich dadurch hervor, daß er den Verhältnismäßigkeitsgrundsatz als Maßstab erhält. Daß dessen Anwendung grundsätzlich[965] nicht über die Rechtmäßigkeit der Steuer*erhebung* entscheidet, ist allerdings eine Abweichung von der allgemeinen Eigentumsdogmatik. Diese ist aber eine unausweichliche Folge des Einsatzes der Steuern zur Deckung des allgemeinen Finanzbedarfs[966]. Wenn

---

[961] In: VVDStRL 39. Band (1981), S. 286 (311 ff.); siehe auch in: Wirtschaftlichkeit, S. 72 f.; vgl. auch *Fischer-Menshausen*, in: v. Münch/Kunig, Art. 114 Rn. 17; *Jachmann*, Grenzen der Besteuerung, S. 30 f.; sympathisierend *Friauf*, in: DStJG 12. Band (1989), S. 3 (9 f.); teilweise übereinstimmend auch *Vogel*, in: Isensee/Kirchhof, HdbStR IV, § 87 Rn. 102 f. Ähnlich hatten sich zuvor bereits *Lange*, in: Die Verwaltung 4. Band (1971), S. 259 (271 f.) und *Luhmann*, in: Der Staat 4. Band (1973), S. 1 (17 f.) geäußert.

[962] Siehe ausdrücklich *v. Arnim*, in: VVDStRL 39. Band (1981), S. 286 (316 f., insbes. Fußnote 120) und bei der Aussprache zu den Referaten, ebenda, S. 361 (398 f.).

[963] Zustimmend auch *Fischer-Menshausen*, in: v. Münch/Kunig, Art. 114 Rn. 17.

[964] *v. Arnim*, in: VVDStRL 39. Band (1981), S. 286 (316).

[965] Anders ist dies im engen Anwendungsbereich der Wesensgehaltsgarantie nach Art. 19 Abs. 2 GG, also bei einer Besteuerung, die so intensiv ist, daß sie ohne Rücksicht auf die Dringlichkeit des Finanzbedarfs Art. 14 GG verletzt (näher unten S. 163).

[966] Dies entspricht auch ganz h. M. (Nachweise in Fußnoten 881 f.). Teilweise a. A. wohl nur *Vogel*, in: Isensee/Kirchhof, HdbStR IV, § 87 Rn. 102: „Zwar berührt die Verwendung von Mitteln für einzelne Aufgaben grundsätzlich nicht die Verfassungsmäßigkeit der Gesetze, aufgrund deren die Mittel erhoben werden, auch dann nicht, wenn die Ausgaben verfassungswidrig sein sollte ... Anderes muß aber gelten, wenn eine verfassungswidrige Verwendung der Mittel die Höhe der Gesamtlast zum Nachteil des einzelnen Pflichtigen für diesen merklich erhöht.“

die Rechtmäßigkeit der Steuererhebung von der Art und der Dringlichkeit der mit ihr finanzierten Aufgaben abhängen würde, wäre sie *strukturell* nicht möglich[967]. Zwar hindert die Nachträglichkeit der Verwendung eine Auswirkung auf den Zugriffsakt noch nicht. So ist beispielsweise anerkannt, daß die Rechtfertigung einer Enteignung im nachhinein entfällt, wenn ein Grundstück nicht zum vorgesehenen Zweck eingesetzt wird[968]. Anders als im Enteignungsrecht steht der eigentliche Zweck im Steuerrecht aber typischerweise[969] nicht fest, sondern ist austauschbar. Deshalb ist der Rechtfertigungszusammenhang zwischen der Belastung des Individuums und dem gewünschten Endziel unterbrochen und statt dessen der Fiskalzweck als Zwischenziel anerkannt. Es wäre bei dem Massengeschäft Besteuerung auch völlig unpraktikabel, nach dem Vorbild der aus dem Enteignungsrecht bekannten Rückübereignungspflicht[970] die steuerlichen Zugriffe wegen eines teilweisen Fehleinsatzes der Mittel wieder rückgängig machen zu wollen. Außerdem müßte die Erstattung wiederum größtenteils aus Steuergeldern erfolgen[971], könnte also insgesamt keinen Gewinn an Privatnützigkeit bringen. Auf diese Besonderheiten des Steuerrechts reagiert der Vorschlag zur Verlagerung der Verhältnismäßigkeitsprüfung, und er hält dabei die Abweichung von der allgemeinen Dogmatik so gering wie möglich: Wie oben dargelegt wurde[972], wirkt die Eigentumsfreiheit auf die Verwirklichung eines möglichst hohen Maßes an Privatnützigkeit hin[973]. Dem entspricht es, nur solche Ausgaben zuzulassen, die wichtig genug sind, um die Relativierung der Privatnützigkeit zu rechtfertigen. Dagegen wäre es systemfremd, dem Steuerpflichtigen einen *Anspruch* auf Nichtvornahme unangemessener Ausgaben zu gewähren[974].

Spricht demnach viel für v. Arnims Auffassung, so bleibt zu fragen, ob die dagegen erhobenen Einwände berechtigt sind.

---

967 Aus der Erwähnung der Steuern als Finanzquelle ergibt sich, daß die Besteuerung strukturell möglich sein muß, siehe oben S. 87.

968 Siehe BVerfGE 38, 175 (180 f.); bestätigt von BVerfGE 97, 89 (96) in Form eines obiter dictums (nur) für Enteignungen, die unter Geltung des Grundgesetzes erfolgt sind. Siehe auch *Depenheuer*, in: v. Mangoldt/Klein/Starck, Art. 14 Rn. 48 und 438 ff.

969 Eine Ausnahme bilden die sog. Zwecksteuern (zu ihnen schon Fußnote 114), zu denen die Einkommensteuer aber nicht gehört.

970 Nachweise siehe vorige Fußnote.

971 Das gilt jedenfalls, wenn die Ausgabe nicht mehr rückgängig gemacht werden kann. Andernfalls steht der betreffende Betrag dem allgemeinen Haushalt wieder zur Verfügung, so daß es dann für die Erstattung der Steuer ohnehin keine Veranlassung gäbe.

972 Siehe oben S. 107 ff.

973 Auch bei *v. Arnim* klingt das Prinzipienmodell an, wenn er von einem „optimale(n) Verhältnis von Einnahmen und Ausgaben im Sinne einer umfassenden Wirtschaftlichkeit" spricht (in: VVDStRL 39. Band [1981], S. 286 [314 f.]).

974 *Kirchhof*, in: VVDStRL 39. Band (1981), S. 213 (250); *Püttner* und *Badura* bei der Aussprache zu den Referaten in: VVDStRL 39. Band (1981), S. 361 (380 bzw. S. 395 f.); *Papier*, in: Maunz/Dürig, Art. 14 Rn. 170; derselbe in: Benda/Maihofer/Vogel, HdbVerfR, § 18 Rn. 106. Vgl. auch BVerfGE 67, 26 (36 f.) und 78, 320 (329 ff.): kein subjektives Recht auf das Unterlassen einer bestimmten Verwendung von Krankenversicherungsbeiträgen.

(2) Die dagegen vorgebrachten Einwände und ihre Berechtigung

v. Arnims Kritiker[975] werfen ihm vor, das Wesen der Steuer zu verkennen, indem er Ausgaben und steuerliche Belastung in einen Rechtfertigungszusammenhang bringt. Im Grundgesetz sei die völlige Trennung von „Geben" und „Nehmen" angelegt; für beide Aspekte sehe es jeweils eigenständige Kompetenz- und Verfahrensregeln vor[976]. Die Steuererhebung sei allein am Fiskalzweck und etwaigen Lenkungszielen zu messen; für etwaige Fehlausgaben seien Steuergesetzgeber und -verwaltung nicht verantwortlich.

Richtig an dieser Argumentation ist, daß der Zusammenhang zwischen „Nehmen" und „Geben" insofern unterbrochen ist, als der Steuerpflichtige eine fehlerhafte Verwendung von Mitteln nicht gegen den Zugriff auf sein Eigentum einwenden kann. Dies stellt aber, worauf v. Arnim zu Recht hinweist[977], Konsequenzen auf *objektiv-rechtlicher* Ebene nicht in Frage, sondern läßt solche sogar in besonderem Maß als geboten erscheinen[978]. Ein wirksamer Grundrechtsschutz ist nur dann möglich, wenn Vorkehrungen dafür getroffen werden, daß sich die Erwartung der Gemeinnützigkeit, die den Steuerzugriff rechtfertigt, bestätigt[979]. Die Annahme der völligen rechtlichen Trennung von Einnahmen und Ausgaben verkennt, daß die Erzielung der Einnahmen kein Selbstzweck ist, sondern der Erfüllung inhaltlicher Ziele dient[980]. Die Aufhebung des Zusammenhangs kann auch nicht auf die Kompe-

975 Siehe die Stellungnahmen bei der Aussprache zu den Referaten, in: VVDStRL 39. Band (1981), S. 361 ff., insbes. *Püttner*, S. 380; *Mußgnug*, S. 381 f. und 391 f.; *Meessen*, S. 382 f.; *Breuer*, S. 383 f.; *Badura*, S. 396; *Kirchhof*, S. 401; *Wilke*, S. 404. Siehe ferner *Kirchhof*, in: Besteuerungsgewalt, S. 16; *Prokisch*, Finanzverfassung, S. 42 f.; *Rodi*, Steuern als Verfassungsproblem, S. 56 f. Nach *Papier* (in: Maunz/Dürig, Art. 14 Rn. 179, in: Benda/Maihofer/Vogel, HdbVerfR, § 18 Rn. 106 und in: FS für Vogel, S. 117 [125]) gehört *v. Arnims* Vorschlag in die „Traumfabrik des Staatsrechts".

976 So von den in Fußnote 976 Genannten insbes. *Kirchhof*, *Wilke* und *Breuer*.

977 In: Wirtschaftlichkeit als Verfassungsprinzip, S. 73 Fußnote 27.

978 Siehe auch *Martens*, in: VVDStRL 30. Band (1972), S. 7 (18 ff.); allerdings leitet er das Verhältnismäßigkeitsgebot für die Verwendung von Mitteln aus dem Rechtsstaatsgebot, nicht aus Freiheitsrechten ab. Die grundrechtssichernde Funktion verkennt er dennoch nicht.

979 Siehe *v. Arnim*, in: VVDStRL 39. Band (1981), S. 286 (314 f.). Auch bei *Vogel* spürt man ein deutliches Unbehagen, bei der Erwartung der Gemeinnützigkeit stehen zu bleiben; in: JZ 1996, 43 (44) heißt es: „Steuereinnahmen bedeuten zunächst nur einen Machtzuwachs für Politiker und Beamte. Ob sie tatsächlich dem Gemeinwohl dienen, hängt von ihrer Verwendung a ... Und man muß auch bedenken, daß von den Mitteln, die zur Umverteilung erhoben werden, nur ein Teil – wenn es hoch kommt, die Hälfte – bei denen ankommen wird, für die sie bestimmt sind".

980 *Isensee* unterscheidet (in: HdbStR III, § 57 Rn. 118; ihm folgend etwa *Rodi*, Steuern als Verfassungsproblem, S. 143 f.) diesbezüglich zwischen primären und sekundären Staatszielen. Den Zielen der zweiten Kategorie, zu denen er u. a. den Fiskalzweck zählt, gesteht er keine aus sich heraus legitimierende Kraft zu; diese ergebe sich nur aus dem jeweiligen mittelbar verfolgten Gemeinwohlzweck, also dem primären Staatsziel. Ob und inwiefern dem eine konkrete Bedeutung für die Eingriffsrechtfertigung zukommen soll, bleibt allerdings unklar (siehe ebenda, Rn. 172: „Der Fiskalzweck leitet und rechtfertigt die Steuern, kraft deren der Steuerstaat

tenz- und Organisationsbestimmungen der Finanzverfassung gestützt werden; zu deren eingeschränkter Aussagekraft wurde oben bereits Stellung genommen[981].

Manche wenden gegen die Verlagerung des Prüfungsmaßstabs auf die Ebene der Ausgabenentscheidung ein, der so beschriebene Schutz bringe dem Steuerpflichtigen nichts[982]. Dies ist jedoch nicht zutreffend. Die Verhältnismäßigkeitsprüfung der Ausgaben wirkt begrenzend auf den staatlichen Finanzbedarf und damit auf die allgemeine Steuerlast. Über den Gleichheitssatz profitiert davon prinzipiell auch der einzelne Steuerpflichtige[983]. Daß ihm die Anforderungen an die Ausgabenentscheidungen nur indirekt nutzen, ist die Kehrseite dessen, daß ihn auch die einzelnen Ausgaben nur indirekt belasten, und kein Grund, auf die freiheitssichernde Wirkung des Verhältnismäßigkeitsgrundsatzes zu verzichten.

Ein anderer Kritikpunkt an v. Arnims Konzept betrifft die Justitiabilität[984]. Zwei Aspekte sind hier zu trennen, die Frage nach der verfahrensrechtlichen Durchsetzbarkeit der genannten Anforderungen und diejenige nach ausreichender Konkretisierung des anzuwendenden Maßstabs. Hinsichtlich der Kontrollverfahren ist zu unterscheiden, welche Staatsgewalt die jeweilige Ausgabenentscheidung getroffen hat. Bei Ausgabenentscheidungen in Form von formellen, nachkonstitutionellen Gesetzen scheidet eine Überprüfung im Wege eines konkreten Normenkontrollverfahrens regelmäßig aus. Wenn die Verwaltung ein Gesetz für verfassungswidrig hält, ist ihr kein Vorlagerecht gegeben, woraus die herrschende Meinung[985] schließt, daß sie ein solches Gesetz, solange dessen Verfassungswidrigkeit nicht in den dafür vorgesehenen Verfahren festgestellt worden ist, anwenden muß. Aber auch der von dem Gesetz Begünstigte hat gegen die Anwendung desselben typischerweise nichts einzuwenden; und ein etwaiger Konkurrent kann nur die Verletzung seiner Rechte geltend machen, nicht aber die allgemeine Unverhältnismäßigkeit der Ausgabe[986].

---

seine sozialen und sonstigen [finalen] Finanzierungsaufgaben selbstlos zu erfüllen vermag"). Ähnlich undeutlich in den Konsequenzen *Vogel*, JZ 1996, 43 (44); konkreter *v. Arnim*, VVDStRL 39. Band (1981), S. 286 (311 ff.).

981 Siehe oben S. 87.

982 *Birk*, Das Leistungsfähigkeitsprinzip, S. 191 f.; s. auch *Breuer*, in: VVDStRL 39. Band (1981), S. 383 f.

983 Vgl. auch *v. Arnim*, in: VVDStRL 39. Band (1981), S. 286 (312).

984 Siehe *Rodi*, Steuern als Verfassungsproblem, S. 57. Vgl. auch *Mußgnugs* Stellungnahmen bei der Aussprache zu den Referaten auf der Staatsrechtslehrertagung 1980, in: VVDStRL 39. Band (1981), S. 361 (381) und – dort relativierend –, ebenda. S. 391 f. Auch *Papier*, der *v. Arnim* die Folgerichtigkeit durchaus nicht abspricht (in: FS für Vogel, S. 117 [125]), zweifelt an der Griffigkeit einer grundrechtlichen Bindung des Ausgabengesetzgebers.

985 *Herzog*, in: Maunz/Dürig, Art. 20 VI Rn. 30; *Jarass*, in: Jarass/Pieroth, Art. 20 Rn. 36.; *Sommermann*, in: v. Mangoldt/Klein/Starck, Art. 20 Rn. 247; *Schulze-Fielitz*, in: Dreier, Art. 20 (R) Rn. 89; vgl. in anderem Zusammenhang auch BVerfGE 98, 265 (318) – BaySchwHEG. A. A. wegen der Nichtigkeit verfassungswidriger Gesetze *Sachs*, in: Sachs, Art. 20 Rn. 97 und 108.

986 Es besteht kein subjektives Recht auf Nichtvornahme unverhältnismäßiger Ausgaben, siehe oben S. 154 f.

Folglich kommt es regelmäßig[987] nicht zu einer Überprüfung des Gesetzes vor den Fachgerichten, die ihrerseits im Wege der Vorlage nach Art. 100 Abs. 1 GG eine Klärung der Verfassungsmäßigkeit herbeiführen könnten. Möglich bleibt aber die Überprüfung von Ausgabengesetzen im Wege einer abstrakten Normenkontrolle[988]. Die Literatur nimmt insofern an, daß die nicht vorlageberechtigte Verwaltung die Einleitung einer abstrakten Normenkontrolle anregen muß, wenn sie ein Gesetz für verfassungswidrig hält[989]. Für Normen im Rang unter einem formellen Gesetz steht die abstrakte Normenkontrolle ebenfalls offen[990]; im übrigen kann die Exekutive sie auch selbst unangewendet lassen; hier kann es gegebenenfalls im Rechtsstreit um die Gewährung einer Begünstigung zur gerichtlichen Überprüfung der Verfassungsmäßigkeit kommen. Problematischer ist die Kontrollmöglichkeit bei Exekutiventscheidungen. Außer der verwaltungsinternen Rechtsaufsicht ist für sie[991] eine Überprüfung durch den Bundesrechnungshof bzw. entsprechende Institutionen des Landesverfassungsrechts vorgesehen[992]. Maßstab der Beurteilung ist nach Art. 114 Abs. 2 GG die Wirtschaftlichkeit und Ordnungsmäßigkeit der Haushalts- und Wirtschaftsführung, was sich mit den Anforderungen der Eigentumsfreiheit überschneidet. Welcher Staatsgewalt bzw. welchen Staatsgewalten der Rechnungshof zuzuordnen ist, wird unterschiedlich beurteilt[993]. Er wird von manchen wegen seiner Pflicht zur Berichterstattung nach Art. 114 Abs. 2 S. 2 GG ausschließlich als (Hilfs-)Organ von Exekutive und/oder Legislative angesehen. Nach der hier vertretenen Auffassung nimmt er auch Aufgaben der Judikative wahr[994], diese allerdings nur eingeschränkt, denn seine Entscheidungen entfalten keine rechtliche Bindungswirkung.

---

987 Eine insofern sehr ungewöhnliche Konstellation liegt BVerfGE 99, 280 ff. – steuerfreie Stellenzulage zugrunde. Das FG Brandenburg hatte mit der Vorlage (siehe EFG 1995, 977 ff.) einen Verstoß gegen den Gleichheitssatz geltend gemacht und ausgeführt, daß die Verfassungsmäßigkeit der Steuervergünstigung nach § 3 Nr. 12 S. 1 EStG indirekt entscheidungserheblich für den im Ausgangsverfahren streitigen Abzug von Werbungskosten sei.

988 Diese Verfahrensart nennt denn auch *v. Arnim*, in: VVDStRL 39. Band (1981), S. 286 (317).

989 *Herzog*, in: Maunz/Dürig, Art. 20 VI Rn. 30; *Sommermann*, in: v. Mangoldt/Klein/Starck, Art. 20 Rn. 247; *Schulze-Fielitz*, in: Dreier, Art. 20 (R) Rn. 89.

990 Nachweise in Fußnote 667.

991 Nach der Formulierung des Art. 114 Abs. 2 GG („Haushalts- und Wirtschafts*führung*"; Hervorhebung nur hier) und dem Zusammenhang mit Abs. 1 (Kontrolle durch Bundestag und Bundesrat) ist nur das Verhalten der Exekutive Gegenstand, so auch die h. M., siehe BVerfGE 20, 56 (96); 79, 311 (328); *Siekmann*, in: Sachs, Art. 114 Rn. 4; *Leisner*, Rechnungsprüfung, S. 28; a. A. *Degenhart*, in: VVDStRL 55. Band (1996), S. 190 (205 f.).

992 Den freiheitsrechtlichen Hintergrund dieser Kontrollmöglichkeit verkennt etwa *Leisner*, Rechnungsprüfung, S. 27; zutreffend dagegen *v. Arnim*, in: VVDStRL 39. Band (1981), S. 286 (316 f.); *Fischer-Menshausen*, in: v. Münch/Kunig, Art. 114 Rn. 17; *Degenhart*, in: VVDStRL 55. Band (1996), S. 190 (198).

993 Ausführlich dazu *Stern*, in: Staatsrecht II, § 34 IV 2, S. 444 ff.; *Degenhart*, in: VVDStRL 55. Band (1990), S. 190 (192 ff.).

994 Vgl. auch *Stern*, in: Staatsrecht II, § 34 IV 2, S. 447 f. mit Hinweis darauf, daß die Mitglieder nach Art. 114 Abs. 2 S. 1 GG richterliche Unabhängigkeit besitzen.

Insgesamt bestehen also, wenn auch teilweise unvollkommene, Kontrollmöglichkeiten, so daß Zweifel an der Sinnhaftigkeit der Forderung nach einer Verhältnismäßigkeit von Ausgaben unter diesem Aspekt nicht begründet sind.

Manche Kritiker stellen die Berechtigung von materiellen Vorgaben an Ausgabenentscheidungen gerade wegen ihrer Justitiabilität in Frage. Sie meinen, daß diese aufgrund ihres politischen Charakters allein dem Parlament und der Exekutive vorbehalten seien[995]. Dabei verkennen sie jedoch, daß der „politische" Charakter einer Maßnahme die Anwendung der verfassungsrechtlichen Maßstäbe, soweit sie reichen, nicht ausschließt[996]. Es trifft auch nicht zu, daß die Kontrolle der vom Gesetzgeber getroffenen oder vorgezeichneten Ausgabenentscheidungen auf ihre Verhältnismäßigkeit das Bundesverfassungsgericht überfordern würde[997]. Die Überprüfung von Gesetzen auf ihre Vereinbarkeit mit den Anforderungen des Grundgesetzes gehört zu den Aufgaben dieses Gerichts; im übrigen gelten auch hier hinsichtlich der Art und Intensität der Kontrolle die oben dargelegten Grundsätze zu den funktionellen Grenzen der Rechtsprechung[998].

Soweit sich der Justitiabilitätseinwand darauf stützt, die Maßstäbe seien nicht ausreichend konturiert[999], so wird die nachfolgende Konkretisierung zeigen, daß diese Behauptung ebenfalls unberechtigt ist.

(3) Zusammenfassung und Konkretisierung des indirekten eigentumsgrundrechtlichen Schutzes

Die eigentumsgrundrechtliche Bindung der Entscheidung über Staatsausgaben läßt sich wie folgt beschreiben: Der Gesetzgeber und die Verwaltung sind *objektivrechtlich* verpflichtet, die Privatnützigkeit und die damit verbundene Forderung nach möglichst geringer steuerlicher Belastung mit den von ihm verfolgten und mit Kosten verbundenen Gemeinwohlzielen optimal zum Ausgleich zu bringen. Eine Ausgabenentscheidung ist nur rechtmäßig, wenn sie eine Zielsetzung verfolgt, die im Gemeinwohl liegt, und geeignet, erforderlich und angemessen ist. Ergibt sich, daß der verfolgte Zweck als solcher unzulässig ist, verletzt seine Finanzierung die verfassungsrechtliche Wertentscheidung zugunsten der Privatnützigkeit. Vor diesem Hintergrund ist auch die Rechtsprechung des Bundesverwaltungsgerichts[1000] zur re-

---

995 Siehe *Püttners* und *Baduras* Beiträge bei der Aussprache auf der Staatsrechtslehrertagung 1980, in: VVDStRL 39. Band (1981), S. 361 (380f. bzw. 395ff.).

996 Hierzu und zur Unschärfe des Politikbegriffs siehe oben S. 112ff.

997 Siehe *Püttner*, in: VVDStRL 39. Band (1981), S. 361 (380f.).

998 Zu Prognose- und Abwägungsspielräumen siehe oben S. 112ff.; auch *v. Arnim* geht in: VVDStRL 39. Band (1981), S. 286 (398) von einem – sogar recht weiten – Spielraum des Gesetzgebers aus.

999 Dies ist etwa der Fall bei *Baduras* Stellungnahme auf der Staatsrechtslehrertagung 1980, in: VVDStRL 39. Band (1981), S. 361 (395ff.) und bei *Papier*, in: FS für Vogel, S. 117 (125f.).

1000 BVerwGE 105, 55 (58) – intendiertes Ermessen.

gelmäßigen Ermessensreduzierung auf Null beim Widerruf von Subventionen[1001], die ihren Zweck verfehlt haben, zu sehen. Hinter dem vom Gericht herangezogenen Gebot der Wirtschaftlichkeit und Sparsamkeit steht nach der hier vertretenen Auffassung die objektive Wertentscheidung zugunsten eines möglichst hohen Maßes an Privatnützigkeit, die eine Rückforderung im Regelfall als angezeigt erscheinen läßt, wenn das mit der Ausgabe verfolgte Gemeinwohlziel verfehlt wurde.

Läßt sich eine nicht zu beanstandende Zielsetzung ohne staatliche Ausgaben oder mit weniger Mitteln ebenso gut erreichen, ist die Ausgabe nicht oder nicht in vollem Umfang erforderlich[1002]. Dieses Element des Verhältnismäßigkeitsgrundsatzes sei am Beispiel der indirekten Subventionen in Form von Steuervergünstigungen[1003] verdeutlicht. Hier verlangt die nach Art. 14 GG vorzunehmende Erforderlichkeitsprüfung[1004], daß die Tatbestände so formuliert werden, daß sie nach Möglichkeit *nur* die förderungswürdigen Fälle erfassen[1005]. An einer derart präzisen Beschreibung mangelt es jedoch häufig bei den indirekten Subventionen. So waren beispielsweise die kürzlich rückwirkend abgeschafften Schiffsbausubventionen[1006] zur Unterstützung der deutschen Werften gedacht, hatten aber mangels entsprechender Tatbestandsbegrenzung tatsächlich zur Förderung der ausländischen Konkurrenz geführt[1007]. Oft besteht keine Klarheit darüber, ob mit einer Norm überhaupt eine Vergünstigung gewährt oder nur die Leistungsfähigkeit beschrieben werden soll. So wird beispielsweise von manchen[1008] das Ehegattensplitting damit begründet, es sol-

---

1001 Unter einer Subvention wird hier und im folgenden jede Geldzahlung oder geldwerte Leistung von Hoheitsträgen an private Empfänger ohne marktmäßige Gegenleistung verstanden. Ob sie einen im öffentlichen Interesse liegenden Zweck erfüllt, ist keine Frage der Bezeichnung, sondern der Rechtmäßigkeit. Dem von manchen vertretenen engeren Subventionsbegriff (siehe etwa *Schaden*, Die Steuervergünstigung, S. 28), der nur staatliche Leistungen mit Wettbewerbsrelevanz erfaßt, wird hier nicht gefolgt.

1002 Nach *v. Arnim*, VVDStRL 39. Band (1981), S. 286 (317 Fußnote 124) liegen unwirtschaftliche Ausgaben nicht im Gemeinwohl. Aus dogmatischer Sicht ist das nicht richtig: Ob ein (an sich zulässiges) Ziel billiger zu erreichen wäre, ist eine Frage der Erforderlichkeit; ist es nur um den Preis hoher direkter und/oder indirekter Kosten zu realisieren, kann es an der Angemessenheit fehlen.

1003 Zu dieser Subventionsform siehe *Starck*, in: v. Mangoldt/Klein/Starck, Art. 3 Rn. 187; *Lang*, in: Tipke/Lang, Steuerrecht, § 7 Rn. 36 ff. und § 20 Rn. 74.

1004 Die indirekten Subventionen werden auch deshalb kritisiert, weil der von der Vergünstigung ausgehende Anreiz wegen des progressiven Tarifverlaufs mit steigendem Einkommen zunimmt (siehe etwa *Schaden*, Die Steuervergünstigung, S. 177 ff. m. w. N.). Ferner werden Argumente aus den Regeln über die Ausgabenkompetenz (siehe *Schaden*, ebenda, S. 76 ff. m. w. N.) und dem Haushaltsrecht (siehe *Schaden*, ebenda, S. 99 ff. m. w. N.) gewonnen. Diese Gesichtspunkte gehen über das hinaus, was hier zu diskutieren ist.

1005 Siehe auch *Lang*, in: Tipke/Lang, Steuerrecht, § 20 Rn. 71.

1006 Das BVerfG hat hier die „rückwirkende" Abschaffung als zulässig angesehen (BVerfGE 97, 67 ff.). Näher zum Fall oben S. 69, zur Rückwirkungsproblematik unten S. 214 ff.

1007 Zu diesem Hintergrund siehe *Kirchhof*, StuW 2000, 221 (229).

1008 So *Schmitt-Kammler*, in: Sachs, Art. 6 Rn. 37; *Papier*, in: FS für Vogel, S. 117 (134); *Benda*, DStZ 1984, 159 (161).

le *Familien* fördern. Folgt man dieser These, so müßte die hohe Fehlquote[1009] der Vergünstigung konsequenterweise zur Verfassungswidrigkeit des § 32a Abs. 5, Abs. 6 EStG führen[1010]. Ob das Ehegattensplitting aus ganz anderen Gründen gerechtfertigt ist[1011], kann hier offenbleiben. Indirekte Subvention können auch wegen ihrer verzögerten Wirkung problematisch sein oder werden[1012], insbesondere wenn sie ohne zeitliche Begrenzung gewährt werden. Ändert sich die Situation, ist das Festhalten an der Förderung nicht mehr erforderlich, kann diese im Hinblick auf den eigentumsgrundrechtlichen Bestands- und Vertrauensschutz nicht mehr ohne weiteres abgeschafft werden[1013].

Weiteres Element der Verhältnismäßigkeitsprüfung ist die Angemessenheit einer Ausgabe. An ihr fehlt es unter anderem, wenn die eingenommenen Steuermittel unwirtschaftlich verwendet werden, das heißt, wenn der Aufwand für die Vergabe und Verwaltung der Mittel im Vergleich zur eigentlichen zweckgerichteten Ausgabe[1014] einen unangemessen hohen Anteil ausmacht[1015]. In diesem Zusammenhang ist es erwähnenswert, daß der Gesetzgeber einem Verein das Privileg der „Gemeinnützigkeit“[1016] (§§ 52, 55 Abs. 1 AO) und die damit zusammenhängenden Steuervergünstigungen versagt, wenn er nicht einen möglichst hohen Anteil der Einnahmen für den eigentlichen Sachzweck verwendet und die Verwaltungs- und Werbungskosten in angemessenen Grenzen hält[1017]. Hierfür gibt es keine feste Obergrenze; im Regelfall sehen Rechtsprechung und Literatur jedoch die Gemeinnützigkeit im Sinne der AO jedenfalls dann als nicht mehr gegeben an, wenn der Verein weniger als die Hälfte der Mittel für den förderungswürdigen Satzungszweck ausgibt[1018]. Daran läßt sich

---

[1009] Knapp die Hälfte der Ehepaare ist kinderlos (Nachweis in Fußnote 321). Im übrigen hat mehr als ein Viertel der nichtehelichen Lebensgemeinschaften Kinder (Nachweise in *v. Münch/Kunig*, Anhang zu Art. 6), so daß das Splitting auch insofern zur Familienförderung nur eingeschränkt geeignet ist.

[1010] Vgl. *Vollmer*, Das Ehegattensplitting, S. 214f.

[1011] Verbreitet ist die Einschätzung, daß das Splitting die Leistungsfähigkeit zutreffend widerspiegelt, weil anzunehmen sei, daß sich Ehegatten ihre Einkünfte teilen, so BVerfGE 61, 319 (345f.); *Vogel*, StuW 1999, 201 (206); kritisch zu dieser These *Vollmer*, Das Ehegattensplitting, S. 33ff. und S. 201ff. sowie *Sacksofsky*, NJW 2000, 1896ff.

[1012] *Knies*, Steuerzweck, S. 151ff.

[1013] Eine solchen Fall, konkret das Problem der Abschaffung der 1952 eingeführten Steuerbefreiung für Sozialpfandbriefe nach § 3a EStG a. F., schildert *Isensee*, in: FS für F. Klein, S. 611ff. Näher zum Bestandsschutz siehe unten S. 214ff.

[1014] In einem anderen Zusammenhang unterscheidet Art. 104a GG zwischen Verwaltungs- und Zweckausgaben. Die Erkenntnisse hierzu (siehe *Siekmann*, in: Sachs, Art. 104a Rn. 9ff.; *Fischer-Menshausen*, in: v. Münch/Kunig, Art. 104a Rn. 40) können als Orientierung dienen.

[1015] Siehe *Vogel*, in: Isensee/Kirchhof, HdbStR IV, § 87 Rn. 102.

[1016] Der Begriff der „Gemeinnützigkeit“ ist in beiden Rechtsgebieten allerdings nicht deckungsgleich. § 52 AO erfaßt nämlich nur die Erfüllung bestimmter, näher beschriebener Aufgaben, die nicht ausschließlich der hoheitlichen Gewalt zugewiesen sind.

[1017] BFH, DStR 1998, 1674 (1677) im Rahmen eines vorläufigen Rechtsschutzverfahrens.

[1018] *Gersch*, in: Klein, AO § 55 Rn. 13; *Herbert*, BB 1991, 178 (183); *Schleder*, Steuerrecht der Vereine, S. 103 mit Hinweis auf den in der vorigen Fußnote genannten BFH-Beschluß, in

erkennen, daß die Rechtsprechung solche Beurteilungen prinzipiell bewältigen kann, auch wenn die Erkenntnisse zu den §§ 52, 55 AO natürlich auf die Angemessenheit staatlicher Ausgaben nicht unbesehen übertragen werden können. Bei zwingenden oder besonders dringenden Aufgaben muß man es hinnehmen, wenn diese nicht ohne erheblichen Aufwand erfüllt werden können, hohe indirekte Kosten also unvermeidbar sind. Bei den fakultativen Aufgaben führen hohe indirekte Kosten dagegen zum Verstoß gegen Art. 14 GG.

An der Angemessenheit fehlt es aber auch dann, wenn der mit der Ausgabe verfolgte Gemeinwohlzweck im Vergleich zur Beschränkung der Privatnützigkeit durch das allgemeine Steuerniveau nicht bedeutend genug ist. Auch hier gewinnt die Unterscheidung von zwingenden und fakultativen Staatsaufgaben Bedeutung.

Ein mit der Überprüfung der Verfassungsmäßigkeit der Ausgaben befaßtes Gericht hat auf allen Ebenen der Verhältnismäßigkeitsprüfung den gesetzgeberischen Prognose- und Abwägungsspielraum zu beachten[1019].

β) *Der Lenkungszweck*

Bislang wurde als rechtfertigender Grund der Belastungswirkung nur der Fiskalzweck behandelt. Die Belastungswirkung kann aber auch auf einer Steuervorschrift beruhen, mit der der Gesetzgeber primär einen Lenkungszweck verfolgt[1020]. Dabei kann es sich sowohl um eine selbständige Norm handeln als auch um eine sogenannte eingebaute Lenkungsteuer[1021]. Bei letzterer ist die Erzielung von Einnahmen mit einem Lenkungszweck in ein und derselben Norm verbunden, und zwar in der Weise, daß bei einer im übrigen gleichheitsgemäßen Besteuerung für bestimmte Fälle, auf deren Vorliegen Einfluß genommen werden soll, Steuerbenachteiligungen[1022] vorgesehen sind[1023]. In diesem Fall ist bei der Rechtfertigung zwischen der fiskalisch motivierten allgemeinen Besteuerung und der primär außerfiskalisch motivierten Mehrbelastung zu unterscheiden.

Das beim Fiskalzweck vorhandene Problem bei der Abwägung von Individualrechten und Eingriffsziel stellt sich bei Vorliegen eines primären Lenkungszwecks nicht in gleicher Weise, denn ein solcher kann ohne weiteres in eine Abwägung ein-

---

dem der BFH erkennen läßt, daß eine Überschreitung der 50%-Grenze regelmäßig nur in der Anlaufphase der Tätigkeit hinzunehmen ist.

1019 Siehe oben S. 112 ff.

1020 Näher oben S. 34 ff.

1021 Zum Begriff der eingebauten Lenkungsteuer siehe *Selmer*, Steuerinterventionismus, S. 99; *Knies*, Steuerzweck, S. 40. Siehe auch *Vogel*, BayVBl 1980, 523 (526); *Rodi*, Steuern als Verfassungsproblem, S. 195.

1022 Steuervergünstigungen gehören nicht zum Untersuchungsgegenstand; siehe bereits oben S. 17 f.

1023 Zur Abschichtung von Fiskalzweck- und Lenkungsnormen siehe die grundlegenden Ausführungen von *Vogel*, in: StuW 1977, 97 ff. Siehe schon oben S. 17.

gestellt werden[1024]. Die Einzelheiten werden aus folgendem Grund zurückgestellt: Ist die Steuernorm unter dem Aspekt der von ihr ausgehenden Gestaltungswirkungen verfassungsmäßig[1025], so bleibt sie es auch, wenn der Steuerpflichtige der „Verhaltensempfehlung“ nicht nachkommt und sich statt dessen für die steuerliche Belastung entscheidet. Diese sieht der Steuerpflichtige dann nämlich als die ihn weniger belastende und deshalb vorzugswürdige Alternative an.

γ) *Wirkung und Konkretisierung der eigentumsgrundrechtlichen Wesensgehaltsgarantie für das Steuerrecht*

Der durch Art. 19 Abs. 2 GG geschützte Wesensgehalt der Eigentumsgewährleistung bezeichnet, angewendet auf das Steuerrecht, den Bereich, in dem die Einkommensbesteuerung ggf. in Zusammenwirken mit anderen Steuern[1026] ohne Rücksicht auf die Dringlichkeit der zu finanzierenden Ausgaben an absolute Grenzen stößt. Er kann nicht mehr als einen Schutz vor Erdrosselung im bisher anerkannten Sinn gewährleisten[1027]. Die Grenze dürfte erreicht sein, wenn dem Steuerpflichtigen von seinem Einkommen nicht einmal mehr das Existenzminimum verbleibt[1028] oder sich der Erwerb für ihn nicht mehr lohnt (Zerstörung der Steuerquelle)[1029]. Die praktische Bedeutung des Art. 19 Abs. 2 GG ist dementsprechend gering. Für das Steuerrecht ist er insofern von Interesse, als dieser Verfassungsverstoß vom Grundrechtsträger unmittelbar gegen den Besteuerungszugriff geltend gemacht werden kann. Bei einer Verletzung des Wesensgehalts spielen auch die sonst ggf. eine übergangsweise Hinnahme der Verfassungswidrigkeit gebietenden Aspekte der verläßlichen Haushalts- und Finanzplanung keine Rolle, denn Art. 19 Abs. 2 GG läßt eine Antastung des Wesensgehalts „in keinem Fall“, das heißt auch nicht übergangsweise, zu.

c) *Zusammenfassung der Erkenntnisse zur freiheitsrechtlichen Relevanz der Belastungswirkung*

Die Erkenntnisse zur freiheitsrechtlichen Relevanz der Belastungswirkung lassen sich wie folgt zusammenfassen: Die Eigentumsgewährleistung ist das Freiheitsgrundrecht, das vor der steuerlichen Belastungswirkung schützt. Die Normen des (Einkommen-)Steuerrechts sprechen dabei die Aussage des Art. 14 GG zur Ausgestaltung der einfachrechtlichen Eigentumsordnung an. Wenn sie Rechtspositionen

---

[1024] Näher zur Trennbarkeit von Fiskal- und Lenkungszweck siehe schon oben S. 35.

[1025] Dazu unten S. 164 ff.

[1026] Zur Gesamtbelastung siehe oben S. 45 ff.

[1027] Zu dem mit der Uneinschränkbarkeit zusammenhängenden engen Verständnis des Wesensgehalts siehe schon oben S. 138; vgl. auch die Diskussion um die Starrheit des Halbteilungsgrundsatzes oben S. 148 ff.

[1028] Dazu BVerfGE 82, 60 ff. – Kindergeldkürzung I; 87, 153 ff. – Grundfreibetrag; näher oben S. 41 ff.

[1029] Dazu BVerfGE 31, 8 (17) – Spielautomaten II.

schmälern, die bei ihrem Inkrafttreten bereits bestehen, kommt zusätzlich die bestandsschützende Funktion des Art. 14 GG zum Zuge, die jedoch erst Gegenstand des dritten Teils dieser Untersuchung ist.

Die Wirkungsweise der erstgenannten Schutzrichtung des Art. 14 GG bedarf gewisser Anpassungen, um auf steuerrechtliche Befugnisbestimmungen angewendet werden zu können. So können bei einer Besteuerung aus fiskalischen Gründen nur bestimmte Verstöße gegen die Steuer*erhebung* selbst geltend gemacht werden. Dazu gehören eine etwaige Ungeeignetheit der Steuererhebung zur Einnahmeerzielung, die gegeben ist, wenn der Ertrag aus der Steuer den Aufwand ihrer Erhebung nicht übersteigt, was selten der Fall sein dürfte. Ferner zählt auch eine fehlende Erforderlichkeit der Steuererhebung dazu. Eine solche liegt vor, wenn und soweit einzelne Steuerpflichtige gemessen an ihrer Leistungsfähigkeit mehr belastet werden als andere (ungleiche Verteilung der Steuerlast), ohne daß dies auf einem begünstigenden Charakter der Regelung für die Vergleichsgruppe beruht[1030]. Eine Steuerbenachteiligung kann nur durch ein bewußt verfolgtes Lenkungsziel gerechtfertigt werden. Im übrigen kann gegen die Steuererhebung nur ein Verstoß gegen die Wesensgehaltsgarantie des Eigentums geltend gemacht werden. Dieser ist jedoch nur bei einer Besteuerung erreicht, die das Existenzminimum nicht verschont oder den Steuerpflichtigen keinen nennenswerten Anteil an seinem Einkommen zur eigennützigen Verwendung beläßt.

Argumente aus der Steuer*verwendung* können dagegen nicht gegen die Steuererhebung geltend gemacht werden. Die objektiv-rechtliche Komponente der Eigentumsfreiheit als Prinzip, das die höchst mögliche Verwirklichung des Privatnützigkeitsgedankens fordert, ist jedoch bei der Vornahme von Ausgaben zu beachten. Insbesondere die Verhältnismäßigkeitsprüfung ist auf diese Ebene verlagert und wirkt damit indirekt freiheitssichernd.

Beabsichtigt der Steuergesetzgeber mit der Steuererhebung nicht primär die Einnahmeerzielung, sondern setzt er das Steuerrecht zur Lenkung ein, so richtet sich die Rechtfertigung der Belastungswirkung danach, ob die Gestaltungswirkungen vom Lenkungszweck gerechtfertigt werden. Darauf wird im folgenden eingegangen.

2. Die Freiheitsrechte als Kontrollmaßstab für die Gestaltungswirkungen der Steuer

Die Einkommensteuer hat neben der begriffsimmanenten Belastungswirkung auch Gestaltungswirkungen; insbesondere kann die Besteuerung die Bereitschaft zur Einkommenserzielung beeinträchtigen. Zunächst auf diese[1031], später exemplarisch auch auf weitere[1032] Gestaltungswirkungen soll im folgenden eingegangen

[1030] Echte Steuervergünstigungen sind nicht Gegenstand der Untersuchung, siehe oben S. 16.
[1031] Dazu sogleich unten S. 165 ff.
[1032] Dazu unten S. 209 ff.

werden. Bei ihnen beschränkt sich die Prüfung, anders als bei der Belastungswirkung, nicht auf ein einziges Grundrecht, denn Gestaltungswirkungen können potentiell in *alle* Freiheitsrechte eingreifen[1033].

a) Die freiheitsrelevanten Auswirkungen der Einkommensbesteuerung auf die unterschiedlichen Arten der Einkommenserzielung

aa) Die in Betracht kommenden freiheitsrechtlichen Schutzbereiche

Je nach Art der Einkommenserzielung kommen Eingriffe in die Eigentums- oder Berufsfreiheit, aber auch beispielsweise in die Kunst-, Wissenschafts-, Religions-, Presse-, Rundfunk- und Meinungsfreiheit sowie in die allgemeine Handlungsfreiheit in Betracht. Bevor jedoch auf die Reichweite der einzelnen Grundrechte eingegangen wird, soll das allgemeine Problem der Eingriffsqualität der Gestaltungswirkungen näher betrachtet werden.

bb) Die Anforderungen an die Feststellung eines Grundrechtseingriffs

α) Der klassische Eingriff und die Notwendigkeit der begrifflichen Neubestimmung

Die Gestaltungswirkungen bereiten insofern grundrechtsdogmatische Schwierigkeiten, als sie nicht zu den sogenannten klassischen Grundrechtseingriffen gehören. Zu diesen zählen nur staatliche Rechtsakte, die unter Anwendung von Befehl oder Zwang darauf gerichtet sind, ein bestimmtes Verhalten zu ge- oder verbieten, wobei die Beeinträchtigung beim Adressaten eintritt und sich unmittelbar dem Tenor der Maßnahme entnehmen läßt[1034]. Der klassische Eingriffsbegriff schließt andere Beeinträchtigungsformen oder -wirkungen jedoch nicht (mehr)[1035] als irrelevant aus; ihm kommt die Funktion zu, die unstreitigen[1036] Fälle zu bezeichnen.

1033 *Kirchhof*, Besteuerungsgewalt, S. 17 f.; *Rodi*, Steuern als Verfassungsproblem, S. 98; *Vogel*, BayVBl 1980, 523 (525).

1034 Zum klassischen Grundrechtseingriff siehe *Gallwas*, Beeinträchtigungen, S. 9 ff.; *Eckhoff*, Der Grundrechtseingriff, S. 175 ff.; *Pieroth/Schlink*, Grundrechte Rn. 238; *A. Roth*, Verwaltungshandeln, S. 134 ff.; *Sachs*, JuS 1995, 303 (303 f.); beispielhaft auch BVerfGE 79, 174 (201 f.).

1035 Nach einer (oft auch unausgesprochenen) Annahme in Literatur und Rechtsprechung war dies historisch einmal anders, siehe etwa BVerfGE 40, 237 (248 f.); *Eckhoff*, Der Grundrechtseingriff, S. 175 ff.; a. A. insofern *W. Roth*, Faktische Eingriffe, S. 7 ff.; *Sachs* in: Stern, Staatsrecht III/2, § 78 II 1, S. 82 ff., nach deren Auffassung dem klassischen Eingriffsbegriff auch früher keine Ausschließlichkeit zukam.

1036 So die ganz h. M.; siehe nur *Sachs*, in: Stern, Staatsrecht III/2, § 78 II 1, S. 83 m. w. N. in Fußnote 30. Etwas anders, aber im Ergebnis ähnlich *Eckhoff*, Der Grundrechtseingriff, S. 255. Er verlangt zusätzlich eine gewisse, je nach Grundrecht unterschiedliche Intensität der Auswirkungen, schließt allerdings wegen der Titel- und Vollstreckungsfunktion eines Verwal-

Der klassische Eingriffsbegriff ist dabei auch vor seinem historischen Hintergrund, der hier allerdings nur vereinfacht dargestellt werden kann, zu sehen und zu verstehen. Das Vorliegen eines „Eingriffs in Freiheit und Eigentum" hatte unter der Geltung der einzelnen Landesverfassungen und der Verfassung des Deutschen Reiches von 1871 eine im Vergleich zu heute nur sehr eingeschränkte Funktion. Ein Eingriff löste den Gesetzesvorbehalt aus und beschränkte so die Kompetenzen des Monarchen. Eine *inhaltliche* Bindung bedeutete dies aber nicht. Damals herrschte die Vorstellung vor, es bedürfe keines Schutzes vor dem Gesetzgeber, den das Bürgertum als Vertreter seiner Interessen gegenüber dem Monarchen ansah[1037]. Diese Sicht behielt auch noch nach dem Übergang von der Monarchie zur Republik Bedeutung für die Auslegung der Weimarer Reichsverfassung, deren Grundrechtsverbürgungen weitgehend als bloße Programmsätze ohne Verbindlichkeit für das Parlament verstanden wurden[1038]. Nicht zuletzt auch aufgrund der Erfahrungen mit der nationalsozialistischen Unrechtgesetzgebung erkannte man, daß auch vom Gesetzgeber Gefahren für die Freiheit ausgehen können, und gestaltete die Grundrechte als auch die Legislative bindende subjektive Rechte aus.

In der grundgesetzlichen Ordnung kommt dem Eingriffsbegriff eine Funktion zu, die viel weiter reicht. Schutzbereich und Eingriff[1039] stehen in einem engen[1040] Zusammenhang und bilden zusammen den Grundrechtstatbestand. Aus dessen Vorliegen ergibt sich ein Bündel von Rechtsfolgen[1041]. Zu diesem gehören bei den meisten Grundrechten[1042] entsprechend der rechtshistorischen Tradition der Vorbehalt des Gesetzes und das mit ihm zusammenhängende[1043] Bestimmtheitsgebot. Das Bundes-

tungsakts in der Regel die Annahme einer grundrechtlich irrelevanten Beeinträchtigung aus, wenn die genannten Definitionsmerkmale gegeben sind (ebenda, S. 257).

1037 Dazu *Eckhoff*, Der Grundrechtseingriff, S. 59 ff.; *Wahl*, in: Der Staat 19. Band (1979), S. 321 (329 ff.); *Schlink*, EuGRZ 1984, 457 (458).

1038 Siehe *C. Schmitt*, in: Handbuch des Deutschen Staatsrechts II (1932), § 101, S. 590 ff.

1039 Der Schutzbereich gibt Auskunft, was geschützt wird, der Eingriff darüber, wovor geschützt wird (siehe *Eckhoff*, Der Grundrechtseingriff, S. 20 f., der aber betont, im Einzelfall könne die Abgrenzung unklar sein, ebenda, S. 21 Fußnote 112.).

1040 *Alexy* prüft in zwei Stufen: Grundrechtstatbestand und Grundrechtsschranken (in: Theorie der Grundrechte, S. 273 ff.). Hier wurde der übliche dreistufige Aufbau (Schutzbereich-Eingriff-Schranken) gewählt, ohne daß dies einen inhaltlichen Unterschied bedeutet. Bei *Alexy* setzt sich der Tatbestand aus Schutzbereichs- und Eingriffsprüfung zusammen (zur Gleichwertigkeit siehe auch *Eckhoff*, Der Grundrechtseingriff, S. 31 in Fußnote 16).

1041 Zu den Vorschlägen, den Eingriffsbegriff aufzuspalten, siehe unten S. 187, dort insbes. Fußnote 1213.

1042 Anders ist dies etwa bei Art. 13 Abs. 7 GG in seiner 1. Alternative (siehe *Gornig*, in: v. Mangoldt/Klein/Starck, Art. 13 Rn. 158; *Kunig*, in: v. Münch/Kunig, Art. 13 Rn. 57). Ob Art. 2 Abs. 1 GG (dazu *Kunig*, in: v. Münch/Kunig, Art. 2 Rn. 23 m. w. N.) und Art. 5 Abs. 2 GG hinsichtlich des „Rechts" der persönlichen Ehre (dazu *Wendt*, in: v. Münch/Kunig, Art. 5 Rn. 82 m. w. N.) einen Gesetzesvorbehalt enthalten, ist umstritten. Die Einschränkung von Grundrechten, die vorbehaltlos gewährt sind, ist im Wege eines „Erst-recht-Schlusses" nach überwiegender Ansicht dem Gesetzgeber vorbehalten, siehe BVerwGE 90, 112 (122 ff.) – Osho gegen BVerwGE 87, 37 (45 ff.) – Glykolwein.

1043 Siehe *Kunig*, Das Rechtsstaatsprinzip, S. 398 ff.

verfassungsgericht entscheidet demgegenüber in ständiger Rechtsprechung unter ausdrücklicher Lösung vom (ergänze allerdings: klassischen) Eingriffsbegriff[1044] anhand der sogenannten Wesentlichkeitstheorie, ob ein Gesetz erforderlich ist. Diese Theorie besagt, daß der Gesetzgeber alle grundsätzlichen, insbesondere alle für die Verwirklichung der Grundrechte oder sonst „wesentlichen" Fragen zu entscheiden hat[1045]. Dieses Vorgehen überzeugt für den hier zu untersuchenden Bereich[1046] nicht. Die Funktion, einen Vorbehalt des Gesetzes anzuordnen oder auch, wie beispielsweise Art. 13 Abs. 7 GG[1047] für den Fall einer gemeinen Gefahr oder Lebensgefahr, nicht anzuordnen, nehmen die Grundrechte in ihrem Anwendungsbereich abschließend wahr[1048]. Neben ihnen ist schon aus Gründen der Spezialität kein Raum für einen „rechtsstaatlichen" Gesetzesvorbehalt, der die Unterschiede zwischen den einzelnen Grundrechtsverbürgungen einebnen würde[1049]. Wird die freiheitsrechtliche Begründung des Vorbehalts des Gesetzes ausgeblendet[1050], besteht die Gefahr einer Verselbständigung des „Wesentlichen" in der Weise, daß manche Grundrechtseingriffe als „unwesentliche" Beeinträchtigungen eingestuft werden[1051].

Neben Gesetzesvorbehalt und Bestimmtheitsgebot zählen das Verbot des Einzelfallgesetzes (Art. 19 Abs. 1 S. 1 GG) und, je nach betroffenem Grundrecht, auch das Zitiergebot (Art. 19 Abs. 1 S. 2 GG)[1052] zu den weiteren Rechtsfolgen. Weiterhin hängen Eingriff und Justitiabilität (Art. 19 Abs. 4, 93 GG) eng zusammen. Das Vorliegen eines Eingriffs indiziert die Möglichkeit der Rechtsverletzung, was zur Zu-

1044 Besonders deutlich BVerfGE 40, 237 (248 f.); 49, 89 (126) – Kalkar; 77, 170 (230 f.) – C-Waffen.

1045 Nachweise in der vorigen Fußnote; aus neuerer Zeit siehe auch das Urteil zur Rechtschreibreform BVerfGE 98, 218 (251).

1046 Möglicherweise müssen auch aus staatsorganisationsrechtlichen Gründen (insbes. dem Gewaltenteilungsgebot des Art. 20 Abs. 2 S. 2, Abs. 3 GG und dem Demokratieprinzip, Art. 20 Abs. 2 GG) bestimmte Entscheidungen dem Gesetzgeber vorbehalten bleiben.

1047 Siehe bereits Fußnote 1043.

1048 *Kunig*, Das Rechtsstaatsprinzip, S. 319 ff.; *Eckhoff*, Der Grundrechtseingriff, S. 40 ff.

1049 Noch grundsätzlicher *Kunig*, Das Rechtsstaatsprinzip, S. 319 ff.; a. A. die wohl überwiegende Meinung, siehe etwa *Sachs*, in: Sachs, vor Art. 1 Rn. 101 und Art. 20 Rn. 113. *Bethge* geht (in: VVDStRL 57. Band [1998], S. 7 [27 f.]) von dem Nebeneinander eines rechtsstaatlichen Vorbehalts des Gesetzes (für Eingriffe in Freiheit und Eigentum und das „Wesentliche") und eines freiheitsrechtlichen Gesetzesvorbehalt aus.

1050 Siehe etwa BVerfGE 98, 218 (250 ff.) – Rechtschreibreform, wo das Gericht unter Anwendung der Wesentlichkeitstheorie die Frage nach dem Vorliegen von Grundrechtseingriffen in das elterliche Erziehungsrecht und in die Rechte der Schüler aus Art. 2 Abs. 1 GG umgeht.

1051 So die Tendenz bei *Rottmann*, EuGRZ 1985, 277 (295: „Das ausdeutbare Wesentlichkeitskriterium hat in diesem Zusammenhang [gemeint: im grundrechtsrelevanten Bereich] die Funktion, einer zu weiten Ausdehnung des Vorbehaltsbereichs der Gesetzgebung entgegenzuwirken."); siehe demgegenüber *Pieroth/Schlink*, Grundrechte Rn. 265: die Wesentlichkeitstheorie könne den Grundrechtsschutz nur verstärken, nicht aber durch die Annahme eines „unwesentlichen" Eingriffs verkürzen.

1052 Das Zitiergebot wird von der h. M. eng verstanden, siehe nur *Krebs*, in: v. Münch/Kunig, Art. 19 Rn. 15 ff. m. w. N.

lässigkeit der Klage vor den Fachgerichten führt, wenn die Rechtfertigung nicht offensichtlich ist.

Außer diesen eher formellen Rechtsfolgen werden auch materiell-rechtliche Bindungen ausgelöst, die nicht minder wichtig sind[1053]. Diese sollen hier im Vordergrund stehen, wobei gezeigt werden wird, daß für die Auslösung der genannten Rechtsfolgen einheitliche Kriterien gelten[1054]. Die wichtigste materiell-rechtliche Bindung ist die Geltung des Verhältnismäßigkeitsgrundsatzes[1055]. Daneben spielt die Wesensgehaltsgarantie (Art. 19 Abs. 2 GG) eine gewisse, in ihrer faktischen Bedeutung allerdings nicht überzubewertende Rolle.

Die erweiterte Bedeutung des Eingriffs erfordert eine begriffliche Neubestimmung. Außerdem ist dem demokratischen, freiheitlichen und sozialen Staat des Grundgesetzes eine Vielzahl von Aufgaben übertragen[1056], für deren Bewältigung sich verschiedenartige Instrumentarien herausgebildet haben. Außerdem haben die technischen Möglichkeiten zum Beispiel im Bereich der Nutzung von Atomkraft[1057] oder im Bereich der Erhebung, Speicherung und Verarbeitung von Daten zugenommen[1058]. Aus ihnen ergeben sich neue Arten grundrechtlicher Gefährdungen. Der klassische Eingriffsbegriff, zugeschnitten auf Verwaltungshandeln in der typischen Form des Verwaltungsakts[1059], ist nicht (mehr)[1060] in der Lage, alle verfassungsrechtlich relevanten Freiheitsbeeinträchtigungen zu erfassen. Er ist dafür zu sehr an der Form und zu wenig an der *Wirkung* staatlichen Handelns orientiert[1061].

1053 Vgl. etwa *v. Münch*, in: v. Münch/Kunig, Vorbem. Art. 1–19 Rn. 55: die Prüfung des Verhältnismäßigkeitsgrundsatzes werde häufig zum Dreh- und Angelpunkt eines Grundrechtsfalls; *Dreier*, in: Dreier, Vorb. Rn. 91 spricht von der „schlechthin überragende(n) Bedeutung" des Verhältnismäßigkeitsprinzips.

1054 Manche spalten den Eingriffsbegriff auf (Nachweise in Fußnote 1213), was die Diskussion um die „Eingriffsvoraussetzungen" erschwert. Dazu und zu der hier vertretenen Einheitlichkeit des Eingriffs siehe unten S. 187.

1055 Zur grundrechtlichen Verortung des Verhältnismäßigkeitsgrundsatzes siehe schon oben S. 104, vor allem Fußnoten 621 und 622.

1056 Siehe die Untersuchung von *Bull*, Die Staatsaufgaben, S. 224 ff.

1057 Vgl. insoweit BVerfGE 49, 89 (126) – Kalkar; siehe auch 77, 170 (230 f.) – C-Waffen.

1058 So reagierte etwa das Volkszählungsurteil (BVerfGE 65, 1 [41 ff.]) mit der Formulierung eines Rechts auf informationelle Selbstbestimmung auf die durch die computermäßige Erfassung deutlich gewordenen Gefahren staatlicher Informationserhebung und -speicherung sowie der Verknüpfung und Weitergabe von Daten für die Persönlichkeitsentfaltung.

1059 Siehe *Bleckmann*, Staatsrecht II, S. 336; *Eckhoff*, Der Grundrechtseingriff, S. 175.

1060 Zum Streit um die rechtshistorische Geltung des klassischen Eingriffsbegriffs siehe Fußnote 1036.

1061 *Gallwas*, Beeinträchtigungen, S. 52 ff.; *Eckhoff*, Der Grundrechtseingriff, S. 237 f.; *A. Roth*, Verwaltungshandeln, S. 138 ff.; *v. Arnauld*, Die Freiheitsrechte, S. 93 f.; *Rodi*, Steuern als Verfassungsproblem, S. 78 f.; siehe auch BVerwGE 71, 183 (192) – Arzneimittelisten; 82, 76 (79) – Warnung vor Jugendsekten; 87, 37 (41 ff.) – Glykolwein; 90, 112 (119 ff.) –Osho.

Von manchen werden allerdings grundsätzliche Bedenken gegen die Tauglichkeit der Rechtsfigur des „Grundrechtseingriffs" geltend gemacht[1062], weil dieser auf die traditionelle Abwehrfunktion zugeschnitten sei, während den Grundrechten heute auch eine Bedeutung als Leistungs- und Teilhaberechte sowie bei der Begründung von Schutzpflichten und -rechten zugemessen werde[1063]. Wie Eckhoff zu Recht betont[1064], spricht jedoch *in den Abwehrfällen*, die nach wie vor den Hauptanwendungsbereich der Grundrechte bilden[1065], nichts gegen die Anwendung der Eingriffslehre, auch wenn sie möglicherweise keine Lösung für alle Grundrechtsfunktionen zu bieten vermag. Die Hauptkritik am Eingriffsdenken richtet sich denn auch gegen dessen *alleinige* Maßgeblichkeit[1066]. Die ganz herrschende Meinung[1067] sieht die Rechtsfigur des Eingriffs nicht als überholt an, will aber die Kriterien neu bestimmen.

β) *Mögliche Kriterien für die Neubestimmung des Eingriffs*

Das Vorliegen aller Voraussetzungen des klassischen Eingriffs gilt allgemein als hinreichend[1068], aber als nicht notwendig[1069]. Die Freiheitsbeeinträchtigung muß dem Staat aber zuzurechnen sein. Anders als etwa bei der objektiven Zurechnung im strafrechtlichen Sinn[1070], die danach fragt, ob sich das in der Handlung angelegte *Unrecht* realisiert hat, setzt die Figur des Grundrechtseingriffs keine Rechtswidrigkeit voraus. Argumentationsfiguren zur Zurechnung aus dem Straf- oder auch dem Zivilrecht können deshalb nicht ohne weiteres übernommen werden[1071]. Durch wel-

---

1062 So vor allem *Häberle*, Die Wesensgehaltgarantie, S. 222 ff. In: VVDStRL 30. Band (1972), S. 43 (66 f.) relativiert er die Kritik am Grundrechtseingriff.

1063 Zur Erweiterung der Grundrechtsfunktionen siehe die grundlegenden Referate von *Martens* und *Häberle* auf der Staatsrechtslehrertagung 1971, in: VVDStRL 30. Band (1972), S. 7 ff. und 43 ff.; *Rupp*, in: AöR 101. Band (1976), S. 161 ff. m. w. N.

1064 In: Der Grundrechtseingriff, S. 20; siehe auch *Bethge*, in: VVDStRL 57. Band (1998), S. 7 (14 f.) und *Schlink*, EuGRZ 1984, 457 ff.

1065 St. Rspr. seit BVerfGE 7, 198 (204 f.) – Lüth; 50, 290 (337) – Mitbestimmung; 68, 193 (205); *Bethge*, in: VVDStRL 57. Band (1998), S. 7 (14). *Schlink*, EuGRZ 1984, 457 (465) meint, die Durchsicht der anerkannten Typen von Leistungsrechten u. ä. ergebe, daß es ganz überwiegend doch die eingriffsabwehrende Wirkung der Grundrechte sei, die dort zum Ausdruck komme.

1066 Siehe *Haverkate*, Rechtsfragen des Leistungsstaats, S. 12; *Kloepfer*, in: Bundesverfassungsgericht und Grundgesetz, Band 2, S. 405 (409); *Scherzberg*, Grundrechtsschutz, S. 144 ff. Demgegenüber wollen *Alexy*, Theorie der Grundrechte, S. 454 ff. und *Borowski*, Grundrechte als Prinzipien, S. 289 ff. das „Eingriffsdenken" auch außerhalb des abwehrrechtlichen Bereichs fruchtbar machen; *Huster*, Rechte und Ziele, passim will es auf den Gleichheitssatz übertragen.

1067 Nachweise zur Außentheorie siehe oben Fußnote 401.

1068 Nachweise siehe oben Fußnote 1037.

1069 Aus Furcht vor Ausuferung des Rechtsschutzes will *Pietzcker* allerdings für die allgemeine Handlungsfreiheit den klassischen Eingriffsbegriff beibehalten (in: FS für Bachof, S. 131 [145 ff.]); für erwägenswert halten dies *Pieroth/Schlink*, Grundrechte Rn. 380.

1070 Dazu *Roxin*, Strafrecht AT I, § 11 Rn. 39 ff.

1071 Siehe vor allem unten S. 188 f. zur Sozialadäquanz.

che Einzelkriterien des klassischen Eingriffs oder durch welche anderen Merkmale der Kreis des rechtfertigungsbedürftigen Staatshandelns begrenzt werden kann, ist anhand der *grundgesetzlichen* Vorgaben zu bestimmen und bis heute umstritten[1072]. Als einschränkende Voraussetzungen werden vor allem die Finalität, die Intensität, die Unmittelbarkeit, der Schutzzweck der Norm, die Vorhersehbarkeit und die Sozialadäquanz erwogen.

αα) Die Finalität bzw. ein voluntatives Element

Teile der Literatur sehen die Finalität[1073] als entscheidendes Merkmal eines Grundrechtseingriffs an[1074]. Forsthoff bezeichnet den ungezielten Eingriff sogar als ein „sprachliches und logisches Unding"[1075]. Nach der Rechtsprechung des Bundesverwaltungsgerichts[1076] und des Bundesverfassungsgerichts[1077] lösen „gezielte" Folgen staatlichen Verhaltens in jedem Fall Grundrechtsschutz aus. In der Funktion als hinreichendes Merkmal ist die Finalität unbestritten, weil alle Argumente für die Erweiterung des klassischen Eingriffsbegriffs auf gezielte Beeinträchtigungen zutreffen[1078]. Für die Bestimmung der Intention ist dabei nach der Rechtsprechung eine objektive Betrachtung maßgeblich[1079]; auch genüge es für die Annahme eines Ein-

1072 Ausführlich zum Streitstand *Eckhoff*, Der Grundrechtseingriff, S. 175 ff.; *W. Roth*, Faktische Eingriffe, S. 33 ff., jeweils m. w. N.

1073 Zur unterschiedlichen Bedeutung der in der Literatur verwendeten Finalitätsbegriffe siehe *Weber-Dürler*, in: VVDStRL 57. Band (1998), S. 57 (88) m. w. N. Soweit darunter auch die Inkaufnahme oder Vorhersehbarkeit einer Folge gerechnet wird, überdehnt dies den Begriff der Finalität, der hier eng verstanden wird.

1074 *Friauf*, DVBl 1971, 674 (681 f.); *Badura*, JZ 1993, 38 f.: nicht bloß „diffus" entstandene Beeinträchtigungen; speziell für die Lenkungswirkung von Steuern auch Friauf, in: Recht und Staat, Heft 325/326 (1966), S. 5 (40 f.); *Selmer*, Steuerinterventionismus, S. 218. Für das Eingreifen des Gesetzesvorbehalts verlangt auch *Bethge*, in: VVDStRL 57. Band (1998), S. 7 (41) die Finalität der Beeinträchtigung.

1075 In: Verwaltungsrecht, § 18, S. 347, dort bezogen auf das Aufopferungs- und Entschädigungsrecht.

1076 So besonders deutlich BVerwGE 90, 112 (120 f.: gezielten Auswirkungen komme unabhängig von ihrer Intensität Eingriffsqualität zu; die Zielrichtung des Verwaltungshandelns sei ein tragendes Kriterium) – Osho; zuvor (auch) auf die Zielrichtung abstellend 71, 183 (194 f.) – Arzneimittellisten; 75, 109 (115); 82, 76 (79) – Warnung vor Jugendsekten; 87, 37 (43 f.) – Glykolwein.

1077 BVerfGE 72, 200 (244 f.: die gewollte Eindämmung der „Steuerflucht" sei Eingriff in die Ausreisefreiheit) – Außensteuergesetz.

1078 Siehe *Weber-Dürler*, in: VVDStRL 57. Band (1997), S. 57 (90); *Eckhoff*, Der Grundrechtseingriff, S. 196; *v. Arnauld*, Die Freiheitsrechte, S. 94 f.; *Ramsauer*, VerwArch 72. Band (1981), S. 89 (97 f.); *Birk*, Das Leistungsfähigkeitsprinzip, S. 202. A. A. *W. Roth*, Faktische Eingriffe, S. 201 f. Seine Auffassung ist aber insofern in sich widersprüchlich, als er „fehlgeschlagene" und vollendete Eingriffe gleichstellen will (ebenda, S. 220 f.).

1079 Siehe für Art. 6 GG etwa BVerfGE 18, 97 (106 f.: Die durch die Zusammenveranlagung von Eltern und Kindern bewirkte steuerliche Mehrbelastung sei keine unbeabsichtigte Nebenfolge, sondern der wesentliche Inhalt der Bestimmung und damit vom Gesetzgeber auch gewollt); für Art. 12 GG siehe die Nachweise in Fußnote 1255.

griffs, wenn eine sichere Folge sich gleichsam als „Kehrseite" des Hauptzwecks der Maßnahme darstelle[1080].

Etwas völlig anderes ist es jedoch, wenn die Finalität von einem Teil der Literatur als notwendige Voraussetzung angesehen wird[1081]. Die Rechtsprechung, die das Problem der nicht klassischen Eingriffe[1082] bisher noch keiner allgemeinen Lösung zugeführt hat, nimmt praktisch eine mittlere Position ein. Sie lehnt bei ungezielten Auswirkungen den Eingriff nicht zwangsläufig ab[1083], sondern zieht andere Kriterien heran. So hat das Bundesverwaltungsgericht im Glykolweinfall[1084] und im Urteil zur Veröffentlichung von Futtermitteltests[1085] angenommen, daß Art. 12 GG[1086] auch vor einer vorhersehbaren und in Kauf genommenen *schwerwiegenden* Nebenfolge schütze[1087]. Im Urteil zur Osho-Bewegung[1088] hat es dann recht deutlich Finalität und besondere Intensität als *alternative* Voraussetzungen behandelt[1089]. Ähnlich verhält es sich mit der Unmittelbarkeit der Beeinträchtigung[1090]. Eine ausschlie-

---

1080 BVerwGE 71, 183 (192ff.) – Arzneimittellisten; 90, 112 (120f.) – Osho; siehe zuvor schon BVerfGE 13, 230 (232f.) – Ladenschluß.

1081 Nachweise oben Fußnote 1075.

1082 Häufig wird die Gesamtproblematik unter der Bezeichnung „faktische" (so *Ramsauer*, Die Beeinträchtigungen; *Gallwas*, Beeinträchtigungen und *W. Roth*, Faktische Eingriffe) oder „mittelbare" (so etwa *Bleckmann/Eckhoff*, DVBl 1988, 373ff.) Eingriffe diskutiert, was sprachlich auf das Fehlen ganz bestimmter Merkmale des klassischen Eingriffsbegriffs hindeutet (und von anderen wiederum deshalb auch zur Kennzeichnung bestimmter Fallgruppen verwendet wird); aus Gründen der Klarheit wird hier die etwas umständliche Bezeichnung „nicht klassische Eingriffe" verwendet.

1083 Der Zweite Senat des BVerfGs hat im Gegenteil die Rechtfertigung eines Eingriffs durch Steuern, die dem Leistungsfähigkeitsprinzip nicht entsprechen und deshalb Lenkungswirkungen entfalten, u. a. von einer erkennbaren Entscheidung des Gesetzgebers zugunsten eines legitimen Lenkungsziels abhängig gemacht (BVerfGE 93, 121 [147] – Vermögensteuer im Zusammenhang mit der Rechtfertigung einer Ungleichbehandlung).

1084 Die Verbreitung der Warnliste führte bei den in Zusammenhang mit glykolbelasteten Produkten genannten Abfüllern auch zu Absatzeinbußen bei nicht kontaminierten Weinen, was von der Regierung, wie sich auch aus der Gestaltung der Liste ergab, nicht beabsichtigt war (BVerwGE 87, 37 [43]).

1085 BVerwG, DVBl 1996, 807 (807).

1086 Die Berufsfreiheit nimmt allerdings eine Sonderstellung ein. Die Rechtsprechung verlangt hier für die Eingriffsqualität das Vorliegen einer objektiv berufsregelnden Tendenz, siehe näher unten S. 192ff.

1087 BVerwGE 87, 37 (43f.) – Glykolwein unter gleichzeitiger Ablehnung eines Erfordernisses der berufsregelnden Tendenz (dazu unten S. 192ff.). Die Ablehnung des Grundrechtseingriffs in dieser Entscheidung (ebenda, S. 45ff.) bedeutet keine Freistellung vom Verhältnismäßigkeitsgrundsatz, sondern bezieht sich auf den Vorbehalt des Gesetzes und beruht auf der hier nicht vertretenen Innentheorie (dazu oben S. 75); kritisch zu dieser Entscheidung *Schoch*, DVBl 1991, 667ff.

1088 Es ging um die staatliche Finanzierung eines privaten Vereins, der sich die Warnung vor Jugendsekten zu Aufgabe gemacht hatte und u. a. die Osho-Bewegung kritisierte.

1089 BVerwGE 90, 112 (121); zuvor der Sache nach bereits BVerwG, NVwZ 1984, 514 (515); ohne Erörterung der Finalität allein auf die Schwere stellen BVerwGE 32, 173 (179) – Nachbarrechte gegen Baugenehmigung; 50, 282 (287) – Notwegrecht ab.

1090 Jedenfalls fragt BVerwGE 50, 282 (286ff.) nicht nach der Finalität.

ßende Wirkung kommt der Finalität nach der Rechtsprechung also für Beeinträchtigungen zu, die weder unmittelbar sind noch besondere Intensität aufweisen. Insofern hängt die Beurteilung der Rechtsprechung davon ab, ob sich alle drei Kriterien als ungeeignet erweisen[1091] bzw. die Schwächen des jeweiligen Merkmals nicht durch die alternativen Kriterien kompensiert werden.

Gegen das Erfordernis der Finalität spricht die Aufgabe der Grundrechte, in dem von ihnen erfaßten Sachbereich die Freiheit des einzelnen zu schonen[1092]. Bei diesen Schutzzweck spielt es keine Rolle, ob das Gesetz oder das Verwaltungshandeln die Entfaltungsmöglichkeiten absichtlich oder ungewollt beschränkt[1093]. Spricht die Sicht des Grundrechtsträgers gegen ein voluntatives Erfordernis, so könnten allerdings immer noch die Rechtsfolgen des Eingriffs eine einschränkende Definition nahelegen. Wenn Verhältnismäßigkeitsgrundsatz, Gesetzesvorbehalt und Zitiergebot ihren Sinn nur für beabsichtigte, nicht aber für ungewollte Folgen erfüllen könnten, wäre dies ein Grund, den Verzicht auf die Finalität zu überdenken. Dies ist aber nicht der Fall. Solange die Auswirkungen einer Maßnahme objektiv vorherzusehen[1094] sind, können Legislative und Exekutive die relevanten Gesichtspunkte in ihren Entscheidungsprozeß einbeziehen und sich verfassungskonform verhalten. Die Möglichkeit einer späteren gerichtlichen Ergebniskorrektur hängt erst recht nicht davon ab, ob die Beeinträchtigung ursprünglich einmal beabsichtigt war. Die Finalität erweist sich damit als ein nicht überzeugendes Ausschlußkriterium.

ββ) Die nach der Schwereformel bzw. der zwangsähnlichen Wirkung zu bestimmende besondere Beeinträchtigungsintensität

Ein Teil der Literatur[1095] will die Annahme eines Grundrechtseingriffs maßgeblich von (Finalität oder) einer besonders großen Beeinträchtigungsintensität abhängig machen. Die Rechtsprechung unterscheidet: Unmittelbare Beeinträchtigungen, gemeint im Sinne einer Schmälerung der Eigentumssubstanz im Gegensatz zu einer erst durch die äußere Situation vermittelten Veränderung[1096], sollen stets in der

---

[1091] Zum Intensitätserfordernis näher unten S. 172 ff.; zur Unmittelbarkeit unten S. 178 ff.

[1092] Exemplarisch wird dies später noch zur Berufsfreiheit ausgeführt; siehe unten S. 192 ff.

[1093] *Eckhoff*, Der Grundrechtseingriff, S. 194 ff.; *Birk*, Das Leistungsfähigkeitsprinzip, S. 196 ff.; *v. Arnauld*, Die Freiheitsrechte, S. 94 f.; *Weber-Dürler*, in: VVDStRL 57. Band (1997), S. 57 (90).

[1094] Näher zur objektiven Vorhersehbarkeit als Eingriffskriterium siehe unten S. 182 ff.

[1095] *Hoffmann*, Währungsparität, S. 76: eingriffsgleiche Zwangswirkung; *Oebbecke*, DVBl 1986, 793 (798); *A. Roth*, Verwaltungshandeln, S. 187 ff., 317 ff.: Finalität oder faktische Aushöhlung des Grundrechts (mit einer Ausnahme für besonders sensible Grundrechte wie Art. 4 Abs. 1 und 5 Abs. 1 und Abs. 3 GG, ebenda, S. 328 ff.). Vgl. für Art. 14 GG auch *Jarass*, in: Jarass/Pieroth, Art. 14 Rn. 30 f., im Hinblick auf Steuern auch Rn. 16.

[1096] Zum Begriff der Unmittelbarkeit siehe BVerwGE 50, 282 (287); 89, 69 (79); er wird zumindest in dieser Entscheidung nicht gleichbedeutend mit dem klassischen Eingriffsbegriff gebraucht, denn Adressat und Beeinträchtigter brauchen nicht identisch zu sein; zum generellen Problem der Ausfüllung der Unmittelbarkeit siehe unten S. 178 ff.

Lage sein, Grundrechtsschutz auszulösen[1097]. Liegt die negative Auswirkung im Umfeld begründet, so soll ein Eingriff in Art. 14 GG[1098] nur dann vorliegen, wenn die Auswirkungen nachhaltig sowie „schwer und unerträglich" sind[1099]. Die Schwereformel, die auf die heute überholte Abgrenzung zwischen der Enteignung und sonstigen Eigentumsbeeinträchtigungen zurückgeht[1100], läßt den Bezug zur Freiheitsausübung des Grundrechtsträgers nicht deutlich werden[1101]. Klarer ist insofern die von Bundesverfassungsgericht[1102] und Bundesverwaltungsgericht[1103] in anderen Fällen statt dessen[1104] verwendete Umschreibung, ein Eingriff liege auch dann vor, wenn die Wirkung der Maßnahme auf den Grundrechtsträger einem tatsächlichen Zwang gleichkomme.

Als eine (bei mittelbaren und nicht finalen Einwirkungen[1105]) notwendige Bedingung für einen Eingriff ist die Intensität folgenden Bedenken ausgesetzt: Wenn man jedenfalls hinsichtlich der materiell-rechtlichen Anforderungen von der Gleichwertigkeit der staatlichen Handlungsformen ausgeht und die Auswirkungen auf die Frei-

---

1097 BVerwGE 50, 282 (287) – Notwegrecht.

1098 Das BVerwG hat in diesen Fällen früher unmittelbar auf Art. 14 Abs. 1 GG als verletztes subjektives Recht abgestellt (Nachweise Fußnote 1100). Inzwischen zieht es die einfach-rechtlichen Normen nicht nur vorrangig heran – wie dem allgemeinen „Anwendungsvorrang" einfachen Rechts entspricht –, es hält sie wegen der gesetzgeberischen Befugnis zur „Inhaltsbestimmung" des Eigentums für (nahezu) abschließend. Auf eine eigentumskonforme Auslegung will es jedoch nicht verzichten (BVerwGE 89, 69 [78 f.]; 101, 364 [372 f.]). Darauf kann hier nicht näher eingegangen werden (siehe etwa *Battis*, in: FS für Leisner, S. 679 [685 f. m. w. N.]). Der verfassungsrechtliche Prüfungsmaßstab ist Art. 14 GG.

1099 BVerwGE 32, 173 (179) – Nachbarrechte gegen Baugenehmigung; 44, 244 (246 ff.); 50, 282 (287) – Notwegrecht; 66, 307 (309) – Dünnsäure, dort bezogen auf den eingerichteten und ausgeübten Gewerbebetrieb; für Art. 2 Abs. 2 GG siehe BVerwGE 54, 211 (221 f.) – Nachbarklage gegen B-Plan.

1100 Siehe *Wahl*, JuS 1984, 577 (584). Zum formalen Enteignungsbegriff siehe oben S. 85.

1101 Siehe oben Fußnoten 218, 242.

1102 BVerfGE 13, 230 (232: der Eingriff in die allgemeine Handlungsfreiheit des einkaufswilligen Kunden folge daraus, daß er durch das an die Ladeninhaber gerichtete Verbot faktisch zu den bestimmten Zeiten am Einkauf gehindert werde) – Ladenschlußgesetz. Bei der Rechtschreibreform hätte das BVerfG Anlaß gehabt, für die Schulbuchverlage einen faktischen Zwang zur Umstellung der Rechtschreibung anzunehmen. Wenn es gleichwohl argumentierte, die Freiheitsrechte verliehen „keinen Anspruch darauf..., für das Ergebnis wirtschaftlicher Betätigung einen Abnehmer zu finden" (BVerfGE 98, 219 [259]), bleibt dies deutlich hinter der Rechtsprechung des BVerwGs im Arzneimittellistenfall, BVerwGE 71, 183 ff. und im Glykolweinfall, BVerwGE 87, 37 ff. zurück.

1103 BVerwGE 71, 183 (192 ff., insbes. S. 195: Bejahung eines Eingriffs durch Verbreitung von rechtlich unverbindlichen Transparenzlisten zum Vergleich von verschiedenen Präparaten angesichts ihrer – durchaus gewollten – tatsächlichen „Durchschlagskraft, die der Wirkung eines unmittelbaren staatlichen Zwangseingriff... [gleichkomme]") – Arzneimittellisten.

1104 Daß die zwangsähnliche Wirkung nur einen Unterfall der Intensität bedeutet, verkennt *Eckhoff*, Der Grundrechtseingriff, S. 237 f.; vgl. die zutreffende Kritik von *W. Roth*, Faktische Eingriffe, S. 46 Fußnote 77.

1105 Zur Alternativität der drei Kriterien siehe schon oben S. 171.

heitsentfaltung als entscheidend ansieht[1106], ist nicht einzusehen, daß die Intensität zwar nicht bei klassischen, wohl aber bei mittelbaren und ungezielten Eingriffen erheblich sein soll[1107]. Zudem ist eine Rechtfertigung eines schweren und unerträglichen[1108] Eingriffs von vornherein ausgeschlossen. Dies ist eine partielle Anwendung der Innentheorie[1109], nach der die Feststellung eines Eingriffs und einer Verletzung zusammenfallen, und bedeutet angesichts der prinzipiellen Rechtfertigungsfähigkeit von Eingriffen einen Systembruch[1110]. Vor allem jedoch wird die Forderung nach einer zwangsähnlichen Intensität den grundrechtlichen Gefährdungslagen im Vorfeld von Ge- und Verboten nicht gerecht[1111]. Häufig werden Mittel wie staatliche Warnungen oder Steuerbenachteiligungen nicht statt eines zulässigen Befehls angewendet, sondern in Fällen, in denen ein solcher nicht ergehen dürfte[1112]. Derartige grundrechtsrelevante Verhaltenslenkungen sind mit unterschiedlichen Graden der Beeinträchtigungen denkbar, je nachdem welche Nachteile an das unerwünschte Verhalten geknüpft werden. Wohl mit Blick auf das Ergebnis haben es das Bundesverfassungsgericht und das Bundesverwaltungsgericht in manchen Entscheidungen genügen lassen, daß der Freiheitsgebrauch *erschwert* wurde[1113].

Von den Vorschlägen einer intensitätsabhängigen Eingriffsdefinition ist der Annahmegrund des „Angezeigtseins" zur Durchsetzung der beschwerdefähigen Rechte (§ 93 a Abs. 2 Buchstabe b BVerfGG) im Verfassungsbeschwerdeverfahren zu trennen. Das Vorliegen dieser prozessualen Anforderung wird entsprechend dem im Nachsatz umschriebenen Anwendungsfall („besonders schwerer Nachteil" durch die Nichtannahme) erst bei gewichtigen Grundrechtsverstößen oder existentieller Betroffenheit des Beschwerdeführers bejaht[1114]. Diese auf eine Entlastung des Bundesverfassungsgerichts zielende Regelung läßt keine Rückschlüsse auf den materiellrechtlichen Eingriffsbegriff zu.[1115]

1106 *Eckhoff*, Der Grundrechtseingriff, S. 107, 171, 236; *A. Roth*, Verwaltungshandeln, S. 138 ff.; beide m. w. N.

1107 Siehe *Eckhoff*, Der Grundrechtseingriff, S. 263; *Weber-Dürler*, in: VVDStRL 57. Band (1998), 57 (87).

1108 Die selbständige Bedeutung der „Unerträglichkeit" liegt darin, daß Fälle ausgegrenzt werden, in denen der Betroffene durch zumutbare eigene Maßnahmen die schwere Folge abwenden kann, siehe BVerwGE 44, 244 (246 ff.); 66, 307 (311) – Dünnsäure.

1109 Zur Unterscheidung von Innen- und Außentheorie siehe oben Fußnote 401.

1110 *Eckhoff*, Der Grundrechtseingriff, S. 27 Fußnote 3 sowie S. 262 f.

1111 So auch *Di Fabio*, JZ 1993, 689 (693 ff.).

1112 Siehe auch die Beispiele bei *Di Fabio*, JZ 1993, 689 (693).

1113 Siehe etwa BVerfGE 41, 251 (262). Für die Eingriffsqualität ungewollter Nebenfolgen staatlicher Warnungen wird vom BVerwG bspw. nicht die faktische Unabsetzbarkeit des Produkts verlangt, sondern es genügen Umsatzeinbußen, siehe BVerwGE 87, 37 (40 ff.) – Glykolwein (die dortige scheinbare Ablehnung des „Eingriffs" nahm die Maßnahme bei näherer Betrachtung nur aus dem Geltungsbereich des Gesetzesvorbehalts, aber nicht aus dem des Verhältnismäßigkeitsgebots heraus [siehe schon oben Fußnote 1088]).

1114 BVerfG, NJW 1994, 993 f.

γγ) Die schutzbereichsabhängige (Mindest-)Intensität

In seiner Untersuchung zum Grundrechtseingriff schlägt Eckhoff[1116] einen anderen Umgang mit dem Intensitätskriterium vor. Danach lösen nur Auswirkungen mit einer gewissen Intensität den Grundrechtsschutz aus, und zwar auch dann, wenn der Zugriff auf das Recht in klassischer[1117] oder unmittelbarer Form erfolgt. Die von der herrschenden Meinung anerkannte Bagatellgrenze sei ein richtiger Ansatz[1118], werde von ihr aber zu Unrecht nur auf nicht klassische Eingriffe angewendet. Das jeweilige Grundrecht gebe Aufschluß über den erforderlichen Mindestgrad[1119]. Bei besonders empfindlichen Grundrechtsrechten[1120] liege ein Eingriff relativ früh, u. U. sogar schon bei einer geringfügigen Erschwerung des Freiheitsgebrauchs vor. Dagegen bestehe bei den unbenannten[1121] Schutzgütern der allgemeinen Handlungsfreiheit des Art. 2 Abs. 1 GG und bei Grundrechten mit ausgeprägter gesetzgeberischer Gestaltungsbefugnis wie Art. 14 GG eine höhere Schwelle zur Auslösung des Grundrechtsschutzes[1122]. Eckhoffs Kritik[1123] an der Rechtsprechung des Bundesverwaltungsgerichts wird man allerdings so verstehen müssen, daß ein Eingriff auch hier keineswegs erst bei schweren und unerträglichen Beeinträchtigungen vorliegen soll.

Eckhoff ist darin zuzustimmen, daß die Intensität einer Beeinträchtigung für die grundrechtliche Beurteilung von wesentlicher Bedeutung ist. Sie wird üblicherweise herangezogen für die Bestimmung der notwendigen Regelungsdichte des – vorbehaltenen – Gesetzes, für die Überprüfbarkeit von gesetzgeberischen Prognosen auf ihre Vertretbarkeit, inhaltliche Richtigkeit oder evidente Fehlerhaftigkeit[1124], für die

---

1115 Zur Vorgängererregelung (§ 93 c S. 2 BVerfGG a. F.) siehe *Eckhoff*, Der Grundrechtseingriff, S. 260 f.: die Zulässigkeit der Verfassungsbeschwerde erfordere eine im Vergleich zum Eingriffsbegriff erhöhte Intensität.

1116 In: Der Grundrechtseingriff, S. 243 ff., 252 ff.

1117 Insofern weist er in: Der Grundrechtseingtiff, S. 257 allerdings auf die bereits durch die Titel- und Vollstreckungsfunktion vorhandene Beeinträchtigungsintensität hin.

1118 *Eckhoff*, Der Grundrechtseingriff, S. 256 f. (m. N. zur h. M.).

1119 Insofern widerspricht sich *Eckhoff*, Der Grundrechtseingriff, S. 256 f., wenn er zunächst von einer allgemeinen (niedrig anzusetzenden) Bagatellgrenze spricht, sie dann aber aus schutzbereichsspezifischen Überlegungen ggf. auch ganz entfallen lassen will.

1120 Dazu gehört etwa die Religionsfreiheit; *Eckhoff* zitiert insofern beispielhaft BVerfGE 35, 366 ff. – Kreuz im Gerichtssaal; siehe auch die Aufzählung von *A. Roth*, Verwaltungshandeln, S. 328 ff.: die Grundrechte der Presse-, Religions-, Kunst- und Wissenschaftsfreiheit enthielten Neutralitätsgebote.

1121 *Eckhoff* (Der Grundrechtseingriff, S. 244 f.) zählt zu den benannten Schutzgütern des Art. 2 Abs. 1 GG diejenigen mit einem besonderen Persönlichkeitsbezug, also etwa die Ausreisefreiheit und das Recht auf informationelle Selbstbestimmung (letzteres dürfte allerdings eher Bestandteil des verselbständigten, aus Art. 2 Abs. 1 i. V. m. Art. 1 Abs. 1 GG abgeleiteten Persönlichkeitsrechts sein).

1122 *Eckhoff*, Der Grundrechtseingriff, S. 252 ff.

1123 In: Der Grundrehtseingriff, S. 261 ff.

1124 Dazu siehe schon oben S. 114 f.

Korrektur fachgerichtlicher Entscheidungen[1125] und schließlich vor allem für die Verhältnismäßigkeitsprüfung[1126]. Das Neue an Eckhoffs Dogmatik ist jedoch, daß das Intensitätskriterium bereits auf der Ebene des Grundrechtstatbestands unbedeutend erscheinende Freiheitserschwernisse herausfiltern soll. Dies begründet er damit, der Überprüfungsaufwand sei bei ihnen unverhältnismäßig[1127]. Auch sei die mit der Ausdehnung des Eingriffsbegriffs verbundene Erweiterung der Kompetenzen der Gerichte (hauptsächlich gemeint: des Bundesverfassungsgerichts[1128]) zu Lasten des Gesetzgebers ab einer gewissen Intensität zu rechtfertigen, aber eben auch nicht unter dieser[1129].

Bei Eckhoffs kompetenzrechtlicher Argumentation stimmt die Prämisse nicht: Die Neubestimmung des Eingriffsbegriffs bedeutet keine *Erweiterung* der (verfassungs-)gerichtlichen Befugnisse und keine Kompetenz*verschiebung* zu Lasten der Legislative[1130]. Die gegenteilige Sicht erklärt indirekt und wohl auch unbewußt die Machtverteilung bei unterstellter Geltung des klassischen Eingriffsbegriffs zum Maßstab, obwohl diesem anerkanntermaßen unter dem Grundgesetz gerade keine Ausschlußfunktion zukommt[1131]. Allerdings könnte die *im Grundgesetz* vorgesehene Gewaltenteilung auch die Auslegung der Grundrechtstatbestände beeinflussen. Das Grundgesetz hat der Judikative u. a. die Aufgabe übertragen, wirksamen Schutz vor Grundrechtseingriffen (Art. 19 Abs. 4, 92 ff. GG) zu bieten. Soweit grundrechtliche Erwägungen ein bestimmtes Schutzniveau gebieten, folgen daraus die Kompetenzen der Judikative. Aus dem Grundsatz der Gewaltenteilung (Art. 20 Abs. 2 S. 2, Abs. 3 GG) und den Aufgaben der Legislative (Art. 70 ff. GG) ergibt sich nur, daß die Rechtsprechung nicht in den Kernbereich gesetzgeberischer Tätigkeit übergreifen darf[1132]. Diese Grenze kann auch bei Zugrundelegung eines von der Intensität unabhängigen Eingriffsbegriff gewahrt werden, wenn die Kontrolldichte entsprechend bestimmt wird[1133].

1125 So BVerfGE 18, 85 (93) – Patentbeschluß; 42, 143 (148 f.) – DGB-Beschluß; zum Problem der Verletzung „spezifischen Verfassungsrechts" siehe näher Scherzberg, Grundrechtsschutz.

1126 Siehe auch *Eckhoff*, Der Grundrechtseingriff, S. 259 m. w. N.

1127 In: Der Grundrechtseingriff, S. 256.

1128 *Eckhoff*, Der Grundrechtseingriff, S. 260.

1129 *Eckhoff*, Der Grundrechtseingriff, S. 142 und 260.

1130 So aber *Eckhoff*, Der Grundrechtseingriff, S. 243; ebenso schief auch *A. Roth*, Verwaltungshandeln, S. 164: „Machtzuwachs".

1131 Auch *Eckhoff*, Der Grundrechtseingriff, S. 228 mißt dem klassischen Eingriff nur rechtshistorische Bedeutung zu.

1132 Dazu, konkret das Verhältnis zwischen Exekutive und Legislative betreffend siehe BVerfGE 9, 268 (279 f.); 34, 52 (59); 67, 100 (139); 68, 1 (87) – Atomwaffenstationierung; 95, 1 (15 f.) – Südumfahrung Stendal. „Übergriffe" der Judikative sind typischerweise nicht Gegenstand von Gerichtsentscheidungen. Kompetenzverletzungen durch das BVerfG behaupten bspw. *Klein*, *Kirchhof* und *Winter* in ihrer abweichenden Meinung zu BVerfGE 92, 277 ff. – Spionage (ebenda S. 341 ff.) und *Böckenförde* in seinem Sondervotum zum Vermögensteuerbeschluß, BVerfGE 93, 121 ff. (ebenda, S. 149 ff.).

1133 Siehe oben S. 112 ff.

Hinsichtlich des von Eckhoff herangezogenen gerichtlichen Überprüfungsaufwands ist zu unterscheiden: Liegt – wie regelmäßig bei geringer Intensität[1134] – eine eindeutig zulässige Freiheitseinschränkung vor, dürfte es keinen großen Unterschied machen, auf welcher Ebene die Grundrechtsverletzung argumentativ ausgeschlossen wird[1135]. In allen anderen Fällen bedeutet die Ausschaltung der Anforderungen gerade deshalb eine Entlastung, weil die Rechtfertigung nicht offensichtlich, sondern begründungsbedürftig, vielleicht sogar ausgesprochen zweifelhaft ist[1136]. Es gibt keinen Grund, dem Bürger eine Erschwerung des Freiheitsgebrauchs, sei sie auch relativ gering, ohne Rücksicht darauf zuzumuten, ob die staatliche Maßnahme einem legitimen Zweck dient und ob dieser möglicherweise nicht noch unbedeutender ist als die Freiheitsbeeinträchtigung[1137].

Ferner liegt Eckhoffs Modell die Annahme einer weitgehenden gesetzgeberischen Gestaltungsbefugnis insbesondere bei Art. 14 GG zugrunde[1138]. Verlangt jedoch, wie hier bereits begründet wurde[1139], das Prinzipienmodell eine möglichst weitgehende Verwirklichung des Privatnützigkeitsgedankens, so stellt jede auch noch so geringfügige Erschwerung des Freiheitsgebrauchs keine vollständige Erfüllung des an den Gesetzgeber gerichteten Gebots dar. Für diese Abweichung bedarf es nicht mehr und nicht weniger als einer materiellen verfassungsrechtlichen Rechtfertigung.

Schließlich führt Eckhoffs Konzept auch zu dem unbefriedigenden Ergebnis, daß der Grad der Beeinträchtigung auf *mehreren Ebenen* zu prüfen ist, auf der des Grundrechtstatbestands und auf der der Eingriffsrechtfertigung. Das Modell der schutzbereichsabhängigen Mindestintensität vermag daher nicht zu überzeugen.

1134 Siehe *Pieroth/Schlink*, in: Grundrechte Rn. 244: was der weite Eingriffsbegriff materiell rechtfertigungsbedürftig mache, ließe sich materiell auch weitgehend rechtfertigen; allerdings gehen sie dennoch vom Bagatellvorbehalt aus, ebenda Rn. 248.

1135 So der zutreffende Hinweise von *v. Arnauld*, Die Freiheitsrechte, S. 99; ähnlich *Bethge*, in: VVDStRL 57. Band (1998), S. 7 (45).

1136 Bemerkenswerterweise will auch *Eckhoff*, Der Grundrechtseingriff, S. 257 eine allgemeine Bagatellgrenze niedrig ansetzen, „damit sie nicht dazu verleitet, in zu vielen Fällen eine (dann nur scheinbare) Evidenz heranzuziehen, um echte Abwägungsüberlegungen zu vermeiden".

1137 Siehe *v. Arnauld*, Die Freiheitsrechte, S. 98 ff.; vgl. auch *Gallwas*, Beeinträchtigungen, S. 87 f.; *Weber-Dürler*, in: VVDStRL 57. Band (1998), S. 57 (87). Grundlegend zur Berechtigung des Schutzes auch vor geringfügigen Freiheitsbeschränkungen siehe *Alexy*, Theorie der Grundrechte, S. 324 f.

1138 In: Der Grundrechtseingriff, S. 245, 254; ebenso *Pieroth/Schlink*, Grundrechte Rn. 900.

1139 Siehe oben S. 106 ff.

δδ) Die Unmittelbarkeit

Die Unmittelbarkeit wird, wie erwähnt[1140], von der Rechtsprechung des Bundesverwaltungsgerichts alternativ zu einer besonderen Schwere bzw. der Finalität als Kriterium für die Annahme eines Grundrechtseingriffs angesehen. Auch das Bundesverfassungsgericht zieht die Unmittelbarkeit ausdrücklich bei der Eingriffsprüfung heran, wobei es ihr Vorliegen – entgegen einem unbefangenen Verständnis – in tripolaren Verhältnissen häufig bejaht[1141]. Daneben ordnet es manche Beeinträchtigungen ausdrücklich trotz der Mittelbarkeit als Eingriffe ein[1142]. In anderen Entscheidungen kommt der fehlenden Unmittelbarkeit dagegen eine den Eingriff ohne weiteres ausschließende Wirkung zu, wie etwa bei den Beschlüssen zu den Ostverträgen[1143] und zu den Wartezeiten beim Ehegattennachzug[1144] und beim Urteil zur Rechtschreibreform, dort allerdings im Zusammenhang mit der berufsregelnden Tendenz[1145].

Zum uneinheitlichen[1146] Umgang mit fehlender Unmittelbarkeit kommen erhebliche Schwierigkeiten bei der Ausfüllung des Begriffs. Lange Zeit bestand keine eindeutige Abgrenzung[1147] des materiell-rechtlichen Eingriffskriteriums zu einer gleich bezeichneten *Zulässigkeitsvoraussetzung* der Verfassungsbeschwerde, die besagt, der Beschwerdeführer müsse nicht nur selbst und gegenwärtig, sondern auch unmittelbar[1148] betroffen sein. Innerhalb dieses Dreiklangs bedeutet das Wort nach

---

1140 Siehe BVerwGE 50, 282 (287) – Notwegrecht; 89, 69 (79); näher oben S. 173 ff.

1141 BVerfGE 13, 230 (232 ff.: das an die Ladeninhaber gerichtete Verbot wirke wie ein unmittelbar an die einkaufswilligen Kunden gerichteter Gesetzesbefehl) – Ladenschlußgesetz; 51, 386 (395: der Ehegatte eines Ausgewiesenen sei von der Ausweisung unmittelbar betroffen); 85, 191 (207: Adressat des Nachtarbeitsverbots sei der Arbeitgeber, die Folgen träfen aber unmittelbar die Arbeitnehmerinnen). Vgl. auch den Widerspruch in der Werkfernverkehrsentscheidung BVerfGE 16, 147 ff.: das Gesetz berühre die Betroffenen unmittelbar in ihrer beruflichen Betätigung (so ebenda., S. 162); die Steuernorm wirke mittelbar auf die Berufstätigkeit ein (so ebenda, S. 163).

1142 Siehe zu Art. 12 GG BVerfGE 13, 181 (185 f.) – Schankerlaubnissteuer; 22, 380 (384) – Kuponsteuer; 46, 120 (137) – Direktrufnetz; zu Art. 5 Abs. 1 S. 2 GG BVerfGE 52, 283 (296) – Kündigung durch einen Tendenzbetrieb; zu Art. 2 Abs. 2 S. 1 GG BVerfGE 66, 39 (59 f.) – Nachrüstung, wo ein Grundrechtseingriff durch mittelbare Beeinträchtigungen erwogen wird.

1143 BVerfGE 40, 141 (156).

1144 BVerfGE 76, 1 (42); das Gericht verneinte einen Eingriff in die Eheschließungsfreiheit wegen der nur tatsächlichen, mittelbaren Beeinträchtigung durch die Wartezeitenregelung; es nahm ebenda, S. 42 ff. einen Eingriff in das in Art. 6 Abs. 1, Abs. 2 GG begründete Recht auf eheliches Zusammenleben an.

1145 BVerfGE 98, 218 (258 f.).

1146 Näher zur Rechtsprechung *Eckhoff*, Der Grundrechtseingriff, S. 197 ff., der insgesamt eine Zunahme des Abstellens auf die Unmittelbarkeit ausmacht.

1147 Zur Vermischung von prozessualer und materiell-rechtlicher Unmittelbarkeit in der Verfassungsrechtsprechung siehe *Eckhoff*, Der Grundrechtseingriff, S. 197 ff. m. w. N.

1148 BVerfGE 40, 141 (156) – Ostverträge; 53, 30 (48); 70, 35 (50 ff.); 97, 157 (164); st. Rspr.

den klarstellenden Äußerungen des Bundesverfassungsgerichts[1149], daß die angegriffene Maßnahme keines Ausführungsakts mehr bedarf; ein solcher müßte sonst nämlich aus Gründen der Subsidiarität regelmäßig abgewartet und vor Erhebung der Verfassungsbeschwerde auf dem Rechtsweg angegriffen werden[1150]. Die Doppeldeutigkeit könnte noch hingenommen werden, wenn wenigstens über die Eingriffsvoraussetzung „Unmittelbarkeit" Klarheit bestünde. Aber auch daran fehlt es. Eine wortlautgetreue Anwendung[1151] müßte ihr Vorliegen in allen Fällen mit auch nur einer Zwischenursache[1152], insbesondere bei vermittelnden Verhalten Dritter[1153] oder des Grundrechtsträgers[1154] ausschließen. Die zur Umgehung dieser Konsequenzen gemachten Erweiterungen haben zur Erkenntnis geführt, daß sich hinter dem Begriff der Unmittelbarkeit die *wertende* Entscheidung über die Zurechenbarkeit verbirgt[1155]. Wie Eckhoff[1156] und Albers[1157] deutlich gemacht haben, ist es oft nur eine Frage der Schutzbereichsformulierung, ob sich eine Maßnahme als unmittelbare oder als mittelbare Beeinträchtigung darstellt[1158]. Wird zum Beispiel die Wirkung auf das Umfeld, etwa das soziale Ansehen einer Person, eines Unternehmers oder einer Religionsgemeinschaft in die Definition der Freiheit aufgenommen[1159], so ergibt sich die Grundrechtsrelevanz von Rufschädigungen, Warnungen etc. fast zwangsläufig[1160]. Auch dann, wenn Vorbereitungshandlungen zur Grundrechtsaus-

---

1149 BVerfGE 70, 35 (50 ff.); näher *Eckhoff*, Der Grundrechtseingriff, S. 197 ff.; *Pestalozza*, Verfassungsprozeßrecht, § 12 Rn. 35.

1150 Dagegen verbirgt sich hinter der Frage, ob der Beschwerdeführer „selbst" betroffen ist, das Problem des (möglichen) Vorliegens eines Grundrechtseingriffs und damit u. a. auch der „Unmittelbarkeit" im materiell-rechtlichen Sinn; siehe *Eckhoff*, Der Grundrechtseingriff, S. 200; *Pestalozza*, Verfassungsprozeßrecht, § 12 Rn. 35.

1151 Siehe bspw. *Sodan*, Kollegiale Funktionsträger, S. 496.

1152 *W. Roth*, Faktische Eingriffe, S. 35 meint sogar, es ließen sich immer beliebig viele Zwischenursachen ausmachen.

1153 Siehe den Hinweis auf die tripolaren Verhältnisse bei *Weber-Dürler*, in: VVDStRL 57. Band (1998), S. 57 (88) und demgegenüber die Nachweise aus der Rechtsprechung in Fußnote 1142.

1154 Eine verbreitete Ansicht begründet etwa mit der Wahlfreiheit des Steuerpflichtigen hinsichtlich des Erfüllungsobjekts die fehlende Eigentumsrelevanz der steuerlichen Folgewirkung (siehe dagegen schon oben S. 82).

1155 *Gallwas*, Beeinträchtigungen, S. 24; *Eckhoff*, S. 208 ff.; *W. Roth*, Faktische Eingriffe, S. 35 ff.; *Albers*, DVBl 1996, 233 (236).

1156 In: Der Grundrechtseingriff, S. 268.

1157 In: DVBl 1996, 233 (236 ff.); ferner siehe *Weber-Dürler*, in: VVDStRL 57. Band (1998), S. 57 (82); *Lübbe-Wolff*, Eingriffsabwehrrechte, S. 70 ff., die allerdings Leistungsrechte einbezieht (ebenda, S. 226 ff.).

1158 *Alexy*, Theorie der Grundrechte, S. 273 ff. vermeidet diese Schwierigkeiten, indem er Schutzbereich und Eingriff gleich in einem Schritt als sog. Tatbestand prüft (zweistufiger Aufbau); siehe oben Fußnote 1041.

1159 Siehe *Albers*, DVBl 1996, 233 (238).

1160 Dies gilt jedenfalls, nachdem sich gezeigt hat, daß formellen Kriterien wie der Zielgerichtetheit keine Berechtigung zukommt. Die Vorhersehbarkeit nimmt eine Sonderstellung ein, siehe unten S. 182 ff.

übung als geschützt angesehen werden, läßt sich eine Störung durch den Staat in diesem Stadium ohne weiteres als Eingriff in die jeweilige Freiheit begreifen[1161]. Aus der Abhängigkeit der (Un-)Mittelbarkeit von der Schutzbereichsdefinition läßt sich ablesen, daß die Länge der Kausalkette nicht von entscheidender Bedeutung sein kann[1162]. Die Verwendung dieses Kriteriums erleichtert die wertende Entscheidung nicht, sondern sie verschleiert sie sogar. Eckhoff hat in seiner Untersuchung zum Grundrechtseingriff[1163] nachgewiesen, daß die Rechtsprechung die Unmittelbarkeit anhand von anderen Abgrenzungsmerkmalen wie der Finalität, der Normzwecklehre oder dem Rechtscharakter der Beeinträchtigung bestimmt. Eine verbreitete Ansicht in der Literatur lehnt daher mit Recht die Unmittelbarkeit als Eingriffskriterium als zur Abgrenzung untauglich ab[1164].

Auch unter Berücksichtigung der Alternativität von Finalität, besonderer Intensität und Unmittelbarkeit kann die Rechtsprechung zur Eingrenzung des Eingriffsbegriffs nicht überzeugen. Die Merkmale sind, wie gezeigt, einzeln nicht aus dem Schutzzweck der Grundrechte herzuleiten. Schließlich ist es auch nicht so, daß durch ihre Kombination eine sinnvolle Abgrenzung gelingen könnte.

εε) Der Schutzzweck der Norm

Ein Teil der Literatur will den Eingriff mit Hilfe des Schutzzwecks des jeweiligen Grundrechts begrenzen (auch sogenannte Normzwecklehre)[1165]. Bei der Frage nach

---

[1161] Siehe *Weber-Dürler*, in: VVDStRL 57. Band (1998), S. 57 (82). Weitere Beispiele findet man bei *Eckhoff*, Der Grundrechtseingriff, S. 268, auch in Fußnote 100: Ehegattennachzug als Schutzbereichsproblem des Art. 6 GG; Klagerecht einer Kirche gegen die Genehmigung einer nahegelegenen Gaststätte als Schutzbereichsproblem des Art. 4 Abs. 2 GG, z. T. mit Verweis auf *Schwabe*, Probleme der Grundrechtsdogmatik, S. 186.

[1162] Dies wird deutlich in BVerwGE 90, 112 (120: die Förderung des privaten Vereins zur Warnung vor Jugendsekten verlängere zwar die Kausalkette im Vergleich zu einer Warnung durch den Staat, dies ändere aber wegen der Finalität nicht an der Eingriffsqualität) – Osho; siehe auch *Eckhoff*, Der Grundrechtseingriff, S. 209.

[1163] In: Der Grundrechtseingriff, S. 201 ff.

[1164] Siehe *Gallwas*, Beeinträchtigungen, S. 24; *v. Arnauld*, Die Freiheitsrechte, S. 95; *Sachs*, in: Stern, Staatsrecht III/2, § 78 III 1, S. 143 ff.; *Eckhoff*, Der Grundrechtseingriff, S. 208 ff.; *W. Roth*, Faktische Eingriffe, S. 35 ff.; *Weber-Dürler*, in: VVDStRL 57. Band (1998), S. 57 (88); *Schwabe*, Probleme der Grundrechtsdogmatik, S. 181; *Birk*, Das Leistungsfähigkeitsprinzip, S. 208 und 216 f.; a. A. *Di Fabio*, JZ 1993, 689 (697) und *A. Roth*, Verwaltungshandeln, S. 86 f., 92 f., die in der Offenheit des „Blankettbegriffs“ der Unmittelbarkeit eher einen Vorteil sehen.

[1165] *Ramsauer*, Die Beeinträchtigungen, S. 54 f.; derselbe, in: VerwArch 72. Band (1981), S. 89 (99 ff.); siehe auch *Gallwas*, Beeinträchtigungen, S. 44; zustimmend *Alexy*, Theorie der Grundrechte, S. 277 f.; *Pietzcker*, FS für Bachof, S. 131 (140 ff.); *Weber-Dürler*, in: VVDStRL 57. Band (1998), S. 57 (84); vgl. auch, dort allerdings unter Aufspaltung des Eingriffsbegriffs (dazu oben Fußnote 1088) BVerwGE 87, 37 (42: aus der Schutzfunktion des jeweiligen Grundrechts könne sich ergeben, daß auch eine von einem schlicht-hoheitlichen Handeln ausgehende bloß tatsächliche und mittelbare Betroffenheit einen Grundrechtseingriff bedeute) – Glykolwein.

dem erkennbaren Sinn und Zweck eines Gesetzes handelt es um eine allgemein anerkannte Auslegungsmethode[1166], die auch für die Verfassungsinterpretation maßgebende Bedeutung beansprucht[1167]. Dabei ergibt sich durch das einzelne Grundrecht nur ein eingeschränktes Bild, so daß auch die Gesamtheit der Grundrechte[1168] und die aus ihnen abzuleitende Grundrechtstheorie eine wichtige Rolle spielen[1169]. Bis hierhin ist nur Selbstverständliches gesagt[1170]. Die auf Ramsauer zurückgehende Schutzzwecklehre beschränkt sich jedoch nicht darauf, sondern schreibt drei Kriterien über die Grenzen des einzelnen Grundrechts hinaus eine allgemeine Bedeutung für das Vorliegen eines Eingriffs zu[1171]: Zum einen komme es auf die Dichte der Erfolgsbeziehungen an, die sich aus einem Handlungs- und einem Wirkungsfaktor zusammensetze. Für den ersten sei die Zielgerichtetheit des Handelns, für den zweiten die Unmittelbarkeit des Erfolgseintritts entscheidend. Zum anderen spiele die Intensität bei faktischen Beeinträchtigungen eine entscheidende Rolle, bei geringer Erheblichkeit handele es sich um ein allgemeines Lebensrisiko[1172]. Schließlich sei die Grundrechtsbezogenheit zu berücksichtigen; sie bestehe in dem Umfang, in dem das Grundrecht seinen Träger auch vor konkreten staatlich veranlaßten Veränderungen des Umfelds schützen soll.

Die Irrelevanz von Finalität, Intensität und Unmittelbarkeit ist bereits begründet worden[1173]. Ramsauers Vorschlag zugunsten ihrer indirekten Maßgeblichkeit ist insofern erstaunlich, als er selbst[1174] ausführt, daß sich formelle Kriterien wie die Unmittelbarkeit und die Finalität nicht begründen ließen[1175]. Von seinen Erkenntnissen bleibt nicht mehr übrig, als daß sich aus der Auslegung jedes Grundrechts ergibt, vor welchen Gefahren es schützt.

1166 Zur teleologischen Auslegung siehe BVerfGE 1, 299 (312); 10, 234 (244); 11, 126 (130 ff.); *Larenz*, Methodenlehre, S. 328 ff.; *Fikentscher*, Methoden des Rechts IV, S. 364 ff.: der Gesetzeszweck sei nach der Wortlautgrenze das wichtigste Kriterium.

1167 BVerfGE 6, 32 (38) – Elfes; 74, 51 (57); 74, 102 (116); *Larenz*, Methodenlehre, S. 363 ff.; *Jarass*, in: Jarass/Pieroth, Einl. Rn. 6. *Hesse*, Verfassungsrecht Rn. 68; *F. Müller*, Juristische Methodik, Rn. 364 und *Sachs*, in: Sachs, Einf. Rn. 37 ff. betonen, es dürfe dabei allerdings nicht zu einer beliebigen Zwecksetzung durch den Rechtsanwender kommen.

1168 Siehe *Eckhoff*, Der Grundrechtseingriff, S. 267 f.; *Gallwas*, Beeinträchtigungen, S. 56 f.

1169 *Böckenförde*, NJW 1974, 1529 (1529 f.); derselbe, NJW 1976, 2089 (2090 ff.).

1170 Zutreffend *W. Roth*, Faktische Eingriffe, S. 43 ff.; *Sachs*, in: Stern, Staatsrecht III/2, § 78 III 1, S. 155 f.

1171 In: VerwArch 72. Band (1981), S. 89 (103 ff.). *Eckhoff* (in: Der Grundrechtseingriff, S. 268 f.) kritisiert, daß *Ramsauer* trotz seines Postulats einer grundrechtsspezifischen Lösung doch auf allgemeine Schutzzweckgesichtspunkte abstellt.

1172 Kritisch zur Übertragung des „allgemeinen Lebensrisikos" aus der zivilrechtlichen Haftung *W. Roth*, Faktische Eingriffe, S. 44 f.; *Eckhoff*, Der Grundrechtseingriff, S. 267.

1173 Zur Finalität siehe oben S. 170 ff., zum Intensitätserfordernis, insbesondere seiner Beschränkung auf nicht klassische Eingriffe oben S. 172 ff., zur Unmittelbarkeit S. 178 ff.

1174 In: VerwArch 72. Band (1981), S. 89 (96 und 98).

1175 Siehe die Kritik von *W. Roth*, Faktische Eingriffe, S. 45; *v. Arnauld*, Die Freiheitsrechte, S. 96 und *Eckhoff*, Der Grundrechtseingriff, S. 268 f.

ζζ) Die objektive Vorhersehbarkeit bzw. Adäquanz

Die Rechtsprechung[1176] und ein Teil der Literatur[1177] sehen die Vorhersehbarkeit als notwendige Bedingung für die Annahme eines Grundrechtseingriffs an, obwohl die freiheitsbeeinträchtigende Wirkung staatlichen Handelns unabhängig von der Vorhersehbarkeit ist. Wenn hier bei der Ablehnung der bisher diskutierten Erfordernisse hauptsächlich auf die Sicht des Grundrechtsträgers abgestellt wurde, so bedeutet dies nicht zwingend auch die Irrelevanz der Vorhersehbarkeit für den Eingriffsbegriff. Der Verzicht auf Finalität, Unmittelbarkeit oder einer besonderen Intensität verlangt dem Staat nichts Unmögliches ab. Dies ist beim dem hier in Frage stehenden Kriterium anders[1178]. Bei Eckhoff beruht die gegenteilige Annahme auf einer Gleichsetzung von dem Vorhergesehenen und dem Vorhersehbaren[1179]. Bei W. Roth ist die Annahme der Erfüllbarkeit der Eingriffsanforderungen damit begründet, Gegenstand der Rechtfertigung sei nicht die Gefahrverwirklichung, sondern die Gefahrschaffung; ihre Absicherung sei dem Gesetzgeber durch entsprechende Zwecksetzungen stets möglich[1180]. Dabei übersieht W. Roth, daß der Verwaltung die *konkrete* Notwendigkeit einer gesetzlichen Grundlage für ihre Handlung jedoch auch unter dem Gesichtspunkt der Gefahr*schaffung* verborgen bleibt, wenn die Möglichkeit des Eintritts einer Freiheitsbeeinträchtigung nicht vorhersehbar ist. W. Roths Behauptung wäre also nur dann richtig, wenn man von einem Totalvorbehalt[1181] ausgeht. Durch eine dem Totalvorbehalt entsprechende umfassende Zwecksetzung wäre der Vorbehalt des Gesetzes, der dem Gesetzgeber eine *bewußte Entscheidung* für die Vornahme bzw. die Ermöglichung einer Maßnahme gerade *in Anbetracht ih-*

1176 Siehe BVerwGE 87, 37 (43 f.) – Glykolwein; BVerwG, DVBl 1996, 807 (807) – Futtermitteltest; vgl. auch die in diese Richtung gehende Rechtsprechung zu Nachbesserungspflichten, die erst durch neue Erkenntnisse ausgelöst werden, BVerfGE 25, 1 (13) – Mühlengesetz; 50, 290 (335) – Mitbestimmung; 84, 239 (272) – Steuererhebungsgleichheit.

1177 *Bleckmann*, Staatsrecht II, § 12 Rn. 44 f.; *Isensee*, in: Isensee/Kirchhof, HdbStR V, § 111 Rn. 67; *Rodi*, Steuern als Verfassungsproblem, S. 107; *Birk*, Das Leistungsfähigkeitsprinzip, S. 216; a. A. *Sachs*, in: Stern, Staatsrecht III/2, § 78 III 1, S. 153 ff.; *W. Roth*, Faktische Eingriffe, S. 139 ff.; *A. Roth*, Verwaltungshandeln, S. 297 f.; *v. Arnauld*, Die Freiheitsrechte, S. 97.

1178 Siehe die in Fußnote 1178 genannten Befürworter des Vorhersehbarkeitskriteriums.

1179 In: Der Grundrechtseingriff, S. 247: „Fehlende *Vorhersehbarkeit* schließt daher nicht einmal zwingend das Eingreifen des Gesetzesvorbehalts aus. Die seit langem etablierte Rechtsprechung zur ‚objektiv (!) berufsregelnden' Tendenz ... zeigt, daß *tatsächlich nicht vorhergesehene* Grundrechtseingriffe aufgehoben werden ..."; Hervorhebungen durch Kursivschrift nur hier. Im übrigen erkennt Eckhoff an anderen Stellen seiner Arbeit (ebenda, S. 196, 247 f.) durchaus an, daß die Grundrechte schon im Stadium der Entscheidung über den Eingriff wirken wollen und daß dafür die Beeinträchtigung nicht final, sondern nur vorhersehbar zu sein braucht. Warum er die Vorhersehbarkeit dennoch nicht für ein notwendiges Eingriffskriterium hält, bleibt unklar; an einer Stelle deutet er eine Differenzierung der Rechtsfolgen je nach der (Un-)Vorhersehbarkeit an (ebenda, S. 246 ff.).

1180 In: Faktische Eingriffe, S. 599 f.

1181 Zur Lehre vom Totalvorbehalt siehe *Jesch*, Gesetz und Verwaltung, passim; die ganz h. M. (darunter bemerkenswerterweise *W. Roth*, Faktische Eingriffe, S. 444 f. m. w. N.) lehnt den Totalvorbehalt mit gutem Grund ab.

rer (potentiellen) Grundrechtsrelevanz abverlangt[1182], für die unvorhersehbaren Folgen aber nur der Form, nicht seinem Sinn nach gewahrt. Das gleiche gilt für das Zitiergebot nach Art. 19 Abs. 1 S. 2 GG, dessen Warn- und Besinnungsfunktion[1183], aber auch dessen Klarstellungsfunktion[1184] verfehlt werden, wenn immer alle abstrakt zitierbedürftigen Grundrechte vorsorglich auch dann als eingeschränkt bezeichnet werden, wenn ihre Beeinträchtigung nicht vorhersehbar ist.

Die sonst drohende Unerfüllbarkeit[1185] der von der Verfassung angeordneten Rechtsfolgen des Gesetzesvorbehalts und des Zitiergebots spricht aus systematischer Sicht für die Vorhersehbarkeit als notwendige Voraussetzung eines Grundrechtseingriffs. Eine Norm, deren Befehl der Adressat nicht nachkommen kann, relativiert ihren Geltungsanspruch[1186]. Es liegt nahe, daß das Bemühen um eine Vermeidung von Normverstößen nachläßt, wenn es sich in bestimmten Fällen als nicht erfüllbar erweist[1187]. Es ist auch denkbar, daß die Sorge vor unvermeidbaren, weil nicht erkennbaren Grundrechtsverletzungen eine gewisse Lähmung der Staatsaktivität bedeutet[1188].

Zurückzuweisen ist auch der Einwand eines fehlenden Maßstabs für die Vorhersehbarkeit[1189]. Maßgeblich ist, ob der Eintritt einer freiheitsbeeinträchtigenden Wirkung *möglich* ist, was anhand der Erkenntnismöglichkeiten im Zeitpunkt des staatlichen Handelns[1190] zu beurteilen ist. Wenn diese Möglichkeit besteht, muß der Staat damit rechnen, daß sie sich verwirklicht und dadurch die Rechtfertigungsanforde-

---

[1182] Siehe auch *W. Roth*, Faktische Eingriffe, S. 599 f.: „Sie (= die Rechtfertigung anhand des Gesetzesvorbehalts) verlangt mithin ... daß er (= der Gesetzgeber) Exekutive und Judikative ermächtigt, zu von ihm bestimmten Zwecken *eingreifend* tätig zu werden“ (Hervorhebung nur hier; im Original liegt die Betonung statt dessen auf der Zwecksetzung durch den Gesetzgeber) und S. 606:„das ermächtigende Gesetz (muß) ... als *Inhalt* die Zulässigkeit der Beeinträchtigung der ... kollidierenden Grundrechtsgüter vorsehen und ... als *Ausmaß* das zulässige Maß der Grundrechtsgutsbeeinträchtigung festlegen“ (Hervorhebungen im Original). Auch *W. Roth* begnügt sich also gerade nicht mit einer bloßen Zwecksetzung durch den Gesetzgeber; seine These von der Erfüllbarkeit des Gesetzesvorbehalts für unvorhersehbare Folgen ist deshalb nicht nachzuvollziehen.

[1183] Siehe BVerfGE 35, 185 (188 f.); 64, 72 (80).

[1184] Zu dieser siehe *Krebs*, in: v. Münch/Kunig, Art. 19 Rn. 14.

[1185] Auf die unter diesem Aspekt für das Zivilrecht entwickelten Lehre vom Handlungsunrecht kann hier nicht eingegangen werden, siehe dazu *Münzberg*, Verhalten und Erfolg.

[1186] Dazu siehe *W. Roth*, Faktische Eingriffe, S. 144 Fußnote 70, der daraus jedoch nichts für die Vorhersehbarkeit als Eingriffskriterium ableitet (aber auch von einer anderen Prämisse, nämlich der Erfüllbarkeit des Gesetzesvorbehalts auch bei unvorhersehbaren Eingriffen, ausgeht; dazu jedoch schon oben S. 182).

[1187] A. A. offenbar *Sachs*, in: Stern, Staatsrecht III/2, § 78 III 1, S. 153 f., der meint, ein Verbot, dessen Eingreifen (noch) nicht erkennbar sei, könne praktisch auch (noch) keine verhaltenssteuernde Wirkung auf die staatlichen Aktivitäten entfalten.

[1188] *Gallwas*, Beeinträchtigungen, S. 94; a. A. *Sachs*, in: Stern, in: Stern, Staatsrecht III/2, § 78 III 1, S. 153 f.

[1189] Zu diesem Einwand siehe *Ramsauer*, in: VerwArch 72. Band (1981), S. 89 (99); *A. Roth*, Verwaltungshandeln, S. 297.

[1190] Zur Folge einer späteren Erweiterung der Erkenntnismöglichkeiten siehe unten S. 186 f.

rungen ausgelöst werden[1191]. Auf das Ausbleiben negativer Folgen darf der Staat nicht vertrauen[1192]; die Grundrechte dienen der Vermeidung von Rechtsverletzungen und begrenzen deshalb bereits die Schaffung von Gefahren für die Freiheit[1193]. Für die Annahme eines Eingriffs ist es daher unerheblich, ob die geschaffene Gefahr eintritt oder (zunächst) ausbleibt[1194]. Die Wahrscheinlichkeit der Gefahrverwirklichung ist allerdings bei der Eingriffsrechtfertigung zu berücksichtigen. Spätere Erkenntniszuwächse können zu einer Nachbesserungspflicht des Gesetzgebers[1195] bzw. zu einer Pflicht zum Rückgängigmachen der Gefahrschaffung im Rahmen des Möglichen führen.

Schließlich wird gegen die Vorhersehbarkeit vorgebracht, es komme nach dem Abwehrcharakter der Grundrechte anders als bei der Bestimmung der straf- und zivilrechtlichen Verantwortlichkeit nicht auf ein Verschulden an[1196]. Daran ist richtig, daß die dogmatische Figur des Grundrechtseingriffs ihrer Funktion nach *verschuldensunabhängig* ist[1197]. Ob der für den Staat handelnden Person ein Vorsatz- oder Fahrlässigkeitsvorwurf gemacht werden kann, ist nicht von Bedeutung. Dies läßt jedoch keinen Rückschluß darauf zu, daß deshalb auch die *objektive* Vorhersehbarkeit entbehrlich wäre.

Dieses Ergebnis könnte sich allerdings aus einer *bewußten* Entscheidung des Verfassungsgebers zugunsten der Eingriffsqualität unvorhersehbarer Folgen ergeben[1198]. Manche meinen, eine solche sei den Diskussionen im Hauptausschuß des Parlamentarischen Rats zu entnehmen[1199]. Dem liegt folgendes zugrunde: Der Ab-

---

1191 Zur Unterscheidung von „unvollendeten" und „vollendeten" Eingriffen siehe *W. Roth*, Faktische Eingriffe, S. 206 ff.

1192 So genügt bei der Atomenergie das Wissen um die nicht restlos geklärte Wirkung der Radioaktivität, um die Rechtfertigungsbedürftigkeit der Zulassung ihrer Nutzung anhand des Art. 2 Abs. 2 GG auszulösen. Siehe unter dem Aspekt von Schutzpflichten BVerfGE 49, 89 (141 ff.) – Kalkar; 53, 30 (58) – Mülheim-Kärlich, dort mit dem Hinweis, daß die Zulassung der Kernkraftnutzung den Anforderungen an staatliche Eingriffsgesetze entsprechen müsse.

1193 *Eckhoff*, Der Grundrechtseingriff, S. 247 f.

1194 Hierzu ausführlich und m. w. N. *W. Roth*, Faktische Eingriffe, S. 213 f. für sichere Folgen und S. 217 f. für mögliche Folgen.

1195 Siehe schon oben S. 115.

1196 *Ramsauer*, Die Beeinträchtigungen, S. 116; *Eckhoff*, Der Grundrechtseingriff, S. 247; *v. Arnauld*, Die Freiheitsrechte, S. 97; *A. Roth*, Verwaltungshandeln, S. 297.

1197 Die in den vorherigen Fußnote Genannten setzen Verschulden und Vorhersehbarkeit gleich, verstehen die Vorhersehbarkeit also subjektiv. Dies ist erkennbar bei *Eckhoff* durch seinen Hinweis, daß eine objektiv berufsregelnde Tendenz ausreiche, bei *v. Arnauld*, *A. Roth* und *Ramsauer* durch die Gleichsetzung mit dem Verschulden des Amtswalters. Wie hier aber *Rodi*, Steuern als Verfassungsproblem, S. 107.

1198 Aus methodischer Sicht ist umstritten, ob eine bewußte Entscheidung des Verfassungsgebers den Normanwender bindet, so etwa *Stein*, in: AK, Einleitung II, Rn. 58 f.; *Eckhoff*, Der Grundrechtseingriff, S. 156; *Larenz*, Methodenlehre, S. 318 und 363; a. A. BVerfGE 6, 389 (431); 41, 291 (309); 51, 97 (110); vgl. allerdings auch die Untersuchung von *Sachs* in: DVBl 1984, 73 (76 ff.), die zum Ergebnis kommt, daß die Rechtsprechungspraxis der Entstehungsgeschichte doch erhebliche Bedeutung zumißt.

1199 *Eckhoff*, Der Grundrechtseingriff, S. 157, 247; *W. Roth*, Faktische Eingriffe, S. 255 ff.

geordnete v. Mangoldt hatte sich dort mehrfach generell gegen die Aufnahme des Zitiergebots in die Verfassung gewandt, sich damit aber nicht durchsetzen können[1200]. In der 44. Sitzung hatte er gesagt: „(Dies bedeutet) eine sehr weitgehende Fesselung des Gesetzgebers. Bei jedem Gesetz ... muß hier der Gesetzgeber vorher eingehend erwägen, ob nicht irgendwie in ein Grundrecht eingegriffen wird, und das geschieht fast immer. Er muß dann dieses Grundrecht bezeichnen. Vergißt er das einmal, so können die Folgen schwer sein ... In der Vergangenheit war es sehr umstritten, ob ein bestimmtes Gesetz einen Eingriff in ein Grundrecht bedeutet. Die Richter und ebenso die juristische Praxis haben darum gestritten, denn es ist sehr schwer festzustellen. Nun mutet man diese Prüfung dem Gesetzgeber zu. Mit welchem Erfolg? ... nun wird das Gesetz für verfassungswidrig erklär ... Dabei liegt vielleicht oft die Berechtigung vor, ohne weiteres ein solches Gesetz zu erlassen. Der Gesetzgeber hat aber in der Fülle der Arbeit oder vielleicht aus Gründen, die man erst später übersehen kann, vergessen, daß hier auch eine Grundrechtsvorschrift beeinträchtigt wird."[1201] Richtig ist, daß sich v. Mangoldts Ausführungen ein tendenziell weites Eingriffsverständnis entnehmen läßt[1202]. In ihren Untersuchungen beschränken sich Eckhoff und W. Roth[1203] aber nicht auf diese für einzelne Abgrenzungsfragen nicht besonders aussagekräftige Erkenntnis, sondern interpretieren den Passus „aus Gründen, die man erst später übersehen kann" als einen Hinweis auf unvorhersehbare Folgen und deren Eingriffsqualität. Dies ist jedoch nicht zwingend. Das gleich zweimal verwendete Verb „vergessen" paßt nicht zur Beschreibung der Lage, in der sich der Gesetzgeber bei unvorhersehbaren Folgen befindet. Möglicherweise hat v. Mangoldt an die von ihm erwähnten Subsumtionsschwierigkeiten gedacht und mit den „Gründen" spätere *Rechtserkenntnisse* gemeint. Sein Vorschlag zum Verzicht auf den heutigen Art. 19 Abs. 1 S. 2 GG wurde im Hauptausschuß durch den Abgeordneten v. Brentano[1204] zurückgewiesen mit den Worten: „Ich bin nach wie vor der Meinung, der Gesetzgeber darf eben nicht vergessen, das Eingreifen in ein Grundrecht zu erwähnen ... Ein Eingriff in ein Grundrecht (sollte) nur dann statthaft sein, wenn das Grundrecht in diesem Gesetz ausdrücklich bezeichnet wird, so daß auch derjenige, der das Gesetz anwendet und auf den es Anwendung findet, sich darüber im klaren sind, daß eine gesetzliche Berechtigung und

---

[1200] In der Praxis ist das Zitiergebot allerdings entwertet worden, indem seine Geltung auf einige wenige Grundrechte beschränkt wurde; ihm kommt tatsächlich nicht die Bedeutung zu, die die Verfassungsgeber (siehe dazu die nachfolgenden Zitate im Text) ihm zugewiesen haben. Kritisch zu dieser Entwicklung *Huber*, in: v. Mangoldt/Klein/Starck, Art. 19 Abs. 1 Rn. 88 ff. m. w. N.

[1201] Zitiert nach: Der Parlamentarische Rat, HA-Steno, 44. Sitzung vom 19.1.1949, S. 569 (591).

[1202] Der Verzicht auf einschränkende Kriterien wie Finalität und Unmittelbarkeit bedeutet bereits ein tendenziell weites Eingriffsverständnis. Rein tatsächlich hat die Voraussetzung der Vorhersehbarkeit nur eine relativ geringe Ausschlußfunktion.

[1203] Nachweise siehe Fußnote 1200.

[1204] Zitiert nach: Der Parlamentarische Rat, HA-Steno, 44. Sitzung vom 19.1.1949, S. 569 (591).

Ermächtigung zu diesem Eingriff vorliegt." Der Abgeordnete Dehler[1205] schloß sich dem an: „Wir müssen das verlangen, wenn eine Sanktion der Grundrechte überhaupt möglich sein soll. Wenn mit leichter Hand in jedem Fall über die Grundrechte weggegangen werden kann, werden die Grundrechte ausgehöhlt". Diesen Entgegnungen läßt sich eine Auseinandersetzung mit v. Mangoldts Eingriffsverständnis, insbesondere dem Problem unvorhersehbarer Folgen nicht entnehmen. Dies ergibt sich deutlich aus der Art und Weise, in der v. Brentano jede Rücksichtnahme auf ein „Vergessen" des Gesetzgebers zurückweist. Auch die Protokolle über die 47. Sitzung des Hauptausschusses sind insofern nicht ergiebiger. Auf dieser hatte v. Mangoldt erneut betont, die Nichtigkeit eines Gesetzes sei eine unangemessene Sanktion, „wenn man nicht daran gedacht hat, welches Grundrecht dadurch etwa verletzt werden könnte"[1206]; worauf Dehler erwiderte: „Wir wollen diese Fessel des Gesetzgebers"[1207]. Selbst wenn man v. Mangoldts Äußerung so deutet wie Eckhoff und W. Roth[1208], könnte dem fehlenden Widerspruch nicht die Bedeutung einer mehrheitlichen Zustimmung zu diesem – unterstellten – Eingriffsverständnis zugemessen werden: Erstens muß diese Sicht den anderen Abgeordneten nicht deutlich geworden sein, und zweitens lag der Schwerpunkt der Kontroverse in der Einführung des Zitiergebots, so daß kein unmittelbarer Anlaß bestand, die Eingriffsvoraussetzungen zu diskutieren. Den Verhandlungen im Parlamentarischen Rat kann nach alledem keine bewußte Entscheidung des Verfassungsgebers für die Irrelevanz der Vorhersehbarkeit als Eingriffsvoraussetzung entnommen werden[1209].

Gegen die Vorhersehbarkeit könnte schließlich eingewandt werden, der Verhältnismäßigkeitsgrundsatz als Rechtsfolge des Grundrechtseingriffs diene auch dazu, *nachträglich* eine Kontrolle und Korrektur von Freiheitsbeeinträchtigungen zu erreichen[1210], und deshalb habe seine Anwendung durchaus auch Sinn für solche Folgen, die im Zeitpunkt des Eingriffs noch nicht vorherzusehen waren. Vor diesem Hintergrund erwägt ein Teil der Literatur, unter Verzicht auf einen einheitlichen Eingriffsbegriff je nach Rechtsfolge unterschiedliche Tatbestandsvoraussetzungen aufzustellen und insbesondere für unvorhersehbare (oder generell für faktische) Beein-

---

1205 Zitiert nach: Der Parlamentarische Rat, HA-Steno, 44. Sitzung vom 19.1.1949, S. 569 (592).

1206 Zitiert nach: Der Parlamentarische Rat, HA-Steno, 47. Sitzung vom 8.2.1949, S. 603 (620).

1207 Zitiert nach: Der Parlamentarische Rat, HA-Steno, 47. Sitzung vom 8.2.1949, S. 603 (620).

1208 *v. Mangoldts* Grundgesetzkommentierung (Das Bonner Grundgesetz, 1. Auflage, 1953) äußert sich nicht dazu, ob unvorhersehbare Folgen staatlichen Handelns in den Eingriffsbegriff einzubeziehen sind (siehe dort die Vorbemerkungen zu den Grundrechten, S. 36 ff. und die Kommentierung des Art. 19 GG, S. 117). Es ist deshalb nicht sicher, ob ihm die Problematik unvorhersehbarer Folgen bewußt war.

1209 Der gegenteilige Eindruck ergibt sich bei *Eckhoff*, Der Grundrechtseingriff, S. 157 nicht zuletzt durch Verkürzungen und vor allem durch die unmittelbare Aneinanderreihung des Zitats *v. Mangoldts* aus der 44. Sitzung und *Dehlers* Äußerung auf der 47. Sitzung. *Eckhoff* gibt also den Diskussionsverlauf nicht richtig wieder.

1210 *Eckhoff*, Der Grundrechtseingriff, S. 247; *v. Arnauld*, Die Freiheitsrechte, S. 97.

trächtigungen zwar nicht Gesetzesvorbehalt und Zitiergebot, wohl aber den Verhältnismäßigkeitsgrundsatz anzuwenden[1211]. Heintzen hat insofern eine – allerdings nicht speziell auf das Merkmal der Vorhersehbarkeit bezogene – terminologische Unterscheidung zwischen der nicht dem Gesetzesvorbehalt unterliegenden und nur anhand allgemeiner Kriterien (vor allem des Verhältnismäßigkeitsgebots) zu rechtfertigenden Beeinträchtigung bzw. Berührung eines Grundrechts einerseits und dem am Gesetzvorbehalt ausgerichteten Grundrechtseingriff andererseits vorgeschlagen[1212].

Die Aufspaltung des Eingriffsbegriffs überzeugt jedoch aus systematischen Gründen nicht[1213]. Sowohl der Gesetzesvorbehalt[1214] als auch das Verhältnismäßigkeitsgebot[1215] folgen unmittelbar *aus dem jeweiligen Grundrecht*, werden also von ein und demselben Tatbestand ausgelöst. Eine Differenzierung nach Rechtsfolgen gibt die Konstruktion der Grundrechte nicht her. Außerdem hat die Forderung nach Vorhersehbarkeit auch für die Verhältnismäßigkeitsprüfung ihre Berechtigung; andernfalls könnte staatliches Handeln niemals abschließend in seiner Rechtmäßigkeit beurteilt werden, weil eine spätere Erweiterung der Erkenntnisse nicht auszuschließen ist[1216]. Eine vom Gesetzesvorbehalt abgekoppelte Anwendung des Verhältnismäßigkeitsgrundsatzes führt zudem zu Schwierigkeiten[1217], wenn die Abwägung Prognoseelemente enthält. Dem richtigen Gedanken, daß die Grundrechte nicht nur im Vorfeld die Entscheidung der Staatsgewalt beeinflussen wollen, sondern im Rahmen des Möglichen auch nachträgliche Korrekturen und Kontrollen verlangen[1218], wird durch Pflichten zur Nachbesserung der Gesetzeslage für die Zukunft[1219], zur Beseitigung einer erst im Nachhinein erkennbar gewordenen, aber noch bestehenden Gefahr[1220] oder zur Beendigung einer noch andauernden Freiheitsbeeinträchtigung Rechnung getragen.

Unvorhersehbare Folgen lösen keine Rechtfertigungsanforderungen anhand des jeweils thematisch einschlägigen Grundrechts aus, auch nicht das Gebot der Verhältnismäßigkeit.

[1211] *Manssen*, in: v. Mangoldt/Klein/Starck, Art. 12 Rn. 104; *Gallwas*, Beeinträchtigungen, S. 120; *A. Roth*, Verwaltungshandeln, S. 174 ff. und 296 ff.

[1212] In: VerwArch 81. Band (1990), S. 532 (541 ff., insbesondere auch Fußnote 45).

[1213] So i. E. auch *Bleckmann*, Staatsrecht II, § 12 Rn. 44 f.; *Albers*, DVBl 1996, 233 (236). Bei den meisten Autoren (bspw. bei *v. Arnauld*, Die Freiheitsrechte, S. 90 ff.) läßt sich nur aus dem Umstand, daß sie nicht differenzieren, indirekt auf einen einheitlichen Eingriffsbegriff schließen.

[1214] Zur Ableitung des Gesetzesvorbehalts siehe oben S. 166 f., hier vor allem Fußnote 1043.

[1215] Zur Ableitung des Verhältnismäßigkeitsgrundsatzes siehe schon oben S. 104.

[1216] *Bleckmann*, Staatsrecht II, § 12 Rn. 45.

[1217] *Albers*, DVBl 1996, 233 (236); *Bleckmann*, Staatsrecht II, § 12 Rn. 45.

[1218] *Eckhoff*, Der Grundrechtseingriff, S. 247; *v. Arnauld*, Die Freiheitsrechte, S. 97.

[1219] Zu der von der Rechtsprechung bejahten Nachbesserungspflicht siehe Fußnote 1177.

[1220] Zum Gefahrbeseitigungsanspruch bei „unvollendeten" Eingriffen siehe *W. Roth*, Faktische Eingriffe, S. 209.

θθ) Die Sozialadäquanz

Es wird erwogen, aus dem Begriff des Grundrechtseingriffs sozialadäquates Staatshandeln bzw. sozialadäquate Beeinträchtigungen herauszunehmen[1221]. Dieser Vorschlag geht auf Lehren zur Haftungsbegrenzung im Straf- und Zivilrecht zurück, nach denen ein Verhalten, das sich innerhalb der sozialethischen Ordnung des Gemeinschaftslebens bewegt und von ihr offensichtlich gestattet wird, nicht tatbestandsmäßig bzw. nicht rechtswidrig ist[1222]. Die Annahme eines Grundrechtseingriffs hat jedoch eine andere Funktion als die straf- oder zivilrechtliche Haftung, was der Übertragung der Lehren entgegensteht[1223]. Außerdem geht es gerade nicht um „soziale" Beeinträchtigungen, das heißt um solche, die von den Mitgliedern der Gesellschaft ausgehen, sondern um solche, die vom Staat herrühren. Auf ihn angewendet, droht Sozialadäquanz zu einem diffusen und noch dazu bereits den Tatbestand der Freiheitsrechte ausschließenden Vorbehalt zu werden. Die Behauptung, daß eine Freiheitsbeeinträchtigung in einer bestimmten Situation als herkömmlich und angemessen hingenommen werden müsse, verstößt gegen die Grundrechtsbindung des Staatshandelns. Hinter der Formel von der Sozialadäquanz versteckt sich, wie Eckhoff zu Recht hervorgehoben hat[1224], ein institutionelles Grundrechtsdenken[1225].

Ein Teil der unter dem Begriff der Sozialadäquanz diskutierten Fallgestaltungen dürfte sich jedoch als außerhalb des grundrechtlichen Schutzzwecks liegend erweisen[1226].

ιι) Zusammenfassung der Zurechnungskriterien

Die Ergebnisse der Untersuchung zu den Zurechnungskriterien lassen sich wie folgt zusammenfassen: Die Erfüllung des Grundrechtstatbestands, bestehend aus der Eröffnung des Schutzbereichs und dem Vorliegen eines Eingriffs, löst sowohl

---

[1221] Siehe etwa BVerwGE 54, 211 (223); *Ramsauer*, VerwArch 72. Band (1981), S. 89 (101: Ausgrenzung des allgemeinen Lebensrisikos). Siehe auch *Degenhart*, Kernenergierecht, S. 149, nach dem „bestimmte technisch-zivilisatorische Risiken nicht mehr als Grundrechtseingriff erscheinen, sondern als ‚sozialadäquate' immanente Begrenzung grundrechtlicher Positionen" (unter zweifelhafter Berufung auf BVerfGE 49, 89 [143] – Kalkar, zu dieser Entscheidung siehe schon oben Fußnote 1193).

[1222] Grundlegend *Welzel*, Das Deutsche Strafrecht, S. 55 ff.; siehe auch *Nipperdey*, NJW 1957, 1777 ff.; aus der Rspr. zu „verkehrsrichtigem Verhalten" siehe BGHSt 23, 226 (228); BGH (GrS), BGHZ 24, 21 (26) – Straßenbahnfahrer. Die dogmatische Zuordnung ist umstritten, siehe *Larenz/Canaris*, Schuldrecht II/2, § 75 II, S. 367.

[1223] So zu Recht *Eckhoff*, Der Grundrechtseingriff, S. 251 f.; *W. Roth*, Faktische Eingriffe, S. 42.

[1224] In: Der Grundrechtseingriff, S. 251 f. m. w. N.

[1225] Gegen *Häberles* grundrechtsdogmatische Sicht siehe bereits oben Fußnote 404.

[1226] So etwa die von *Schwabe*, Probleme der Grundrechtsdogmatik, S. 184 f. besprochene Zulassung eines Mitbewerbers. Auch *Sterns* Forderung (in: Staatsrecht III/1, § 72 III 4, S. 1207) nach einem sozialadäquaten Kausalzusammenhang dürfte in diese Richtung gehen.

formell-rechtliche als auch materiell-rechtliche Rechtsfolgen aus. Ein Grundrechtseingriff ist jede im Augenblick des staatlichen Handelns objektiv vorhersehbare und im Bereich des grundrechtlichen Schutzzwecks liegende Freiheitsbeeinträchtigung. Auf die Finalität, Intensität, Unmittelbarkeit oder Sozialadäquanz kommt es nicht an.

Die von der Steuer hervorgerufenen und vorhersehbaren Gestaltungswirkungen sind, auch wenn sie nicht beabsichtigt wurden, keineswegs „eingriffsneutral“[1227]. Sie greifen vielmehr in das Freiheitsrecht ein, das vor der Beeinträchtigung Schutz gewährt.

cc) Die Zuordnung zu den Einzelgrundrechten und die bereichsspezifischen Anforderungen

Die zu stellenden Rechtfertigungsanforderungen unterscheiden sich je nach dem für die jeweilige Art der Einkommenserzielung einschlägigen Grundrecht. Dies wird im folgenden näher betrachtet.

α) *Die Einkunftserzielung aus selbständiger/nichtselbständiger Arbeit*

Der Besteuerung nach §§ 2 Abs. 1 S. 1 Nr. 3, 18 EStG liegt eine selbständige, der nach §§ 2 Abs. 1 S. 1 Nr. 3, 19 EStG eine nichtselbständige Erwerbstätigkeit zugrunde.

αα) Die Zuordnung der selbständigen oder nichtselbständigen Berufstätigkeit allgemein

Für den Schutz dieser Tätigkeiten kommt für Deutsche[1228] vor allem die Berufsfreiheit[1229], für Ausländer und Staatenlose die allgemeine Handlungsfreiheit in Betracht.

1227 So aber *Selmer*, Steuerinterventionismus, S. 221, 237 ff. und passim. Siehe dazu bereits oben S. 170 ff.

1228 Für die Abgrenzung zwischen Deutschen und Nichtdeutschen gilt Art. 116 GG.

1229 Siehe auch *Papier*, in: Maunz/Dürig, Art. 14 Rn. 169; *Jachmann*, Grenzen der Besteuerung, S. 40 ff. Im Einzelfall können die Einnahmen aus selbständiger Tätigkeit auch auf dem Einsatz von Eigentum beruhen, dann ist zusätzlich auch Art. 14 GG betroffen (näher unten S. 207 f.).

(1) Die durch Art. 12 GG geschützte Berufstätigkeit von Deutschen

Art. 12 GG schützt jede (erlaubte[1230]) auf Dauer angelegte Tätigkeit, die der Schaffung oder Erhaltung der Lebensgrundlage dient[1231]. Dabei kann es sich um einen traditionellen oder um einen ungewöhnlichen oder neuartigen[1232] Beruf handeln; er kann gesetzlich geregelt oder auch ungeregelt sein[1233] und selbständig oder nichtselbständig ausgeübt werden[1234]. Die umstrittene Forderung des „Erlaubtseins" der Tätigkeit bedeutet bei einem wortlautgetreuen Verständnis die Annahme einer – unbeschränkten bzw. nur der Willkürkontrolle unterliegenden – Definitionsmacht des einfachen Gesetzgebers. Mit seiner Bindung an das Grundrecht der Berufsfreiheit läßt sich dies jedoch nicht vereinbaren[1235]. Bei näherer Betrachtung erweist sich der Streit jedoch insofern als ein Scheinproblem[1236], als auch die herrschende Meinung[1237] die betreffenden Verbote an Art. 12 GG mißt[1238]. Konsequenterweise verzichtet denn auch das Bundesverwaltungsgericht in seiner neueren Rechtsprechung auf das Merkmal des „Erlaubtseins"[1239]. Nicht gefolgt werden kann jedoch den Tendenzen, statt dessen die „Sozialschädlichkeit" oder „Sozialunwertigkeit" der Tätigkeit als Negativvoraussetzung anzusehen[1240]. Die Argumente

---

1230 Zum Erlaubtsein als Definitionsmerkmal siehe zunächst den Klammerzusatz in BVerfGE 7, 377 (389) – Apothekengesetz; deutlicher dann 14, 19 (22); 81, 70 (85). Näher dazu sogleich im Text.

1231 Zur Berufsdefinition siehe BVerfGE 7, 377 (397) – Apothekengesetz; siehe auch BVerfGE 30, 292 (334) – Erdölbevorratung; 54, 301 (313) – Buchführungsprivileg; 71, 183 (201) – Werbeverbot für Ärzte; 97, 228 (253 f.) – Kurzberichterstattung; st. Rspr.

1232 Siehe BVerwGE 94, 269 (277) – Heilmagnetisieren; BVerfGE 97, 12 (25 f.) – Patentüberwachung; BVerfG (Kammer), NJW-RR 1994, 663 (664) – Deckhengststation.

1233 Wenn das BVerfG den gesetzlichen Fixierungen gleichwohl Bedeutung zuerkennt (sog. Berufsbilderrechtsprechung), so betrifft dies nicht die Anwendbarkeit des Art. 12 GG, sondern die Abgrenzung von Berufswahl und -ausübung. Außerdem prüft das BVerfG die gesetzlichen Berufsbilder auf ihre Verfassungsmäßigkeit, insbes. ihre Verhältnismäßigkeit; siehe BVerfGE 21, 173 (180 f.) – Steuerbevollmächtigter; 75, 246 (265 ff.) – Vollrechtsbeistand.

1234 So ausdrücklich BVerfGE 7, 377 (398 f.) – Apothekengesetz; 54, 301 (322) – Buchführungsprivileg.

1235 Siehe *Höfling*, Offene Grundrechtsinterpretation, S. 150 ff.; *Manssen*, in: v. Mangoldt/Klein/Starck, Art. 12 Rn. 39; *Jarass*, in: Jarass/Pieroth, Art. 12 Rn. 7; *Rittstieg*, in: AK, Art. 12 Rn. 62; *Tettinger*, in: Sachs, Art. 12 Rn. 36; *Breuer*, HdbStR VI, § 147 Rn. 43 f.

1236 Anders die Einschätzung von *Pieroth/Schlink*, Grundrechte Rn. 810: wenn die Tätigkeit als solche verboten sei, fehle die berufsregelnde Tendenz (zur Frage der Berechtigung dieses Merkmal siehe unten S. 192 ff.).

1237 Siehe BVerwGE 87, 37 (41) – Glykolwein; BVerfGE 97, 12 (25 ff.).

1238 Ein entsprechendes Phänomen wurde bereits oben (S. 105 f.) bei der Lehre von der Maßgeblichkeit einfachen Rechts für den Inhalt des Eigentumsgrundrechts konstatiert.

1239 BVerwGE 96, 293 (295 f.) – Sportwetten; 96, 302 (308 f.) – Spielbank.

1240 So aber BVerwGE 22, 286 (287 f.) – Astrologie; siehe auch *Gubelt*, in: v. Münch/Kunig, Art. 12 Rn. 9; enger *Tettinger*, in: Sachs, Art. 12 Rn. 37 f. und *Manssen*, in: v. Mangoldt/Klein/Starck, Art. 12 Rn. 39, nach denen es auf einen Verstoß gegen zentrale verfassungsrechtliche Wertungen (wie insbes. die der Menschenwürde), nicht auf Moralvorstellungen der Bevölkerung ankommt.

für eine weite Tatbestandstheorie[1241] sprechen auch hier gegen eine Berücksichtigung dieser Merkmale auf der Ebene der Schutzbereichsdefinition[1242]. Die Berufung auf die Sozialschädlichkeit einer Tätigkeit vermag die Prüfung der grundrechtlichen Rechtfertigungsanforderungen nicht zu ersetzen, zumal sie ausgesprochen vage ist[1243]. Das gilt auch für Beschränkungen auf eine „wirtschaftlich sinnvolle Arbeit" bzw. einen „Beitrag zur gesellschaftlichen Gesamtleistung"[1244].

Umstritten ist die Art des verfassungsrechtlichen Schutzes von Nebentätigkeiten[1245]. Solange sie zur Erhaltung der Lebensgrundlage beitragen und auf eine gewisse Dauer angelegt sind, sind sie nach zutreffender und inzwischen weit verbreiteter Auffassung[1246] in den Schutzbereich der Berufsfreiheit einzubeziehen, denn der von ihnen ausgehende existenz- und freiheitssichernde Effekt unterscheidet sich von dem der hauptberuflichen Tätigkeit nicht qualitativ, sondern nur quantitativ. Die von der Gegenansicht vorgenommene Abgrenzung zwischen nur von Art. 2 Abs. 1 GG geschützten *Nebentätigkeiten*[1247] und von Art. 12 GG erfaßten *Nebenberufen*[1248] ist in ihren Wertungen nicht nachzuvollziehen[1249]. Sie paßt nicht zu der Berufsdefinition, nach der „jede Tätigkeit"[1250] als Beruf gewählt werden kann[1251].

1241 Grundlegend *Alexy*, Theorie der Grundrechte, S. 290 ff.; dazu näher oben S. 117.

1242 *Höfling*, Offene Grundrechtsinterpretation, S. 150 ff.

1243 *Jarass*, in: Jarass/Pieroth, Art. 12 Rn. 7; *Pieroth/Schlink*, Grundrechte Rn. 810; *Rittstieg*, in: AK, Art. 12 Rn. 63.

1244 Zu diesen Begriffen siehe BVerfGE 7, 377 (397) – Apothekengesetz; 50, 290 (362) – Mitbestimmung. Die genannten Merkmale werden üblicherweise nicht als zusätzliche Voraussetzungen, sondern als deskriptive und dabei typisierende Aussage (so *Tettinger*, in: Sachs, Art. 12 Rn. 35) bzw. als Bezugnahme auf andere Definitionsmerkmale (so *Gubelt*, in: v. Münch/Kunig, Art. 12 Rn. 10) verstanden. Das BVerwG verzichtet auf beide Formeln (siehe BVerwGE 22, 286 [288] – Astrologie; 96, 293 [296 f.] – Sportwetten; 96, 302 [308] – Spielbank); ihnen kommt auch sonst bisher keine praktische Relevanz zu.

1245 In steuerrechtlicher Hinsicht erfassen die §§ 18 und 19 EStG auch Nebentätigkeiten, sofern sie nicht nur gelegentlich ausgeübt werden (sonst § 22 Nr. 3 EStG), siehe *Wacker*, in: Schmidt, § 18 Rn. 9; *Drenseck*, in: Schmidt, § 19 Rn. 9.

1246 BVerwGE 84, 194 (197); BAGE 83, 311 (319); *Gubelt*, in: v. Münch/Kunig, Art. 12 Rn. 10; *Pieroth/Schlink*, Grundrechte Rn. 812; *Manssen*, in: v. Mangoldt/Klein/Starck, Art. 12 Rn. 34; *Wieland*, in: Dreier, Art. 12 Rn. 50.

1247 BVerfGE 33, 44 (48 ff.); 55, 207 (238); BVerwGE 35, 201 (205); 67, 287 (294 f.). Diese ursprünglich den Schutz von Nebentätigkeiten im öffentlichen Dienst betreffende Rspr. gerät nach und nach ins Wanken (Nachweise in Fußnote 1247).

1248 BVerfGE 54, 237 (245 f.).

1249 Siehe *Gubelt*, in: v. Münch/Kunig, Art. 12 Rn. 10: die Abgrenzung sei widersprüchlich.

1250 Siehe nur BVerfGE 7, 377 (397) – Apothekengesetz.

1251 Davon zu trennen, ist die Frage, ob es sich um einen eigenständigen Beruf handelt. Ihre Verneinung bewirkt jedoch nicht die Unanwendbarkeit des Art. 12 Abs. 1 GG, sondern betrifft die Abgrenzung zwischen Regelungen über die Berufsausübung und über die Berufswahl im Rahmen der sog. Stufentheorie (näher unten S. 194 f.). Für diese Unterscheidung verwendet die Rspr. die sog. Berufsbilder (oben Fußnote 1234).

Nach den allgemeinen Grundsätzen zur Eingriffsqualität[1252] würde es für die Eröffnung des Grundrechtstatbestands genügen, wenn die Besteuerung zu Freiheitsbeschränkungen führt und diese vorhersehbar sind. Der Eingriffsqualität könnte jedoch eine Besonderheit der Berufsfreiheit entgegenstehen. Bei Art. 12 GG reicht es nämlich nach der fast durchgängigen[1253] Rechtsprechung und der herrschenden Meinung nicht aus, wenn die tatsächlichen Auswirkungen einer Maßnahme die Berufsfreiheit beeinträchtigen, vielmehr soll eine *„objektiv berufsregelnde Tendenz"* zur Annahme eines Eingriffs *unentbehrlich* sein[1254]. Das Vorliegen dieses Merkmals könnte hier deshalb zweifelhaft sein, weil das Einkommensteuergesetz typischerweise nicht der Regelung von Berufen und ihrer Ausübung dient, mit der Folge, daß ein Eingriff dann nur bei bestimmten Einzelnormen mit wirtschaftslenkenden Charakter anzunehmen wäre[1255]. Die Voraussetzung der objektiv berufsregelnden Tendenz wirft jedoch nicht nur im steuerrechtlichen Bereich erhebliche Probleme auf. Der Gesetzgeber und die Exekutive verfolgen mit dem Instrument des Berufsrechts regelmäßig „außerberufliche" Hauptziele wie etwa den Gesundheitsschutz, den Verbraucherschutz oder den Umweltschutz[1256]. Maßnahmen, bei denen die Berufsregelung Selbstzweck wäre, ließen sich wegen des von Art. 12 GG umfaßten Rechts auf eine möglichst unreglementierte berufliche Betätigung[1257] ohnehin nur schwer rechtfertigen. Deshalb ist es kritisch zu sehen, wenn das Bundesverfassungsgericht in manchen Entscheidungen mit Hinweis auf die nur formale Anknüpfung an den Beruf oder auf das außerhalb einer Einflußnahme auf den Beruf liegende Ziel der Maßnahme einen Eingriff in Art. 12 GG ablehnte[1258]. Allerdings zeichnet sich in den letzten Jahren auch eine etwas andere Ausfüllung des Merkmals der „objektiv be-

---

[1252] Siehe oben S. 169 ff.

[1253] Anders nur vereinzelte Entscheidungen, am deutlichsten BVerfGE 61, 291 (308); BVerwGE 87, 37 (43 f.) – Glykolwein; BVerwG, DVBl 1996, 807 (807) – Futtermitteltest. Das BVerfG ist in der neueren Rechtsprechung wieder zur alten Formel zurückgekehrt, Nachweise in der nächsten Fußnote.

[1254] BVerfGE 13, 181 (185 f.) – Schankerlaubnissteuer; 16, 147 (162 ff.) – Werkfernverkehr; 37, 1 (17) – Weinwirtschaftsabgabe; 52, 42 (54) – Kommunales Vertretungsverbot; 70, 191 (214) – Fischereirechte; 95, 267 (302) – LPG-Altschulden; 97, 228 (253 f.) – Kurzberichterstattung; 98, 106 (117) – Kommunale Verpackungsteuer; 98, 218 (258) – Rechtschreibreform. Aus der Rspr. des BVerwGs siehe etwa BVerwGE 95, 188 (196 f.) – Luftsicherheitsgebühren, aus der Literatur *Tettinger*, in: Sachs, Art. 12 Rn. 76; *Gubelt*, in: v. Münch/Kunig, Art. 12 Rn. 43; *Pieroth/Schlink*, Grundrechte Rn. 823; *Rittstieg*, in: AK, Art. 12 Rn. 79; *Selmer*, Steuerinterventionismus, S. 244 ff.

[1255] In diesem Sinn siehe BVerfGE 26, 1 (12); 37, 1 (17 f.) – Weinwirtschaftsabgabe; 38, 61 (85 ff.) – Werkfernverkehr. Siehe auch *Seer*, FR 1999, 1280 (1281: Art. 12 GG sei nur bei Abgaben mit interventionistischen Zwekken einschlägig).

[1256] *A. Roth*, Verwaltungshandeln, S. 214; *W. Roth*, Faktische Eingriffe, S. 39 m. w. N.

[1257] Siehe *Manssen*, in: v. Mangoldt/Klein/Starck, Art. 12 Rn. 4 m. w. N.

[1258] So aber BVerfGE 37, 1 (17 f.: die Abgabe habe nur geringe Höhe und knüpfe nur formal an eine berufliche Tätigkeit an) – Weinwirtschaftsabgabe; 41, 231 (241 f.: das Gesetz vermeide nur Interessenkollisionen) – anwaltliches Vertretungsverbot; 75, 108 (153 f.: das Gesetz finanziere die Sozialversicherung); kritisch zu diesen und weiteren Fällen *Manssen*, in: v. Mangoldt/Klein/Starck, Art. 12 Rn. 72 und 74.

rufregelnden Tendenz“ ab[1259]. Die Praxis kommt inzwischen einer Beschränkung des Anwendungsbereichs auf spezifisch *berufliche* Betätigungen[1260] nahe; so stellt das Bundesverfassungsgericht darauf ab, ob von einer Norm nur oder zumindest doch hauptsächlich bzw. typischerweise berufsmäßig Handelnde betroffen sind[1261].

Gegen das Erfordernis berufsregelnder Tendenz in der einen wie in der anderen Auslegungsvariante spricht der freiheitssichernde Zweck der Berufsfreiheit. Diesen hat das Bundesverfassungsgericht im grundlegenden Urteil zum Apothekengesetz mit den Worten beschrieben: „das Grundrecht ... sieht [die Arbeit] als ‚Beruf‘, das heißt in ihrer Beziehung zur Persönlichkeit des Menschen im ganzen, die sich erst darin voll ausformt und vollendet, daß der Einzelne sich einer Tätigkeit widmet, die für ihn Lebensaufgabe und Lebensgrundlage ist ... Das Grundrecht gewinnt so Bedeutung für alle sozialen Schichten; die Arbeit als ‚Beruf‘ hat für alle gleichen Wert und gleiche Würde“[1262]. Art. 12 Abs. 1 GG schützt demnach die berufliche Tätigkeit, weil sie sowohl direkt als auch indirekt, nämlich durch den existenzsichernden Effekt des Einkommens, zur Entfaltung der Persönlichkeit beiträgt. Vor diesem Hintergrund spielt die Intention oder Tendenz des Gesetzes oder Verwaltungshandelns keine Rolle[1263]. Der beschriebene Schutzzweck des Freiheitsrechts trifft unabhängig davon zu, ob der Staat gezielt, unabsichtlich oder unbemerkt[1264] Voraussetzungen schafft, die die Erwerbstätigkeit behindern oder erschweren. Auch die Deutung der „objektiv berufsregelnden Tendenz“ im Sinne eines spezifischen Berufsbezugs[1265] läßt sich nicht mit der Teleologie der Berufsfreiheit in Übereinstimmung bringen.

[1259] So läßt das BVerfG offen, ob an der Rechtsprechung zu den anwaltlichen Vertretungsverboten (siehe vorige Fußnote) festzuhalten ist (BVerfG, NJW 1988, 694 f. m. w. N.); auch wurde bspw. der Eingriffscharakter der Landesabfallgesetze und der kommunalen Verpakkungsteuer nicht in Frage gestellt (BVerfGE 98, 83, [97]; 98, 106 [117]), obwohl dies mit Hinweis auf das umweltschützende Ziel möglich gewesen wäre.

[1260] Das Kriterium eines spezifischen Berufsbezugs anstelle einer berufsregelnden Tendenz findet sich bei Breuer, in: Isensee/Kirchhof, HdbStR VI, § 148 Rn. 32. Siehe auch die Analyse der Rechtsprechung bei *Jarass*, Nichtsteuerliche Abgaben, S. 81.

[1261] BVerfGE 95, 267 (302 f.: kein Eingriff, weil nicht nur Betriebs-, sondern auch Privatschulden betroffen waren) – LPG-Altschulden; 96, 375 (397: kein Eingriff, weil das Vertrags- und Deliktsrecht keine berufsspezifischen Sanktionen seien) – Arzthaftung; 97, 228 (253: Eingriff, weil die Regelung zwar nicht nur, aber doch in der Regel berufsmäßig durchgeführte Veranstaltungen mit beruflich tätigen Mitwirkenden betreffe) – Kurzberichterstattung. Vgl. auch *Pieroth/Schlink*, Grundrechte Rn. 810.

[1262] BVerfGE 7, 377 (397) – Apothekengesetz; siehe auch 30, 292 (334) – Erdölbevorratung; 50, 290 (362) – Mitbestimmung; 54, 301 (313) – Buchführungsprivileg; 71, 183 (201) – Werbeverbot für Ärzte.

[1263] So auch *Manssen*, in: v. Mangoldt/Klein/Starck, Art. 12 Abs. 1 Rn. 71 ff.; *Breuer*, HdbStR VI, § 148 Rn. 31 ff.; *Eckhoff*, Der Grundrechtseingriff, S. 194 ff.; *Papier*, DVBl 1984, 801 (805); *Birk*, Das Leistungsfähigkeitsprinzip, S. 213 ff.; *Seer*, FR 1999, 1280 (1281).

[1264] Aus Sicht des Grundrechtsträgers gilt dies auch für unvorhersehbare Folgen staatlichen Handelns, hier ist jedoch aus anderen Gründen eine Einschränkung des Eingriffsbegriffs erforderlich (dazu oben S. 182 ff.).

[1265] Für Nachweise zu *Breuers* Ansicht und zur neueren Rspr. siehe die Fußnoten 1261, 1262.

Zum Beruf soll nach der o. g. Definition[1266] *jede Tätigkeit* gewählt werden können. Von der typischerweise durch Art. 2 Abs. 1 GG geschützten Ausübung eines Hobbys unterscheidet sich der Beruf u. U. nur durch den Erwerbszweck und die damit verbundene existenz- und freiheitssichernde Wirkung[1267]. Dies ist, was auch die Forderung nach einer gewissen Dauerhaftigkeit der Tätigkeit bestätigt, der Grund für die Verstärkung des Freiheitsschutzes gegenüber der allgemeinen Handlungsfreiheit. Die Auswirkung auf den Grundrechtsträger, der mit einer bestimmten Tätigkeit seinen Lebensunterhalt verdient, ist aber nicht deshalb geringer, weil andere seinen Beruf als Hobby ausüben[1268]. Die von der Rechtsprechung auf der Eingriffsebene vorgesehene Beschränkung auf Maßnahmen mit objektiv berufsregelnder Tendenz läßt sich daher nicht begründen. Die Besteuerung der Einkünfte aus selbständiger und nichtselbständiger Arbeit stellt einen Eingriff in Art. 12 Abs. 1 GG dar und ist anhand dieser Norm rechtfertigungsbedürftig, weil sie an das durch die Berufsfreiheit geschützte Verhalten eine nachteilige Rechtsfolge knüpft.

Für die Anwendung des Art. 12 GG gelten folgende Grundsätze: Das Bundesverfassungsgericht geht seit der Leitentscheidung zum Apothekengesetz[1269] von einem *einheitlichen* Grundrecht der Berufsfreiheit aus, das sich nicht exakt in Phasen der Berufswahl einerseits und der Berufsausübung andererseits unterteilen ließe. Daher gelte der Gesetzesvorbehalt des Art. 12 Abs. 1 S. 2 GG auch für die Berufswahl, allerdings nicht mit gleicher Intensität wie für die Berufsausübung[1270]. Das Bundesverfassungsgericht unterscheidet insofern drei Stufen: den Eingriff in die Berufsausübungsfreiheit, den Eingriff in die Berufswahlfreiheit in der Form der subjektiven Zulassungsbeschränkung und den Eingriff in die Berufswahlfreiheit durch eine objektive Zulassungsschranke. Der Gesetzgeber müsse immer die niedrigst mögliche Stufe wählen. Für die Verhältnismäßigkeitsprüfung im engen Sinne stellt Art. 12 GG nach der Auffassung des Gerichts unterschiedlich hohe Anforderungen an das Eingriffsziel und die Gefahrenschwelle auf[1271]. Ein vergleichsweise geringes Gewicht haben Beeinträchtigungen in die Berufsausübungsfreiheit; sie sind zugunsten eines vernünftigen Gemeinwohlzwecks zugelassen. Subjektive Zulassungsbe-

---

[1266] Zur Berufsdefinition siehe oben S. 190.

[1267] Siehe auch *Manssen*, in: v. Mangoldt/Klein/Starck, Art. 12 Rn. 73.

[1268] Auf die Auswirkungen auf den Grundrechtsträger stellt, wenn auch in einem anderen Zusammenhang der Beschluß zur Arbeitnehmerüberlassung BVerfGE 77, 84 (105 f.) ab. Dort wurde eine – bei generalisierender Betrachtung – nur die Berufsausübung betreffende Regelung wegen ihrer Auswirkungen in bestimmten Konstellationen einer Einschränkung der Berufswahlfreiheit gleichgestellt.

[1269] BVerfGE 7, 377 (402 ff.) – Apothekengesetz; siehe auch 11, 84 (105 f.) – Kassenarzt; 13, 97 (104); 25, 1 (12) – Mühlengesetz; 77, 84 (105 ff.) – Arbeitnehmerüberlassung.

[1270] BVerfGE 7, 377 (401) – Apothekengesetz; 9, 33 (344 f.); siehe Gubelt, in: v. Münch/Kunig, Art. 12 Rn. 40, 44 m. w. N. A. A. *Lücke*, Die Berufsfreiheit, S. 26 ff.: eine Einschränkung der Berufswahlfreiheit sei in Art. 12 Abs. 1 S. 2 GG nicht vorgesehen und nur im Wege verfassungsimmanenter Schranken möglich.

[1271] Kritisch dazu *Selmer*, Steuerinterventionismus, S. 257 ff., der eine „normale" Verhältnismäßigkeitsprüfung vornehmen will. In der Tat darf die Drei-Stufen-Theorie nicht formal verstanden werden, dazu siehe die Nachweise in Fußnote 1274.

schränkungen seien von einer mittleren Eingriffsintensität und müßten dem Schutz wichtiger Gemeinschaftsgüter dienen. Das Instrument objektiver Zulassungsschranken bleibt nach der Rechtsprechung den Bereichen vorbehalten, in denen es zur Beseitigung nachweisbarer oder höchstwahrscheinlicher schwerer Gefahren für ein überragend wichtiges Gemeinschaftsgut zwingend erforderlich ist.

Die Drei-Stufen-Theorie ist eine grundrechtsspezifische Konkretisierung des Verhältnismäßigkeitsgrundsatzes[1272]; Probleme bei der Zuordnung zu einer der drei Stufen sind vor diesem Hintergrund zu lösen. Letztlich entscheiden auch nach der Rechtsprechung des Bundesverfassungsgerichts[1273] nicht formale Gesichtspunkte, sondern die Intensität des Eingriffs einerseits und der Verwirklichungsgrad sowie die Bedeutsamkeit des mit der Regelung verfolgten Ziels andererseits über die Verhältnismäßigkeit.

Die derzeitige Besteuerung der Einkünfte aus selbständiger/nichtselbständiger beruflicher Tätigkeit (§§ 2 Abs. 1 S. 1 Nr. 3, 18 EStG bzw. §§ 2 Abs. 1 S. 1 Nr. 3, 19 EStG) stellt sich nach dem Gesagten nicht als Eingriff in die Berufs*wahl*freiheit dar. Die dritte Stufe ist erst erreicht, wenn die Intensität der Steuerlast es *unmöglich* macht, den gewählten Beruf zu ergreifen[1274]. Im Vorfeld einer Erdrosselungswirkung bleibt die Besteuerung nach der Drei-Stufen-Theorie auch dann, wenn sie die Berufswahlentscheidung beeinflußt[1275], ein Eingriff in die Berufsausübungsfreiheit[1276]. Zur Rechtfertigung kommen der Fiskalzweck und Lenkungszwecke in Frage.

1272 So BVerfGE 13, 97 (104); 25, 1 (12) – Mühlengesetz; 30, 292 (315) – Erdölbevorratung; *Kunig*, Das Rechtsstaatsprinzip, S. 357; *Gubelt*, in: v. Münch/Kunig, Art. 12 Rn. 45; *Manssen*, in: v. Mangoldt/Klein/Starck, Art. 12 Rn. 138 f.

1273 BVerfGE 11, 30 (43: die zu prüfende Beschränkung der Berufsausübung von Kassenärzten komme in ihren wirtschaftlichen Auswirkungen einer Zulassungsbeschränkung nahe); 77, 84 (105 f.: das Verbot der Arbeitnehmerüberlassung im Baugewerbe sei Berufsausübungsregelung, stehe jedoch für den auf diesen Bereich spezialisierten Unternehmer einem Berufsverbot gleich).

1274 Ob insofern eine generalisierende Betrachtung entscheidend ist (so BVerfGE 13, 181 [186 f.: die Berufswahlfreiheit sei erst betroffen, wenn die Regelung in aller Regel erdrosselnd wirke] – Schankerlaubnissteuer; 14, 76 [101] – Spielautomaten I; 16, 147 [165] – Werkfernverkehr; *Rodi*, Steuern als Verfassungsproblem, S. 123; *Jarass*, Nichtsteuerliche Abgaben, S. 87) oder ob es genügt, wenn ein Teil der Grundrechtsträger aufgrund der rechtlichen Rahmenbedingungen den Beruf aufgeben muß (in diese Richtung BVerfGE 77, 84 [105 ff.] – Arbeitnehmerüberlassung), ist umstritten.

1275 Das BVerfG spricht in BVerfGE 13, 181 (186) – Schankerlaubnissteuer von einer „motivationsbestimmend(en)" Wirkung auf die Berufswahl, ordnet den Eingriff aber gleichwohl der ersten Stufe zu.

1276 Nachweise aus der Rechtsprechung siehe Fußnoten 1275 f.; aus der Literatur siehe *Manssen*, in: v. Mangoldt/Klein/Starck, Art. 12 Rn. 195; *Jarass*, Nichtsteuerliche Abgaben, S. 89. A. A. *Selmer*, Steuerinterventionismus, S. 255 ff., der beispielhaft die Entscheidung zur Schankerlaubnissteuer BVerfGE 13, 181 (187 ff.) kritisiert, dabei jedoch verkennt, daß es einer besonderen Intensität bedarf, um eine Steuerbelastung einer Zulassungsschranke gleichstellen zu können.

Der Fiskalzweck vermag solche, aber auch nur solche Eingriffe zu rechtfertigen, die die Beeinträchtigung der Berufsfreiheit so gering wie möglich halten. Steuern, die erdrosselnd wirken, scheiden aus, aber auch solche, die nicht an der Leistungsfähigkeit ausgerichtet sind und deshalb zu einer *besonderen* Belastung eines bestimmten Berufs oder der Art seiner Ausübung führen[1277]. Die durch eine gleichmäßige Besteuerung im Vorfeld der Erdrosselungswirkung hervorgerufene Beeinträchtigung der *individuellen* Freiheit ist ebenso wie die den einzelnen Grundrechtsträger treffende Belastungswirkung der Steuer durch den Fiskalzweck gerechtfertigt, ohne daß es auf eine Abwägung zwischen der Freiheitseinbuße des einzelnen und der Einnahmenerzielung ankommt. Eine solche ist aus den genannten Gründen undurchführbar[1278]. Die objektiv-rechtliche Komponente des Grundrechts der Berufsfreiheit bleibt nach den oben genannten[1279] Grundsätzen bei der Entscheidung über die Ausgaben zu berücksichtigen; die Verhältnismäßigkeitsprüfung ist auf diese Ebene verlagert. Die finanzierten Aufgaben müssen so wichtig sein, daß sie neben der Zurückdrängung des Privatnützigkeitsgedankens auch die Beeinträchtigung der Berufsfreiheit zu rechtfertigen vermögen.

Wenn und soweit Steuernormen den einzelnen über das Maß gleicher Besteuerung in Anspruch nehmen, können die Gestaltungswirkungen nur durch ein vom Gesetzgeber mit der Regelung erkennbar verfolgtes Lenkungsziel gerechtfertigt werden. Dafür kommen nur solche Zwecke in Frage, deren unvollkommene Realisierung der Gesetzgeber hinzunehmen bereit ist[1280]. Andernfalls muß er zu den Mitteln eines Ge- oder Verbots greifen[1281]. Als prinzipiell zulässige Ziele hat die Rechtsprechung in der Vergangenheit zum Beispiel die Verringerung des Verkehrsaufkommens[1282], die Begrenzung des Alkoholkonsums[1283] und die Drosselung der Spielsucht[1284] angesehen. Ob das Lenkungsziel den Eingriff in die Berufsfreiheit zu rechtfertigen vermag, hängt von der Verhältnismäßigkeit ab. Für die Geeignetheit genügt es nach den allgemeinen Grundsätzen, wenn das gesetzgeberische Ziel durch die Maßnahme gefördert wird. Dies ist eine Frage des Einzelfalls[1285]. Im Rahmen der Erforderlichkeitsprüfung stellt sich der Erlaß eines Ge- oder Verbots nicht als milderes Mittel dar, weil die (nicht erdrosselnde) Besteuerung dem Betroffenen einen größeren Handlungsspielraum beläßt.[1286] Für die Rechtfertigung ist deshalb

---

1277 Dazu, daß der Fiskalzweck keine Steuerbenachteiligungen rechtfertigt, siehe oben S. 143.

1278 Siehe oben S. 142.

1279 Siehe S. 153 ff.

1280 Zum Verhältnis von Lenkungszweck und Fiskalzweck siehe oben S. 34 f.

1281 Siehe *Kirchhof*, in: DStJG 15. Band (1993), S. 3 (5 f.).

1282 BVerfGE 16, 147 (171 ff.) – Werkfernverkehr; 27, 58 (65 f.) – Kilometerpauschale; 38, 61 (80) – Leberpfennig.

1283 BVerfGE 13, 181 (187 ff.) – Schankerlaubnissteuer.

1284 BVerfGE 31, 8 (23) – Spielautomaten II.

1285 *Knies* weist (in: Steuerzweck, S. 151 ff.) auf die Probleme hin, die sich daraus ergeben, daß das Instrument der Steuer erst mit einer zeitlichen Verzögerung wirkt. Zum Prognosespielraum des Gesetzgebers siehe oben S. 113 ff.

letztlich entscheidend, ob die Verhältnismäßigkeit im engeren Sinne gewahrt ist. Zu berücksichtigen ist dabei, daß die Berufsfreiheit, weil sie für die Entfaltung der Persönlichkeit wichtig ist, besonderen Schutz genießt. Der Lenkungszweck muß im Hinblick auf seine konkrete Wichtigkeit und seinen Erreichungsgrad die bei der Berufsausübungsfreiheit eintretende Einbuße überwiegen. Dies ist um so eher der Fall, je schwächer die Steuerbenachteiligung und ggf. je geringer der Einfluß auf den Wettbewerb ist[1287]. Für diese Fragen gelten keine anderen Erwägungen als bei außersteuerlichen Eingriffen in die Berufsfreiheit.

Erreicht der Eingriff die Qualität einer Berufs*wahl*regelung, was der Fall ist, wenn die betreffende Steuer erdrosselnd wirkt (sogenannte „Erdrosselungsteuer" oder „Prohibitivsteuer") und dabei nicht nur Modalitäten der Berufsausübung betrifft[1288], so handelt es sich schon begrifflich nicht mehr um eine Steuer[1289]. Ein solcher Eingriff in Art. 12 GG ist nur gerechtfertigt, wenn die Voraussetzungen vorliegen, unter denen ein Berufsverbot ergehen könnte[1290]. Zur Abwehr nachweisbarer oder höchstwahrscheinlicher schwerer Gefahren für ein überragend wichtiges Gemeinschaftsgut wird der Gesetzgeber kaum auf die – unvollkommene – Lenkungswirkung der Steuer vertrauen, sondern zu den Mitteln des Ordnungsrechts greifen. Andernfalls wäre seine Einschätzung der Wichtigkeit widersprüchlich[1291].

(2) Die durch Art. 2 Abs. 1 GG geschützte Berufstätigkeit von Ausländern

Die für die Besteuerung nach §§ 2 Abs. 1 S. 1 Nr. 3, 18 EStG bzw. §§ 2 Abs. 1 S. 1 Nr. 4, 19 EStG thematisch einschlägige Berufsfreiheit ist ein Deutschengrundrecht, findet also auf Ausländer (und Staatenlose[1292]) keine Anwendung[1293]. Der vereinzelt

---

[1286] So zutreffend *Mußgnug*, JZ 1991, 993 (997); *Jarass*, Nichtsteuerliche Abgaben, S. 89 f. und *Vogel*, BayVBl 1980, 523 (525). Die beiden zuletzt Genannten erwägen eine Ausnahme für „unverzichtbare" (!) Tätigkeiten, bei denen sich die Abgabe wie eine strikte Geldzahlungspflicht auswirkt. Dies kann jedoch nicht überzeugen, denn ein Verbot würde den Verzicht erzwingen. Nur die erdrosselnde Besteuerung kommt einem Verbot gleich.

[1287] *Selmer*, Steuerinterventionismus, S. 263 ff. und S. 347; *Manssen*, in: v. Mangoldt/Klein/Starck, Art. 12 Rn. 195; *Jarass*, Nichtsteuerliche Abgaben, S. 90.

[1288] Dies war etwa der Fall bei der Entscheidung zum Werkfernverkehr, BVerfGE 16, 147 (164 f.), weshalb das Gericht die Abgabe auch unbeanstandet ließ (dazu *Selmer*, Steuerinterventionismus, S. 260 f.; *Mußgnug*, JZ 1991, 993 [997]). Das BVerfG trifft die Entscheidung zwischen einer Beeinträchtigung der Berufsausübung und der Berufswahl anhand der sog. Berufsbilderrechtsprechung; siehe schon Fußnote 1234, wobei es allerdings auf die besondere Lage von spezialisierten Unternehmen Rücksicht nimmt (BVerfGE 77, 84 [105 f.] – Arbeitnehmerüberlassung).

[1289] Siehe oben S. 33.

[1290] *Manssen*, in: v. Mangoldt/Klein/Starck, Art. 12 Rn. 195.

[1291] Im Ergebnis ähnlich *Manssen*, in: v. Mangoldt/Klein/Starck, Art. 12 Rn. 195; *Birk*, Das Leistungsfähigkeitsprinzip, S. 90, der allerdings die Geeignetheit des Instruments Steuerrecht bezweifelt, was nicht der üblichen Sichtweise entspricht.

[1292] Im folgenden wird darauf verzichtet, die Staatenlosen besonders zu erwähnen.

vertretenen Auffassung[1294], nach der die Deutschenvorbehalte einer zusätzlichen Rechtfertigung anhand des Gleichheitssatzes[1295] bedürfen, ist angesichts der Spezialität der besonderen Freiheitsverbürgungen nicht zuzustimmen[1296].

Ob Art. 2 Abs. 1 GG als Garantie allgemeiner Handlungsfreiheit[1297] Nichtdeutschen Schutz vor ungerechtfertigten, insbesondere unverhältnismäßigen Eingriffen in ihre berufliche Tätigkeit gewährt, wie es insbesondere das Bundesverfassungsgericht[1298] annimmt, ist in der Lehre umstritten[1299]. Gegen eine Sperrwirkung des Deutschenvorbehalts in Art. 12 GG spricht entscheidend, daß es widersprüchlich wäre, Ausländern durch die allgemeine Handlungsfreiheit zwar jede (noch so unbedeutende) Tätigkeit prima facie zu gestatten, aber keine zu Erwerbszwecken[1300].

Erichsen und Schwabe[1301] bringen jedoch gegen den Rückgriff auf Art. 2 Abs. 1 GG vor, daß dieser den Deutschenvorbehalt nivelliere. Da die freiheits- und existenzsichernde Funktion der Berufstätigkeit unabhängig von der Staatsangehörigkeit ist[1302], liegt es tatsächlich nahe, Art. 2 Abs. 1 GG im Lichte des Art. 12 GG auszulegen[1303] und

---

1293 Das Europarecht stellt in seinem Anwendungsbereich ein Diskriminierungsverbot auf; vgl. hierzu *Gubelt*, in: v. Münch/Kunig, Art. 12 Rn. 5; *Manssen*, in: v. Mangoldt/Klein/Starck, Art. 12 Rn. 260; *Jarass*, Nichtsteuerliche Abgaben, S. 97 ff. Zur Umsetzung siehe auch *Pieroth/Schlink*, Grundrechte Rn. 117 m. w. N.

1294 *Ruppel*, Der Grundrechtsschutz, S. 43 ff.

1295 Nach *Gubelt* (in: v. Münch/Kunig, Art. 3 Rn. 99) ist vorbehaltlich spezieller Verfassungssätze Art. 3 Abs. 3 GG („Heimat") für Differenzierungen nach der Staatsangehörigkeit einschlägig, nach *Starck* (in: v. Mangoldt/Klein/Starck, Art. 3 Rn. 212 und 366) dagegen nur Art. 3 *Abs. 1* GG, vermittelnd *Osterloh*, in: Sachs, Art. 3 Rn. 297: Unterscheidung nach der Staatsangehörigkeit ggf. mittelbare Differenzierung nach der Heimat.

1296 Siehe *v. Münch*, in: v. Münch/Kunig, Vorb. Art. 1–19 Rn. 9; *Gubelt*, in: v. Münch/Kunig, Art. 3 Rn. 5; *Osterloh*, in: Sachs, Art. 3 Rn. 70; *Starck*, in: v. Mangoldt/Klein/Starck, Art. 3 Rn. 212.

1297 Zur üblichen Auslegung des Art. 2 Abs. 1 GG siehe Fußnote 149. Bei einer anderen Auslegung des Art. 2 Abs. 1 GG (dazu Fußnote 149), wäre ein anderes Ergebnis denkbar, siehe *Pieroth*, in: AöR 115. Band (1990), S. 33 (61 f.).

1298 BVerfGE 78, 179 (196 f.); BVerfG, EuGRZ 2002, 92 (94) – Schächten. Zum parallelen Problem bei Art. 11 GG ebenso auch BVerfGE 35, 382 (399).

1299 Dafür *Gubelt*, in: v. Münch/Kunig, Art. 12 Rn. 5; *Kunig*, in: v. Münch/Kunig, Art. 2 Rn. 3 und 88; *Manssen*, in: v. Mangoldt/Klein/Starck, Art. 12 Rn. 259; *Pieroth/Schlink*, Grundrechte Rn. 113 ff.; *Jarass*, in: Jarass/Pieroth, Art. 2 Rn. 10; *Degenhart*, JuS 1990, 161 (167 f.); *Siehr*, Die Deutschenrechte, S. 374 ff. Nach der Gegenansicht gewährt das Grundgesetz Ausländern nur Schutz durch die Menschenwürde und rechtsstaatliche Formalgarantien, siehe *Starck*, in: v. Mangoldt/Klein/Starck, Art. 2 Rn. 42 ff.; *Schwabe*, NJW 1974, 1044 f.; *Erichsen*, Isensee/Kirchhof, HdbStR VI, § 152 Rn. 48; *Murswiek*, in: Sachs, Art. 2 Rn. 140.

1300 *Pietzcker*, JZ 1975, 435 (437); *Degenhart*, JuS 1990, 161 (168).

1301 *Erichsen*, Isensee/Kirchhof, HdbStR VI, § 152 Rn. 48; *Schwabe*, NJW 1974, 1044 f. *Starck*, in: v. Mangoldt/Klein/Starck, Rn. 42 meint sogar, daß eine Anwendung des Art. 2 Abs. 1 GG Ausländer gegenüber Deutschen potentiell privilegiere. Dies trifft nicht zu.

1302 Vgl. auch BVerfG, EuGRZ 2002, 92 (95) – Schächten.

1303 Dazu und zu den Grenzen der Anlehnung des Art. 2 Abs. 1 GG an Art. 12 GG siehe *Siehr*, Die Deutschenrechte, S. 380 m. w. N. Das BVerfG, EuGRZ 2002, 92 (94) spricht in seinem neuen Urteil zum Schächten davon, Schutznorm sei „Art. 2 Abs. 1 GG in der Ausprägung, die

so zu identischen oder ähnlichen Ergebnissen zu gelangen. In der Rechtsprechung ist das Verhältnis des Schutzes der Berufsfreiheit für Deutsche aus Art. 12 GG und der Berufsfreiheit für Ausländer aus Art. 2 Abs. 1 GG noch nicht im einzelnen geklärt[1304]. Richtig an dieser Kritik ist, daß der Deutschenvorbehalt des Art. 12 GG nicht durch eine Gleichstellung von Deutschen und Ausländern unterlaufen werden darf. Wie Siehr[1305] zu Recht betont hat, muß sich dazu aber der unterschiedliche Status nicht in jedem Einzelfall auswirken. Der Schutz durch Art. 12 GG ist schon dann intensiver als der durch Art. 2 Abs. 1 GG[1306], wenn *manche* Eingriffe gegenüber Ausländern zulässig sind, die gegenüber Deutschen nicht angeordnet werden dürften. Hierfür kommen insbesondere Verbote oder Erschwerungen der beruflichen Tätigkeit von Ausländern in Frage, die auf einen Schutz der deutschen Konkurrenten zielen[1307]. Ein Verzicht auf solche Regelungen und eine etwaige Gleichstellung auf *einfachgesetzlicher* Ebene stellen den unterschiedlichen verfassungsrechtlichen Status nicht in Frage[1308]. Die Gestaltungswirkungen der Besteuerung von Einkünften aus selbständiger und nichtselbständiger Arbeit greifen nach zutreffender Ansicht in Art. 2 Abs. 1 GG ein, soweit Ausländer von ihr betroffen sind.

Wie bei Art. 12 GG vermag der Fiskalzweck die individuelle Freiheitsschmälerung ohne Rücksicht auf die Verwendung der Steuermittel zu rechtfertigen, sofern und soweit die Besteuerung dem Gleichheitssatz entspricht und nicht erdrosselnd wirkt. Die Verhältnismäßigkeitsprüfung entscheidet nicht über die Rechtmäßigkeit des Grundrechtseingriffs, sondern über die Zulässigkeit der jeweiligen Geldausgabe.

Steuerbenachteiligungen lassen sich nicht mit dem Fiskalzweck begründen. Die durch sie hervorgerufenen und vorhersehbaren Gestaltungswirkungen sind, wenn ihnen kein Lenkungszweck zugrunde liegt, verfassungswidrig. Wenn der Gesetzgeber Mehrbelastungen bewußt einsetzt, um außerfiskalische Ziele zu erreichen, findet der

---

sich aus dem Spezialitätsverhältnis zwischen dem auf Deutsche beschränkten Art. 12 Abs. 1 GG und dem für Ausländer nur subsidiär geltenden Art. 2 Abs. 1 GG ergibt".

1304 So wendet das Gericht in seinem neuen Urteil zum Schächten Art. 2 Abs. 1 GG „in Verbindung mit Art. 4 Abs. 1 und 2 GG" an (BVerfG, EuGRZ 2002, 92 (Leitsatz 1 sowie S. 94 f.)), was Art. 2 Abs. 1 GG auf eine Ebene mit speziellen Freiheitsgrundrechten zu stellen scheint. Allerdings wendet das Gericht auch ausdrücklich das Schrankensystem des Art. 2 Abs. 1 GG („verfassungsmaßige Ordnung") an (ebenda, S. 94), wobei auffällt, daß es auch die Drei-Stufen-Theorie nicht erwähnt.

1305 In: Die Deutschenrechte, S. 379.

1306 Von einer höheren Intensität des Schutzes durch Art. 12 GG gegenüber Art. 2 Abs. 1 GG gehen *Manssen*, in: v. Mangoldt/Klein/Starck, Art. 12 Rn. 259 m. w. N.; *Jarass*, in: Jarass/Pieroth, Art. 2 Rn. 10; *Degenhart*, JuS 1990, 161 (168); *Pieroth*, in: AöR 115. Band (1990), S. 33 (42); *Tettinger*, in: Sachs, Art. 12 Rn. 21 und wohl auch BVerfGE 78, 179 (196 f.) aus. Allgemein zur Beeinflussung der Verhältnismäßigkeitsprüfung durch das betroffene Grundrecht siehe *Kunig*, Das Rechtsstaatsprinzip, S. 355 ff.

1307 Siehe *Manssen*, in: v. Mangoldt/Klein/Starck, Art. 12 Rn. 259; *Siehr*, Die Deutschenrechte, S. 379 ff., vor allem S. 381 f., auch mit Hinweis darauf, daß gerade der Gesichtspunkt, die Inländer mit Arbeit und Brot zu versorgen, den Parlamentarischen Rat zur Aufnahme des Deutschenvorbehalts in Art. 12 GG bewogen habe.

1308 *Siehr*, Die Deutschenrechte, S. 378.

Verhältnismäßigkeitsgrundsatz uneingeschränkt Anwendung. Handelt es sich um eine *allgemeine* Lenkungsnorm, das heißt um eine, von der Ausländer und Deutsche gleichermaßen betroffen sind, erübrigt sich nach der Prüfung des Art. 12 GG eine eigenständige Prüfung des Art. 2 Abs. 1 GG. Hält die Regelung den Anforderungen des Art. 12 GG stand, so ist auch ihre Geltung für Ausländer unbedenklich. Verstößt sie für Deutsche gegen Art. 12 GG, ist sie vor dem Hintergrund, daß mit ihr keine Sonderbelastung von Nichtdeutschen intendiert ist, nicht partiell aufrechtzuerhalten, sondern insgesamt nicht der verfassungsmäßigen Ordnung zuzurechnen. Davon zu unterscheiden ist eine absichtliche Steuerbenachteiligung von Ausländern[1309]. Wie bereits erwähnt, dürfen manche öffentliche Interessen, insbesondere arbeitsmarktpolitische Erwägungen, gegenüber Ausländern in stärkerem Maße durchgesetzt werden als gegenüber Deutschen[1310], so daß eine eigenständige Verhältnismäßigkeitsprüfung vorzunehmen ist, die zu einem anderen Abwägungsergebnis führen kann. Tatsächlich zieht es der Gesetzgeber vor, nicht die Mittel des Einkommensteuerrechts, sondern die des Ordnungsrechts (siehe die Regelungen des AuslG und des AsylVfG) einzusetzen. Das derzeitige Einkommensteuerrecht behandelt Deutsche und Ausländer, die der unbeschränkten Steuerpflicht unterliegen, gleich. Soweit bei der Abgrenzung zwischen unbeschränkter und beschränkter[1311] Steuerpflicht Merkmale wie der Wohnsitz, der gewöhnliche Aufenthalt und die Staatsangehörigkeit eine Rolle spielen (siehe §§ 1, 1 a EStG), hat auch dies keinen interventionistischen Hintergrund. Diese Problematik soll hier deshalb auch nicht vertieft werden.

ββ) Exemplarische Betrachtung von bereichsspezifisch besonders geschützten Tätigkeiten und den aus ihnen folgenden grundrechtlichen Anforderungen

Für bestimmte Berufstätigkeiten kommt ein Schutz durch bereichsspezifische Freiheitsgrundrechte in Betracht. Diese können statt oder neben[1312] der Berufsfrei-

---

[1309] Siehe bspw. den Fall, über den das BVerwG im Jahr 1965 zu entscheiden hatte: Die Satzung der beklagten Gemeinde sah damals bei der Schankerlaubnissteuer für Ausländer den vierfachen Steuersatz vor, was vom Gericht unbeanstandet blieb (BVerwGE 22, 66 [70 ff.]). In einer Entscheidung des Bad. VGH, DVBl 1953, 242 ff. ging es um die Erhebung einer höheren Jagdsteuer für Ausländer.

[1310] Siehe *Manssen*, in: v. Mangoldt/Klein/Starck, Art. 12 Rn. 259; *Siehr*, Die Deutschenrechte, S. 381 f.; siehe auch die Nachweise in Fußnote 1307. A. A. *Starck*, in: v. Mangoldt/Klein/Starck, Art. 3 GG Rn. 366, der meint, daß eine unterschiedliche Besteuerung der in der Bundesrepublik tätigen In- und Ausländer ausgeschlossen sei, wenn Ausländern (nach *Starcks* Auffassung ergänze: einfachrechtlich) die Freiheit gewährt wird, berufstätig zu sein. Warum nach seiner Auffassung zwar ein Betätigungsverbot, aber keine Steuerbenachteiligung möglich sein soll, bleibt offen. Allein der Umstand, daß die tatbestandliche Handlung erlaubt ist, führt nicht zu einem Differenzierungsverbot; dies ist bei allen Lenkungsteuern so.

[1311] Die beschränkte Steuerpflicht wurde oben S. 21 aus dem Untersuchungsgegenstand herausgenommen.

[1312] Zur Grundrechtskonkurrenz zwischen Art. 12 GG und den im Text nachfolgend genannten Grundrechten siehe *Manssen*, in: v. Mangoldt/Klein/Starck, Art. 12 Rn. 272 ff.; *Tettinger*, in: Sachs, Art. 12 Rn. 165 ff.; *Gubelt*, in: v. Münch/Kunig, Art. 12 Rn. 95 ff., jeweils m. w. N. Die

heit Anwendung finden. Dies wird nachfolgend exemplarisch[1313] für die einen Individualschutz vermittelnden Regelungen über den öffentlichen Dienst und für die Kunst- und Wissenschaftsfreiheit nach Art. 5 Abs. 3 S. 1 GG erörtert. Dabei bedarf es einer näheren Betrachtung des jeweiligen Schutzbereichs im Hinblick auf einen möglichen Eingriff durch die im Einkommensteuergesetz geregelten Besteuerungsvorschriften.

(1) Die Berufstätigkeit im öffentlichen Dienst

Die Tätigkeit im öffentlichen Dienst erfüllt zunächst alle Merkmale des Berufsbegriffs[1314]. Allerdings reduziert Art. 33 Abs. 2 GG die Berufs*wahl*freiheit wegen der Organisationsgewalt des arbeitgebenden Staates auf ein Recht des gleichen Zugangs[1315]. Für die Berufsausübungsfreiheit (und negative Berufswahlfreiheit) gibt keine spezielle Regelung. Insbesondere kommt Art. 33 Abs. 5 GG entgegen der herrschenden Meinung[1316] schon nach Wortlaut und Systematik[1317] nicht die Aufgabe einer Grundrechtsverbürgung zu[1318]. Er dient wie die institutionelle Garantie des Art. 33 Abs. 4 GG nur der Bewahrung der Funktionsfähigkeit des Staates und legitimiert in dieser Funktion als (verfassungsimmanente) *Schranke* bestimmte Grundrechtseingriffe, u. a. solche in die Berufsfreiheit[1319]. Bei der Besteuerung der Tätigkeit im öffentlichen Dienst bleibt es bei der Schutzgewährung durch Art. 12 Abs. 1

grundsätzliche Subsidiarität des Art. 2 Abs. 1 GG (siehe BVerfGE 23, 50 [55 f.]; 30, 292 [336] – Erdölbevorratung; 54, 237 [251]; 58, 358 [363]; 89, 1 [13] – Besitzrecht des Mieters; st. Rspr.) scheint das BVerfG in seinem neuen Urteil zum Schächten durchbrechen zu wollen; dort wendet es auf die Berufsfreiheit von Ausländern Art. 2 Abs. 1 GG i. V. m. Art. 4 Abs. 1 und 2 GG an (BVerfG, EuGRZ 2002, 92 [Leitsatz 1 sowie S. 94]).

[1313] Ferner sind die Religionsfreiheit des Art. 4 Abs. 1, Abs. 2 GG, die Pressefreiheit nach Art. 5 Abs. 1 S. 2 GG, die von Art. 5 Abs. 1 S. 1 GG geschützte Meinungsfreiheit, die Rundfunkfreiheit nach Art. 5 Abs. 1 S. 2 GG und die Freiheit zur Einrichtung von Privatschulen (Art. 7 Abs. 4, Abs. 5 GG) zu erwähnen. Auch die von diesen Grundrechten geschützten Tätigkeiten können beruflich ausgeübt werden.

[1314] BVerfGE 7, 377 (397 f.) – Apothekengesetz; 73, 301 (315) – Vermessungsingenieur; *Manssen*, in: v. Mangoldt/Klein/Starck, Art. 12 Rn. 43; *Gubelt*, in: v. Münch/Kunig, Art. 12 Rn. 20.

[1315] BVerfGE 16, 6 (21); *Kunig*, in: v. Münch/Kunig, Art. 33 Rn. 14; *Manssen*, in: v. Mangoldt/Klein/Starck, Art. 12 Rn. 43 und 285; *Gubelt*, in: v. Münch/Kunig, Art. 12 Rn. 20.

[1316] BVerfGE 8, 1 (14 ff.); 12, 81 (87: grundrechtsähnliches Individualrecht); 43, 154 (166 f.: grundrechtsgleiches subjektives Recht); *Stern*, in: Staatsrecht I, § 11 III 4, S. 352 f.; ähnlich *Schmidt-Jortzig*, Die Einrichtungsgarantien, S. 62.

[1317] Die Absätze 4 und 5 des Art. 33 GG unterscheiden sich in der Formulierung deutlich von den vorherigen Absätzen; sie geben keine Anhaltspunkte für die Gewährung von Individualrechten.

[1318] So überzeugend *Lecheler*, in: AöR 103. Band (1978), S. 349 (360 ff.); *Kunig*, in: v. Münch/Kunig, Art. 33 Rn. 55 f.; siehe auch *Pieroth*, in: Jarass/Pieroth, Art. 33 Rn. 32; *Pieroth/Schlink*, Grundrechte Rn. 1031.

[1319] So ausdrücklich *Pieroth*, in: Jarass/Pieroth, Art. 33 Rn. 32 und *Jarass*, ebenda, Art. 12 Rn. 6 und 59; *Gubelt*, in: v. Münch/Kunig, Art. 12 Rn. 20.

GG, sofern die Steuerrechtsnormen nicht das Recht auf gleichen Zugang zum öffentlichen Dienst beeinträchtigen. Dies wäre etwa der Fall, wenn es sich wegen der steuerlichen Rahmenbedingungen nur vermögende Bürger leisten könnten, eine Tätigkeit im öffentlichen Dienst auszuüben.

Die derzeitige Einkommensbesteuerung wirft keine Fragen des Art. 33 Abs. 5 GG auf. Es gibt keine steuerrechtlichen Sonderregelungen für den öffentlichen Dienst; vielmehr richtet sich die Besteuerung nach den allgemeinen Regeln über die Einkünfte aus nichtselbständiger Arbeit (§§ 2 Abs. 1 S. 1 Nr. 4, 19 EStG). Die Anforderungen des Art. 12 GG in Eingriffe in die Berufs*ausübungs*freiheit wurden bereits behandelt[1320].

(2) Die Berufstätigkeit im besonderen Freiheitsbereich des Art. 5 Abs. 3 GG

Kunst- und Wissenschaftsfreiheit dienen dem Schutz der schöpferischen Kraft des einzelnen, wobei bei dem einen Grundrecht mehr der emotional-kreative Vorgang, bei dem anderen die Suche nach einer neuen, verobjektivierbaren Erkenntnis im Vordergrund steht[1321]. Beide Freiheitsrechte beinhalten, wie es die systematische Nähe zu Art. 5 Abs. 1 GG nahelegt[1322], auch ein kommunikatives Element[1323]. Das Bundesverfassungsgericht bezieht dementsprechend bei der Kunstfreiheit nicht nur die Schaffung des Werkes (sogenannter Werkbereich), sondern auch die Herstellung des Kontakts zur Öffentlichkeit (sogenannter Wirkbereich) ein[1324]. Ein ähnlicher „Wirkbereich" ist auch der Wissenschaftsfreiheit zuzugestehen[1325], wie sich aus der Erwähnung der „Lehre" in Art. 5 Abs. 3 GG ergibt.

Der besonders geschützte Bereich der Kunst bzw. der Wissenschaft umfaßt zwar nicht die zeitlich meist nachfolgende rein vermögensrechtliche Seite; insofern verweist das Bundesverfassungsgericht in Übereinstimmung mit der herrschenden Lehre zu Recht auf den Schutz durch andere Grundrechte (vor allem Art. 14 GG)[1326].

1320 Siehe oben S. 194 ff.

1321 *Pernice*, in: Dreier, Art. 5 III (K.) Rn. 12 und Art. 5 III (W.) Rn. 16 m. w. N.

1322 In der WRV war die textliche Nähe noch nicht gegeben: Meinungs- und Pressefreiheit waren in Art. 118 Abs. 1 S. 1, Kunst- und Wissenschaftsfreiheit vor allem in Art. 142 gewährt.

1323 Siehe *Denninger*, in: Isensee/Kirchhof, HdbStR VI, § 146 Rn. 16; *Hufen*, Die Freiheit der Kunst, S. 106, 108 f., 113 ff.; *Scholz*, in: Maunz/Dürig, Art. 5 Abs. III Rn. 13.

1324 BVerfGE 30, 173 (189) – Mephisto; 67, 213 (224) – Anachronistischer Zug; 77, 240 (251).

1325 Siehe *Jarass*, in: Jarass/Pieroth, Art. 5 Rn. 96 zur Publikation von Forschungsergebnissen; *Losch*, Wissenschaftsfreiheit, S. 75 f., dort auch die Übertragung der Terminologie der Kunstfreiheit auf die Wissenschaftsfreiheit.

1326 Zur wirtschaftlichen Verwertung von Kunst: BVerfGE 31, 229 (238 ff.); 49, 382 (392); *Scholz*, in: Maunz/Dürig, Art. 5 Abs. III Rn. 18; *Starck*, in: v. Mangoldt/Klein/Starck, Art. 5 Rn. 289; a. A. *Erbel*, Kunstfreiheitsgarantie, S. 84; unklar *Pernice*, in: Dreier, Art. 5 III (K.) Rn. 25 und 47. Zur Verwertung wissenschaftlicher Ergebnisse: BVerfGE 71, 162 (176); *Scholz*, in: Maunz/Dürig, Art. 5 III Rn. 84; *Classen*, Wissenschaftsfreiheit, S. 98 ff. m. w. N. in Fußnote 129.

Das bedeutet aber nicht, daß eine Tätigkeit im Wirkbereich aus dem Schutz des Art. 5 Abs. 3 GG herausfällt, falls dem Grundrechtsträger dafür ein Entgelt gezahlt wird[1327]. Eine Beschäftigung mit der Kunst oder der Wissenschaft bleibt auch dann durch Art. 5 Abs. 3 GG geschützt, wenn sie kein Hobby ist, sondern ein Beruf[1328]. Das Einkommen aus der künstlerischen oder wissenschaftlichen Tätigkeit ist jedoch ebenso wenig erfaßt wie „reine" Verwertungshandlungen, mit denen kein Bezug zur Öffentlichkeit hergestellt wird oder die jedenfalls nicht notwendig sind, um ein Publikum zu erreichen[1329].

Beschränkungen der Verwertbarkeit von künstlerischen oder wissenschaftlichen Ergebnissen können aber eine „mittelbare"[1330] Beeinträchtigung der Kunst- oder Wissenschaftsfreiheit in ihrer abwehrrechtlichen Schutzrichtung bedeuten[1331]. Nach dem Bundesverfassungsgericht enthalten beide Freiheitsrechte sowohl eine verfassungsrechtliche Wertentscheidung, aus der eine objektiv-rechtliche Pflicht zur Förderung folgt[1332], als auch ein individuelles Abwehrrecht. Beides kann miteinander in Konflikt geraten. Dem Staat wird nämlich bei der Vergabe von Subventionen nicht das „Gießkannenprinzip" auferlegt, sondern eine Auswahl gestattet, solange diese nicht einseitig ist (sogenanntes Identifikationsverbot) oder andere Kunstformen oder -richtungen diskriminiert[1333]. Entsprechendes gilt für die Unterstützung wis-

---

1327 Bspw. zur Forschungspublikation gegen Entgelt *Jarass*, in: Jarass/Pieroth, Art. 5 Rn. 96; *Scholz*, in: Maunz/Dürig, Art. 5 III Rn. 84. So ist wohl auch BVerwGE 84, 71 (74) zu verstehen, wo für den Fall einer „unauflösbaren Verknüpfung" von Herstellung und wirtschaftlicher Verwertung auch „der Verkauf" (ergänze: als Verbreitung von Straßenkunst) geschützt wird. Das straßenrechtliche Genehmigungserfordernis bezog sich ohnehin auf den Gesamtvorgang und damit auch auf die Herstellung der Scherenschnitte („Werkbereich").

1328 Allgemeine Ansicht. Idealkonkurrenz zwischen Art. 5 Abs. 3 und 12 Abs. 1 GG nehmen *Tettinger*, in: Sachs, Art. 12 Rn. 167; *Jarass*, in: Jarass/Pieroth, Art. 5 Rn. 84 und 94 an. Eine Spezialität des Art. 5 Abs. 3 GG sehen *Manssen*, in: v. Mangoldt/Klein/Starck, Art. 12 Rn. 276; *Pernice*, in: Dreier, Art. 5 III (K.) Rn. 47 und Art. 5 III (W.) Rn. 54; *Heuer*, Die Besteuerung der Kunst, S. 130. Nach dem Schwerpunkt der Maßnahme fragt *Gubelt*, in: v. Münch/Kunig, Art. 12 Rn. 95.

1329 Siehe *Jarass*, a. a. O Rn. 86; siehe auch BVerfGE 31, 229 (239).

1330 Näher zu den nicht klassischen Grundrechtseingriffen siehe oben S. 169 ff., hier insbesondere S. 178 ff.

1331 BVerfGE 31, 229 (240) erwägt eine Prüfung von Verwertungsbeschränkungen anhand von Art. 5 Abs. 3 GG für den Fall, daß sie eine freie künstlerische Betätigung praktisch unmöglich mache; siehe auch *Wendt*, in: v. Münch/Kunig, Art. 5 Rn. 94; *Scholz*, in: Maunz/Dürig, Art. 5 Abs. III Rn. 18. Die „Erdrosselung" ist allerdings nur ein möglicher Gesichtspunkt, zur benachteiligenden Besteuerung siehe unten S. 204 ff.

1332 Zu ihrer Reichweite in steuerrechtlicher Hinsicht siehe BVerfGE 81, 108 (114 ff.: eine Steuervergünstigung für Einkünfte aus einer wissenschaftlichen oder künstlerischen Nebentätigkeit ist nicht zwingend; ihre Streichung deshalb zulässig); BVerfGE 36, 321 (332) zum Ausschluß von umsatzsteuerlichen Vergünstigungen. Gegen eine verfassungsrechtliche Pflicht zur Kunstförderung aus Art. 5 Abs. 3 GG wendet sich *Steiner*, in: VVDStRL 42. Band (1984), S. 7 (13 ff. m. w. N.).

1333 *Knies*, Kunstfreiheit, S. 224 ff.; *Erbel*, Kunstfreiheitsgarantie, S. 177 f.; *Palm*, Kunstförderung, S. 188 ff.; *Denniger*, in: Isensee/Kirchhof, HdbStR VI, § 146 Rn. 32 ff.; *Steiner*, in: VVDStRL 42. Band (1984), S. 7 (15) jeweils m. w. N.

senschaftlicher Projekte[1334]. Verfahrens- und organisationsrechtliche Vorkehrungen und dezentrale Entscheidungen sollen die Pluralität bewahren. Dadurch, daß der Staat seine Leistungen typischerweise nicht gleichmäßig verteilt, verändert er die kulturelle und wissenschaftliche Landschaft. Damit seine Einflußnahme nicht überhand nimmt, ist es um so wichtiger, daß er den der Eigeninitiative zu verdankenden Bereich nicht ganz oder teilweise unterdrückt, sondern sich wenigstens insoweit neutral verhält[1335]. Das Bundesverfassungsgericht formuliert dies so: Die Kunstfreiheitsgarantie diene auch dazu, „die auf der Eigengesetzlichkeit der Kunst beruhenden, von ästhetischen Rücksichten bestimmten Prozesse, Verhaltensweisen und Entscheidungen von jeglicher *Ingerenz* öffentlicher Gewalt freizuhalten"; sie beinhalte ein „Verbot, auf Methoden, Inhalte und Tendenzen ... einzuwirken, insbesondere den künstlerischen Gestaltungsspielraum einzuengen ..."[1336]. Parallel dazu gewährt die Wissenschaftsfreiheit „ein Recht auf absolute Freiheit von jeder *Ingerenz* öffentlicher Gewalt"; die Wissenschaft soll sich „*ungehindert* an dem Bemühen um Wahrheit ... ausrichten" können, sie ist deshalb zu einem von „staatlicher *Fremdbestimmung freien* Bereich ... autonomer Verantwortung erklärt worden"[1337]. Art. 5 Abs. 3 GG wirkt deshalb nicht nur einem Verbot, sich mit bestimmten Themen oder in einer bestimmten Art und Weise künstlerisch oder wissenschaftlich zu beschäftigen, entgegen; angesichts der beschriebenen Neutralitätspflicht[1338] liegt ein Eingriff auch dann vor, wenn die Regelung eine künstlerische oder wissenschaftliche Tätigkeit (steuerlich) *benachteiligt*[1339]. Dabei ist es ohne Belang, ob dies beabsichtigt wurde oder nicht; ebenso kommt es für die Eröffnung des Schutzbereichs nicht darauf an, wie stark die Ungleichbehandlung ist[1340]. Ein derartiger Eingriff muß den Anforderungen, die an Einschränkungen vorbehaltlos gewährleisteter Grundrechte gestellt werden, entsprechen.

Die derzeitige *gesetzliche* Ausgestaltung der Besteuerung von Einkünften aus künstlerischer oder wissenschaftlicher Tätigkeit nach §§ 2 Abs. 1 S. 1 Nr. 3, 18 Abs. 1 S. 1 EStG und §§ 2 Abs. 1 S. 1 Nr. 4, 19 EStG wirft keine Probleme des Art. 5 Abs. 3 GG auf. Weder wirkt die Besteuerung erdrosselnd noch ist der Schutzbereich der Kunst- oder Wissenschaftsfreiheit durch eine belastende Ungleichbehandlung eröffnet. Letztere vermeidet das Einkommensteuergesetz, indem es künstlerische und wissenschaftliche Tätigkeiten nach den gleichen Regeln besteuert wie andere selbständige oder nichtselbständige Tätigkeiten, ohne daß das Gesetz auf die Richtung oder die Form der Kunst bzw. auf den Forschungsgegenstand oder sein Ergebnis abstellt.

1334 *Oppermann*, in: Isensee/Kirchhof, HdbStR VI, § 145 Rn. 24.

1335 Siehe auch die Zusammenfassung bei *Classen*, Wissenschaftsfreiheit, S. 364 f.

1336 BVerfGE 30, 173 (190) – Mephisto, Hervorhebung nur hier; 31, 229 (238 f.).

1337 BVerfGE 35, 79 (112 f.), Hervorhebungen nur hier; vgl. auch 47, 327 (367); 90, 1 (11 f.).

1338 *Knies* spricht in: Kunstfreiheit, S. 227 in diesem Zusammenhang von einem „Anspruch auf gleiche *Freiheit*", Hervorhebung im Original.

1339 Zum Begriff der Steuerbenachteiligung in Abgrenzung zur Steuervergünstigung siehe schon oben S. 16.

1340 Siehe oben S. 170 ff. und S. 172 ff.

Es soll hier jedoch nicht unerwähnt bleiben, daß die *Rechtsanwendung* teilweise problematisch ist. Die Finanzgerichte fassen den steuerrechtlichen Kunstbegriff[1341] deutlich enger als den verfassungsrechtlichen. Das Bundesverfassungsgericht lehnt bei der Subsumtion unter Art. 5 Abs. 3 GG qualitative Kriterien zu Recht ab, weil ihre Anwendung auf eine verfassungsrechtlich unstatthafte Inhaltskontrolle hinausliefe[1342]. Dagegen fordert der Bundesfinanzhof für die Anwendung der §§ 2 Abs. 1 S. 1 Nr. 3, 18 Abs. 1 S. 1 EStG beispielsweise in ständiger Rechtsprechung vor allem bei der sogenannten Gebrauchskunst das Erreichen einer „gewissen Gestaltungshöhe“[1343], vereinzelt zum Beispiel auch das Vorliegen einer eigenständigen, neuen Idee in Abgrenzung zur Ausrichtung auf den „Geschmack der Masse“[1344]. Gelegentlich macht er die Qualifikation als künstlerische Tätigkeit im steuerrechtlichen Sinn auch davon abhängig, ob eine „persönliche, nicht erlernbare Begabung“[1345] vorliegt. Die auf diese Weise nicht von den §§ 2 Abs. 1 S. 1 Nr. 3, 18 Abs. 1 S. 1 EStG erfaßten Tätigkeiten werden von der Rechtsprechung den gewerblichen Einkünften nach §§ 2 Abs. 1 S. 1 Nr. 2, 15 Abs. 1 S. 1 Nr. 1 EStG zugerechnet. Dies führt zu einer *unterschiedlichen* steuerrechtlichen Behandlung[1346] mehrerer gleichermaßen von Art. 5 Abs. 3 GG geschützter Tätigkeiten. Die Rechtfertigung könnte angesichts der vorbehaltlosen Gewährleistung der Kunstfreiheit nur durch eine verfassungsimmanente Schranke erfolgen; das Eingreifen einer solchen ist jedoch nicht ersichtlich. Die Rechtsprechung der Finanzgerichte verstößt gegen das Gebot, die Normen des einfachen Rechts verfassungskonform[1347] auszulegen.

β) *Die Einkunftserzielung durch Eigentumsverwendung (bspw. aus Kapitalvermögen, aus Vermietung und Verpachtung)*

Die bisher betrachteten Einkunftsarten hatten berufliche Betätigungen zum Gegenstand. Die im folgenden näher betrachteten Einkunftsarten beruhen dagegen auf der Nutzung von Eigentum. Dieser Gruppe zuzurechnen sind die Einkünfte aus Ka-

---

1341 Siehe hierzu *Heuer*, Die Besteuerung der Kunst, S. 141 ff. m. w. N.

1342 Siehe nur BVerfGE 75, 369 (377) – Strauß-Karikaturen; 81, 278 (291); 83, 130 (139); ganz h. M.

1343 BFHE 121, 410 (413 f.); 132, 77 (79 f.); 136, 474 (477); 165, 362 (364). An der Unterscheidung nach Gebrauchskunst (mit Qualitätsanforderungen) und zweckfreier Kunst bzw. Schriftstellerei (ohne Qualitätsanforderungen) ist in der Literatur Kritik geübt worden, die allerdings nicht so sehr am verfassungsrechtlichen Kunstbegriff festgemacht wird; siehe *Kempermann*, FR 1992, 250 ff.; *Kirchhof*, NJW 1985, 225 (227 f.).

1344 Siehe BFHE 71, 549 (551).

1345 Siehe BFHE 78, 112 (114).

1346 Hauptunterschied: Die Einkünfte nach § 15 EStG sind i. d. R. gewerbesteuerpflichtig (§ 2 GewStG). In einkommensteuerlicher Hinsicht wird der Vorbelastung zwar durch eine Steuerermäßigung nach § 35 EStG Rechnung getragen. Diese kann aber je nach dem Hebesatz eine Über- oder eine Unterkompensation bewirken und greift auch nicht, wenn die Einkünfte in den Verlustausgleich einstellt werden. Näher oben S. 28 f.

1347 Zur verfassungskonformen Auslegung siehe nur BVerfGE 53, 135 (147); *Stern*, in: Staatsrecht III/1, § 73 IV 4, S. 1316 ff.

pitalvermögen (§§ 2 Abs. 1 S. 1 Nr. 5, 20 EStG), aus Vermietung oder Verpachtung von unbeweglichen oder beweglichen Gegenständen (§§ 2 Abs. 1 S. 1 Nr. 6, 21 Abs. 1 S. 1 Nr. 1 und Nr. 2 EStG und §§ 2 Abs. 1 S. 1 Nr. 7, 22 S. 1 Nr. 3 EStG), aus der zeitlich begrenzten Überlassung von Rechten (§§ 2 Abs. 1 S. 1 Nr. 6, 21 Abs. 1 S. 1 Nr. 3 EStG), aus der Veräußerung von Betriebsvermögen (§§ 2 Abs. 1 S. 1 Nr. 1, 14 EStG und §§ 2 Abs. 1 S. 1 Nr. 2, 16 EStG und §§ 2 Abs. 1 S. 1 Nr. 3, 18 Abs. 3 EStG) und – insofern allerdings nur ausnahmsweise steuerpflichtig – von Privatvermögen (§§ 2 Abs. 1 S. 1 Nr. 2, 17 EStG und §§ 2 Abs. 1 S. 1 Nr. 7, 22 S. 1 Nr. 2, 23 EStG). Für diese bildet Art. 14 GG unabhängig von der Beantwortung der Streitfrage nach einem Schutz des Vermögens[1348] einen Prüfungsmaßstab, wobei Schutzobjekt die Substanz und die Nutzung des zur Einkommenserzielung eingesetzten Eigentums ist[1349]. Nach der herrschenden Meinung fallen allerdings nicht alle Nutzungen unter Art. 14 GG, sondern nur solche, die der Eigentums- und Vermögenssphäre zuzuordnen sind[1350]. Da diese Voraussetzung aber für alle aufgezählten Nutzungen erfüllt ist, bestehen an der Anwendbarkeit des Art. 14 GG keine Bedenken. Für die Eingriffsqualität genügen nach dem oben Gesagten[1351] vorhersehbare Beeinträchtigungen der Bereitschaft zur Kapitalanlage bzw. Auswirkungen auf die Auswahl der Nutzungsart.

Bei einer gleichmäßigen und nicht erdrosselnden[1352] Besteuerung sind die Gestaltungswirkungen vom Fiskalzweck gedeckt. Eine Verhältnismäßigkeitsprüfung findet dann nicht bei der Rechtfertigung des individuellen Steuereingriffs, sondern erst bei der Entscheidung über die Ausgaben statt.

Dagegen ist eine nicht der Leistungsfähigkeit entsprechende Besteuerung hinsichtlich der Rechtmäßigkeit der Gestaltungswirkungen auf eine Rechtfertigung durch einen bewußt verfolgten Lenkungszweck angewiesen. Ein Beispiel für eine derartige Steuerbenachteiligung, mit der Einfluß auf die Nutzung von Eigentum genommen werden sollte, ist die in den Jahren 1961 und 1962 erhobene Bauland-

---

[1348] Siehe oben S. 79 ff.

[1349] Siehe *Papier*, in: Maunz/Dürig, Art. 14 Rn. 170; *Jachmann*, Grenzen der Besteuerung, S. 39 ff.

[1350] Zu dieser Einschränkung siehe etwa *Pieroth/Schlink*, Grundrechte Rn. 915 f.; *Bryde*, in: v. Münch/Kunig, Art. 14 Rn. 13; *Rittstieg*, in: AK Art. 14/15 Rn. 85, *Thormann*, Sozialbindung, S. 73 ff., *Jachmann*, StuW 1996, 97 (101); jeweils m. w. N. So werden bspw. das Autofahren oder die Lektüre der eigenen Zeitung dem Art. 14 GG nicht zugeordnet. Etwas anders *Sieckmann*, in: Berliner Kommentar, C Art. 14 Rn. 98.

[1351] Siehe oben S. 169 ff.

[1352] Die Substanz des Eigentums und die Rentabilität der Nutzung des betreffenden Eigentumsgegenstands müssen unangetastet bleiben. Gegen diese Anforderungen verstößt eine Steuer, wenn sie so ausgestaltet ist, daß sie die Erträge vollständig entzieht, oder wenn diese sogar nicht mehr ausreichen, um die Steuerlast abzudecken. Bei der Besteuerung der Kapitalerträge wird diskutiert, ob die Inflation zum Abzug gebracht werden müßte (hierzu und m. w. N. *Tipke*, Die Steuerrechtsordnung I, § 8, S. 459 f. sowie § 9, S. 512 ff.). Das BVerfG hat dies verneint, weil Gegenstand der Besteuerung nicht der Kapitalstamm, sondern die Zinsen seien (BVerfGE 50, 57 [106 f.]). Nach der derzeitigen Regelung wird die Inflation in unvollkommener Form durch den Freibetrag nach § 20 Abs. 4 EStG berücksichtigt.

steuer[1353], eine Form der Grundsteuer, durch die unbebaute, aber baureife Grundstücke stärker belastet wurden als andere Grundstücke. Ziel war es, deren Bebauung zu erreichen. Für das Einkommensteuerrecht ist diese Form der Lenkung nicht typisch. Will der Gesetzgeber dem Steuerpflichtigen bestimmte Nutzungen nahelegen, wählt er hier eher das Mittel der Steuervergünstigung[1354]. Zu Steuerbenachteiligungen mit Lenkungszwecken daher nur soviel: Der Verhältnismäßigkeitsgrundsatz findet hier uneingeschränkt Anwendung. Insofern kann auf die obigen Ausführungen zur Reichweite des Eigentumsschutzes vor Befugnisbestimmungen[1355] verwiesen werden. Maßstab der Eingriffsintensität ist, wie sehr die Regelung hinter einer optimalen Verwirklichung des Privatnützigkeitsgedankens zurückbleibt. Im übrigen kommt es sowohl darauf an, von welchen Nutzungen der Eigentümer abgehalten bzw. zu welchen er angehalten werden soll, als auch darauf, welche Steuerlast für den Fall vorgesehen ist, daß der Steuerpflichtige der „Verhaltensempfehlung" nicht folgt[1356]. Welche Einschränkungen seiner Privatnützigkeit der Eigentümer hinzunehmen hat, hängt dabei maßgeblich vom Verwirklichungsgrad und der Wichtigkeit des verfolgten Lenkungszwecks ab.

Die bestandsschützende Komponente des Art. 14 GG kommt erst zum Tragen, wenn das Steuergesetz einen Vergangenheitsbezug aufweist[1357].

γ) *Die Einkunftserzielung aus Gewerbebetrieb und Land- und Forstwirtschaft*

Manche Einkünfte beruhen sowohl auf dem Einsatz von Eigentum als auch auf der eigenen Arbeitskraft. Dies kann je nach den getätigten Investitionen für den Gewerbebetrieb (§§ 2 Abs. 1 S. 1 Nr. 2, 15 EStG), die Land- und Forstwirtschaft (§§ 2 Abs. 1 S. 1 Nr. 1, 13 EStG) und unter Umständen auch bei selbständiger Arbeit (§§ 2 Abs. 1 S. 1 Nr. 3, 18 EStG) der Fall sein. Berufs- und Eigentumsfreiheit finden dann nebeneinander Anwendung[1358]. Die eigentumsgrundrechtliche und die berufsfreiheitsrechtliche Verhältnismäßigkeitsprüfung laufen für befugnisbestimmende Normen weitgehend parallel[1359], weil beide Grundrechte thematisch verwandt sind, insbesondere beiden eine existenzsichernde Funktion zukommt[1360]. Hinsichtlich der

---

[1353] Näher zu dieser Steuer siehe die kritische Betrachtung von *Selmer*, Steuerinterventionismus, S. 343.

[1354] Siehe insbesondere die Steuerbegünstigungen nach §§ 10e ff. EStG.

[1355] Siehe oben S. 107 zum Prinzipienmodell und S. 121 ff. zur Verfassungsrechtsprechung.

[1356] *Selmer*, Steuerinterventionismus, S. 347.

[1357] Der Vergangenheitsbezug wurde hier zunächst ausgeblendet, siehe oben S. 92 ff., vor allem S. 95. Zur Rückwirkungsproblematik siehe unten S. 214 ff.

[1358] *Papier*, in: Maunz/Dürig, Art. 14 Rn. 170; *Jachmann*, Grenzen der Besteuerung, S. 42; für die GewSt auch *Rodi*, Steuern als Verfassungsproblem, S. 126 f.

[1359] Siehe *Selmer*, Steuerinterventionismus, S. 343 ff.

[1360] Zu Art. 14 GG siehe BVerfGE 53, 257 (290) – Versorgungsausgleich; 97, 350 (371) – Euro; ausführlicher zum Schutzzweck des Art. 14 GG schon oben S. 79 ff. Zu Art. 12 GG siehe die Berufsdefinition und die Beschreibung des Schutzzwecks oben S. 190 ff.

Anforderungen, die diese Grundrechte stellen, kann auf die bereits gemachten Ausführungen[1361] verwiesen werden.

δ) *Andere Einkunftsarten*

Das Einkommensteuerrecht erfaßt auch noch andere Einkunftsarten, auf die nur kurz eingegangen werden soll, weil sie kaum neue Fragen aufwerfen. So ordnen §§ 2 Abs. 1 S. 1 Nr. 7, 22 S. 1 Nr. 1 EStG die Besteuerung „wiederkehrender Bezüge" an, das sind Zahlungen, die dem Empfänger aufgrund eines einheitlichen Entschlusses des Gebers von Zeit zu Zeit zufließen und die nach wirtschaftlichen Gesichtspunkten keine Raten darstellen[1362]. Dazu gehören Renten, dauernde Lasten und sonstige wiederkehrende Bezüge. Ausgenommen sind in der Regel[1363] freiwillige Zuwendungen und gesetzliche Unterhaltsverpflichtungen. Die Ansprüche, die den wiederkehrenden Bezügen zugrunde liegen, können verschiedenen Ursprungs sein. Zum Beispiel beruhen manche auf einem Veräußerungsvorgang[1364], das heißt auf dem Einsatz von Eigentum. Dann greift wie bei den anderen steuerpflichtigen Veräußerungsgeschäften[1365] Art. 14 Abs. 1 GG ein. Die wiederkehrenden Bezüge können aber auch entstehen, ohne daß der Gläubiger darauf Einfluß hatte[1366]. Dann kommt der Gestaltungswirkung unter dem Gesichtspunkt der Einkommenserzielung keine Bedeutung zu[1367].

§§ 2 Abs. 1 S. 1 Nr. 7, 22 Nr. 1 a i.V.m. § 10 Abs. 1 Nr. 1 EStG regeln die Versteuerung von Unterhaltszahlungen, die der Steuerpflichtige von seinem geschiedenen oder getrennt lebenden Ehegatten erhält. Nach dem gesetzlichen Regelfall bleiben sie steuerfrei, können aber vom Unterhaltsschuldner nicht als Sonderausgabe geltend gemacht werden. Den Betroffenen steht jedoch ein Wahlrecht zu, wonach der Leistende die Zahlung bis zu einem bestimmten Höchstbetrag (derzeit 13.805 €) von seinem zu versteuernden Einkommen abziehen kann, wenn der Empfänger die Unterhaltszahlung versteuert. Die zweite Möglichkeit führt typischerweise zu einer geringeren Gesamtbelastung, denn das begrenzte Realsplitting mildert ebenso wie das Ehegattensplitting, nur betragsmäßig begrenzt, den Progressionseffekt. Die Notwendigkeit der Zustimmung des Unterhaltsempfängers (§ 22 Nr. 3 i.V.m. § 10 Abs. 1

[1361] Siehe oben S. 190 ff. bzw. S. 205 ff.

[1362] Siehe *Heinicke*, in: Schmidt, § 22 Rn. 6 ff.

[1363] Ausnahmen: Der Leistende ist nicht unbeschränkt einkommen- oder körpersteuerpflichtig oder leistet als eine von der KSt befreite Vereinigung außerhalb der steuerbegünstigten Zwecke.

[1364] Bsp.: Der Eigentümer veräußert sein vor 15 Jahren gekauftes Grundstück gegen eine Leibrente. Er muß den Ertragsteil nach § 22 Nr. 1 S. 3 Buchstabe a EStG versteuern.

[1365] Siehe oben S. 205 ff.

[1366] So bspw. bei Schadensersatz in Form der Erwerbsunfähigkeitsrente (zur Anwendbarkeit des § 22 Nr. 1 EStG siehe BFHE 175, 439 [443]).

[1367] Die Steuerpflicht kann dann bestehende Ansprüche schmälern, dies aber nur dann, wenn die Steuerpflicht bei Entstehung der Eigentumsposition noch nicht bestand. Zu derartigen Steuergesetzen mit Vergangenheitsbezug siehe unten S. 214 ff.

Nr. 1 EStG) und die Abwälzungsmöglichkeit der bei diesem Verfahren entstehenden Steuerlasten auf den Unterhaltsverpflichteten[1368] lassen erkennen, daß die Regelung nicht in Grundrechte des Empfängers der Unterhaltszahlung eingreift. Der Unterhaltsverpflichtete braucht seinerseits den Antrag nicht zu stellen, wenn die Inanspruchnahme des Sonderausgabenabzugs für ihn bei Berücksichtigung der auf ihn abgewälzten Steuerlast (ausnahmsweise) nicht vorteilhaft ist. Aus grundrechtlicher Sicht kann sich also nur die Frage stellen, ob er unter Zugrundelegung der jeweils günstigeren Regelung seiner Leistungsfähigkeit entsprechend besteuert wird. Das soll hier nicht vertieft werden.

Die §§ 2 Abs. 1 S. 1 Nr. 7, 22 S. 1 Nr. 4 EStG regeln die Besteuerung der Abgeordnetenbezüge, sofern sie nicht Aufwandsentschädigungen darstellen (§ 3 Nr. 12 EStG). Diese Norm berührt entsprechend dem oben Gesagten[1369] den Schutzbereich des Art. 12 Abs. 1 GG.

b) Andere Gestaltungswirkungen am Beispiel der benachteiligenden Wirkung der Entfernungspauschale (§ 9 Abs. 1 S. 3 Nr. 4, Abs. 2 EStG n. F.)

Die Gestaltungswirkungen der Einkommensteuer erschöpfen sich nicht in den bisher betrachteten und meist ungewollten Folgen für die Bereitschaft zur Einkommenserzielung. Das Einkommensteuergesetz wirkt sich insbesondere durch seine Regelungen über die Abzugsfähigkeit von Werbungskosten und Betriebsausgaben in anderen Freiheitsbereiche aus. Diesen Effekt setzt der Gesetzgeber gelegentlich bewußt zur Verhaltenslenkung ein, indem er in das Einkommensteuerrecht Normen einbaut, die die Leistungsfähigkeit nicht zutreffend erfassen[1370]. Außerfiskalisch motivierte Steuer*benachteiligungen* sind allerdings, anders als lenkende Steuervergünstigungen, im Einkommensteuerrecht eher Randerscheinungen.

Im folgenden wird das Beispiel der Entfernungspauschale (§ 9 Abs. 1 S. 3 Nr. 4, Abs. 2 EStG n. F.) näher betrachtet[1371]. Danach gehören zu den Werbungskosten auch die Aufwendungen eines Arbeitnehmers[1372] für die Wege zwischen der Wohnung und der Arbeitsstätte. Dem Grunde nach handelt es sich bei der Regelung um eine unechte (technische) Steuervergünstigung[1373]. Von manchen wird dies bestrit-

---

[1368] Eine zivilrechtliche Pflicht zur Zustimmung besteht nur, wenn der Empfänger keine finanziellen Nachteile hat (BGH, NJW 1983, 1545 [1546 f.]). Zu nachträglichen Ausgleichsansprüchen auch ohne ausdrückliche Vereinbarung siehe OLG Hamm, DStR 1990, 381 f.

[1369] Siehe oben S. 190 ff.

[1370] Zum Begriff der „eingebauten" Lenkungsteuer siehe oben Fußnote 1022.

[1371] Sie ist auch ein anschaulicher Beispielsfall dafür, wie die Rechtsfolgen einer Steuernorm „abgeschichtet" werden können; grundlegend *Vogel*, in: StuW 1977, 97 ff.

[1372] § 4 Abs. 5 Nr. 6 EStG verweist für die Abzugsfähigkeit von Betriebsausgaben auf § 9 Abs. 1 S. 3 Nr. 4, Abs. 2 EStG.

[1373] Zu dem Begriff der unechten (technischen) Steuervergünstigung in Abgrenzung sowohl zu der echten (subventiven) Steuervergünstigung als auch zu der Steuerbenachteiligung siehe oben S. 16 f.

ten. Sie meinen, die Fahrtkosten seien (auch) privat veranlaßt[1374]. Dafür führen sie an, daß zwar nicht die Wahl der Arbeitsstätte, wohl aber die des Wohnorts dem Bereich der privaten Lebensführung zuzurechnen ist[1375], daß die Aufwendungen möglicherweise ganz oder zumindest teilweise durch eine niedrigere Miete kompensiert werden[1376] und daß der Steuerpflichtige mit der Wahl des Verkehrsmittels Einfluß auf die Höhe der Kosten nimmt[1377]. Die überwiegende Meinung nimmt dagegen an, daß die Aufwendungen bei wertender Betrachtung (allein) beruflich veranlaßt seien und sie die erzielten Einnahmen nach dem Prinzip der Nettobesteuerung[1378] verminderten[1379]. Vogel[1380] hat darauf hingewiesen, daß die zuletzt genannte Sichtweise zwar möglicherweise nicht zwingend ist[1381], sich der Gesetzgeber aber an der Entscheidung, die Fahrtkosten als Werbungskosten zu begreifen, festhalten lassen muß. Davon wird auch hier ausgegangen; § 9 Abs. 1 S. 3 Nr. 4, Abs. 2 EStG dient primär dazu, die Besteuerung nach der Leistungsfähigkeit zu verwirklichen.

Dies gilt allerdings nur mit einer wichtigen Einschränkung. Die dort vorgesehene Pauschale[1382] deckt die anfallenden Kosten, die bei der Benutzung eines Kraftfahrzeugs typischerweise entstehen, nicht[1383]. Indem § 9 Abs. 1 S. 3 Nr. 4, Abs. 2 EStG

1374 So BFHE 137, 463 (469: § 9 Abs. 1 S. 3 Nr. 4 als lex specialis zu § 12 Nr. 1 EStG. Der BFH deutet hier eine Differenzierung nach der Hin- und der Rückfahrt an.); *Söhn*, FR 1997, 245 (247); *Paus*, DStZ 1985, 282 (283); *Pasch/Höreth/Renn*, DStZ 2001, 305 (307 Fußnote 21); wohl auch BVerfGE 27, 58 (66 ff., vor allem S. 69 f.) – Kilometerpauschale.

1375 *Paus*, DStZ 1985, 282 (283); *Söhn*, FR 1997, 245 (247). Nach § 12 EStG sind Mischaufwendungen prinzipiell nicht abzugsfähig.

1376 *Pasch/Höreth/Renn*, DStZ 2001, 305 (306). Gedacht wird dabei an den Fall, daß der Steuerpflichtige im innerstädtischen Bereich arbeitet, aber nicht dort wohnt, sondern im Umland, wo die Mieten typischerweise niedriger sind.

1377 Siehe BVerfGE 27, 58 (69 f.) – Kilometerpauschale; Paus, DStZ 1985, 282 (283).

1378 Ob dieses Prinzip der Verfassung oder (nur) dem einfachen Recht (insbes. den §§ 2 Abs. 2, 4 Abs. 4, Abs. 5, 9 EStG) zu entnehmen ist, aber wegen Art. 3 Abs. 1 GG folgerichtig umgesetzt werden muß, ist umstritten (Nachweise oben in Fußnote 157).

1379 In diesem Sinn etwa BFHE 74, 513 (520); 159, 341 (343), dort zu den Kosten einer beruflich veranlaßten Urlaubsunterbrechung; siehe auch BFH (GrS), BFHE 124, 43 (49 ff.), dort zu Unfallkosten auf dem Weg von/zu der Arbeit; *Olbertz*, BB 1997, S. 1452; *Starke*, DStZ 1985, S. 384; *Späth*, DStZ 1985, 133 (134); *Drenseck*, in: Schmidt, § 9 Rn. 105.

1380 In: StuW 1977, 97 (101 f. und 113) und in: BayVBl 1980, 523 (526).

1381 *Vogel*, verweist in: StuW 1977, 97 (101 f. Fußnote 35 und S. 113 Fußnote 128) und in: BayVBl 1980, 523 (526 Fußnote 64) darauf, daß diese Aufwendungen z. B. in England und in den USA nicht abzugsfähig sind.

1382 Der abzugsfähige Betrag richtet sich nach der Entfernung und liegt derzeit für die ersten zehn Kilometer bei 0,36 € und ab dem elften Kilometer bei 0,40 €. Kritisch zur Staffelung mit dem Hinweis darauf, daß die Kosten bei der längeren Wegstrecke sinken, *Pasch/Höreth/Renn*, DStZ 2001, 305 (307). Ihr Hinweis ist zwar richtig, sie verkennen aber, daß der Gesetzgeber die Benachteilung derjenigen Autofahrer, die eine große Entfernung zwischen Wohnung und Arbeitsstätte zurücklegen müssen, in Grenzen halten wollte. Die unvollkommene Abgeltung der Fahrtkosten würde sich für sie sonst besonders stark auswirken (siehe auch *Vogel*, BayVBl 1980, 523 [526, insbesondere auch Fußnote 68]).

1383 Dies zeigt bspw. der Umstand, daß für Dienstreisen eine deutlich höhere Pauschale vorgesehen ist (siehe das BMF-Schreiben vom 11.1.2001 IV C 5 S. 2353, DB 2001, 120). Auch aus

die Pkw-Nutzung mit finanziellen Nachteilen verbindet und auf diese Weise erschwert[1384], greift die Norm in die allgemeine Handlungsfreiheit[1385] ein. Die Steuerpflichtigen sollen – jedenfalls in einem gewissen Umfang – der durch die partielle Nichtabzugsfähigkeit erhöhten Steuer durch die Wahl eines anderen Verkehrsmittels ausweichen. Auf diese außerfiskalisch motivierte Steuerbenachteiligung findet der Verhältnismäßigkeitsgrundsatz uneingeschränkt Anwendung. Etwaige Verstöße können vom Steuerpflichtigen gegen das Steuergesetz und die auf ihm beruhende Steuererhebung geltend gemacht werden. Daß verkehrspolitische Ziele prinzipiell zulässig sind, ist unbestritten[1386] und ergibt sich mittlerweile auch aus der Staatszielbestimmung Umweltschutz in Art. 20 a GG. Zu prüfen bleiben die Geeignetheit, die Erforderlichkeit und die Angemessenheit. Dabei ist zu berücksichtigen, daß die Steuerbenachteiligung Teil eines verkehrspolitischen Konzepts ist, zu dem auch die Erhebung der Mineralölsteuer gehört.

Die Steuerbenachteiligung ist geeignet, den Individualverkehr zu reduzieren. Bei einer vollständigen steuerlichen Absetzbarkeit wäre nicht zuletzt auch die lenkende Wirkung der Mineralölsteuer für den Bereich beruflicher Fahrten deutlich abgeschwächt[1387]. Die gesetzgeberische Prognose, daß sich manche Arbeitnehmer auch in Anbetracht der eingeschränkten einkommensteuerlichen Absetzbarkeit der Fahrten mit einem privaten Pkw (langfristig) dazu entschließen, auf die öffentlichen Verkehrsmittel oder andere umweltschonende Transportmittel umzusteigen, ist nicht zu beanstanden. Auch an der Erforderlichkeit kann nicht gezweifelt werden. Insbesondere kann der Gesetzgeber nicht auf den Einsatz von Subventionen verwiesen werden[1388]. An der Angemessenheit der Regelung würde es fehlen, wenn der Bewahrung der Freiheit im konkreten Fall größeres Gewicht einzuräumen wäre als dem Lenkungsziel. Dem Umweltschutz kommt jedoch eine nicht nur untergeordnete Bedeutung zu, so daß die gesetzgeberische Abwägung nicht zu beanstanden ist. Der Freiheitsgebrauch wird nur erschwert, aber nicht genommen. Die Höhe der Belastung, die sich aus der Mitbesteuerung des Differenzbetrags zwischen tatsächlich anfallenden und angemessenen Kosten und der abzugsfähigen Entfernungspauschale ergibt, hält sich in den Grenzen des Zumutbaren. Wegen des pro-

den Gesetzgebungsmaterialien ergibt sich, daß der Gesetzgeber nicht von einer vollen Abgeltung ausgeht (siehe BT-Dr 14/4435, S. 9, wo es heißt, daß die gestiegenen Kosten sozialverträglich abgemildert werden sollen, und BT-Dr 14/4242, S. 5).

[1384] Dies genügt für das Vorliegen eines Grundrechtseingriffs, siehe oben S. 169 ff., insbesondere S. 175 ff.

[1385] Die h. M. ordnet die Nutzung eines (eigenen) Pkws nicht der Eigentumsfreiheit zu, sondern der allgemeinen Handlungsfreiheit (Nachweise in Fußnote 1351).

[1386] Siehe die Nachweise in Fußnote 1283.

[1387] Der von *Vogel* (in: StuW 1977, 97 [113] und in: BayVBl 1980, 523 [526]) gegen § 9 Abs. 1 S. 3 Nr. 4 EStG a. F. erhobene Einwand, die Lenkungswirkung treffe nur die Berufstätigen, nicht aber Hausfrauen oder Studenten, gilt heute nicht mehr, denn die Mineralölsteuer erreicht alle, die den Kraftstoff kaufen.

[1388] Subventionen setzt der Gesetzgeber zusätzlich ein, und zwar sowohl in Form von Zuschüssen für öffentliche Verkehrssysteme als auch in Form von Steuervergünstigungen für umweltgerechtes Fahrverhalten, dazu gleich mehr im Text.

gressiven Tarifverlaufs wirkt sich die Steuerbenachteiligung für Steuerpflichtige mit höherem Einkommen stärker aus als für solche mit niedrigerem Einkommen, trifft aber auf eine erhöhte Leistungsfähigkeit[1389]. Problematisch ist die Steuerbenachteiligung, wenn der Steuerpflichtige tatsächlich keine Ausweichmöglichkeit auf öffentliche Verkehrsmittel o. ä. hat. Für den Fall einer Behinderung des Steuerpflichtigen hat der Gesetzgeber in § 9 Abs. 2 S. 3 EStG eine Ausnahme von der allgemeinen Abgeltungswirkung der Entfernungspauschale geschaffen, die aber nicht alle Fälle abdeckt. So kann der Anschluß an das öffentliche Verkehrssystem in ländlichen Gegenden fehlen[1390]. Da dann der Lenkungszweck der Regelung nicht erreicht werden kann, kommt eine teleologische Reduktion der in § 9 Abs. 2 S. 1 EStG angeordneten Abgeltungswirkung bzw. ein Steuererlaß aus Billigkeitsgründen (§ 163 AO) in Betracht.

Es soll noch erwähnt werden, daß § 9 Abs. 1 S. 3 Nr. 4, Abs. 2 EStG n. F. die Steuerbenachteiligung seit 2001 erstmalig mit einer *Steuervergünstigung* kombiniert. Sie liegt darin, daß der danach abzuziehende Betrag für Radfahrer, Fußgänger, Mitglieder einer Fahrgemeinschaft und Benutzer der öffentlichen Verkehrsmittel die tatsächlich anfallenden Kosten typischerweise übersteigt. Diese Regelung dient nicht nur der Vereinfachung, sondern ist ebenfalls verkehrspolitisch motiviert[1391] und soll die Lenkungswirkungen verstärken[1392]. Für die Verfassungsmäßigkeit von Steuervergünstigungen, die materiell den staatlichen Ausgaben zuzurechnen sind[1393], gelten eigenständige Anforderungen. Auf diese kann hier nicht näher eingegangen werden[1394].

c) *Zusammenfassung zum freiheitsgrundrechtlichen Schutz vor den Gestaltungswirkungen der Einkommensteuer*

Hinsichtlich der von der Besteuerung ausgehenden Gestaltungswirkungen, die nicht auf Steuervergünstigungen zurückzuführen sind, ist folgendes festzuhalten: Die Gestaltungswirkungen der Besteuerung muß sich der Gesetzgeber zurechnen lassen, wenn ihr Eintritt vorhersehbar ist. Es handelt sich unabhängig davon, ob sie beabsichtigt sind oder nicht, um rechtfertigungsbedürftige Grundrechtseingriffe.

1389 *Vogel*, StuW 1977, 97 (113) weist daraufhin, daß das Ansteigen der Belastung damit zu rechtfertigen ist, daß der Steueranreiz bei höheren Einkommen eben auch stärker sein müsse. Zumindest kann er es von Verfassungs wegen sein.

1390 Darauf weisen u. a. *Vogel*, in: BayVBl 1980, 523 (526) und *Späth*, in: DStZ 1985, 133 (135) hin.

1391 Siehe BT-Dr. 14/4435, S. 7.

1392 Dies übersehen *Pasch/Höreth/Renn*, DStZ 2001, 305 (305 und 309), wenn sie kritisieren, daß auch die entlastet werden, die von den gestiegenen Kraftstoffpreisen überhaupt nicht betroffen sind.

1393 Siehe schon oben S. 17.

1394 Zu den gegen indirekte Subventionen vorgebrachten Argumenten siehe oben Fußnote 1005.

Die Rechtfertigungsanforderungen unterscheiden sich je nach dem tatbestandlich einschlägigen Freiheitsgrundrecht. Aus Praktikabilitätsgründen wurde hier zwischen den – meist ungewollten – Auswirkungen auf die Bereitschaft zur Einkommenserzielung und den sonstigen Gestaltungswirkungen getrennt. Im ersten Fall sind die verfassungsrechtlichen Maßstäbe danach zu bestimmen, welche Freiheitsrechte die im Steuertatbestand genannte Art der Einkommenserzielung schützen. Die Besteuerung der Einkünfte aus selbständiger/nichtselbständiger Tätigkeit greift, unabhängig von einer berufsregelnden Tendenz, in der Regel in die Berufsausübungsfreiheit nach Art. 12 GG ein, dessen Schutz jedoch Deutschen vorbehalten ist. Ausländern gewährt Art. 2 Abs. 1 GG einen gewissen Schutz vor Eingriffen in ihre berufliche Tätigkeit. Daneben bzw. statt dessen können Grundrechte wie z. B. Art. 5 Abs. 3 GG (Kunst- und Wissenschaftsfreiheit) bereichsspezifisch einen weitergehenden Schutz gewähren. Für die Einkünfte aus Kapitalvermögen, aus Vermietung und Verpachtung und anderen Einkünften, die auf der Nutzung von Eigentum beruhen, ist Art. 14 GG einschlägig. Für die Einkünfte aus Gewerbebetrieb und aus Land- und Forstwirtschaft können Berufsfreiheit und Eigentumsfreiheit nebeneinander zur Anwendung kommen.

Die sonstigen Gestaltungswirkungen sind solche, die außerhalb der Einkommenserzielung eintreten. Die Besteuerung kann auf viele, ganz unterschiedliche Entscheidungen der Steuerpflichtigen Einfluß nehmen und auf diese Weise potentiell in jedes Freiheitsrecht eingreifen. So wird z. B. die Wahl des Verkehrsmittels für die Fahrten zwischen der Wohnung des Steuerpflichtigen und seiner Arbeitsstätte auch von den Unterschieden bei der steuerrechtlichen Abzugsfähigkeit der Aufwendungen beeinflußt. In diesem Beispielsfall bildet Art. 2 Abs. 1 GG einen Maßstab für die Verfassungsmäßigkeit der Gestaltungswirkungen.

Unbeabsichtigte Gestaltungswirkungen können (nur) vom Fiskalzweck gerechtfertigt sein. Dieser legitimiert nur eine gleichmäßige und nicht erdrosselnde Besteuerung. Die hohe Abstraktheit dieses Zwecks hindert eine Verhältnismäßigkeitsprüfung bei der Eingriffsrechtfertigung und verlagert sie auf die Ebene der Ausgabenentscheidung. Wenn die Norm dagegen einen Lenkungszweck verfolgt, gilt der Verhältnismäßigkeitsgrundsatz uneingeschränkt. Eine etwaige Ungeeignetheit, fehlende Erforderlichkeit oder Unangemessenheit der Regelung schließt die Rechtfertigung der Steuererhebung aus. Welche Beeinträchtigungen der Grundrechtsträger hinnehmen muß, hängt von dem berührten Freiheitsrecht und der Intensität der Beeinträchtigung einerseits und von dem Verwirklichungsgrad und der Wichtigkeit des Lenkungsziels andererseits ab. Es handelt sich um Fragen des Einzelfalls.

3. Eigentumsgrundrechtlicher Schutz bezüglich der Erfüllung der Steuerschuld durch Verfügung über konkrete einzelne Güterpositionen

Eine weitere Gestaltungswirkung, die von Steuernormen ausgeht, ist die Folgewirkung. Sie erfaßt die Freiheitsbeeinträchtigung durch die Begleichung der Steuerschuld[1395]. Es handelt sich um einen erst durch das Zutun des Grundrechtsträgers eintretenden („mittelbaren"[1396]) Eingriff in das zur Erfüllung verwendete Rechtsgut[1397]. Da Art. 14 GG nach der hier vertretenen Auffassung schon *vor der Konkretisierung der Schuld* Schutz gewährt, weil die Auferlegung von Zahlungspflichten einen Eingriff in das eigentumsgrundrechtlich geschützte Vermögen darstellt, kommt der Folgewirkung keine eigenständige Bedeutung zu.

[1395] Siehe oben S. 32.

[1396] Zur Grundrechtsrelevanz „mittelbarer" Beeinträchtigungen siehe oben S. 178 ff.

[1397] Siehe bereits oben S. 76.

3. Teil

Die verfassungsrechtlichen Maßstäbe bei einem Vergangenheitsbezug des Steuergesetzes („Rückwirkung")

Mit den im zweiten Teil[1398] von der Untersuchung ausgenommenen zusätzlichen verfassungsrechtlichen Anforderungen an Steuergesetze mit *Vergangenheitsbezug* beschäftigt sich nun der dritte Teil der Arbeit. Dabei soll wie folgt vorgegangen werden: Zuerst werden die beiden von der Rechtsprechung des Bundesverfassungsgerichts entwickelten und mehr oder weniger stark am „Rechtsstaatsprinzip" orientierten „Rückwirkungsmodelle" vorgestellt, miteinander verglichen und kritisch gewürdigt[1399]. Im zweiten Schritt wird dargelegt, wie sich aus den Freiheitsrechten Grenzen für den Vergangenheitsbezug von (Steuer-)Gesetzen ableiten lassen[1400].

A. Die Konzepte der Rechtsprechung zur Behandlung von Gesetzen mit Vergangenheitsbezug

Die beiden Senate des Bundesverfassungsgerichts haben jeweils eigenständige Konzepte zur Behandlung von Gesetzen mit Vergangenheitsbezug entwickelt. Sie stimmen darin überein, daß sie zwei Formen „rückwirkender" Gesetze unterscheiden.

I. Die Unterscheidung zwischen „echter" und „unechter" Rückwirkung durch die traditionelle Rechtsprechung

Die traditionelle Differenzierung, an der der Erste Senat bis heute festhält, ist die nach echter und unechter Rückwirkung von Gesetzen[1401]. Nach ihr liegt echte (auch

---

1398 Siehe dort S. 92 ff., vor allem S. 95.

1399 Dazu unten S. 215 ff.

1400 Dazu unten S. 230 ff.

1401 BVerfGE 11, 139 (145 f.) – Streitwerterhöhung im laufenden Prozeß; siehe auch 13, 261 (270 ff.) – KSt-Änderung mit Wirkung für das vergangene Jahr; 30, 367 (385 f.) – Bundesent-

sogenannte retroaktive) Rückwirkung vor, wenn ein Gesetz nachträglich in Tatbestände eingreift, die in der Vergangenheit *abgeschlossen* wurden, und an diese andere Rechtsfolgen knüpft als die bisherige Regelung, und zwar solche, die ungünstiger[1402] sind. Wirkt das Gesetz hingegen nur auf gegenwärtige, noch nicht abgeschlossene Sachverhalte ein und werden dadurch Rechtspositionen ganz oder teilweise entwertet, so nimmt das Bundesverfassungsgericht unechte (auch sogenannte retrospektive) Rückwirkung an.

Die echte Rückwirkung ist nach dieser Rechtsprechung mit den Grundsätzen des Vertrauensschutzes und der Rechtssicherheit[1403] regelmäßig nicht zu vereinbaren. Die ausnahmsweise zugelassenen Durchbrechungen des Rückwirkungsverbots lassen sich auf zwei Grundgedanken zurückführen[1404], nämlich auf das Fehlen eines schutzwürdigen Vertrauens in den Fortbestand der Rechtslage bzw. auf das Überwiegen von zwingenden Belangen des Gemeinwohls. Folgende Fallgruppen potentiell[1405] zulässiger echter Rückwirkung haben sich herausgebildet[1406], wobei die Aufzählung nicht als abschließend zu verstehen ist:

- Wenn eine unklare oder verworrene Rechtslage besteht, so soll der Bürger auf deren Fortbestand nicht vertrauen können bzw. dürfen[1407].
- Wenn die bisherige Regelung aus *materiellen* Gründen rechtswidrig oder in ihrer Geltung zweifelhaft ist und deswegen geändert wird, verwehrt die Rechtsprechung[1408] in bestimmten Fällen, insbesondere bei offensichtlicher Unbilligkeit

schädigungsgesetz; 72, 175 (196); 88, 384 (403 ff.) – Zinsanpassung; 94, 241 (258 f.) – Kindererziehungszeiten; 95, 64 (86 ff.) – Wohnungsbindung; st. Rspr.

1402 Verändern Gesetze die Rechtslage ausschließlich zugunsten der Betroffenen, so sieht die ganz h. M. darin kein Rückwirkungsproblem, siehe BVerfGE 30, 367 (386) – Bundesentschädigungsgesetz; 94, 241 (258 f.) – Kindererziehungszeiten; 97, 67 (78) – Abbau der Schiffsbausubventionen; kritisch *Iliopoulos-Strangas*, Rückwirkung, S. 275; *Maurer*, in: Isensee/Kirchhof, HdbStR III, § 60 Rn. 20 f.

1403 Siehe bspw. BVerfGE 72, 200 (242) – Außensteuergesetz; 76, 256 (347). Das Gericht geht dabei davon aus, daß „für den Bürge ... Rechtssicherheit in erster Linie Vertrauensschutz" bedeutet (BVerfGE 13, 261 [271] – KSt-Änderung mit Wirkung für das vergangene Jahr).

1404 BVerfGE 72, 200 (258) – Außensteuergesetz.

1405 Es bleibt unklar, wann nach der Rechtsprechung der Grundsatz des Vertrauensschutzes schon gar nicht berührt ist bzw. wann er durchbrochen werden darf. *Rensmann*, JZ 1999, 168 (172 f.) weist daraufhin, daß das BVerfG in seiner jüngeren Rechtsprechung dazu übergeht, diese Gesichtspunkte auf der Ebene der Abwägung zu behandeln.

1406 Siehe aus der Rechtsprechung beider Senate BVerfGE 13, 261 (272) – KSt-Änderung mit Wirkung für das vergangene Jahr; 30, 367 (387 ff.) – Bundesentschädigungsgesetz; 72, 200 (259 f.) – Außensteuergesetz; 88, 384 (404) – Zinsanpassung; 95, 64 (87) – Wohnungsbindung. Näher *Pieroth*, Rückwirkung, S. 56 ff.; *Schlink*, Abwägung, S. 113 ff.; *Maurer*, in: Isensee/Kirchhof, HdbStR III, § 60 Rn. 27 ff.; *Rensmann*, JZ 1999, 168 (172 ff.).

1407 Kritisch *Rensmann*, JZ 1999, 168 (173) m. w. N., der einen hohen Grad von Intransparenz verlangt, damit das Versäumnis des Gesetzgebers, eine einfache und klare Regelung zu schaffen, nicht einseitig zu Lasten des Bürgers geht.

1408 Siehe BVerfGE 7, 89 (94); 13, 261 (272) – KSt-Änderung mit Wirkung für das vergangene Jahr; 30, 367 (388) – Bundesentschädigungsgesetz; 97, 378 (389).

bzw. Systemwidrigkeit, dem Bürger, sich auf den Rechtsschein der alten, günstigeren Norm zu berufen[1409]. Dagegen[1410] soll eine aus *formellen* Gründen unwirksame Norm rückwirkend durch eine inhaltsgleiche Regelung ersetzt werden dürfen, weil das neue Gesetz von dem bereits erzeugten Rechtsschein profitiere[1411].

- Auch ein zunächst bestehender Vertrauensschutz soll enden, sobald der Betroffene mit der Neuregelung rechnen muß; bei Gesetzen soll dies der Fall sein, wenn sie *vom Bundestag beschlossen* worden sind[1412]. Bei der Gewährung von Beihilfen endet der Vertrauensschutz nach der Rechtsprechung des Bundesfinanzhofs spätestens dann, wenn das Bundesministerium für Finanzen die Einleitung eines Hauptprüfungsverfahrens durch die Kommission mitgeteilt hat[1413].

- Außerdem sollen zwingende Gründe des Gemeinwohls eine echte Rückwirkung rechtfertigen können. Nach einer neuen Entscheidung[1414] ist die Vorverlagerung des zeitlichen Anwendungsbereichs einer Norm beispielsweise nicht zu beanstanden, wenn diese dazu dient, einem Ankündigungseffekt[1415] in dem Zeitraum, den das Gesetzgebungsverfahren in Anspruch nimmt, entgegenzuwirken.

Daneben behält sich die Rechtsprechung bei der echten Rückwirkung zwar nicht durchgängig, aber gelegentlich auch eine Durchbrechung des Vertrauensschutzes in Bagatellfällen vor[1416].

1409 Entsprechend diesen Grundsätzen läßt der BFH auch eine nachträgliche Streichung von steuerlichen Beihilfen zu, die sich als unvereinbar mit dem Europarecht erwiesen haben; siehe BFH, DStR 2001, 79 (82).

1410 *Pieroth*, Rückwirkung, S. 89 empfindet die beiden Argumentationen mit dem Rechtsschein als widersprüchlich; kritisch auch *Schlink*, Abwägung, S. 115 sowie *Rensmann*, JZ 1999, 168 (173).

1411 Siehe BVerfGE 2, 237 (266); 22, 330 (348).

1412 BVerfGE 30, 272 (287); 72, 200 (261) – Außensteuergesetz; 95, 64 (87) – Wohnungsbindung; 97, 67 (79) – Abbau der Schiffsbausubventionen; a. A. *Rupp-v. Brünneck* in der abweichenden Meinung zu BVerfGE 32, 111 ff., ebenda, S. 129 (137 f.) sowie *v. Schlabrendorff* in seinem Sondervotum zu BVerfGE 37, 363 ff., ebenda, S. 414 (419); aus der Literatur siehe die Rechtsprechungskritik durch *Iliopoulos-Strangas*, Rückwirkung, S. 78 f.; *Maurer*, in: HdbStR III, § 60 Rn. 32 ff.; *Rensmann*, JZ 1999, 168 (173).

1413 BFH, DStR 2001, 79 (84).

1414 BVerfGE 97, 67 (79 ff.) – Abbau der Schiffsbausubventionen. Der Sachverhalt wurde bereits oben S. 69 geschildert. Der Beschluß des Zweiten Senats ist auf der Grundlage des unter II auf S. 220 ff. näher betrachteten Konzepts ergangen. Die Hauptkritik an dieser Entscheidung richtet sich dagegen, daß der Ankündigung durch die Bundesregierung zwar eine vertrauensmindernde (ebenda, S. 82), umgekehrt aber der Nennung des Stichtags keine vertrauenserhaltende Bedeutung zugemessen wurde (ebenda, S. 83 f.); siehe die abweichende Meinung des Richters *Kruis*, ebenda, S. 85 (86 ff.); *Spindler*, DStR 1998, 953 (958); *Hey*, BB 1998, 1444 (1449); *Arndt/Schumacher*, NJW 1998, 1538 (1538 f.).

1415 Zu Ankündigungseffekten siehe auch *Selmer*, in: Steuer-Kongreß-Report 1974, S. 83 (105 ff.); *Kloepfer*, Vorwirkung von Gesetzen, S. 27 ff.

1416 BVerfGE 30, 367 (389) – Bundesentschädigungsgesetz; 95, 64 (87) – Wohnungsbindung; kritisch *Mauer*, in: Isensee/Kirchhof, HdbStR III, § 60 Rn. 37.

Für die unechte Rückwirkung stellt die Rechtsprechung andere Grundsätze auf: Galt sie ursprünglich sogar als unbedenklich[1417], so spricht heute noch eine Regelvermutung für die Zulässigkeit. Beide Senate verweisen aber darauf, daß die Gesichtspunkte des Vertrauensschutzes und der Verhältnismäßigkeit der unechten Rückwirkung Grenzen setzen[1418]. Wenn das Vertrauen des Betroffenen schutzwürdiger sei als das mit dem Gesetz verfolgte Anliegen, erweise sich die unechte Rückwirkung als verfassungswidrig.

Bei beiden Rückwirkungstatbeständen wird regelmäßig das „Rechtsstaatsprinzip" als Maßstab herangezogen[1419]. Dies gilt jedoch nicht ausnahmslos. Der Erste Senat sieht nämlich in manchen Grundrechten eine bereichsspezifisch eigenständige Ausprägung des Vertrauensschutzgedankens. So betont er in ständiger Rechtsprechung den Vorrang der Eigentumsgarantie[1420]. Es sei gerade Aufgabe von Art. 14 GG, den Bürger vor der Schmälerung seiner individuellen Rechtspositionen zu schützen. Das Grundrecht ziehe dem Gesetzgeber sogar engere Grenzen als das „Rechtsstaatsprinzip"; insbesondere reiche es zur Rechtfertigung eines Eingriffs in bestehendes Eigentum nicht aus, daß der Betreffende mit ihm rechnen mußte[1421]. Außer der Eigentumsgarantie zählt der Senat auch Art. 33 Abs. 5 GG[1422] zu den gegenüber dem „Rechtsstaatsprinzip" vorrangigen Maßstäben für beide[1423] Rückwirkungstatbestände. Ganz konsequent hält sich die Rechtsprechung allerdings nicht an das beschriebene Konkurrenzverhältnis. So greift der Erste Senat beispielsweise im

---

1417 Siehe BVerfGE 11, 139 (146 f.) – Streitwerterhöhung im laufenden Prozeß; 13, 46 (52). Näher zur Entwicklung der Rechtsprechung *Pieroth*, Rückwirkung, S. 60 ff.

1418 BVerfGE 30, 367 (402) – Bundesentschädigungsgesetz; 48, 403 (415) – Wohnungsbauprämien; 50, 386 (394 ff.) – steuerlicher Schuldzinsenabzug; 88, 384 (406 f.) – Zinsanpassung; 95, 64 (86 f.) – Wohnungsbindung; 97, 271 (289) – Hinterbliebenenversorgung. Aus der neueren Rechtsprechung des Zweiten Senats siehe BVerfGE 72, 200 (254) – Außensteuergesetz.

1419 Siehe etwa BVerfGE 13, 261 (270 f.) – KSt-Änderung mit Wirkung für das vergangene Jahr; 22, 241 (248); 36, 73 (82); 95, 64 (82) – Wohnungsbindung.

1420 BVerfGE 36, 281 (293) – Verfahrensänderung bei der Patentanmeldung; 53, 257 (309) – Versorgungsausgleich; 58, 81 (120 f.) – Ausbildungsausfallzeiten; 71, 1 (11 f.); 75, 78 (104 f.); 76, 220 (244 f.); 95, 64 (81 f.) – Wohnungsbindung; anders BVerfGE 70, 101 (114). Zur Spezialität von Art. 14 Abs. 1 GG siehe auch *Pieroth*, JZ 1990, 279 (281 f.); *Papier*, SGb 1994, 105 (108 ff.).

1421 Siehe BVerfGE 31, 275 (293); 58, 81 (121) – Ausbildungsausfallzeiten, hierzu auch die abweichende Meinung der Richter *Benda* und *Katzenstein*, ebenda, S. 129 (131 f.); siehe auch *Fiedler*, NJW 1988, 1624 (1627); *Brüning*, NJW 1998, 1525 (1525); *Möller/Rührmair*, NJW 1999, 908 (911); *Papier*, SGb 1994, 105 (109); *Wermeckes*, DStZ 1999, 479 (482).

1422 Siehe dazu BVerfGE 53, 257 (309) – Versorgungsausgleich; 67, 1(14); 76, 256 (347); *Pieroth*, JZ 1990, 279 (283); *Möller/Rührmair*, NJW 1999, 908 (910); *Papier*, SGb 1994, 105 (108). Nach der hier vertretenen Auffassung handelt es sich bei Art. 33 Abs. 5 GG nicht um eine Grundrechtsverbürgung (siehe oben S. 201 f.).

1423 Siehe nur BVerfGE 95, 64 (81 f.) – Wohnungsbindung; dazu auch *Pieroth*, JZ 1990, 279 (284) und *Iliopoulos-Strangas*, Rückwirkung, S. 65 m. w. N. *Schulze-Fielitz*, in: Dreier, Art. 20 (R) Rn. 155 und *Jarass*, in: Jarass/Pieroth, Art. 20 Rn. 74 machen demgegenüber in ihren Kommentierungen nicht deutlich, daß die Vorrangigkeit des Art. 14 GG nach Auffassung des Ersten Senats auch für die echte Rückwirkung gilt.

Beschluß zur Verlängerung der Wohnungsbindungsfristen trotz der an sich gegebenen und in der Entscheidung auch erwähnten Spezialität des Art. 14 GG auf die Kategorien echter und unechter Rückwirkung und die für sie aufgestellten Regelaussagen und potentiellen Ausnahmen zurück[1424]. Eine Abkehr von der dogmatischen Grundaussage bedeutet dies nicht[1425]. Ob die Spezialität auch noch für andere Freiheitsgrundrechte gilt, läßt sich der Rechtsprechung nicht eindeutig entnehmen; die Literatur hält diese Frage für ungeklärt[1426]. Von einer *umfassenden* Abdeckung der Rückwirkungsproblematik durch die Grundrechte, insbesondere auch außerhalb bereichsspezifischer Freiheitsverbürgungen, kann man auf der Grundlage der derzeitigen Rechtsprechung des Ersten Senats nicht ausgehen. Wenn manche Entscheidungen auf den ersten Blick einen gegenteiligen Eindruck erwecken, so beruht dieser darauf, daß die Prüfung, ob das „Rechtsstaatsprinzip" verletzt ist, aus prozessualen Gründen häufig inzident bei der allgemeinen Handlungsfreiheit erfolgt[1427]. Bei näherer Betrachtung wird deutlich, daß der Erste Senat Art. 2 Abs. 1 GG anders als Art. 14 GG und Art. 33 Abs. 5 GG nicht als spezielle Ausgestaltung des Vertrauensschutzes, sondern nur als Hebel zur Geltendmachung des Verstoßes gegen das objektive Recht begreift[1428]. Bei Annahme eines Spezialitätsverhältnisses wäre es nämlich nicht zu erklären, daß er die allgemeine Handlungsfreiheit *in Verbindung mit dem Rechtsstaatsprinzip* prüft[1429].

Unabhängig von der Frage, ob nur manche oder aber alle Freiheitsgrundrechte das „Rechtsstaatsprinzip" verdrängen, bleibt festzuhalten, daß sich die Zuordnung zu dem einen oder anderen Rückwirkungstatbestand nach der Rechtsprechung des Ersten Senats nicht auf die Benennung der Prüfungsmaßstäbe auswirkt. Die Kategorisierung ist nach dieser Auffassung ausschließlich für die Abwägung von Bedeutung; insofern soll sie die Regelaussagen zur Unzulässigkeit bzw. Zulässigkeit der jeweiligen Rückwirkungsform stützen[1430].

1424 BVerfGE 95, 64 (86f.); siehe auch BVerfGE 67, 1 (14f.) bei der Prüfung von Art. 33 Abs. 5 GG; siehe auch die Kritik von *Maurer*, in: Isensee/Kirchhof, HdbStR III, § 60 Rn. 47.

1425 Die Rechtsprechung hält sich auch in anderen Fällen nicht konsequent an die Subsidiarität von Verfassungsnormen, siehe *Scholz*, in: AöR 100. Band (1975), S. 80 (117ff.), dort zum Verhältnis von Art. 2 Abs. 1 GG zu anderen Freiheitsgrundrechten.

1426 *Möller/Rührmair*, NJW 1999, 908 (911); *Maurer*, in: Isensee/Kirchhof, HdbStR III, § 60 Rn. 48. Bisweilen wird der Rechtsprechung eine Spezialität des Art. 12 Abs. 1 GG entnommen; siehe *Fiedler*, NJW 1988, 1646 (1627); *Papier*, SGb 1994, 105 (108); vgl. dazu *Pieroth*, JZ 1990, 279 (282f.).

1427 Siehe etwa BVerfGE 88, 384 (403ff.) – Zinsanpassung und 97, 271 (285ff.) – Hinterbliebenenversorgung, wo der Erste Senat das Rückwirkungsproblem unter der Überschrift einer etwaigen Verletzung des Art. 2 Abs. 1 GG in Verbindung mit dem Rechtsstaatsprinzip prüft.

1428 Siehe *Pieroth*, JZ 1990, 279 (283); *Möller/Rührmair*, NJW 1999, 908 (909f.); *Papier*, SGb 1994, 105 (108); *Wermeckes*, DStZ 1999, 479 (482).

1429 Dies übersieht *Rensmann*, JZ 1999, 168 (169f.), wenn er der Rückwirkungsrechtsprechung des Ersten Senats eine Spezialität des Art. 2 Abs. 1 GG gegenüber dem „Rechtsstaatsprinzip" entnimmt.

1430 Siehe *Brüning*, NJW 1998, 1525 (1525f.).

II. Die Unterscheidung zwischen der „Rückbewirkung von Rechtsfolgen" und der „tatbestandlichen Rückanknüpfung" durch den Zweiten Senat

Der Zweite Senat[1431] zieht der traditionellen Unterscheidung zwischen echter und unechter Rückwirkung eine Differenzierung nach der „Rückbewirkung von Rechtsfolgen" und der „tatbestandlichen Rückanknüpfung" vor. Zur ersten Kategorie zählt er Normen, deren Rechtsfolgen zu einem Zeitpunkt vor der Verkündung[1432] eintreten sollen, deren Vergangenheitsbezug sich also aus dem *zeitlichen* Anwendungsbereich der Norm ergibt. Die „tatbestandliche Rückanknüpfung" kennzeichnet dagegen streng genommen keine Fälle einer „Rückwirkung"[1433], sondern erfaßt Gesetze, deren Tatbestand Gegebenheiten aus der Zeit vor der Verkündung der Norm enthält. Hier ist es der *sachliche* Anwendungsbereich des Gesetzes, der den Vergangenheitsbezug aufweist.

Im Unterschied zum Ersten Senat richtet der Zweite Senat die verfassungsrechtlichen Maßstäbe an der Differenzierung aus[1434]: Normen, die Rechtsfolgen rückbewirken, sind nach seiner Rechtsprechung primär am „Rechtsstaatsprinzip" zu messen. Sie seien mit dem Grundsatz des Vertrauensschutzes regelmäßig nicht zu vereinbaren; die Voraussetzungen, unter denen es ausnahmsweise anders sein könne, entsprechen denen, die oben[1435] für Durchbrechungen des Vertrauensschutzes bei der echten Rückwirkung genannt wurden. Der Hinweis des Zweiten Senats, wonach in Verbindung mit den „rechtsstaatlichen" Grundsätzen auch diejenigen Grundrechte zu berücksichtigen seien, in deren Schutzbereich die Rechtsfolgenänderung eingreife[1436], bleibt in seiner Bedeutung unklar[1437]. Er bestätigt jedoch die These, daß der Zweite Senat die Grundrechte bei einer Rückbewirkung von Rechtsfolgen gera-

---

[1431] Hierzu und zum folgenden siehe am deutlichsten BVerfGE 72, 200 (241 ff.) – Außensteuergesetz mit Bezug auf BVerfGE 63, 343 (356) – Rechtshilfevertrag; aus neuerer Zeit BVerfGE 97, 67 (78 ff.) – Abbau der Schiffsbausubventionen.

[1432] Gemeint ist die Verkündung im Bundesgesetzblatt nach Art. 82 GG. Sie bestimmt den Zeitpunkt, in dem eine Norm rechtlich existent wird (BVerfGE 72, 200 [241] – Außensteuergesetz); siehe auch *Iliopoulos-Strangas*, Rückwirkung, S. 278.

[1433] Vgl. auch *Götz*, in: Bundesverfassungsgericht und Grundgesetz, Band 2, S. 421 (424 f.); *Brüning*, NJW 1998, 1525 (1526).

[1434] Siehe BVerfGE 72, 200 (242: „Dieser Unterscheidung [nach der Rückbewirkung von Rechtsfolgen und tatbestandlicher Rückanknüpfung] entsprechend sind die verfassungsrechtlichen Maßstäbe zu präzisieren") – Außensteuergesetz, Klammerzusatz nur hier. Wenige Sätze später weist der Zweite Senat einen Oberbegriff der „Rückwirkung" gerade deshalb zurück, weil sich aus ihm keine verfassungsrechtlichen Maßstäbe ableiten ließen (ebenda, S. 243).

[1435] Siehe oben S. 216 ff.

[1436] BVerfGE 72, 200 (242 und 257) – Außensteuergesetz; 97, 67 (78 f., 83) – Abbau der Schiffsbausubventionen.

[1437] Siehe *Möller/Rührmair*, NJW 1999, 908 (909).

de nicht als spezielle Ausprägung des Vertrauensschutzes begreift[1438]. Der Grund für diese Abweichung von der Rechtsprechung des Ersten Senats bleibt unausgesprochen; sie läßt sich nur damit erklären, daß der Zweite Senat dem „rechtstaatlichen" Vertrauensschutz eine höhere Intensität zuspricht als dem grundrechtlichen Vertrauensschutz[1439].

Nach dieser Rechtsprechung sind für die tatbestandliche Rückanknüpfung (ergänze: nur) die Grundrechte maßgeblich, die Schutz hinsichtlich der Verwirklichung desjenigen Tatbestandsmerkmals mit Vergangenheitsbezug gewähren[1440]. Zu diesen zählt der Zweite Senat außer den speziellen Freiheitsgrundrechten auch Art. 2 Abs. 1 GG[1441]. Dem „rechtsstaatlichen" Grundsatz des Vertrauensschutzes gesteht er hier lediglich indirekte Relevanz zu. Er soll in die Verhältnismäßigkeitsprüfung einfließen[1442], dabei aber weniger strenge Anforderungen stellen als bei der Rückbewirkung von Rechtsfolgen[1443]. Die tatbestandliche Rückanknüpfung sei dem Gesetzgeber grundsätzlich gestattet, sofern sie nicht willkürlich erfolge und nicht ausnahmsweise ein überwiegendes schutzwürdiges Interesse an der Bewahrung der vorher maßgeblichen Rechtslage bestehe[1444].

III. Gegenüberstellung der beiden Modelle

Die Gegenüberstellung der beiden Modelle fördert zunächst erhebliche Abweichungen zu Tage. Die Vorgehensweisen unterscheiden sich schon dadurch, daß das eine Mal das historische Geschehen, das andere Mal die zu beurteilende Norm bei der Abgrenzung der Rückwirkungstatbestände im Vordergrund steht. Allerdings

---

1438 In diesem Punkt trifft *Fiedlers* Darstellung der Rechtsprechung (in: NJW 1988, 1624 [1627]) nicht zu; richtig dagegen *Rensmann*, JZ 1999, 168 (169) und *Pieroth*, JZ 1990, 279 (284) unter Betonung des dogmatischen Unterschieds in der Rechtsprechung der beiden Senate.

1439 In diese Richtung gehen auch *Brünings* Ausführungen (in: NJW 1998, 1525 [1527]) zur Dominanz des rechtsstaatlichen Vertrauensschutzgrundsatzes. Vgl. auch die von *Götz* (in: Bundesverfassungsgericht und Grundgesetz, Band 2, S. 421 [431 ff.]) geäußerte Einschätzung, wonach eine Heranziehung der Grundrechte den Schutz abschwächen würde. Zu der abweichenden Auffassung des Ersten Senats siehe oben S. 218 ff.; vgl. auch *Fiedler*, NJW 1988, 1624 (1627).

1440 BVerfGE 72, 200 (242 f.) – Außensteuergesetz; 92, 277 (344) – Strafbarkeit wegen Spionage; 97, 67 (79) – Abbau der Schiffsbausubventionen.

1441 Siehe BVerfGE 72, 200 (253) – Außensteuergesetz; 97, 67 (79) – Abbau der Schiffsbausubventionen.

1442 BVerfGE 72, 200 (242 f.) – Außensteuergesetz; 92, 277 (344) – Strafbarkeit wegen Spionage.

1443 Siehe BVerfGE 92, 277 (344) – Strafbarkeit wegen Spionage; ebenso BVerfGE 97, 67 (79) – Abbau der Schiffsbausubventionen.

1444 BVerfGE 72, 200 (254) – Außensteuergesetz. Wie diese Entscheidung zeigt, liegt *Rensmann*, JZ 1999, 168 (170) mit seiner Darstellung, daß nur der Erste Senat die Zulässigkeit unechter Rückwirkung als Regelfall ansieht, nicht richtig. Wie hier auch *Tipke*, Die Steuerrechtsordnung I, § 6, S. 152; *Wermeckes*, DStZ 1999, 479 (480); *Pleyer*, NJW 1999, 3156 (3157).

setzt die traditionelle Rechtsprechung in der Praxis[1445] die „Abgeschlossenheit" des Sachverhalts mit der Erfüllung des gesetzlichen Tatbestands[1446] und dem Eintritt der von ihm angeordneten *Rechtsfolgen* gleich. Wenn der Zweite Senat unmittelbar auf die Rückbewirkung von Rechtsfolgen abstellt, so liegt darin weniger eine echte Neuorientierung als eine Klarstellung der Rechtsprechungspraxis[1447]. Dies erklärt die in der Literatur[1448] verbreitete Gleichsetzung von echter Rückwirkung mit der Rückbewirkung von Rechtsfolgen bzw. von unechter Rückwirkung mit tatbestandlicher Rückanknüpfung. Nachdem der Zweite Senat mittlerweile die traditionelle Begrifflichkeit in seine Abgrenzung einbezieht[1449], sind auch in der Zukunft keine grundsätzlichen Abweichungen bei der Einordnung zu erwarten[1450].

Deutliche Unterschiede ergeben sich aber aus den jeweils angewendeten verfassungsrechtlichen Maßstäben[1451]: Der Erste Senat stützt sich bei beiden Rückwirkungstatbeständen auf bestimmte Grundrechte, die den Vertrauensschutz eigenständig ausprägen, und außerhalb ihres Anwendungsbereichs auf das „Rechtsstaatsprinzip". Dagegen macht der Zweite Senat die Prüfungsmaßstäbe davon abhängig, welche Form des Vergangenheitsbezugs gegeben ist[1452]. Darin liegt der Schlüssel zum Verständnis seiner Rückwirkungsdogmatik. Daß der Zweite Senat bei den Verfassungssätzen so deutlich zwischen den beiden Fallgruppen unterscheidet, dürfte seinen Grund darin haben, daß er vom „eigentlichen" Maßstab auf die Regelaussage

---

[1445] BVerfGE 95, 64 (87) – Wohnungsbindung; Nachweise zu den steuerrechtlichen Entscheidungen siehe unten Fußnote 1457.

[1446] Die traditionelle Rechtsprechung verwendet die Begriffe „Sachverhalt" und „Tatbestand" gleichbedeutend nebeneinander (hierzu siehe *Pieroth*, JZ 1990, 279 [280 f.]; *Rensmann*, JZ 1999, 168 [170]). Deutlich wird das Abstellen auf den gesetzlichen Tatbestand etwa in BVerfGE 30, 392 (403).

[1447] Pieroth, JZ 1990, 279 (280 f.); *Degenhart*, Staatsorganisationsrecht, Rn. 369.

[1448] Siehe außer den in der vorigen Fußnote Genannten auch *Möller/Rührmair*, NJW 1999, 908 (909); *Brüning*, NJW 1998, 1525 (1526); *Muckel*, JA 1994, 13 (14); *Arndt/Schumacher*, NJW 1998, 1538 (1538); *Sommermann*, in: v. Mangoldt/Klein/Starck, Art. 20 Abs. 3 Rn. 284; *Schulze-Fielitz*, in: Dreier, Art. 20 (R) Rn. 144 ff.; *Rensmann*, JZ 1999, 168 (168); *Tipke*, Die Steuerrechtsordnung I, § 6, S. 150; *Wermeckes*, DStZ 1999, 479 (480); *Pleyer*, NJW 1999, 3156 (3157). A. A. *Papier*, SGb 1994, 105 (107), der der Rechtsprechung des Ersten Senats einen materiellen und der des Zweiten Senats einen formellen Rückwirkungsbegriff entnimmt. Anhand der Rechtsprechungspraxis läßt sich dies jedoch nicht nachvollziehen; zur übereinstimmenden Einordnung steuerrechtlicher Normen siehe noch unten S. 223 ff.

[1449] Siehe die Klammerzusätze in BVerfGE 97, 67 (78 ff.) – Abbau der Schiffsbausubventionen; vgl. zuvor schon 76, 256 (345). Zu der ursprünglich deutlich geäußerten Ablehnung der traditionellen Terminologie siehe den Nachweis in Fußnote 1435.

[1450] So auch *Möller/Rührmair*, NJW 1999, 908 (909).

[1451] Siehe *Pieroth*, JZ 1990, 279 (284); *Möller/Rührmair*, NJW 1999, 908 (909 ff.); *Rensmann*, JZ 1999, 168 (169 ff.). Ein anderer Teil der Literatur geht über die dogmatischen Unterschiede hinweg, siehe etwa *Arndt/Schumacher*, NJW 1998, 1538 (1538); *Degenhart*, Staatsorganisationsrecht, Rn. 368 ff.; *Wermeckes*, DStZ 1999, 479 (481).

[1452] Zur Relativierung dieser im Ausgangspunkt klaren Trennung durch die ergänzende Berücksichtigung des jeweils nicht primär herangezogenen verfassungsrechtlichen Gesichtspunkts siehe oben S. 220.

zur Zulässigkeit bzw. Unzulässigkeit des Vergangenheitsbezugs schließt. Die Differenzen zwischen den Senaten lassen sich also auf ein unterschiedliches Normenverständnis zurückführen[1453].

Letzteres ist auch der Grund dafür, daß sich die Abweichung in der Verortung des Vertrauensschutzes bei der Behandlung von Gesetzen mit Vergangenheitsbezug *im Ergebnis* praktisch nicht auswirkt. Die unterschiedlichen Ansichten zur Verortung des Vertrauensschutzes einerseits und zur Qualität der Verfassungssätze andererseits gleichen sich quasi aus[1454].

IV. Die Rechtsprechung zur Rückwirkung im Steuerrecht, insbesondere bei Änderungen im laufenden Veranlagungszeitraum

Die Ergebnisse beider Senate stimmen insbesondere auch bei der Beurteilung von rückwirkenden Steuerrechtsnormen überein. Beide ordnen die Änderung von Gesetzen während des laufenden Veranlagungszeitraums mit Wirkung für das gesamte Jahr grundsätzlich[1455] der unechten Rückwirkung[1456] bzw. der tatbestandlichen Rückanknüpfung[1457] zu. Bei der Verkündung der Neuregelung sei der Tatbestand noch nicht „abgeschlossen" im Sinne der Definition echter Rückwirkung bzw. es komme, da nach altem Recht noch keine Rechtsfolgen eingetreten seien, auch nicht zu ihrer „Rückbewirkung". Das Ergebnis wird aus der Struktur des Steuerrechts abgeleitet[1458], nach der die Steuerschuld erst mit Ablauf des Veranlagungszeitraums entsteht[1459] und sich nach dem (Jahres-)Einkommen richtet[1460]. Diese Zuordnung führt zur prinzipiellen Zulässigkeit von steuerlichen Änderungen, solange diese die Steuerpflicht nicht mit Wirkung für die Vergangenheit *begründen*[1461] oder für Ver-

---

1453 Dieser Aspekt wird bisher in der Diskussion um die „Rückwirkung" kaum beachtet (siehe die Nachweise in Fußnote 1440).

1454 Insofern trifft die Darstellung bei *Schulze-Fielitz*, in: Dreier, Art. 20 (R) Rn. 143 zu, der von „scheinbar unterschiedlichen Beurteilungskriterien" spricht; siehe auch *Rensmann*, JZ 1999, 168 (169: „Praktische Konsequenzen dürfte die dogmatische Verortung allerdings nicht haben").

1455 Eine gewisse Relativierung hat diese Rechtsprechung kürzlich im Beschluß zum Abbau der Schiffsbausubventionen BVerfGE 97, 67 (80) erfahren, dazu sogleich im Text (siehe S. 224).

1456 BVerfGE 13, 274 (278) – KSt-Erhöhung für das laufende Jahr; 13, 279 (283) – Hebesatzerhöhung für das laufende Rechnungsjahr; siehe auch 18, 135 (142 f.) – AfA-Verschlechterung zwischen Baubeginn und Fertigstellung; 27, 375 (385 f.) – Nachbesteuerung bereits versteuerter Vorräte.

1457 BVerfGE 72, 200 (252 f.) – Außensteuergesetz mit der abweichenden Meinung des Richters Steinbergers, ebenda, S. 276 (277 f.); 97, 67 (80) – Abbau der Schiffsbausubventionen.

1458 Siehe BVerfGE 72, 200 (252 f.) – Außensteuergesetz.

1459 Näher oben S. 28.

1460 Näher oben S. 22 ff.

1461 Zu dieser Einschränkung siehe BVerfGE 72, 200 (250 f.) – Außensteuergesetz; vgl. aber auch BVerfGE 30, 250 (269); 63, 312 (331).

anlagungszeiträume erweitern, die bei Verkündung der Änderung schon *abgeschlossen* sind[1462].

Im Beschluß zum Abbau der Schiffsbausubventionen hat der Zweite Senat eine Ausnahme von dieser formalen Sicht gemacht[1463]. Es ging um eine steuerliche Verschonungssubvention, die an eine bestimmte Entscheidung des Steuerpflichtigen während des Veranlagungszeitraums in Form der Investition in den Schiffsbau geknüpft war. In diesem Fall sei nicht der Ablauf des Veranlagungszeitraums, sondern die Vornahme der steuerbegünstigten Handlung maßgeblich, denn mit ihr sei die Lenkungswirkung des Gesetzes abgeschlossen. Ob und inwieweit der Beschluß Vorbote einer allgemeinen Rechtsprechungswende zugunsten eines stärker an der Teleologie des Vertrauensschutzes orientierten Betrachtung ist[1464], bleibt abzuwarten.

Die Zuordnung einzelner Steuerrechtsnormen zu den beiden Rückwirkungskategorien und die dabei bestehenden Unsicherheiten sollen hier exemplarisch für die Verlängerung der Fristen nach § 23 Abs. 1 S. 1 Nr. 1 und Nr. 2 EStG durch das Steuerentlastungsgesetz 1999/2000/2002 vom 24.3.1999 dargelegt werden. Private Veräußerungsgeschäfte sind nach dem EStG grundsätzlich nicht steuerpflichtig[1465]. Etwas anders gilt, wenn Anschaffung und Veräußerung zeitlich relativ dicht beieinander liegen (früher sogenannte Spekulationsgeschäfte, § 23 Abs. 1 S. 1 EStG a. F.). Die betreffenden Fristen wurden durch Gesetz vom 24.3.1999 „rückwirkend" ab dem Veranlagungszeitraum 1999 deutlich verlängert, bei Grundstücken betrug sie früher beispielsweise zwei Jahre (§ 23 Abs. 1 S. 1 Nr. 1 Buchstabe a EStG a. F.); jetzt gilt eine 10-Jahres-Frist (§ 23 Abs. 1 S. 1 Nr. 1 EStG n. F.). Hinsichtlich der Übergangszeit sind verschiedene Phasen zu unterscheiden: Soweit die Regelung auch für solche Veräußerungsgeschäfte gilt[1466], bei denen der obligatorische Vertrag schon vor der Verkündung des Gesetzes am 31.3.1999 geschlossen worden ist und die nach altem Recht nicht einkommensteuerpflichtig waren, gehen Teile der Literatur[1467] von einer echten Rückwirkung aus. Sie begründen dies damit, daß der

---

1462 BVerfGE 13, 261 (272 ff.) – KSt-Änderung mit Wirkung für das vergangene Jahr; 30, 272 (284 ff.); 72, 200 (252 f.) – Außensteuergesetz.

1463 BVerfGE 97, 67 (80) – Abbau der Schiffsbausubventionen; hierzu auch *Kirchhof*, StuW 2000, 221 (223). Die Notwendigkeit einer Differenzierung zwischen Lenkungs- und Lastenausgleichsnormen im Hinblick auf das durch sie erzeugte Vertrauen hatte zuvor u. a. *Vogel*, JZ 1988, 833 (838) gefordert.

1464 In diesem Sinn *Kirchhof*, StuW 2000, 221 (223); *Tipke*, Die Steuerrechtsordnung I, § 6, S. 157 und 159; ähnlich *Rensmann*, JZ 1999, 168 (171 f.); vorsichtiger *Arndt/Schumacher*, NJW 1998, 1538 (1539); noch zurückhaltender *Hey*, BB 1998, 1444 (1446 f.).

1465 Siehe schon oben S. 21 und S. 23.

1466 Siehe § 52 Abs. 39 S. 1 EStG: Anwendung der neuen Fristen des § 23 Abs. 1 S. 1 Nr. 1, Nr. 2 und Nr. 3 EStG auf alle Veräußerungsgeschäfte, bei denen der obligatorische Vertrag nach dem 31.12.1998 geschlossen wurde.

1467 *Demuth/Strunk*, DStR 2001, 57 (57 f.); *Pleyer*, NJW 1999, 3156 (3158 f.); *Birk/Kulosa*, FR 1999, 433 (437 f., dort für alle bei der Verkündung bereits „steuerentstrickten" Grundstükke).

Steuerpflichtige die Veräußerung nach der Verkündung nicht mehr rückgängig machen könne[1468]. Eine Durchbrechung des grundsätzlichen Rückwirkungsverbots kommt dann frühestens ab dem Zeitpunkt des Gesetzesbeschlusses im Bundestag (4.3.1999) in Betracht[1469]; für die Erstreckung des Gesetzes auf Veräußerungsgeschäfte, die zwischen dem 1.1.1999 und diesem Zeitpunkt abgeschlossen wurden, ist demnach von der Verfassungswidrigkeit auszugehen[1470]. Da die Steuerpflicht erst mit dem Ablauf des Veranlagungszeitraums entsteht, ist mit Hinweis auf die formale Abgrenzung, die die ständige Rechtsprechung[1471] vornimmt, allerdings auch eine Einordnung als eine – grundsätzlich zulässige – unechte Rückwirkung denkbar und sogar naheliegend[1472], wenn auch unter Aspekten des Vertrauensschutzes wenig überzeugend.

Zur Fristverlängerung für solche Grundstücke, die bei Verkündung der Neuregelung noch nicht veräußert, aber nach altem Recht schon „steuerentstrickt" waren, werden unterschiedliche Auffassungen vertreten. Der Bundesfinanzhof hat die Abgrenzung zwischen echter und unechter Rückwirkung in einem Verfahren um die Aussetzung der Vollziehung eines Einkommensteuerbescheids offengelassen[1473]. Während Teile der Literatur das Vorliegen einer unechten Rückwirkung annehmen und damit begründen, daß der Tatbestand erst mit dem Verkauf abgeschlossen sei[1474], ordnet die Gegenauffassung diese Konstellation in überzeugender Weise der – grundsätzlich unzulässigen – echten Rückwirkung zu. Mit dem Ablauf der (alten) Spekulationsfrist tritt „Steuerentstrickung" ein; diese Rechtsfolge wird durch die Verlängerung der Fristen nachträglich abgeändert, also rückbewirkt[1475].

Für solche Grundstücke, die bereits angeschafft waren, für die aber die Spekulationsfrist bei Verkündung der Neuregelung noch lief, ist man sich weitgehend über

---

1468 Diese Ansicht zieht eine Parallele zu dem vom Zweiten Senat im Beschluß zum Abbau der Schiffsbausubventionen BVerfGE 97, 67 (80) als maßgeblich angesehenen Zeitpunkt der Vornahme der steuerbegünstigten Handlung.

1469 Wenn *Stuhrmann*, NJW 1999, 1657 (1661, 1662 Fußnote 26) demgegenüber von einer vertrauenszerstörenden Wirkung der ersten Lesung des Gesetzentwurfs im Bundestag Ende 1998 ausgeht, so kann er sich dafür nicht auf die Rspr. des BVerfGs berufen; diese akzeptiert nur in seltenen Ausnahmefällen (siehe BVerfGE 97, 67 ff. – Abbau der Schiffsbausubventionen) eine vertrauenszerstörende Wirkung von Maßnahmen, die vor dem Gesetzesbeschluß liegen (siehe oben S. 217).

1470 So denn auch die in Fußnote 1468 Genannten.

1471 Zur möglichen Relativierung der st. Rspr. durch BVerfGE 97, 67 (80) – Abbau der Schiffsbausubventionen, der sich allerdings nur zur Inanspruchnahme von Steuervergünstigungen äußert, siehe oben S. 224.

1472 So wohl die Einschätzung des Gesetzgebers, der in der Rückwirkung jedenfalls kein verfassungsrechtliches Problem sah; vgl. den Bericht des Finanzausschusses BT-Dr. 14/125, S. 39; vgl. auch die Sicht von *Stuhrmann*, NJW 1999, 1657 (1661 f.), der Referatsleiter im BMF ist.

1473 BFH, NJW 2001, 1671 (1671).

1474 *Demuth/Strunk*, DStR 2001, 57 (57).

1475 *Birk/Kulosa*, FR 1999, 433 (437); *Wermeckes*, DStZ 1999, 479 (485) und *Pleyer*, NJW 1999, 3156 (3158 f.).

das Vorliegen einer unechten Rückwirkung einig, so daß die Erstreckung auf diese Fälle von den meisten als unbedenklich angesehen wird[1476].

V. Kritik an der dogmatischen Bewältigung von Gesetzen mit Vergangenheitsbezug durch die Verfassungsrechtsprechung

In der Literatur[1477], aber auch durch dissentierende Richter[1478], ist Kritik an den beiden vorgestellten Rückwirkungskonzepten geübt worden. Sie setzt nicht nur an Einzelheiten an[1479], sondern ist grundsätzlicher Natur: Die Einwände richten sich sowohl gegen das Ob[1480] und das Wie[1481] der Abgrenzung der Rückwirkungstatbestände mit der präjudiziellen Bedeutung für die verfassungsrechtliche Beurteilung als auch gegen die Bestimmung der maßgeblichen Verfassungssätze[1482].

So hat Stern die Rechtsprechung zur echten und unechten Rückwirkung mit den Worten kritisiert, sie schaffe selbst das Gegenteil von Rechtssicherheit[1483]. In der Tat ist die Abgeschlossenheit eines Tatbestands bzw. Sachverhalts nicht naturwissenschaftlich vorgegebenen, sondern eine Wertungsfrage[1484]. Im Mittelpunkt der Kritik

---

1476 So ausdrücklich *Wermeckes*, DStR 1999, 479 (485); *Pleyer*, NJW 1999, 3156 (3160). Von anderen wird die Konstellation nicht behandelt (siehe *Birk/Kulosa*, FR 1999, 433 ff.; *Demuth/Strunk*, DStR 2001, 57 ff.). Der BFH deutet in seiner summarischen Prüfung an, daß auch das Vertrauen des Steuerpflichtigen bei Anschaffung des Grundstücks schutzwürdig ist (BFH, NJW 2001, 481 [1672]).

1477 Siehe die nachfolgenden Einzelnachweise.

1478 Siehe die Sondervoten des Richters *Seuffert* zu BVerfGE 31, 94 ff., ebenda, S. 100; der Richterin *Rupp-v. Brünneck* zu BVerfGE 32, 111 ff., ebenda, S. 129 ff.; des Richters *v. Schlabrendorff* zu BVerfGE 37, 363 ff., ebenda, S. 414 ff.; des Richters *Steinberger* zu BVerfGE 48, 1 ff., ebenda, S. 23 ff. und zum Außensteuerbeschluß BVerfGE 72, 200 ff., ebenda., S. 276 ff. sowie zuletzt des Richters *Kruis* zum Beschluß zum Abbau der Schiffsbausubventionen BVerfGE 97, 67 ff., ebenda, S. 85 ff.

1479 Vgl. dazu die Hinweise in den Fußnoten 1408 ff.

1480 Siehe Friauf, BB 1972, 669 (675); *Muckel*, JA 1994, 13 (14); *Möller/Rührmair*, NJW 1999, 908 (910); *Hey*, BB 1998, 1444 (1447); *Lang*, WPg 1998, 163 (172); *Tipke*, Die Steuerrechtsordnung I, § 6, S. 156.

1481 Siehe *Friauf*, BB 1972, 669 (675) und *Muckel*, JA 1994, 13 (14); *Schlink*, Abwägung, S. 113; *Hahn*, Zur Rückwirkung im Steuerrecht, S. 31; *Selmer*, Steuer-Kongreß-Report 1974, 83 (90 ff.); *Lang*, in: Tipke/Lang, § 4 Rn. 177 ff.; *Stern*, in: Staatsrecht I, § 20 IV 4, S. 835 f.; *Vogel*, JZ 1988, 833 (837 ff.); *Arndt/Schumacher*, NJW 1998, 1538 (1538); *Rensmann*, JZ 1999, 168 (170 f.); *Papier*, SGb 1994, 105 (107).

1482 Siehe mit unterschiedlichen Ansätzen *Kunig*, Das Rechtsstaatsprinzip, S. 417 ff.; *Pieroth*, JZ 1990, 279 (284); *Brüning*, NJW 1998, 1525 (1527); *Rensmann*, JZ 1999, 168 (169); *Möller/Rührmair*, NJW 1999, 908 (910).

1483 In: Staatsrecht I, § 20 IV 4, S. 835 f.; siehe auch *v. Schlabrendorffs* abweichende Meinung zu BVerfGE 37, 363 ff., ebenda, S. 414 (417) und *Bauer*, JuS 1984, 241 (249).

1484 *Seuffert*, BB 1972, 1065 (1066); *Muckel*, JA 1994, 13 (14).

stehen jedoch nicht die Abgrenzungsunsicherheiten[1485], sondern der Vorwurf, daß die Zuordnungskriterien nicht teleologisch begründbar seien[1486]. Die Unterscheidung zwischen dem sachlichen und dem zeitlichen Anwendungsbereich der Norm überzeugt schon deshalb nicht, weil es dem Gesetzgeber in vielen Fällen möglich ist, dieselbe Wirkung wahlweise über die Formulierung des Tatbestands oder der Rechtsfolgen zu erreichen[1487]. In der Literatur wird deshalb vorgeschlagen, die Zuordnung von der Intensität und der Schutzwürdigkeit des Vertrauens in den Fortbestand der Rechtslage abhängig zu machen. Der Eintritt von Rechtsfolgen ist dann nur einer von mehreren maßgeblichen Aspekten[1488]: Eine Verfestigung des Vertrauens sei auch dann anzunehmen, wenn der Bürger dem staatlichen Anreiz, etwas zu tun oder zu unterlassen, nachgekommen ist[1489] oder wenn er *alles* seinerseits Erforderliche getan hat und der Eintritt der Rechtsfolgen dementsprechend nur noch eine Frage des Zeitablaufs war[1490]. Die bisherige Rechtsprechung verfehlt solche Tatbestände intensivierten Vertrauens, wie sich unter anderem anhand der Entscheidungen zur Rückwirkung von Steuerrechtsnormen nachweisen läßt[1491]. Die Orientierung am Entstehen der Steuerschuld verkennt, daß die Besteuerung Vorwirkungen entfaltet, weil sie in ihrer Wirkung nicht neutral ist[1492]. Der Steuerpflichtige richtet eine Vielzahl von Entscheidungen an den steuerlichen Folgen aus[1493]. Kann er eine von steuerlichen Erwägun-

---

1485 Zu den auch bei Anwendung der Abgrenzungsformel des Zweiten Senats verbleibenden Zweifelsfällen siehe *Pieroth*, JZ 1990, 279 (280 f.) und *Brüning*, NJW 1998, 1525 (1526) sowie den Beschluß zum Abbau der Schiffsbausubventionen BVerfGE 97, 67 (81), wo die Abgrenzung für einen mehrstufigen Subventionstatbestand offengelassen wurde. Zu einem weiteren Problemfall (Verlängerung der Veräußerungsfristen nach § 23 Abs. 1 Nr. 1 EStG) siehe oben S. 223 ff.

1486 Nachweise in Fußnote 1482. A. A. *Iliopoulos-Strangas*, Rückwirkung, S. 288 ff.; *Fiedler*, NJW 1988, 1624 (1626 f.) und *Maurer*, in: Isensee/Kirchhof, HdbStR III, § 60 Rn. 14, die einen prinzipiellen Unterschied zwischen der Geltung ex-tunc und ex-nunc sehen.

1487 So zu Recht *Friauf*, BB 1972, 669 (674); *Hahn*, Zur Rückwirkung im Steuerrecht, S. 8 ff.; *Muckel*, JA 1994, 13 (14); *Papier*, SGb 1994, 105 (107). *Vogel*, JZ 1988, 833 (838) und *Brüning*, NJW 1998, 1525 (1526) erwägen, Gesetze, die wie eine Vorverlegung des zeitlichen Anwendungsbereichs wirken, in das grundsätzliche Rückwirkungsverbot einzubeziehen.

1488 Siehe hierzu *Rensmanns* sehr differenzierte Stellungnahme (in: JZ 1999, 168 [170 f.]) sowie *Tipke*, Die Steuerrechtsordnung I, § 6, S. 156.

1489 Siehe *Rensmann*, JZ 1999, 168 (170 f.).

1490 BVerfGE 95, 64 (87) – Wohnungsbindung hat in einer solchen Konstellation lediglich eine unechte Rückwirkung angenommen; zur Rspr., wonach der Ablauf des Veranlagungszeitraums entscheidend ist, siehe oben S. 223 ff.

1491 Siehe außer den Nachweisen in Fußnote 1482 auch die abweichende Meinung des Richters *Steinberger* zu BVerfGE 72, 200 ff. – Außensteuergesetz, ebenda, S. 276 ff. und *Iliopoulos-Strangas*, Rückwirkung, S. 74 f.

1492 Speziell zu der Gestaltungswirkung der Steuer, die sich auf die Erfüllung des Steuertatbestands auswirkt, siehe oben S. 165 ff. Bei den Lenkungsteuern ist die Ausweichwirkung sogar beabsichtigt.

1493 Siehe *Kirchhof*, StuW 2000, 221 (222). *Tipke* hebt hervor, daß der Steuerpflichtige sein Verhalten so einrichten darf, wie es für ihn steuerlich am günstigsten ist (in: Die Steuerrechtsordnung I, § 6, S. 154 f.).

gen beeinflußte Handlung nicht mehr rückgängig machen[1494], so ist die *Gestaltungswirkung* der Norm eingetreten und dem Gesetzgeber diese Folge, wenn sie vorhersehbar ist, auch zuzurechnen[1495]. Die bisherige Rechtsprechung ignorierte diese Vorwirkungen der Besteuerung, indem sie den „Eintritt von Rechtsfolgen" ausschließlich auf die Belastungswirkung bezog und so zur Maßgeblichkeit des Ablaufs des Veranlagungszeitraums kam. Erst die neuere Entscheidung des Zweiten Senats zum Abbau der Schiffsbausubventionen[1496] hat der Kritik partiell Rechnung getragen. Angesichts der vielfältigen, auch ungewollten[1497] Gestaltungswirkungen von Steuernormen geht die darin gemachte Bereichsausnahme für die Inanspruchnahme von Steuervergünstigungen nicht weit genug[1498]. Die weitere Entwicklung bleibt abzuwarten.

Die grundsätzliche Kritik an der Rückwirkungsrechtsprechung setzt sich bei der Maßstabsbildung fort. Ob die Ableitung eines allgemeinen „Rechtsstaatsprinzips" methodisch überhaupt zu rechtfertigen ist[1499], kann hier dahingestellt bleiben. Selbst wenn man dem Grundgesetz mit der herrschenden Meinung[1500] einen derartigen (ungeschriebenen) Verfassungssatz entnimmt, so wäre er gegenüber den expliziten Spezialtatbeständen subsidiär. In Anbetracht der Lückenlosigkeit des freiheitsrechtlichen Grundrechtsschutzes[1501] vor belastenden Gesetzen gäbe es in dem hier zu untersuchenden Bereich keinen Anlaß für die Anwendung des allgemeinen „Rechtsstaatsprinzips"[1502]. Dies verkennt der Erste Senat, wenn er die Grundrechte bisher[1503] nur bereichsspezifisch heranzieht. Der Zweite Senat geht bemerkenswerterweise *für die tatbestandliche Rückanknüpfung* von der Prämisse eines umfassenden und vorrangigen grundrechtlichen Schutzes aus. Die von ihm vorgenommene Beschränkung des – richtig erkannten – Spezialitätsverhältnisses auf die Kategorie der tatbestandlichen Rückanknüpfung verstößt aber ihrerseits gegen methodische Grundsätze[1504]. Außerdem ist die Wertung, die hinter der Anwendung des „Rechtsstaatsprinzips" bei

---

1494 Siehe *Rensmann*, JZ 1999, 168 (171); *Tipke*, Die Steuerrechtsordnung I, § 6, S. 156.

1495 Zu den Erkenntnissen, die zur Eingriffsqualität gewonnen wurden, siehe oben S. 165 ff.

1496 BVerfGE 97, 67 (80), dazu oben S. 223 ff.

1497 Zur Grundrechtsrelevanz nicht finaler Beeinträchtigungen siehe oben S. 170 ff.

1498 So auch *Arndt/Schumacher*, NJW 1998, 1538 (1539).

1499 Dies bezweifelt *Kunig*, Das Rechtsstaatsprinzip, passim; a. A. beispielsweise *Sobota*, Das Prinzip Rechtsstaat, passim; beide m. w. N.

1500 Nachweise in Teil 2, Fußnote 620.

1501 Zur Auslegung des Art. 2 Abs. 1 GG als allgemeine Handlungsfreiheit siehe Teil 2, Fußnote 149.

1502 So zutreffend *Möller/Rührmair*, NJW 1999, 908 (910 f.); noch grundsätzlicher *Kunig*, Das Rechtsstaatsprinzip, S. 417 ff.; a. A. *Brüning*, NJW 1998, 1525 (1527) mit einem nicht näher erläuterten Hinweis auf „nicht oder nicht eindeutig grundrechtlich abgesichert(e)" Bereiche; undeutlich auch *Pieroth*, JZ 1990, 279 (283).

1503 Möglicherweise ist die Rechtsprechung hier noch in der Entwicklung begriffen. *Papier* spricht (in: SGb 1994, 105 [108]) davon, daß der „Vertrauensschut ... zunehmend den thematisch betroffenen Grundrechte ... und nicht mehr de ... objektiv-rechtlichen Rechtsstaatsprinzip entnommen wird".

1504 *Pieroth*, JZ 1990, 279 (284); *Rensmann*, JZ 1999, 168 (169).

der Rückbewirkung von Rechtsfolgen steht, nicht nachvollziehbar. Wird das „Rechtsstaatsprinzip" mit der Rechtsprechung aus einer „Zusammenschau der Bestimmungen des Art. 20 Abs. ... und der Art. 1 Abs. 3, 19 Abs. 4, Art. 28 Abs. 1 S. 1 GG *sowie* aus der *Gesamt*konzeption des Grundgesetzes"[1505] entnommen, so hat es seine Grundlage nicht nur in den explizit aufgezählten Verfassungsnormen, sondern *auch* in den Grundrechtsgewährleistungen[1506], die einen zentralen Teil des Grundgesetzes ausmachen. Aus einer Verallgemeinerung von Einzelnormen[1507] können sich jedoch keine strengeren Anforderungen ergeben als diese Normen in ihrem *unmittelbaren* Anwendungsbereich aufstellen. Im Gegenteil vermögen die Grundrechte, die eine explizite Grundlage im Verfassungstext haben, der verfassungsrechtlichen Prüfung mehr Konturen zu verleihen als das wenig aussagekräftige „Rechtsstaatsprinzip"[1508].

Die Rechtsprechung zu Gesetzen mit Vergangenheitsbezug ist von Grunde auf verfehlt. Schon die Reduzierung auf „Vertrauensschutz" blendet Gesichtspunkte aus, aus denen sich eine verfassungsrechtliche Bedenklichkeit des Vergangenheitsbezugs ergeben kann. Insbesondere prüft das Gericht in manchen Entscheidungen außer der Vereinbarkeit mit dem „Rechtsstaatsprinzip" unter dem Aspekt des Vertrauensschutzes gesondert den eigentumsgrundrechtlichen Bestandsschutz[1509]. Das Verhältnis der beiden Kategorien Vertrauensschutz und Bestandsschutz bleibt undurchsichtig. Auf der nächsten Stufe der Problembewältigung klammert der zentrale Begriff der „Rückwirkung" jedenfalls nach dem Verständnis des Gerichts Fälle aus, in denen ein schützenswertes Vertrauen auf den Fortbestand der Rechtslage beeinträchtigt wird. So sah das Bundesverfassungsgericht in der vorzeitigen Einschränkung eines befristeten Subventionsgesetzes mit der Begründung, daß der gesetzliche Subventionstatbestand bei der Rechtsänderung noch nicht einmal teilweise

---

1505 BVerfGE 2, 380 (403); 45, 187 (246); Hervorhebung nur hier.

1506 *Stern*, in: Staatsrecht I, § 20 IV 2, S. 788 ff.; *Schnapp*, in: v. Münch/Kunig, Art. 20 Rn. 27; *Sachs*, in: Sachs, Art. 20 Rn. 77; *Möller/Rührmair*, NJW 1999, 908 (910); a. A. *Sobota*, Das Prinzip Rechtsstaat, S. 65, die davon ausgeht, daß das BVerfG „die Grundrechte nie zu den Rechtsstaatselementen gerechnet hat". Dagegen spricht jedoch z. B. die Entscheidung BVerfGE 19, 93 (95 ff.), die die allgemeine Handlungsfreiheit zu den „rechtsstaatlichen Garantien" zählt (ebenda, S. 99). Auch in BVerfGE 76, 256 (347) heißt es, hinter dem Rechtsstaatsprinzip stehe „letztlich der Gedanke der Freiheitsgewähr ..., denn Verläßlichkeit der Rechtsordnung (sei) wesentliche Voraussetzung für Freiheit, d. h. die Selbstbestimmung über den eigenen Lebensentwurf und seinen Vollzug". Sobota ist allerdings zuzugestehen, daß das BVerfG häufig Grundrechte und Rechtsstaatsprinzip nebeneinander angeführt und das Verhältnis der Normen zueinander nicht offenlegt (siehe dazu auch die Untersuchung von *Kunig*, Das Rechtsstaatsprinzip, S. 142 ff.).

1507 Manche Entscheidungen nennen nur Art. 20 Abs. 3 GG als Grundlage des „Rechtsstaatsprinzips" (siehe BVerfGE 35, 41 [47]; 95, 64 [82]; 102, 254 [297]). Auch in diesen weist aber nichts auf eine Abkehr von der traditionellen Ableitung aus der Gesamtkonzeption des Grundgesetzes hin, so daß es sich nur um eine Verkürzung der Argumentation handeln dürfte.

1508 Siehe *Kunig*, Das Rechtsstaatsprinzip, S. 419 m. w. N.

1509 Siehe BVerfGE 97, 67 (83) – Abbau der Schiffsbausubventionen; vgl. auch 72, 200 (242, 257) – Außensteuergesetz.

erfüllt war, kein Rückwirkungsproblem. Es führte dann aus, das Grundgesetz gewähre in einem solchen Fall aber Vertrauensschutz *wie bei unechter Rückwirkung*[1510]. Angesichts einer solche Lage erscheint eine Abgrenzung zwischen Rückwirkung und Nichtrückwirkung alles andere als sinnvoll[1511]. Die Rechtsprechung nutzt die Chance, eine möglichst umfassende und einheitliche Lösung zu entwikkeln und damit nicht zuletzt auch zur Rechtssicherheit beizutragen[1512], nicht.

Schließlich zeigt sich bei näherer Betrachtung, daß die Rechtsprechung auch gar nicht das Vertrauen als Schutzobjekt begreift, sondern dessen Betätigung[1513]. Liegt die verfassungsrechtliche Problematik bei Gesetzen mit Vergangenheitsbezug im Verhältnis zwischen Staat und Bürger[1514] jedoch letztlich in der Bewahrung von Freiheit[1515] und Eigentum, so liegt es nahe, daß die (Freiheits-)Grundrechte über die Rechtfertigung entscheiden[1516].

B. Die freiheitsrechtlichen, insbesondere eigentumsgrundrechtlichen Anforderungen an Steuergesetze mit Vergangenheitsbezug

Der Vergangenheitsbezug von (Steuer-)Gesetzen wirft freiheitsrechtliche Probleme auf.

I. Die Eigentumsfreiheit

Es ist vor allem die Eigentumsgarantie, die solchen Gesetzen Grenzen setzt[1517], denn es ist gerade Aufgabe des Art. 14 GG, den individuellen Bestand an Rechten in der Hand eines konkreten Eigentümers zu schützen[1518].

1510 Siehe BVerfGE 30, 392 (401 ff.).

1511 Siehe auch *Schlink*, Abwägung, S. 113.

1512 Zu *Sterns* Rechtsprechungskritik siehe schon oben S. 226 (Nachweise in Fußnote 1484).

1513 So besonders deutlich BVerfGE 75, 246 (280); siehe auch 30, 367 (389) – Bundesentschädigungsgesetz; vgl. auch *Kirchhof*, StuW 2000, 221 (227). Einen handlungsbezogenen Rückwirkungsbegriff vertreten bspw. *Lang*, WPg 1998, 163 (168 f.) m. w. N.; *Hey*, BB 1998, 1444 (1447); *Rensmann*, JZ 1999, 168 (171); vgl. auch *Tipke*, Die Steuerrechtsordnung I, § 6, S. 156.

1514 „Rückwirkungsprobleme" gibt es nicht allerdings nicht nur im Verhältnis zwischen Staat und Bürger; vgl. *Pieroth*, Rückwirkung, S. 279 mit Hinweis z. B. auf das Rückwirkungsverbot in Art. 110 Abs. 2 S. 1 GG.

1515 BVerfGE 72, 200 (257: eine Rückbewirkung von Rechtsfolgen gefährde den einzelnen erheblich in seiner Freiheit) – Außensteuergesetz; 76, 256 (347); 97, 67 (78) – Abbau der Schiffsbausubventionen.

1516 Siehe die Nachweise in Fußnote 1503.

1517 *Pieroth*, Rückwirkung, S. 291 ff.; vgl. auch *Kunig*, Das Rechtsstaatsprinzip, S. 419.

1518 Nachweise siehe oben Fußnote 1421.

1. Die eigentumsgrundrechtlichen Anforderungen an bestandsbeeinträchtigende Normen im allgemeinen

Im folgenden sollen die eigentumsgrundrechtlichen Anforderungen an bestandsbeeinträchtigende Normen näher dargelegt werden. Da Steuergesetze eine Sonderstellung einnehmen, soll auf sie erst eingegangen werden, nachdem zuvor die Anforderungen des Art. 14 GG im allgemeinen betrachtet wurden.

a) Grundrechtstatbestand

Art. 14 GG unterscheidet zwei Formen von Bestandsbeeinträchtigungen, die Enteignung nach Art. 14 Abs. 3 GG und die Inhalts- und Schrankenbestimmungen nach Art. 14 Abs. 1 S. 2, Abs. 2 GG[1519]. Eine Enteignung wird dabei vom Bundesverfassungsgericht definiert als vollständige oder teilweise Entziehung von Rechten zur Erfüllung eines *bestimmten* öffentlichen Zwecks[1520] und kommt für steuerliche Eingriffe nicht in Betracht[1521]. Ihre Besonderheiten sollen daher hier nicht erörtert werden.

Die den Bestand schützende Funktion der Eigentumsgarantie ist immer dann angesprochen, wenn eine Norm Rechtspositionen schmälert, die *bei ihrem Inkrafttreten*[1522] vorhanden sind. Wegen der Normgeprägtheit des Eigentums ergibt sich der Umfang der geschützten Positionen aus den (verfassungsmäßigen) Befugnisbestimmungen, die bei der Entstehung der Rechte galten[1523]. Jede spätere Erweiterung der Sozialpflichtigkeit zu Lasten der Privatnützigkeit trifft auf einen geschützten Bestand und löst zusätzlichen Rechtfertigungsbedarf aus. Einmal verliehene Eigentumsbefugnisse kann der Gesetzgeber den Rechtsinhabern nicht voraussetzungslos wieder entziehen oder ihre Reichweite verringern.

Es ist allerdings umstritten, ob der Bestandsschutz auch bei solchen Nutzungen eingreift, die nach den tatsächlichen Gegebenheiten in Frage kommen, aber im Zeitpunkt der Rechtsänderung (noch) nicht ausgeübt werden. Das Bundesverfassungs-

---

1519 Zu der meistens mit einer Neudefinition von Befugnissen verbundenen Bestandsbeeinträchtigung siehe oben S. 92 ff.

1520 BVerfGE 70, 191 (199 f.) – Fischereirechte; 72, 66 (76) – Fluglärm; BVerfGE 100, 226, 239 f.) – Abbruchverbot; Hervorhebung nur hier. Umstritten ist, ob es sich gerade um eine Güterbeschaffung handeln muß (ablehnend etwa BVerfGE 83, 201 [211] – Vorkaufsrecht).

1521 Siehe schon oben S. 85.

1522 Zum Inkrafttreten als maßgeblichem Zeitpunkt siehe BVerfGE 15, 126 (143) – Reichsverbindlichkeiten; 52, 1 (27) – Kleingarten; 58, 300 (348 ff.) – Naßauskiesung; 72, 66 (67); 94, 241 (258) – Kindererziehungszeiten; 95, 64 (87) – Wohnungsbindung. Nach der Rückwirkungsrechtsprechung ist dagegen die Verkündung der Norm maßgeblich (siehe oben S. 220).

1523 Näher dazu oben S. 90 ff. zur Normgeprägtheit und S. 92 ff. zu den beiden eigentumsgrundrechtlichen Schutzrichtungen.

gericht lehnt dies ab[1524]. Das wird der Bedeutung der mit den eingeräumten Nutzungsbefugnissen für den Grundrechtsträger verbundenen Entfaltungsmöglichkeiten, um derentwillen das Eigentum geschützt wird[1525], nicht gerecht. Man denke beispielsweise an die Freiheitsverminderung, die eintritt, wenn ein zwar unbebautes, nach der bisherigen Rechtslage aber bebaubares Grundstück aufgrund einer Rechtsänderung nicht mehr bebaut werden darf[1526]. Die Gegenauffassung kann ohnehin nur für das Sacheigentum Anwendung finden; beim Eigentum an Rechten, die nicht vergegenständlicht sind und deren Inhalt nur aus Befugnissen besteht, wäre sonst praktisch kein Bestandsschutz möglich[1527]. Zudem macht die Beschränkung auf ausgeübte Nutzungen es dem Rechtsinhaber zur Obliegenheit, bestehende Nutzungsbefugnisse schnellstmöglich zu realisieren[1528]. Anders als das Bundesverfassungsgericht lassen das Bundesverwaltungsgericht und der Bundesgerichtshof es genügen, wenn sich eine entsprechende Nutzung aufdrängt[1529] bzw. sich bei vernünftiger und wirtschaftlicher Betrachtung objektiv anbietet[1530]. Diese Rechtsprechung geht in die richtige Richtung, ist allerdings insofern zu eng, als der Eigentümer mit seiner Sache gerade nicht „vernünftig" umgehen muß[1531]. Daher ist es vorzugswürdig, *alle* bis zur Rechtsänderung zugelassenen und tatsächlich in Frage kommenden Nutzungsmöglichkeiten unabhängig von ihrer Verwirklichung als tatbestandlich geschützt anzusehen[1532]. Die gängige Formulierung, wonach Art. 14 GG Gewinnchancen, Hoffnungen und Aussichten nicht schützt[1533], bedarf daher einer korrigierenden Einschrän-

---

1524 BVerfGE 58, 300 (349 ff., vor allem S. 352) – Naßauskiesung. Dort bezweifelte das Gericht deshalb das Eingreifen der Bestandsgarantie, die nur für bereits ausgeübte Nutzungen gewährt werde, weil die Naßauskiesung in immer tiefere Grundwasserschichten vordringe. Dagegen sah es bei der Beurteilung der entsprechenden Befugnisbestimmung in der Herausnahme der Nutzungsmöglichkeit „Naßauskiesung" eine rechtfertigungsbedürftige Eigentumsbeschränkung, näher oben S. 129 ff.

1525 BVerfGE 24, 367 (389) – Hamburger Deichordnung; 50, 290 (339) – Mitbestimmung; 97, 350 (370 f.) – Euro; aus der Literatur siehe die Nachweise in Teil 2, Fußnote 218 (Stichwort: „Eigentümerfreiheit").

1526 Siehe auch BVerwGE 5, 143 (145 f.).

1527 In BVerfGE 83, 201 (208 ff.) – Vorkaufsrecht wurde Bestandsschutz für ein noch nicht ausgeübtes Vorkaufsrecht jedenfalls dann gewährt, wenn der Vorkaufsfall bei der Rechtsänderung schon eingetreten war.

1528 *Leisner*, DVBl 1983, 61 (67).

1529 BVerwGE 5, 143 (145 f.); 49, 365 (371 f.: Nutzungen, die die Verkehrsauffassung „geradezu vermißt").

1530 BGHZ 60, 126 (131), wo eine Entschädigung zugesprochen wurde für ein Kiesgrundstück, das im Gegensatz zu den Nachbargrundstücken, auf denen Kies abgebaut wurde, bis zum Naßauskiesungsverbot nur landwirtschaftlich genutzt war; siehe auch 77, 338 (338 f.); 72, 211 (216); BVerwGE 94, 1 (13 f.) – Herrschinger Moos. Zustimmend *Schwerdtfeger*, Die Eigentumsgarantie, S. 21 f.

1531 *Leisner*, in: Isensee/Kirchhof, HdbStR VI, § 149 Rn. 107; *Kutschera*, Bestandsschutz, S. 130.

1532 Zutreffend *Wendt*, in: Sachs, Art. 14 Rn. 45; *Leisner*, in: Isensee/Kirchhof, HdbStR VI, § 149 Rn. 107 und in: DVBl 1983, 61 (67); *Kutschera*, Bestandsschutz, S. 130.

1533 BVerfGE 28, 119 (142); 68, 193 (222 f.) – Zahntechnikervergütungen; 74, 129 (148); 83, 201 (211) – Vorkaufsrecht; st. Rspr.; siehe auch *Pieroth/Schlink*, Grundrechte Rn. 912.

kung[1534]. Es trifft zu, daß die Eigentumsfreiheit die Erwartung, daß ein Grundstück in Zukunft einmal Bauland werden wird[1535] oder daß bestimmte Nutzungen tatsächlich möglich und rentabel sind oder daß sich das Objekt im Wert steigern wird etc. nicht erfaßt. Die bestandsschützende Komponente des Art. 14 GG schützt den einzelnen Eigentümer aber durchaus vor Befugnis*verringerungen*[1536], zum Beispiel vor dem Entzug eines Bebauungsrechts. Die einmal verliehene Nutzungsbefugnis ist mehr als eine ungeschützte Hoffnung oder Aussicht. Die hier vertretene Auffassung bedeutet nicht, daß die (Nicht-)Ausübung des Nutzungsrechts ohne Bedeutung wäre. Die bisherige Eigentumsnutzung und die im Hinblick auf sie getätigten Investitionen sind abwägungserheblich und können den tatbestandlichen Schutz zu einer absoluten Garantie verdichten oder für die Notwendigkeit und Ausgestaltung einer Übergangsregelung und/oder einer Entschädigung relevant sein[1537].

Wenn die Norm dem Eigentümer die bisherigen Nutzungs- und Verfügungsbefugnisse zwar beläßt, aber ihre Ausübung mit nachteiligen Rechtsfolgen verbindet, so zählt auch diese Verschlechterung der rechtlichen Bedingungen nach den obigen[1538] Erkenntnissen über „mittelbare" Grundrechtseingriffe zu den rechtfertigungsbedürftigen Bestandsbeeinträchtigungen. Etwas anderes gilt nur, wenn die freiheitserschwerende Wirkung der Rechtsänderung nicht vorhersehbar war.

b) *Eingriffsrechtfertigung*

Die Eigentumsfreiheit schützt den in der Hand eines einzelnen Eigentümers gebildeten Bestand an Rechten nicht absolut; eine Eingriffsrechtfertigung ist prinzipiell möglich. Für die Rechtmäßigkeit einer Bestandsbeeinträchtigung ist die Verfassungsmäßigkeit der (neuen) Befugnisbestimmung eine notwendige, aber nicht hinreichende Bedingung[1539]. Die Verkürzung der erworbenen Rechte ist an Art. 14 Abs. 1, Abs. 2 GG in seiner bestandsschützenden Wirkung zu messen, wobei insbesondere der eigentumsgrundrechtliche Verhältnismäßigkeitsgrundsatz zu beachten

---

[1534] Für zu weit halten die genannte Formel auch *Wendt*, in: Sachs, Art. 14 Rn. 44 und *Bryde*, in: v. Münch/Kunig, Art. 14 Rn. 21; vgl. auch *Depenheuer* in: v. Mangoldt/Klein/Starck, Art. 14 Rn. 137 f.

[1535] Dazu *Pieroth/Schlink*, Grundrechte Rn. 913 m. w. N. Von der Frage des Bestandsschutzes ist zu unterscheiden, daß Art. 14 GG als objektivrechtliche Wertentscheidung auf eine möglichst weitgehende Verwirklichung des Privatnützigkeitsgedankens zielt und die Vorenthaltung von Bebauungsbefugnissen deshalb rechtfertigungsbedürftig ist (siehe oben S. 105 ff.), auch gegenüber dem einzelnen Eigentümer (siehe oben S. 120 und Fußnote 1525).

[1536] So auch *Leisner*, DVBl 1983, 61 (67).

[1537] Siehe auch *Kutschera*, Bestandsschutz, S. 130. *Schwerdtfeger* spricht (in: Die Eigentumsgarantie, S. 22) von „einfachem" Bestandsschutz bei bisheriger Nichtausübung einer (naheliegenden) Nutzungsmöglichkeit und von „qualifiziertem" Bestandsschutz, wenn von der Befugnis unter Einsatz von Kapital und Arbeitskraft Gebrauch gemacht wurde.

[1538] Siehe oben S. 178 ff.

[1539] BVerfGE 31, 275 (285); 58, 300 (338) – Naßauskiesung; 83, 201 (212) – Vorkaufsrecht.

ist[1540]. Als Rechtfertigungsgründe für Bestandsbeeinträchtigungen kommen dieselben Gründe in Betracht wie für die jeweilige Befugnisbestimmung sowie ferner das Bedürfnis nach Rechtseinheitlichkeit[1541], das allerdings eine übergangs- und ersatzlose Beseitigung der Altrechte in der Regel nicht rechtfertigt[1542]. Zur Herbeiführung der Verhältnismäßigkeit sind unter anderem folgende Mittel anerkannt: Übergangsregelungen, Härteklauseln, individuelle Ansprüche auf Dispensation, Anspruch auf Übernahme durch die öffentliche Hand und der Entschädigungsausgleich[1543]. Eine Umgestaltung von Rechten, die sie in ihrem wirtschaftlichen Kern erhält, ist deutlich weniger intensiv als der Entzug von Rechten[1544].

2. Die Anwendung und Anpassung der allgemeinen Grundlagen auf (einkommen-)steuerrechtliche Normen mit Vergangenheitsbezug

Die genannten Grundsätze sind der Ausgangspunkt für die verfassungsrechtliche Beurteilung von Normen des (Einkommen-)Steuerrechts, die einen Vergangenheitsbezug aufweisen.

a) Konkretisierung des eigentumsgrundrechtlichen Schutzbereichs im Hinblick auf (einkommen-)steuerrechtliche Normen

Die bestandswahrende Funktion der Eigentumsgarantie ist von Steuerrechtsnormen angesprochen, wenn sie bereits erzielte Einkünfte bzw. bestehende Zahlungsansprüche[1545] erstmalig einer Steuerpflicht unterwerfen oder die für sie bisher geltende Steuerpflicht erweitern (Verbreiterung der Bemessungsgrundlage oder Erhöhung des Steuersatzes[1546]). Unter eigentumsgrundrechtlichen Gesichtspunkten ist die Entstehung des privatrechtlichen Anspruchs entscheidend, nicht dagegen der Ablauf des Veranlagungszeitraums[1547].

1540 Allg. Ansicht; siehe nur BVerfGE 31, 275 (289 f.); 58, 300 (349 ff.) – Naßauskiesung; 83, 201 (211 ff.) – Vorkaufsrecht; *Pieroth/Schlink*, Grundrechte, Rn. 900; *Schwerdtfeger*, Die Eigentumsgarantie, S. 24; *Schmidt-Aßmann*, in: FS 600 Jahre Universität Heidelberg, S. 107 (117).

1541 BVerfGE 31, 275 (290).

1542 Siehe BVerfGE 83, 201 (213) – Vorkaufsrecht.

1543 *Schmidt-Aßmann*, in: FS 600 Jahre Universität Heidelberg, S. 107 (117); vgl. auch *Schwerdtfeger*, Die Eigentumsgarantie, S. 24.

1544 Siehe auch BVerfGE 70, 191 (209 ff.) – Fischereirechte.

1545 Zum eigentumsgrundrechtlichen Schutz von privatrechtlichen Zahlungsansprüchen siehe BVerfGE 37, 132 (141 f.) – Mietzins; 83, 201 (210) – Vorkaufsrecht; 92, 262 (271) – Darlehnsforderung. Diesen verkennt Kirchhof (in: StuW 2000, 221 [231]), wenn er meint, es gäbe keinen individuellen Grundrechtsschutz vor einer Erhöhung des Steuersatzes im laufenden Veranlagungsjahr mit Wirkung für dasselbe.

1546 Zum Zusammenwirken von Bemessungsgrundlage und Steuersatz siehe oben S. 22 ff.

1547 Vgl. insofern auch die in der Literatur verbreitete Kritik an der üblichen Einordnung von Steuerrechtsänderungen im laufenden Veranlagungszeitraum als lediglich unechte Rückwirkung (dazu oben S. 227).

Schutzgegenstand kann auch das bestehende individuelle Eigentum an Sachen oder Rechten sein, wenn der Gesetzgeber eine an die Verfügung oder Nutzung geknüpfte Steuerpflicht neu einführt oder aber eine bereits bestehende Steuerpflicht erweitert. In diesem Fall erschwert er den Eigentumsgebrauch und greift so „mittelbar“ in das Grundrecht ein[1548].

Es bietet sich an, diese abstrakten Ausführungen am Beispiel der anhand der Rückwirkungslehre[1549] bereits näher betrachteten Verlängerung der Veräußerungsfristen nach § 23 Abs. 1 S. 1 Nr. 1, Nr. 2 EStG durch das Steuerentlastungsgesetz 1999/2000/2002 zu veranschaulichen. Soweit die Neuregelung für solche Veräußerungsgeschäfte gilt, bei denen der obligatorische Vertrag schon vor dem Inkrafttreten des Gesetzes geschlossen wurde und das Grundstück schon „steuerentstrickt“ war, trifft das neue Gesetz auf den Kaufpreisanspruch und damit auf ein eigentumsgeschütztes Recht, das im Entstehungszeitpunkt als eine *ausschließlich* privatnützige Position definiert war, denn der Veräußerungsgewinn unterlag ursprünglich nicht der sachlichen Steuerpflicht nach dem Einkommensteuergesetz. Die durch die Neudefinition bewirkte Beeinträchtigung des Kaufpreisanspruchs bedarf einer Rechtfertigung anhand des Art. 14 GG.

Bei Grundstücken, die bei Inkrafttreten der Neuregelung noch nicht veräußert, aber nach altem Recht schon „steuerentstrickt“ waren, trifft die Verlängerung der Frist auf die (noch nicht ausgeübte) Befugnis des Eigentümers, sein Grundstück zu veräußern und dinglich darüber zu verfügen. Diese wird dem Rechtsinhaber zwar anders als bei einem Veräußerungsverbot nicht völlig genommen, aber durch die Steuerpflicht „mittelbar“ beeinträchtigt. Im Grunde nichts anderes gilt für Grundstücke, die bei Inkrafttreten der Neuregelung schon angeschafft und noch „steuerverstrickt“ waren, denn auch hier galten nach der Rechtslage, die Inhalt und Umfang der eigentumsgeschützten Rechtspositionen bestimmt, günstigere gesetzliche Bedingungen für die Weiterveräußerung (zweijährige Spekulationsfrist) als nach der Neuregelung (10-Jahres-Frist). Die Eingriffsintensität ist hier allerdings geringer als bei „steuerentstrickten“ Grundstücken.

Keine Bestandsschutzprobleme wirft die Verlängerung der Frist auf, soweit sie Grundstücke betrifft, die beim Inkrafttreten der Neuregelung noch nicht angeschafft waren. Gegen die Verlängerung der Fristen kann sich ein (späterer) Grundstückseigentümer nur dann mit Erfolg wenden, wenn sich die Neudefinition als eine nicht gerechtfertigte *Befugnisbestimmung* erweist.

1548 Siehe oben S. 233.

1549 Siehe oben S. 223 ff.

b) Die Eingriffsrechtfertigung unter Berücksichtigung der Besonderheiten des (Einkommen-)Steuerrechts

Als Rechtfertigungsgründe für Bestandsbeeinträchtigungen steuerlicher Natur kommen der Fiskalzweck, Lenkungszwecke und das Bedürfnis nach Rechtseinheitlichkeit in Betracht.

aa) Der Fiskalzweck

Daß fiskalische Erwägungen Bestandsbeeinträchtigungen, die keine Enteignungen sind[1550], rechtfertigen können, liegt angesichts der schon dargelegten Gemeinwohlqualität des Fiskalzwecks auf der Hand[1551]. Bei der Verhältnismäßigkeitsprüfung ist angesichts der Abstraktheit des Fiskalzwecks von folgenden Grundsätzen auszugehen[1552]: Nur die Ungeeignetheit, die fehlende Erforderlichkeit und ein Verstoß gegen die Wesensgehaltsgarantie des Eigentums können gegen die Steuer*erhebung* geltendgemacht werden. Eine Prüfung der Verhältnismäßigkeit im engen Sinn scheitert, weil sich der Fiskalzweck nicht in eine konkrete Güterabwägung einstellen läßt. Insofern genießt der Steuerpflichtige indirekten Schutz durch die Verlagerung der Verhältnismäßigkeitsprüfung auf die Ebene der Ausgaben.

Dem Kriterium der Geeignetheit kommt außer in den Fällen, bei denen der Aufwand für die Erhebung den Ertrag aufzehrt[1553], praktisch keine Ausschlußwirkung zu. Anders könnte dies bei der Erforderlichkeit[1554] sein, da mit einer Bestandsbeeinträchtigung eine *zusätzliche* Belastung verbunden ist. In der Literatur wird diese Frage bislang recht wenig diskutiert. Ein Grund dafür dürfte die verbreitete Vorstellung sein, daß Steuern immer bestandsbeeinträchtigend sind. Daß diese jedoch nicht richtig ist, wurde an anderer Stelle bereits dargelegt[1555]. In seiner grundlegenden Untersuchung zum Steuerinterventionismus führt Selmer aus, daß „fiskalische Interessen ... in der Regel bei denen hinreichend befriedigt werden [können], die noch nicht auf ... recht-

---

1550 Zur Unzulässigkeit fiskalisch motivierter Enteignungen siehe oben S. 78, Nachweise in Teil 2, Fußnote 429.

1551 BVerfGE 58, 81 (124) – Ausbildungsausfallzeiten; 72, 9 (23); 76, 220 (240 f.). Aus der nicht an Art. 14 GG orientierten Rückwirkungsrechtsprechung siehe auch BVerfGE 13, 274 (278: die „rückwirkende" Erhöhung der KSt sei für das laufende Jahr in maßvollen Grenzen zulässig), wo eine Tariferhöhung um 10 %-Punkte unbeanstandet blieb. Aus der Literatur siehe *Isensee*, in: FS für F. Klein, S. 611 (626); *Pieroth*, Rückwirkung, S. 354; *Kunig*, Das Rechtsstaatsprinzip, S. 419. Zur abweichenden Auffassung *Grochtmanns*, der fiskalische Bestandsbeeinträchtigungen nicht zuläßt, und zu ihrer Entkräftung siehe oben Teil 2, Fußnote 431.

1552 Siehe schon oben S. 142 f., dort im Hinblick auf befugnisbestimmende Steuergesetze.

1553 Nachweise oben in Teil 2, Fußnote 883.

1554 Zu *Schlinks* Kritik an einer Erforderlichkeitsprüfung von Steuergesetzen (in: Abwägung, S. 117) und zu ihrer Entkräftung siehe oben in Teil 2, Fußnote 884.

1555 Dazu oben S. 94 f.

liche Besitzstände verweisen können"[1556]. Er bringt damit einen grundsätzlichen Vorrang rein befugnisbestimmender Besteuerung gegenüber einer „rückwirkenden", das heißt bestandsbeeinträchtigenden, Besteuerung zum Ausdruck. Das bedeutet jedoch nicht, daß der Gesetzgeber seinen Finanzbedarf *nur* durch Steuern mit rein befugnisbestimmender Wirkung decken darf. Eine Schmälerung bestehender Rechtspositionen ist immerhin dann, wenn auch nur dann erforderlich, wenn sie der Herstellung *gleicher* Belastung dient und deshalb das mildeste Mittel ist[1557]. So kann beispielsweise eine allgemeine Erhöhung des Steuersatzes für künftige Veranlagungszeiträume gerechtfertigt sein, obwohl sie auch Einkünfte aus Kapitalvermögen, Vermietung und Verpachtung etc.[1558] betrifft und insofern bestandsbeeinträchtigend wirkt. Die Gleichheit der Besteuerung dieser Einkünfte mit solchen aus selbständiger oder nichtselbständiger Arbeit ist nur auf diese Weise herzustellen, so daß ausnahmsweise eine Rechtfertigung durch den Fiskalzweck möglich ist.

bb) Das Bedürfnis nach Rechtseinheitlichkeit

Als ein spezifischer Grund für die Rechtfertigung von Bestandsbeeinträchtigungen ist, wie bereits erwähnt[1559], das Bedürfnis nach Rechtseinheitlichkeit anerkannt. Dieses kann sich jedoch gegenüber dem Schutz erworbener Rechte regelmäßig nicht in vollem Umfang durchsetzen[1560]. Die Intensität der Beeinträchtigung muß vielmehr auf ein angemessenes Maß reduziert werden[1561]. Von den allgemein anerkannten Mitteln zur Milderung des Eingriffs[1562] kommen vor allem Übergangsregelungen in Frage, die die Steuerlast vorübergehend der Höhe nach begrenzen oder erst nach einer bestimmten Zeit entstehen lassen. Die Abwägung ist eine Frage des Einzelfalls. Wenn der Steuerpflichtige durch die Rückwirkung der neuen steuerrechtlichen Befugnisbestimmung erheblich mehr belastet ist als bei einer Geltung der Regelung von Anfang an, läßt sie sich nicht rechtfertigen. Für die Verlängerung der Veräußerungsfrist nach § 23 Abs. 1 Nr. 1, Nr. 2 EStG ist dies beispielsweise der Fall, soweit von ihr auch Grundstücke betroffen sind, die schon veräußert waren. In

---

1556 In: Steuer-Kongreß-Report 1974, 83 (104). Ähnlich äußert sich unter dem Aspekt des Vertrauensschutzes *Leisner*, in: FS für Berber, S. 273 (295: der Staat müsse sic ... die Mittel dort beschaffen, wo kein Vertrauen bestehe).

1557 Zum Zusammenhang von fiskalisch motivierten Bestandsbeeinträchtigungen und Art. 3 Abs. 1 GG siehe auch *Selmer*, in: Steuer-Kongreß-Report 1974, 83 (104), der es denn auch ebenda, S. 101 einer Einzelfallentscheidung vorbehält, „ob der Grundsatz der steuerlichen Gleichmäßigkeit ausnahmsweis ... die Einbeziehung auch solcher Sachverhalte in ein Rückwirkungsgesetz zu rechtfertigen vermag, die für eine Verfolgung des außerfiskalischen Ziel ... nicht mehr in Betracht kommen". Die Herstellung von Steuergerechtigkeit erkennt auch *Schlink*, Abwägung, S. 124 als einen Grund für die Beeinträchtigung erworbener Rechte an.

1558 Näher zu den eigentumsgeschützten Einkunftsquellen siehe oben S. 205 ff.

1559 Siehe oben S. 234.

1560 Nachweise siehe schon oben Fußnote 1543.

1561 Siehe BVerfGE 83, 201 (212) – Vorkaufsrecht.

1562 Zu diesen siehe oben S. 234.

diesem Fall wird den Verkäufern, die bei Vertragsschluß noch nicht mit der Neuregelung rechnen mußten[1563], die ihnen sonst eingeräumte Möglichkeit genommen, die Steuerentstrickung abzuwarten. Eine erhebliche und nicht zu rechtfertigende Zusatzbelastung ergibt sich wegen des progressiven Tarifverlaufs zum Beispiel auch, wenn durch eine Gesetzesänderung über mehrere Jahre angesammelte stille Reserven „auf einen Schlag" gewinnerhöhend aufgelöst werden müssen und diese Wirkung nicht abgefedert wird.

cc) Der Lenkungszweck

Ist die Besteuerung außerfiskalisch motiviert, findet der eigentumsgrundrechtliche Verhältnismäßigkeitsgrundsatz uneingeschränkt Anwendung[1564]. Besonders erwähnenswert ist insofern, daß die Auferlegung einer Lenkungsteuer wie jeder andere Grundrechtseingriff insbesondere dann unverhältnismäßig ist, wenn sie ihren Zweck nicht erfüllen kann. So liegt es, wenn die Steuerbenachteiligung auch dann eintritt, wenn das Verhalten abgeschlossen und nicht mehr rückgängig zu machen ist[1565]. Im übrigen muß die Bestandsbeeinträchtigung erforderlich sein und der Lenkungszweck im Hinblick auf seine konkrete Wichtigkeit und seinen Erreichungsgrad in einem angemessenen Verhältnis zu der Einbuße im Bestand der erworbenen Rechte stehen. Für diese Fragen gelten keine anderen Überlegungen als bei außersteuerlichen Eingriffen. Auch hier müssen erhebliche Zusatzbelastungen durch den Vergangenheitsbezug in der Regel vermieden werden. Etwas anderes könnte nur bei einem besonders bedeutsamen Eingriffsziel in Erwägung gezogen werden; in diesem Fall wird der Gesetzgeber jedoch kaum auf das – unvollkommene – Mittel einer Lenkungsteuer zurückgreifen[1566].

II. Andere Freiheitsgrundrechte

Ein Vergangenheitsbezug von Steuergesetzen kann auch dann vorliegen, wenn die Gestaltungswirkungen des Steuergesetzes keine bereits bestehenden vermö-

[1563] Insofern kann auf die im Rahmen der Rückwirkungslehre geführte Diskussion um vertrauenszerstörende Maßnahmen im Vorfeld der Verkündung verwiesen werden; siehe die Nachweise in Fußnote 1470. Der Gesetzesbeschluß im Bundestag (hier also der 4.3.1999) ist der früheste Zeitpunkt, dem eine solche Wirkung üblicherweise zugemessen wird.

[1564] Dazu und zur Gegenauffassung siehe oben S. 35.

[1565] Nahezu allgemeine Ansicht; siehe nur BVerfGE 2, 237 (265); siehe auch das Sondervotum des Richters *Kruis* zu BVerfGE 97, 67 ff. – Abbau der Schiffsbausubventionen, ebenda, S. 85 (87 f.); *Selmer*, Steuer-Kongreß-Report 1974, S. 83 (100 f.); *Vogel*, JZ 1988, 833 (838); *Hey*, BB 1998, 1444 (1451); *Kirchhof*, StuW 2000, 221 (221 f.). Wenn *Pieroth*, Rückwirkung, S. 354 zu bedenken gibt, daß in diesem Fall immer noch der Fiskalzweck zum Lenkungszweck, für den die rückwirkende Steuer nicht geeignet sei, hinzukomme, so verkennt er, daß eine Kumulierung beider Zwecke ausgeschlossen ist (siehe oben S. 35).

[1566] Siehe oben S. 197.

genswerten Rechtspositionen beeinträchtigen und Art. 14 GG deshalb nicht betroffen ist. Wie bereits erwähnt, können die Gestaltungswirkungen eines Steuergesetzes prinzipiell in jedes Freiheitsgrundrecht eingreifen[1567]. Die freiheitsbeeinträchtigende Wirkung, die von der jeweiligen Regelung ohnehin ausgeht, kann für alle oder für einen Teil der Steuerpflichtigen durch eine Anknüpfung an in der Vergangenheit liegende Umstände verstärkt sein. Zu denken ist beispielsweise an Regelungen, die tatbestandlich (auch) bereits getroffene Entscheidungen des Steuerpflichtigen im außervermögensrechtlichen Bereich wie beispielsweise eine erfolgte Eheschließung[1568] oder eine schon vollzogene Verlagerung des Wohnsitzes[1569] erfassen. Durch den Vergangenheitsbezug ist der Eingriff stärker als bei der Konstellation, bei der die jeweilige Entscheidung noch nicht getroffen und der Grundrechtsträger deshalb in der Lage ist, die (neuen) Rechtsfolgen in seine Überlegungen einzubeziehen. Anders als bei der Eigentumsfreiheit, bei der nach befugnisbestimmender und bestandsbeeinträchtigender Normwirkung unterschieden wurde, weil beide Schutzrichtungen dogmatisch verselbständigt sind[1570], wirkt sich der Vergangenheitsbezug hier nur bei der Eingriffsintensität und damit bei der Abwägung aus. Deshalb kann auf die obigen[1571] grundsätzlichen Ausführungen zur freiheitsrechtlichen Relevanz der Gestaltungswirkungen und deren Rechtfertigung verwiesen werden. Der Vertrauensschutz gehört auch hier in die grundrechtliche und nicht in eine „rechtsstaatliche" Abwägung.

C. Zusammenfassung der Besonderheiten von Steuergesetzen mit Vergangenheitsbezug

(Steuer-)Gesetze mit Vergangenheitsbezug weisen einen zusätzlichen Rechtfertigungsbedarf auf. Insbesondere kommt hier die eigentumsgrundrechtliche Schutzrichtung, die sich auf den individuellen Bestand an Rechten in der Hand eines konkreten Eigentümers bezieht, zum Tragen. Auch wenn die Gestaltungswirkungen nicht bereits gebildete vermögenswerte Rechtspositionen beeinträchtigen, sind die anderen thematisch einschlägigen Freiheitsrechte in der Lage, die Freiheitsbeeinträchtigung durch den Vergangenheitsbezug zu erfassen und zu begrenzen. Angesichts der Lückenlosigkeit des Grundrechtsschutzes vor belastenden Gesetzen bedarf es keines Rückgriffs auf die „rechtstaatlichen" Grundsätze des Vertrauensschutzes.

[1567] Siehe oben S. 164 ff.

[1568] Von den zahlreichen Untersuchungen zu den Anforderungen des Art. 6 GG an die Einkommensbesteuerung siehe nur *Kirchhof*, NJW 2000, 2792 ff.

[1569] Siehe BVerfGE 72, 200 ff. – Außensteuergesetz; näher dazu schon oben S. 40.

[1570] Siehe oben S. 92 ff.

[1571] Siehe oben S. 164 ff.

4. *Teil*

Zusammenfassung der wichtigsten Ergebnisse

Die vorliegende Untersuchung über die freiheitsrechtlichen Anforderungen an Normen des Einkommensteuergesetzes ist zu folgenden Ergebnissen gekommen:

I. Die Besteuerung belastet den einzelnen nicht nur mit einer Zahlungspflicht (Belastungswirkung), sondern hat typischerweise noch andere Auswirkungen, die unter dem Begriff der Gestaltungswirkungen zusammengefaßt werden. Die Normen des Steuerrechts sind nur dann verfassungsmäßig, wenn sich die von *beiden* Wirkungen hervorgerufenen Grundrechtseingriffe als mit dem Grundgesetz vereinbar erweisen.

II. Die Belastungswirkung ist entgegen der Rechtsprechung, nach der Art. 2 Abs. 1 GG vor der Auferlegung von Zahlungspflichten schützt, an der Eigentumsfreiheit als speziellerem Grundrecht zu messen. Bei der Anwendung des Art. 14 GG ist folgendes zu beachten:

1. Die Eigentumsfreiheit gehört zu denjenigen Grundrechten, die eine *rechtliche* Ausgestaltung des geschützten Bereichs voraussetzen. Diese Normgeprägtheit macht es erforderlich, zwei Schutzrichtungen der Eigentumsfreiheit zu unterscheiden: die Anforderungen an Normen, die generell und abstrakt die Eigentümerbefugnisse und -pflichten für die Zukunft festlegen (hier sogenannte Befugnisbestimmungen), und die Vorgaben an eine Schmälerung oder Entziehung bereits begründeter Rechtspositionen (hier sogenannte Bestandsbeeinträchtigungen). Eine Bestandsbeeinträchtigung scheidet dabei aus, wenn der betreffende Eigentumsgegenstand schon *seit seiner Bildung vorbelastet* ist. Bestimmt eine Norm des Einkommensteuerrechts, ob und inwieweit der Steuerpflichtige *künftiges* Einkommen an den Fiskus abgeben muß, so realisiert sich nach Ablauf des Veranlagungszeitraums nur die Vorbelastung des Einkommens. Zu einer Bestandsbeeinträchtigung kommt es in diesem Falle nicht; anders ist dies bei „rückwirkender" Besteuerung (dazu IV).

2. Welche Anforderungen an Befugnisbestimmungen zu stellen sind, ist umstritten. Entgegen einer verbreiteten Auffassung, nach der die Wesensgehalts- bzw. Institutsgarantie den alleinigen Maßstab bildet, enthält Art. 14 GG eine objektiv-rechtliche Wertentscheidung und verlangt vorbehaltlich gegenläufiger Verfassungsprinzipien eine maximale Verwirklichung des Privatnützigkeitsgedankens. Realisiert die einfache Rechtsordnung diesen nicht so umfassend wie es – isoliert betrachtet – möglich wäre, wird das Prinzip „Eigentum" eingeschränkt. Dessen unvollkommene Ver-

wirklichung ist rechtfertigungsbedürftig. Nach den Grundsätzen der Prinzipienkollision ist der Ausgleich nach beiden Seiten möglichst schonend vorzunehmen.

3. a) Auch die Besteuerung drängt die Privatnützigkeit im öffentlichen Interesse zurück. Der individuelle Eingriff durch die Steuererhebung läßt sich jedoch nicht mit einzelnen Ausgaben, die (unter anderem) aus Steuermitteln finanziert werden, ins Verhältnis setzen, so daß Argumente aus der Steuer*verwendung* nicht gegen die Steuer*erhebung* geltend gemacht werden können. Als Zwischenziel ist der Fiskalzweck anerkannt. Angesichts seiner Abstraktheit lassen sich jedoch nur Teile der üblichen Verhältnismäßigkeitsprüfung ohne weiteres durchführen: Die Ungeeignetheit, die fehlende Erforderlichkeit und ein Verstoß gegen die Wesensgehaltsgarantie des Eigentums können gegen die fiskalisch motivierte Steuer*erhebung* geltendgemacht werden. Dies bedeutet im wesentlichen einen Schutz vor Steuerbenachteiligungen und vor einem Zugriff, der das Existenzminimum nicht schont oder den Steuerpflichtigen keinen nennenswerten Anteil an seinem Einkommen mehr zur eigennützigen Verwendung beläßt. Die Verhältnismäßigkeit im engen Sinn läßt sich demgegenüber nicht beurteilen, weil sich der Fiskalzweck nicht in eine konkrete Güterabwägung einstellen läßt.

Die objektiv-rechtliche Komponente der Eigentumsfreiheit ist aber bei der Vornahme von Ausgaben zu beachten. Die Ausgaben müssen dem Gemeinwohl dienen, erforderlich und auch wichtig genug sein, um die Einschränkung der Privatnützigkeit zu rechtfertigen. Die Verlagerung der Verhältnismäßigkeitsprüfung auf diese Ebene wirkt indirekt freiheitssichernd. Daß dieser Vorschlag nicht nur folgerichtig, sondern auch praktikabel ist, hat diese Untersuchung aufzuzeigen versucht.

Der auf diese Weise mögliche Erhalt des Verhältnismäßigkeitsgrundsatzes ist insbesondere auch vorzugswürdig gegenüber der von der Rechtsprechung des Zweiten Senats des Bundesverfassungsgericht im Vermögensteuerbeschluß gewählten Lösung, die Prüfung der Angemessenheit durch den Halbteilungsgrundsatz zu ersetzen. Dieser greift erst ab einer bestimmten Intensität und bildet dann gleich eine unüberwindbare Schranke. Auch seine methodische Herleitung aus Art. 14 Abs. 2 S. 2 GG („zugleich“) vermag nicht zu überzeugen.

b) Setzt der Gesetzgeber das Steuerrecht auch zur Lenkung ein, so ist das Steuergesetz nicht mehr „neutral“, wodurch der Fiskalzweck zweitrangig wird. In diesen Fälle ist die Lenkung als primäres Ziel maßgeblich und eine Verhältnismäßigkeitsprüfung der Steuererhebung im üblichen Sinn möglich.

III. Die steuerlichen Gestaltungswirkungen können potentiell in alle Freiheitsrechte eingreifen.

1. Sie bereiten insofern dogmatische Schwierigkeiten, als sie nicht zu den sogenannten klassischen Grundrechtseingriffen zählen, was für die Eingriffsqualität aber auch nicht notwendig ist. Ein Grundrechtseingriff ist vielmehr jede im Augenblick des staatlichen Handelns objektiv vorhersehbare und im Bereich des grundrechtli-

chen Schutzzwecks liegende Freiheitsbeeinträchtigung. Auf die Finalität, Intensität, Unmittelbarkeit oder Sozialadäquanz kommt es nicht an.

2. Die Rechtfertigungsanforderungen unterscheiden sich je nach dem tatbestandlich einschlägigen Freiheitsgrundrecht. Aus Praktikabilitätsgründen wurde in dieser Untersuchung zwischen den – meist ungewollten – Auswirkungen auf die Bereitschaft zur Einkommenserzielung und den sonstigen Gestaltungswirkungen getrennt.

a) Die Besteuerung der Einkünfte aus selbständiger/nichtselbständiger Tätigkeit greift, unabhängig von einer berufsregelnden Tendenz, in die Berufsausübungsfreiheit nach Art. 12 GG ein, dessen Anwendungsbereich jedoch auf Deutsche beschränkt ist. Ausländern gewährt Art. 2 Abs. 1 GG einen – nicht in jeder Hinsicht gleichwertigen – Schutz. Daneben bzw. statt dessen können Grundrechte wie zum Beispiel Art. 5 Abs. 3 GG (Kunst- und Wissenschaftsfreiheit) bereichsspezifisch einen weitergehenden Schutz als Art. 12 GG bzw. Art. 2 Abs. 1 GG gewähren.

Für die Einkünfte aus Kapitalvermögen, aus Vermietung und Verpachtung und anderen Einkünften ist Art. 14 GG einschlägig. Für die Einkünfte aus Gewerbebetrieb und aus Land- und Forstwirtschaft können Berufsfreiheit und Eigentumsfreiheit nebeneinander zur Anwendung kommen.

b) Auch außerhalb des Bereichs der Einkommenserzielung können Gestaltungswirkungen eintreten. Die Steuer- und Abzugstatbestände beeinflussen Entscheidungen des Steuerpflichtigen auf den unterschiedlichsten Gebieten. So wird zum Beispiel die Wahl des Verkehrsmittels von der eingeschränkten Abzugsfähigkeit der Aufwendungen für die mit einem Pkw zurückgelegten Arbeitswege nach § 9 Abs. 1 S. 3 Nr. 4, Abs. 2 EStG n. F. geprägt. In diesem Beispielsfall bildet Art. 2 Abs. 1 GG einen Maßstab für die Verfassungsmäßigkeit der Gestaltungswirkung.

c) Die Anforderungen an die Rechtfertigung hängen von jeweils berührten Freiheitsgrundrecht ab. Generell gilt, daß *unbeabsichtigte* Gestaltungswirkungen (nur) mit dem Fiskalzweck gerechtfertigt werden können, denn Lenkungszwecke setzen einen bewußten Einsatz durch den Gesetzgeber voraus. Der Fiskalzweck legitimiert eine gleichmäßige und nicht erdrosselnde Besteuerung.

Wenn die Norm einen Lenkungszweck verfolgt, gilt der Verhältnismäßigkeitsgrundsatz uneingeschränkt. Welche Beeinträchtigungen der Grundrechtsträger hinnehmen muß, hängt von dem berührten Freiheitsrecht und der Intensität der Beeinträchtigung einerseits und von dem Verwirklichungsgrad und der Wichtigkeit des Lenkungsziels andererseits ab.

IV. Steuergesetze mit Vergangenheitsbezug lösen einen zusätzlichen Rechtfertigungsbedarf auf, wenn und soweit dadurch ein *zusätzlicher* Eingriff in Freiheitsrechte gegeben ist. Die Rechtsprechung erkennt die Spezialität der Freiheitsgrundrechte in diesem Bereich nur partiell an und wendet im übrigen die sich auf das „Rechtsstaatsprinzip" stützende Rückwirkungslehre an. Die von beiden Senaten im wesentlichen übereinstimmend vorgenommene Abgrenzung beider Rückwirkungskategorien führt häufig, insbesondere im Steuerrecht, zu nicht überzeugenden Ergebnissen. Dies gilt insbesondere für das formale Abstellen auf das Entstehen der Steuerschuld und damit auf den Ablauf des Veranlagungszeitraums im Einkommensteuerrecht, ohne den in der Regel keine echte – und damit grundsätzlich unzulässige – Rückwirkung gegeben sein soll.

Diese Rechtsprechung ist von Grunde auf verfehlt. Angesichts des *lückenlosen freiheitsrechtlichen* Grundrechtsschutzes vor belastenden Gesetzen besteht kein Bedarf, aus dem wenig konturierten Rechtsstaatsprinzip Grenzen abzuleiten. Steuergesetze mit Vergangenheitsbezug müssen sich vor allem an der Eigentumsfreiheit messen lassen, deren Funktion unter anderem die Bewahrung eines in der Hand eines konkreten Eigentümers gebildeten Bestands ist. Unter Zugrundelegung des hier vertretenen weiten Eigentumsbegriffs und des ebenso tendenziell weiten Eingriffsbegriffs ergibt sich für die Eigentumsfreiheit ein Anwendungsbereich, der erheblich mehr Fälle umfaßt, als bislang angenommen wird. Beispielhaft wurde insofern dargelegt, daß die Verlängerung der Fristen nach § 23 Abs. 1 S. 1 Nr. 1, Nr. 2 EStG n. F. bei Grundstücken, die bei Inkrafttreten des Gesetzes schon veräußert waren, in das Eigentum am Kaufpreisanspruch eingreift. Bei „steuerentstrickten“ Grundstücken oder solchen, bei denen die Frist schon in Gang gesetzt war, wird durch die Fristverlängerung das Recht auf Verfügung „mittelbar“ beeinträchtigt.

Der Fiskalzweck ist nur in bestimmten Konstellationen in der Lage, Bestandsbeeinträchtigungen zu rechtfertigen, nämlich wenn diese eine gleichmäßige Besteuerung sicherstellt. Eine nicht zu rechtfertigende Zusatzbelastung ergibt sich dagegen insbesondere dann, wenn dem Steuerpflichtigen durch die „rückwirkende“ Änderung im Gesetz angelegte Ausweichmöglichkeiten genommen werden, wie es beispielsweise bei der Fristverlängerung im Rahmen des § 23 Abs. 1 S. 1 Nr. 1, Nr. 2 EStG n. F. hinsichtlich der bei Inkrafttreten schon veräußerten Grundstücke der Fall ist. Hier wird dem Eigentümer die Möglichkeit genommen, die Steuerentstrickung abzuwarten.

Außer dem Fiskalzweck kommt als ein potentieller Rechtfertigungsgrund das Bedürfnis nach Rechtseinheitlichkeit in Betracht. Der eigentumsgrundrechtliche Verhältnismäßigkeitsgrundsatz findet insofern uneingeschränkt Anwendung. Eine Rechtfertigung ist prinzipiell nur möglich, wenn die Intensität der Beeinträchtigung durch Auffangregelungen, insbesondere Übergangsregelungen, abgemildert wird.

Dient das Steuergesetz der Lenkung, so kann diese je nach den Umständen des Einzelfalls ggf. auch eine Bestandsbeeinträchtigung rechtfertigen. Dies hängt wiederum vom jeweiligen Freiheitsgrundrecht, der Intensität des Eingriffs und von der Bedeutung des Lenkungsziels und seines Verwirklichungsgrads ab. Erwähnenswert ist insofern, daß sich die Steuererhebung zur Lenkung nicht eignet, wenn das zu beeinflussende Verhalten schon abgeschlossen ist und nicht mehr rückgängig gemacht werden kann.

V. Die vorliegende Arbeit ist zu dem Ergebnis gelangt, daß Steuerrechtsnormen bei ihrer verfassungsrechtlichen Überprüfung nicht prinzipiell anders als andere Gesetze zu behandeln sind. Lediglich der Fiskalzweck verlangt eine Anpassung der allgemeinen Dogmatik. Wenn und soweit Steuergesetze außerfiskalischen Zwecken dienen, ergeben sich praktisch keine Besonderheiten gegenüber anderen Grundrechtseingriffen.

Schließlich läßt sich feststellen, daß die freiheitsrechtliche Verhältnismäßigkeitsprüfung in dem hier zu untersuchenden Bereich die Anforderungen des Art. 3 Abs. 1 GG *beeinhaltet*. Im Rahmen der Erforderlichkeitsprüfung der Steuererhebung ist das Vorliegen einer „gleichen" oder „ungleichen" Verteilung der Steuerlast am Maßstab der Leistungsfähigkeit des Steuerpflichtigen von entscheidender Bedeutung. Die mit einer Steuerbenachteilung verbundene Mehrbelastung läßt sich nämlich nicht mit dem Fiskalzweck rechtfertigen. Die potentiellen Gründe einer Differenzierung, die Gegenstand der Gleichheitsprüfung sind, entsprechen den in der freiheitsrechtlichen Verhältnismäßigkeitsprüfung in die Abwägung einzustellenden Lenkungszwecken.

Deshalb ist die in Rechtsprechung und Literatur festzustellende Zunahme der Beschäftigung mit den freiheitsrechtlichen Grenzen der (Einkommens-)Besteuerung zu begrüßen. Diese wirft allerdings eine Reihe von bislang noch ungeklärten dogmatischen Fragen auf, die die vorliegende Untersuchung aufzuzeigen versucht hat.

Literaturverzeichnis

Abel, Gunther: Die Bedeutung der Lehre von den Einrichtungsgarantien für die Auslegung des Bonner Grundgesetzes, 1964 (zit.: Abel, Einrichtungsgarantien)

Albers, Marion: Faktische Grundrechtsbeeinträchtigung als Schutzbereichsproblem, DVBl 1996, 233 ff.

Alexy, Robert: Die Theorie der Grundrechte, 1. Auflage 1985

— Grundrechte als subjektive Rechte und objektive Normen, in: Der Staat 29. Band (1990), S. 49 ff.

— Besprechung der Abhandlung von H. Dreier, Dimensionen der Grundrechte, in: AöR 121. Band (1996), S. 155 ff.

Allesch, Erwin: Anmerkung zu BVerwG, Urteil vom 7.9.1989–7 C 4.89, BayVBl 1990, S. 117 ff. a. a. O., S. 120 ff.

Alternativkommentar: Kommentar zum Grundgesetz für die Bundesrepublik Deutschland, 3. Auflage, Loseblatt ab 2001, Stand: 1. Aktualisierungslieferung, 2001 (zit.: Bearbeiter, in: AK)

Altfelder, Stefan: Mindestbesteuerung – Chaos mit System?, FR 2000, 18 ff.

— Ist die „Mindestbesteuerung" verfassungswidrig?, DB 2001, 350 ff.

Arnauld, Andreas von: Die Freiheitsrechte und ihre Schranken, 1999 (zit.: v. Arnauld, Die Freiheitsrechte)

Arndt, Hans-Wolfgang: Konsequenzen für den Gesetzgeber aus den Beschlüssen des Bundesverfassungsgerichts vom 22.6.1995 zur Vermögen- und Erbschaftsteuer, BB 1996 Beilage 7, S. 1 ff.

— /*Schumacher,* Andreas: Unterhaltslast und Einkommensteuerrecht, NJW 1994, 961 ff.

— Die verfassungsrechtlich zulässige Höhe der Steuerlast – Fingerzeig des BVerfG an den Gesetzgeber?, NJW 1995, 2603 ff.

Echte Fortschritte bei der unechten Rückwirkung?, NJW 1998, 1538 f.

— Kinder, Kinder ... oder: Die unterschiedliche Leistungsfähigkeit der Senate des Bundesverfassungsgerichts, NJW 1999, 745 ff.

— Die Verfassungswidrigkeit des „Kindergrundfreibetrags", NJW 1999, 1689 ff.

Arnim, Hans Herbert von: Besteuerung und Eigentum, in: VVDStRL 39. Band (1981), S. 286 ff.

— Wirtschaftlichkeit als Rechtsprinzip, 1988 (zit.: v. Arnim, Wirtschaftlichkeit)

Badura, Peter: Anmerkung zu BVerwGE 90, 112 ff. = JZ 1993, 33 ff. in: JZ 1993, 38 ff.

Battis, Ullrich: Zur Bestimmung von Inhalt und Schranken des Eigentums durch Gesetzgeber und Gerichte, in: J. Isensee/H. Lecheler (Hrsg.), Freiheit und Eigentum, Festschrift für W. Leisner zum 70. Geburtstag, 1999, S. 679 ff.

Bauer, Hartmut: Bundesverfassungsgericht und Rückwirkungsverbot, JuS 1984, 241 ff.

Baur, Fritz: Die ‚Naßauskiesung' – oder wohin treibt der Eigentumsschutz?, NJW 1982, 1734 ff.

Bayer, Hermann-Wilfried: Die verfassungsrechtlichen Grundlagen der Wirtschaftslenkung durch Steuerbefreiungen, StuW 1972, 149 ff.

Bechstein, Peter: Die Rechtfertigung von Einzelsteuern unter besonderer Berücksichtigung der verfassungsrechtlichen Anforderungen, dargestellt am Beispiel der Vermögensteuer, 1997 (zit.: Bechstein, Einzelsteuern)

Becker, Henning: Finanzwissenschaftliche Steuerlehre, – Steuerwirkung, Steuerfinanzierung, Steuerpolitik –, 1990

Becker, Ulrich: Das ‚Menschenbild des Grundgesetzes' in der Rechtsprechung des Bundesverfassungsgerichts, 1996 (zit.: U. Becker, Das ‚Menschenbild')

Benda, Ernst: Die Wahrung verfassungsrechtlicher Grundsätze im Steuerrecht, DStZ 1984, 159 ff.

— Streit als Schaden, NJW 1998, 3330 f.

— /*Klein,* Eckart: Lehrbuch des Verfassungsprozeßrechts, 2. Auflage 2001 (zit.: Benda/Klein, Verfassungsprozeßrecht)

— /*Maihofer,* Werner/*Vogel,* Hans-Jochen (Hrsg.): Handbuch des Verfassungsrechts der Bundesrepublik Deutschland, 2. Auflage 1994 (zit: Bearbeiter, in: Benda/Maihofer/Vogel, HdbVerfR).

Bernd, Werner: Legislative Prognosen und Nachbesserungspflichten, 1989 (zit.: Bernd, Prognosen)

Bethge, Herbert: Der Grundrechtseingriff, in: VVDStRL 57. Band (1998), S. 7 ff.

Bettermann, Karl August/*Nipperdey,* Hans Carl/*Scheuner,* Ulrich (Hrsg.): Die Grundrechte, Handbuch der Theorie und Praxis der Grundrechte, Band 3, 1. Halbband: Die Wirtschafts- und Arbeitsverfassung, 1958 (zit: Bearbeiter, in: Bettermann/Nipperdey/Scheuner, Die Grundrechte III/1)

Bieg, Thorsten: Der Gerichtshof der Europäischen Gemeinschaften und sein Einfluß auf das deutsche Steuerrecht, 1997 (zit: Bieg, Der EuGH)

Birk, Dieter: Das Leistungsfähigkeitsprinzip als Maßstab der Steuernorm, – Ein Beitrag zu den Grundfragen des Verhältnisses Steuerrecht und Verfassungsrecht –, 1983 (zit: Birk, Das Leistungsfähigkeitsprinzip)

— Steuerrecht I, Allgemeines Steuerrecht, 2. Auflage 1994 (zit.: Birk, Allg. Steuerrecht)

— Steuerrecht, 4. Auflage 2001 (zit.: Birk, Steuerrecht)

— /*Kulosa,* Egmont: Verfassungsrechtliche Aspekte des Steuerentlastungsgesetzes 1999/2000/2002, FR 1999, 433 ff.

Bleckmann, Albert: Zum materiellrechtlichen Gehalt der Kompetenzbestimmungen des Grundgesetzes, DÖV 1983, 129 ff.

— Staatsrecht II, Die Grundrechte, 4. Auflage 1997

— /*Eckhoff,* Rolf: Der ‚mittelbare' Grundrechtseingriff, DVBl 1988, 373 ff.

Bodenheim, Dieter G.: Der Zweck der Steuer, – Verfassungsrechtliche Untersuchung zur dichotomischen Zweckformel fiskalisch – nichtfiskalisch –, 1977 (zit.: Bodenheim, Der Zweck)

Böckenförde, Ernst-Wolfgang: Entstehung und Wandel des Rechtsstaatsbegriffs, in: H. Ehmke/C. Schmid/H. Scharoun (Hrsg.), Festschrift für A. Arndt zum 65. Geburtstag, 1969, S. 53 ff.

— Grundrechtstheorie und Grundrechtsinterpretation, NJW 1974, 1529 ff.

— Die Methoden der Verfassungsinterpretation – Bestandsaufnahme und Kritik, NJW 1976, 2089 ff.

— Grundrechte als Grundsatznormen. Zur gegenwärtigen Lage der Grundrechtsdogmatik, in: Der Staat 29. Band (1990), S. 1 ff.

Bohl, Elke: Das Rätsel der Hälfte, Karlsruhe und der Halbteilungsgrundsatz, F.A.Z. vom 12.9.1998, S. 19.

Bonner Kommentar: Kommentar zum Bonner Grundgesetz, hrsg. von R. Dolzer und K. Vogel, Loseblatt ab 1950, Stand: 98. Ergänzungslieferung, 2001 (zit: Bearbeiter, in: BK)

Borowski, Martin: Grundrechte als Prinzipien – Die Unterscheidung von prima facie-Position und definitiver Position als fundamentaler Konstruktionsgrundsatz der Grundrechte, 1998

Breuer, Rüdiger: Staatsrecht und Gerechtigkeit, – Antworten auf juristische Herausforderungen in existentiellen Grenzsituationen –, in: B. Bender/R. Breuer/F. Ossenbühl/H. Sendler (Hrsg.), Rechtsstaat zwischen Sozialgestaltung und Rechtsschutz, Festschrift für K. Redeker zum 70. Geburtstag, 1993, S. 11 ff.

Brocker, Manfred: Arbeit und Eigentum, – Der Paradigmenwechsel in der neuzeitlichen Eigentumstheorie –, 1992

Brüning, Christoph: Die Rückwirkung von Legislativakten, NJW 1998, 1525 ff.

Brünneck, Alexander von: Die Eigentumsgarantie des Grundgesetzes, 1984 (zit.: v. Brünneck, Die Eigentumsgarantie)

Bryde, Brun-Otto: Verfassungsentwicklung, – Stabilität und Dynamik im Verfassungsrecht der Bundesrepublik Deutschland –, 1982

Bull, Hans Peter: Die Staatsaufgaben nach dem Grundgesetz, 2. Auflage 1977 (zit: Bull, Die Staatsaufgaben)

— Vom Eigentums- zum Vermögensschutz – ein Irrweg, NJW 1996, 281 ff.

Bumke, Christian: Der Grundrechtsvorbehalt, – Untersuchungen über die Begrenzung und Ausgestaltung der Grundrechte –, 1998

Butzer, Hermann: Freiheitsrechtliche Grenzen der Steuer- und Sozialabgabenlast, – Der Halbteilungsgrundsatz des Bundesverfassungsgerichts im Spannungsgeld von Globalisierung, Freiheitsrechten und Sozialstaatlichkeit –, 1999 (zit.: Butzer, Freiheitsrechtliche Grenzen)

— Der Halbteilungsgrundsatz und seine Ableitung aus dem Grundgesetz, StuW 1999, 227 ff.

Christoffel, Hans Günter: Künftige Einheitsbewertung und Neugestaltung der Vermögen- und Erbschaftsteuer, unter Mitarbeit von Wolf-Dietrich Drosdzol und Norbert Weinmann, 1996 (zit: Christoffel, Einheitsbewertung)

Classen, Claus Dieter: Wissenschaftsfreiheit außerhalb der Hochschule, – Zur Bedeutung von Artikel 5 Absatz 3 Grundgesetz für außeruniversitäre Forschung und Forschungsförderung –, 1994 (zit.: Classen, Wissenschaftsfreiheit)

Degenhart, Christoph: Kernenergierecht, – Schwerpunkte, Entscheidungsstrukturen, Entwicklungslinien, 2. Auflage 1982

— Die allgemeine Handlungsfreiheit des Art. 2 I GG, JuS 1990, 161 ff.

— Kontrolle der Verwaltung durch Rechnungshöfe, VVDStRL 55. Band (1996), S. 190 ff.

— Staatsrecht I, Staatsorganisationsrecht, 16. Auflage 2000

Demuth, Björn/*Strunk,* Marcus: Die Besteuerung privater Veräußerungsgeschäfte im Sinne des § 23 EStG, DStR 2001, 57 ff.

Depenheuer, Otto: Zwischen Verfassung und Gesetz, – Die rechtsstaatliche Struktur der grundgesetzlichen Eigentumsgarantie –, in: J. Isensee/H. Lecheler (Hrsg.), Freiheit und Eigentum, Festschrift für W. Leisner zum 70. Geburtstag, 1999, S. 277 ff.

Dichtl, Erwin: Mit Vermögen Altersvorsorge betreiben, – Was Bonn, Bistum, Banken und Berater betuchten Bürgen belassen –, BB 1995, 2501 f.

Dietlein, Johannes: Die Lehre von den grundrechtlichen Schutzpflichten, 1992 (zit: Dietlein, Schutzpflichten)

Di Fabio, Udo: Grundrechte im präzeptoralen Staat am Beispiel hoheitlicher Informationstätigkeit, JZ 1993, 689 ff.

Doehring, Karl: Sozialstaat, Rechtsstaat und freiheitlich-demokratische Grundordnung, in: Die politische Meinung 1978, Sonderheft, S. 7 ff.

— Zur Erstreckung gerichtlicher Kontrolle des Gesetzgebers und der Regierung, in: J. Burmeister (Hrsg.), Verfassungsstaatlichkeit, Festschrift für K. Stern zum 65. Geburtstag, 1997, S. 1059 ff.

Draschka, Heribert: Steuergesetzgebende Staatsgewalt und Grundrechtsschutz des Eigentums, – Versuch einer rechtsdogmatischen Einordnung des Steuerbegriffs in die grundgesetzliche Eigentumsgarantie –, 1982 (zit.: Draschka, Steuergesetzgebende Staatsgewalt)

Dreier, Horst (Hrsg.): Grundgesetz Kommentar Band I, Art. 1 bis 19, 1996; Band II, Art. 20–82, 1998; Band III, Art. 83–146, 2000 (zit.: Bearbeiter, in: Dreier)

Dziadkowski, Dieter: 50 Jahre „demokratischer" Einkommensteuertarif in Deutschland, BB 1996, 1193 ff.

Ebsen, Ingwer: Das Bundesverfassungsgericht als Element gesellschaftlicher Selbstregulierung, – Eine pluralistische Theorie der Verfassungsgerichtsbarkeit im demokratischen Verfassungsstaat –, 1985 (zit.: Ebsen, Das Bundesverfassungsgericht)

Eckhoff, Rolf: Der Grundrechtseingriff, 1992

— Rechtsanwendungsgleichheit im Steuerrecht, – Die Verantwortung des Gesetzgebers für einen gleichmäßigen Vollzug des Einkommensteuerrechts –, 1999 (zit.: Eckhoff, Rechtsanwendungsgleichheit)

Ehlers, Dirk: Eigentumsschutz, Sozialbindung und Enteignung bei der Nutzung von Boden und Umwelt, in: VVDStRL 51. Band (1992), S. 211 ff.

Ehmke, Horst: Prinzipien der Verfassungsinterpretation, in: VVDStRL 20. Band (1963), S. 53 ff.

Eisele, Michaela: Subjektive öffentliche Rechte auf Normerlaß, 1999 (zit.: Eisele, Rechte auf Normerlaß)

Erbel, Günter: Inhalt und Auswirkungen der verfassungsrechtlichen Kunstfreiheitsgarantie, 1966 (zit.: Erbel, Kunstfreiheitsgarantie)

Eschenbach, Jürgen: Der verfassungsrechtliche Schutz des Eigentums, 1996 (zit: Eschenbach, Der Schutz des Eigentums)

— Steuerrecht und Eigentumsschutz, – Grenze verfassungsrechtlicher Kontrolle nach dem Beschluß des BVerfG vom 22. Juni 1995 zur Vermögensteuer –, DStZ 1997, 413 ff.

Faehling, Jürgen: Die Eigentumsgewährleistung durch Art. 14 des Grundgesetzes als Schranke der Besteuerung, 1965 (zit.: Faehling, Die Eigentumsgewährleistung)

Feldmann, Horst: Konstitutionelle Begrenzung der Steuerbelastung, StuW 1998, 114 ff.

Felix, Günther: Zur steuerlich gemäßigten Belastungsobergrenze – Steine statt Brot vom BVerfG?, NJW 1996, 703 f.

Fiedler, Jürgen: Neuorientierung der Verfassungsrechtsprechung zum Rückwirkungsverbot und zum Vertrauensschutz?, NJW 1988, 1624 ff.

Fikentscher, Wolfgang: Methoden des Rechts in vergleichender Darstellung, Band IV, Dogmatischer Teil, 1977 (zit.: Fikentscher, Methoden des Rechts)

Fleischmann, Michael: Ist die derzeitige Steuerbelastung noch mit dem „Halbteilungsgrundsatz" vereinbar?, DB 1998, 1484 ff.

Forsthoff, Ernst: Begriff und Wesen des sozialen Rechtsstaates, in: VVDStRL 12. Band (1954), S. 8 ff.

— Eigentumsschutz öffentlich-rechtlicher Rechtsstellungen, NJW 1955, 1249 ff.

— Lehrbuch des Verwaltungsrechts, Band I, Allgemeiner Teil, 10. Auflage 1973 (zit.: Forsthoff, Verwaltungsrecht)

Frenz, Walter: Unternehmensteuerkonzeptionen im Lichte des Eigentumsgrundrechts und des Leistungsfähigkeitsprinzips, StuW 1997, 116 ff.

Friauf, Karl Heinrich: Verfassungsrechtliche Grenzen der Wirtschaftslenkung und Sozialgestaltung durch Steuergesetze, in: Recht und Staat Heft 325/326, 1966, S. 5 ff.

— Zur Rolle der Grundrechte im Interventions- und Leistungsstaat, DVBl 1971, 674 ff.

— Gesetzesankündigung und rückwirkende Gesetzgebung im Steuer- und Wirtschaftsrecht, BB 1972, 669 ff.

— Verfassungsrechtliche Anforderungen an die Gesetzgebung über die Steuern vom Einkommen und vom Ertrag, in: K. H. Friauf (Hrsg.), Steuerrecht und Verfassungsrecht, DStJG 12. Band, 1989, S. 3 ff.

— /*Höfling,* Wolfram (Hrsg.): Berliner Kommentar zum Grundgesetz, Loseblatt ab 2000, Stand: 3. Ergänzungslieferung, 2001 (zit.: Bearbeiter, in: Berliner Kommentar)

Gallwas, Hans-Ulrich: Faktische Beeinträchtigungen im Bereich der Grundrechte, – Ein Beitrag zum Begriff der Nebenwirkungen –, 1970 (zit.: Gallwas, Beeinträchtigungen)

Gawel, Erik: Steuerinterventionismus und Fiskalzweck der Besteuerung, – Lenkung und Finanzierung als Problem lenkender (Umwelt-)Steuern –, StuW 2001, 26 ff.

Gellermann, Martin: Grundrechte in einfachgesetzlichem Gewande, – Untersuchung zur normativen Ausgestaltung der Freiheitsrechte –, 2000 (zit: Gellermann, Grundrechte)

Geserich, Stephan: Die Ermittlung des Gesamtbetrags der Einkünfte nach dem Steuerentlastungsgesetz 1999/2000/2002, DStR 2000, 845 ff.

Gleixner, Werner: Die Normerlaßklage, – Der Anspruch auf Erlaß untergesetzlicher Normen und formeller Gesetze –, 1993

Götz, Volkmar: Bundesverfassungsgericht und Vertrauensschutz, in: Ch. Starck (Hrsg.), Bundesverfassungsgericht und Grundgesetz, Festgabe aus Anlaß des 25jährigen Bestehens des Bundesverfassungsgerichts, Band 2, 1976, S. 421 ff.

Gramm, Christof: Vom Steuerstaat zum gebührenfinanzierten Dienstleistungsstaat?, in: Der Staat 36. Band (1997), S. 267 ff.

Grochtmann, Ansgar: Art. 14 GG – Rechtsfragen der Eigentumsdogmatik, 2000 (zit.: Grochtmann, Eigentumsdogmatik)

Gusy, Christoph: Parlamentarischer Gesetzgeber und Bundesverfassungsgericht, 1985 (zit.: Gusy, Parlamentarischer Gesetzgeber)

Haase, Klaus Dittmar/*Arnolds,* Sven: Unternehmenssteuerreform: Anrechnungssystem oder klassisches Körperschaftsteuersystem mit Halbeinkünfteverfahren?, FR 2000, 485 ff.

Häberle, Peter: Grundrechte im Leistungsstaat, in: VVDStRL 30. Band (1972), S. 43 ff.

— Die Wesensgehaltgarantie des Art. 19 Abs. 2 GG, – Zugleich ein Beitrag zum institutionellen Verständnis der Grundrechte und der Lehre vom Gesetzesvorbehalt –, 3. Auflage 1983 (zit.: Häberle, Die Wesensgehaltgarantie)

— Das Menschenbild im Verfassungsstaat, 1988 (zit.: Häberle, Das Menschenbild)

Hahn, Hartmut: Zur Rückwirkung im Steuerrecht, – Zugleich eine Kritik am Beschluß des Bundesverfassungsgerichts vom 14. Mai 1986 –, in: Institut „Finanzen und Steuern" (Hrsg.), Grüner Brief Nr. 269, 1987

Hain, Karl-Eberhard: Der Gesetzgeber in der Klemme zwischen Übermaß- und Untermaßverbot, DVBl 1993, 982 ff.

Haller, Heinz: Die Steuern, – Grundlinien eines rationalen Systems öffentlicher Abgaben –, 3. Auflage 1981

Haverkate, Görg: Rechtsfragen des Leistungsstaats, – Verhältnismäßigkeitsgebot und Freiheitsschutz im leistenden Staatshandeln –, 1983

Hayek, Friedrich A. von: Die Verfassung der Freiheit, 2. Auflage 1983

Heintzen, Markus: Staatliche Warnungen als Grundrechtsproblem, in: VerwArch 81. Band (1990), S. 532 ff.

— Verfassungsrechtliche Vorgaben der Wiedergutmachung des SED-Unrechts, DÖV 1994, 413 ff.

Hellermann, Johannes: Die sogenannte negative Seite der Freiheitsrechte, 1992 (zit: Hellermann, Die sog. negative Seite)

Hendler, Reinhard: Umweltabgaben und Steuerstaatsdoktrin, in: AöR 115, Band (1990), S. 577 ff.

Herbert, Ulrich: Die Mittel- und Vermögensbindung gemeinnütziger Körperschaften, BB 1991, 178 ff.

Herdegen, Matthias: Garantie von Eigentum und Erbrecht, in: Festschrift 50 Jahre Bundesverfassungsgericht, 2. Band, Klärung und Fortbildung des Verfassungsrechts, 2001, S. 273 ff.

— /*Schön,* Wolfgang: Ökologische Steuerreform, Verfassungsrecht und Verkehrsgewerbe, 2000

Herzog, Roman: Subsidiaritätsprinzip und Staatsverfassung, Der Staat 2. Band (1963), S. 399 ff.

— Grundrechte aus der Hand des Gesetzgebers, in: W. Fürst/R. Herzog/D. C. Umbach (Hrsg.), Festschrift für W. Zeidler, Band 2, 1987, S. 1415 ff.

— Steuerrecht und Verfassungsrecht, in: Der Präsident des Bundesfinanzhofs (Hrsg.), 75 Jahre Reichsfinanzhof – Bundesfinanzhof, Festschrift, 1993, S. 105 ff.

Hesse, Konrad: Die verfassungsgerichtliche Kontrolle der Wahrnehmung grundrechtlicher Schutzpflichten des Gesetzgebers, in: H. Däubler-Gmelin/K. Kinkel/H. Meyer/H. Simon (Hrsg.), Gegenrede, – Aufklärung – Kritik – Öffentlichkeit –, Festschrift für E. G. Mahrenholz, 1994, S. 541 ff.

— Grundzüge des Verfassungsrechts der Bundesrepublik Deutschland, 20. Auflage 1995 (zit.: Hesse, Verfassungsrecht)

Heuer, Carl-Heinz: Die Besteuerung der Kunst, – Eine verfassungs- und steuerrechtliche Untersuchung zur Definition, Eigenständigkeit und Förderung der Kunst im Steuerrecht –, 2. Auflage 1984

Heuermann, Bernd: Paradigmawechsel im Leistungsausgleich für Familien, – Einige Bemerkungen zu den „Familienbeschlüssen" des Bundesverfassungsgerichts vom 10. November 1998 –, BB 1999, 660 ff.

Heun, Werner: Funktionell-rechtliche Schranken der Verfassungsgerichtsbarkeit, – Reichweite und Grenzen einer dogmatischen Argumentationsfigur –, 1992 (zit.: Heun, Funktionell-rechtliche Schranken)

Hey, Johanna: Die rückwirkende Abschaffung der Sonderabschreibungen auf Schiffsbeteiligungen, BB 1998, 1444 ff.

— Verbot und Auflösung von Rückstellungen für Jubiläumszuwendungen: Gerechtigkeit in der Zeit?, – Zugleich Besprechung der Vorlage des BFH vom 10.11.1999–X R 60/95 –, BB 2000, 1453 ff.

Höfer, Reinhold: Verfassungsmäßigkeit von Jubiläumsrückstellungen, – Gedanken zum Vorlagebeschluß des BFH an das BVerfG vom 10.11.1999, X R 60/95 –, DStR 2000, 372 ff.

Höfling, Wolfram: Offene Grundrechtsinterpretation, – Grundrechtsauslegung zwischen amtlichem Interpretationsmonopol und privater Konkretisierungskompetenz –, 1987

— Vertragsfreiheit, – Eine grundrechtsdogmatische Studie –, 1991

Hövel, Markus van den: Zulässigkeits- und Zulassungsprobleme der Verfassungsbeschwerde gegen Gesetze, 1990 (zit.: Hövel, Verfassungsbeschwerde gegen Gesetze)

Hoffmann, Wolfgang: Rechtsfragen der Währungsparität, 1969 (zit.: Hoffmann, Währungsparität)

Hufen, Friedhelm: Die Freiheit der Kunst in staatlichen Institutionen, – Dargestellt am Beispiel der Kunst- und Musikhochschulen –, 1982 (zit.: Hufen, Die Freiheit der Kunst)

Huster, Stefan: Rechte und Ziele – Das eingriffsbezogene Modell des Gleichheitssatzes, 1993 (zit: Huster, Rechte und Ziele)

Iliopoulos-Strangas, Julia: Rückwirkung und Sofortwirkung von Gesetzen, – Eine verfassungsrechtliche Untersuchung unter Berücksichtigung des deutschen und griechischen Steuerrechts –, 1986 (zit.: Iliopoulos-Strangas, Rückwirkung)

Imboden, Max: Die verfassungsrechtliche Gewährleistung des Privateigentums als Schranke der Besteuerung, in: Archiv für Schweizerisches Abgabenrecht 29. Band (1960), S. 2 ff. (auch in: Staat und Recht, – Ausgewählte Schriften und Vorträge –, 1971, S. 537 ff.)

Isensee, Josef: Steuerstaat als Staatsform, in: R. Stödter/W. Thieme (Hrsg.), Hamburg, Deutschland, Europa, Festschrift für H. P. Ipsen zum 70. Geburtstag, 1977, S. 409 ff.

— Vertrauensschutz für Steuervorteile, – Ein Folgeproblem der Wirtschaftslenkung durch Steuer am Beispiel des § 3 a EStG –, in: P. Kirchhof/K. Offerhaus/H. Schöberle, Steuerrecht, Verfassungsrecht, Finanzpolitik, Festschrift für F. Klein, 1994, S. 611 ff.

— /*Kirchhof,* Paul (Hrsg.): Handbuch des Staatsrechts der Bundesrepublik Deutschland, Band I, Grundlagen von Staat und Verfassung, 1987; Band III, Das Handeln des Staates, 1988; Band IV, Finanzverfassung – Bundesstaatliche Ordnung, 1990; Band V, Allgemeine Grundrechtslehren, 1992; Band VI, Die Freiheitsrechte, 1989 (zit: Bearbeiter, in: Isensee/Kirchhof, HdbStR).

Jachmann, Monika: Sozialstaatliche Steuergesetzgebung im Spannungsverhältnis zwischen Gleichheit und Freiheit: Belastungsgrenzen im Steuersystem, StuW 1996, 97 ff.

— Verfassungsrechtliche Grenzen der Besteuerung, – Sozialstaatliche Steuergesetzgebung im Spannungsfeld zwischen Gleichheit und Freiheit –, 1996 (zit: Jachmann, Grenzen der Besteuerung)

— Ansätze zu einer gleichheitsgerechten Ersetzung der Gewerbesteuer, BB 2000, 1432 ff.

— Steuerrechtfertigung aus der Gemeinwohlverantwortung, DStZ 2001, 225 ff.

Jäckel, Hartmut: Grundrechtsgeltung und Grundrechtssicherung, – Eine rechtsdogmatische Studie zu Artikel 19 Abs. 2 GG –, 1967 (zit.: Jäckel, Grundrechtsgeltung)

Jakob, Wolfgang: § 15 a EStG – Zu seiner Verfassungsmäßigkeit, insbesondere zur Anwendbarkeit auf Kommanditisten von „Nicht-Verlustzuweisungsgesellschaften", BB 1988, 887 ff.

Jarass, Hans D.: Inhalts- und Schrankenbestimmung oder Enteignung?, – Grundfragen der Struktur der Eigentumsgarantie –, NJW 2000, 2841 ff.

— Nichtsteuerliche Abgaben und lenkende Steuern unter dem Grundgesetz, – Eine systematische Darstellung verfassungsrechtlicher Probleme mit Anwendungsfällen aus dem Bereich der Umweltabgaben –, 1999 (zit.: Jarass, Nichtsteuerliche Abgaben)

— /*Pieroth,* Bodo: Grundgesetz für die Bundesrepublik Deutschland, 6. Auflage 2002 (zit.: Bearbeiter, in: Jarass/Pieroth)

Jaschinski, Martin: Der Fortbestand des Anspruchs aus enteignendem Eingriff, 1997 (zit: Jaschinski, Enteignender Eingriff)

Jeand'Heur, Bernd: Grundrechte im Spannungsverhältnis zwischen subjektiven Freiheitsgarantien und objektiven Grundsatznormen, – Zur Erweiterung der Grundrechtsfunktionen und deren Auswirkungen auf die allgemeine Grundrechtsdogmatik –, JZ 1995, 161 ff.

Jestaedt, Matthias: Grundrechtsentfaltung im Gesetz, – Studien zur Interdependenz von Grundrechtsdogmatik und Rechtsgewinnungstheorie –, 2000 (zit.: Jestaedt, Grundrechtsentfaltung)

Jellinek, Georg: System der subjektiven öffentlichen Rechte, 2., unveränderter Nachdruck 1963

Jesch, Dietrich: Gesetz und Verwaltung, 2. Auflage 1968

Jüptner, Roland: Leistungsfähigkeit und Veranlassung, – Ein ideen- und verfassungskritischer Beitrag zum Leistungsfähigkeitsprinzip und dessen Bedeutung für einen generalisierenden einkommensteuerlichen Verpflichtungsgrund, insbesondere am Beispiel der Veranlassung –, 1989 (zit: Jüptner, Leistungsfähigkeit)

Kempermann, Michael: Kunst, Gewerbe, Kunstgewerbe, FR 1992, 250 ff.

Kirchhof, Paul: Besteuerungsgewalt und Grundgesetz, 1973 (zit.: Kirchhof, Besteuerungsgewalt)

— Rechtsmaßstäbe finanzstaatlichen Handelns, – Das Besteuern, das Horten und Zuteilen von Finanzvermögen –, JZ 1979, 153 ff.

— Besteuerung und Eigentum, in: VVDStRL 39 (1981), S. 213 ff.

— Steuergerechtigkeit und sozialstaatliche Geldleistungen, JZ 1982, 305 ff.

— Die Finanzierung des Leistungsstaats, – Die verfassungsrechtlichen Grenzen staatlicher Abgabenhoheit –, Jura 1983, 505 ff.

— Die Steuerwerte des Grundbesitzes, 1985 (zit.: Kirchhof, Die Steuerwerte)

— Die Garantie der Kunstfreiheit im Steuerstaat des Grundgesetzes, NJW 1985, 225 ff.

— Empfiehlt es sich, das Einkommensteuerrecht zur Beseitigung von Ungleichbehandlungen und zur Vereinfachung neu zu ordnen?, in: Verhandlungen des 57. Deutschen Juristentages, 1988, Band I, Teil F

— Verfassungsrechtliche Grenzen von Umweltabgaben, in: P. Kirchhof (Hrsg.), Umweltschutz im Abgaben- und Steuerrecht, DStJG 15. Band, 1993, S. 3 ff.

— Grundlinien des Steuerverfassungsrechts in der Rechtsprechung des Bundesverfassungsgerichts, in: StbJb. 1994/95, S. 5 ff.

— Die verfassungsrechtliche Rechtfertigung der Steuern, in: P. Kirchhof/D. Birk/M. Lehner (Hrsg.), Steuern im Verfassungsstaat, Symposion zu Ehren von Klaus Vogel aus Anlaß seines 65. Geburtstags, 1996, S. 27 ff. (zit.: Kirchhof, in: Steuern im Verfassungsstaat)

— Die Steuerrechtsordnung als Wertordnung, StuW 1996, 3 ff.

— Verfassungsmaßstäbe eines vereinfachten, freiheitlichen Steuerrechts, – Festrede anläßlich des 20jährigen Bestehens der Fachhochschule für Finanzen NRW, in: P. Bornfelder (Hrsg.), Steuergerechtigkeit durch Steuervereinfachung, Festschrift zum 20jährigen Bestehen der Fachhochschule für Finanzen in Nordrhein-Westfalen in Nordkirchen, 1997, S. 23 ff. (zit.: Kirchhof, in: Steuergerechtigkeit durch Steuervereinfachung)

— Das Geldeigentum, in: J. Isensee/H. Lecheler (Hrsg.), Freiheit und Eigentum, Festschrift für W. Leisner zum 70. Geburtstag, 1999, S. 635 ff.

— Rückwirkung von Steuergesetzen, StuW 2000, 221 ff.

— Ehe- und familiengerechte Gestaltung der Einkommensteuer, NJW 2000, 2792 ff.

— /*Söhn,* Hartmut: Einkommensteuergesetz, Band 1, Loseblatt ab 1986, Stand: 116. Ergänzungslieferung, 2001

Klein, Alexander: Das neue Steuerverfassungsrecht – eine Chance für den Steuerzahler?!, BB 1996, 1807 ff.

Klein, Franz: Abgabenordnung, 7. Auflage 2000 (zit.: Bearbeiter, in: Klein, AO)

Klein, Friedrich: Institutionelle Garantien und Rechtsinstitutsgarantien, 1934 (zit: Klein, Institutionelle Garantien)

Kloepfer, Michael: Grundrechte als Entstehenssicherung und Bestandsschutz, 1970 (zit: Kloepfer, Grundrechte als Entstehenssicherung)

— Vorwirkung von Gesetzen, 1974

— Grundrechtstatbestand und Grundrechtsschranken in der Rechtsprechung des Bundesverfassungsgerichts – dargestellt am Beispiel der Menschenwürde, in: Ch. Starck (Hrsg.), Bundesverfassungsgericht und Grundgesetz, Festgabe aus Anlaß des 25jährigen Bestehens des Bundesverfassungsgerichts, Band 2, 1976, S. 405 ff.

— Der Vorbehalt des Gesetzes im Wandel, JZ 1984, 685 ff.

Knies, Wolfgang: Schranken der Kunstfreiheit als verfassungsrechtliches Problem, 1967 (zit.: Knies, Kunstfreiheit)

— Steuerzweck und Steuerbegriff, – eine dogmengeschichtliche und kompetenzrechtliche Studie –, 1976 (zit.: Knies, Steuerzweck)

— Auf dem Weg in den „verfassungsgerichtlichen Jurisdiktionsstaat"?, – Das Bundesverfassungsgericht und die gewaltenteilende Kompetenzordnung des Grundgesetzes –, in: J. Burmeister (Hrsg.), Verfassungsstaatlichkeit, Festschrift für K. Stern zum 65. Geburtstag, 1997, S. 1155 ff.

Knobbe-Keuk, Brigitte: Bilanz- und Unternehmenssteuerrecht, 9. Auflage 1993

Köck, Wolfgang: Umweltsteuern als Verfassungsproblem, JZ 1991, 692 ff.

Krüger, Dirk/*Kalbfleisch*, Eberhard/*Köhler*, Stefan: Die Entscheidungen des Bundesverfassungsgerichts zu den Einheitswerten – Analyse und erste Beratungshinweise, DStR 1995, 1452 ff.

Krüger, Herbert: Mißbrauch und Verwirkung von Grundrechten, DVBl 1953, 97 ff.

— Die Bestimmung des Eigentumsinhaltes (Art. 14 Abs. I S. 2 GG), in: H. P. Ipsen (Hrsg.), Hamburger Festschrift für F. Schack, 1966, S. 71 ff.

Kruse, Heinrich Wilhelm: Die Einkommensteuer und die Leistungsfähigkeit des Steuerpflichtigen, in: R. Wendt/W. Höfling/U. Karpen/M. Oldiges, Staat, Wirtschaft, Steuern, Festschrift für K. H. Friauf zum 65. Geburtstag, 1996, S. 793 ff.

Kunig, Philip: Das Rechtsstaatsprinzip, – Überlegungen zu seiner Bedeutung für das Verfassungsrecht der Bundesrepublik Deutschland –, 1986

Kutschera, Peter: Bestandsschutz im öffentlichen Recht, – Zugleich ein Beitrag zur Dogmatik des Art. 14 GG –, 1990 (zit.: Kutschera, Bestandsschutz)

Lang, Joachim: Verwirklichung von Umweltschutzzwecken im Steuerrecht, in: P. Kirchhof (Hrsg.), Umweltschutz im Abgaben- und Steuerrecht, DStJG 15. Band, 1993, S. 115 ff.

— Verfassungsrechtliche Zulässigkeit rückwirkender Steuergesetze, WPg 1998, 163 ff.

— Wider Halbteilungsgrundsatz und BVerfG, – Der BFH verbleibt an der Grenze konfiskatorischer Besteuerung –, NJW 2000, 457 ff.

— Vom Verbot der Erdrosselungssteuer zum Halbteilungsgrundsatz, in: P. Kirchhof/M. Lehner/A. Raupach/M. Rodi (Hrsg.), Staaten und Steuern, Festschrift für K. Vogel zum 70. Geburtstag, 2000, S. 173 ff.

Lange, Klaus: Systemgerechtigkeit, in: Die Verwaltung 4. Band (1971), S. 259 ff.

Larenz, Karl: Methodenlehre der Rechtswissenschaft, 6. Auflage 1991

— /*Canaris,* Claus-Wilhelm: Lehrbuch des Schuldrechts, Besonderer Teil, Band II/2, 13. Auflage 1994

Lecheler, Helmut: Die „hergebrachten Grundsätze des Berufsbeamtentums" in der Rechtsprechung des Bundesverfassungsgerichts und des Bundesverwaltungsgerichts, AöR 103. Band (1978), S. 349 ff.

— Das Subsidiaritätsprinzip, – Strukturprinzip einer europäischen Union –, 1993

Lechner, Hans/*Zuck,* Rüdiger: Bundesverfassungsgerichtsgesetz, 4. Auflage 1996

Lehner, Moris: Einkommensteuerrecht und Sozialhilferecht, – Bausteine zu einem Verfassungsrecht des sozialen Steuerstaates –, 1993 (zit.: Lehner, Einkommensteuerrecht)

Leibholz, Gerhard: Die Gleichheit vor dem Gesetz, – Eine Studie auf rechtsvergleichender und rechtsphilosophischer Grundlage –, 1. Auflage 1925 und 2. Auflage 1959

— /*v. Mangoldt,* Hermann (Hrsg.): Entstehungsgeschichte der Artikel des Grundgesetzes: im Auftrage der Abwicklungsstelle des Parlamentarischen Rates und des Bundesministers des Innern auf Grund der Verhandlungen des Parlamentarischen Rats, JöR, Neue Folge 1. Band (1951).

Leisner, Walter: Von der Verfassungsmäßigkeit der Gesetze zur Gesetzmäßigkeit der Verfassung, – Betrachtungen zur möglichen selbständigen Begrifflichkeit im Verfassungsrecht –, 1964 (zit: Leisner, Verfassungsmäßigkeit der Gesetze)

— Sozialbindung des Eigentums, 1972

— Das Gesetzesvertrauen des Bürgers, – Zur Theorie der Rechtsstaatlichkeit und der Rückwirkung der Gesetze –, in: D. Blumenwitz/A. Randelzhofer (Hrsg.), Festschrift für F. Berber zum 75. Geburtstag, 1973, S. 273 ff.

— Eigentumswende? – Liegt der Grundwasserentscheidung des Bundesverfassungsgerichts ein neues Eigentumsverständnis zugrunde? –, DVBl 1983, 61 ff.

— Staatliche Rechnungsprüfung Privater und besonderer Berücksichtigung der Freien Wohlfahrtspflege, 1990 (zit: Leisner, Rechnungsprüfung)

— Steuer- und Eigentumswende – die Einheitswertbeschlüsse des Bundesverfassungsgerichts, NJW 1995, 2591 ff.

— Die verfassungsrechtliche Belastungsgrenze der Unternehmen, – dargestellt am Beispiel der Personalzusatzkosten –, 1996 (zit: Leisner, Die Belastungsgrenze)

Lerche, Peter: Übermaß und Verfassungsrecht, – Zur Bindung des Gesetzgebers an die Grundsätze der Verhältnismäßigkeit und Erforderlichkeit –, 1961

— Die Verfassung als Quelle von Optimierungsgeboten?, in: J. Burmeister (Hrsg.), Verfassungsstaatlichkeit, Festschrift für K. Stern zum 65. Geburtstag, 1997, S. 197 ff.

List, Heinrich: Die Europäisierung des Steuerrechts, in: J. Isensee/H. Lecheler (Hrsg.), Freiheit und Eigentum, Festschrift für W. Leisner zum 70. Geburtstag, 1999, S. 109 ff.

— Der Halbteilungsgrundsatz – ein etymologisches Problem, NJW 2000, 1840 f.

— Die Ökobesteuerung und das Grundgesetz, BB 2000, 1216 ff.

Losch, Bernhard: Wissenschaftsfreiheit, Wissenschaftsschranken, Wissenschaftsverantwortung, – Zugleich ein Beitrag zur Kollision von Wissenschaftsfreiheit und Lebensschutz am Lebensbeginn –, 1992 (zit.: Losch, Wissenschaftsfreiheit)

Lubberger, Andreas: Eigentumsdogmatik, – Gegenwärtige Probleme der Systembildung und Rechtsanwendung, dargestellt am Beispiel des Denkmalschutzrechts –, 1995

Lübbe-Wolff, Gertrude: Die Grundrechte als Eingriffsabwehrrechte, 1988 (zit.: Lübbe-Wolff, Eingriffsabwehrrechte)

Lücke, Jörg: Die Berufsfreiheit, – Eine Rückbesinnung auf den Text des Art. 12 Abs. 1 GG –, 1994

Luhmann, Niklas: Politische Verfassungen im Kontext des Gesellschaftssystems, in: Der Staat 12. Band (1973), S. 1 ff.

Mangoldt, Hermann von: Das Bonner Grundgesetz, 1. Auflage 1953

— /*Klein,* Friedrich/*Starck,* Christian (Hrsg.): Das Bonner Grundgesetz, Band 1: Präambel, Artikel 1 bis 19, 4. Auflage 1999; Band 2: Art. 20–78, 4. Auflage 2000 (zit.: Bearbeiter, in: v. Mangoldt/Klein/Starck)

Manterfeld, Norbert: Die Grenzen der Verfassung, – Möglichkeiten limitierender Verfassungstheorie des Grundgesetzes am Beispiel E.-W. Böckenfördes –, 2000

Martens, Wolfgang: Grundrechte im Leistungsstaat, in: VVDStRL 30. Band (1972), S. 7 ff.

Martini, Peter: Art. 3 Abs. 1 GG als Prinzip absoluter Rechtsgleichheit, 1997 (zit: Martini, Art. 3 Abs. 1 GG)

Maunz, Theodor/*Dürig,* Günter/*Herzog,* Roman/*Scholz,* Rupert u. a.: Grundgesetz, Kommentar, Loseblatt ab 1958, Stand: 39. Ergänzungslieferung, 2001 (zit: Bearbeiter, in: Maunz/Dürig)

Maunz, Theodor/*Zippelius,* Reinhold: Deutsches Staatsrecht, 30. Auflage 1998

Menger, Christian-Friedrich: Das verfassungsgerichtliche Urteil zu § 218 StGB – Gesetzgebung durch das Bundesverfassungsgericht, in: VerwArch 66. Band (1975), S. 397 ff.

Merten, Detlef: Das Recht auf freie Entfaltung der Persönlichkeit, – Art. 2 I GG in der Entwicklung –, JuS 1976, 345 ff.

Mittmann, Volker: Sozialhilfe- oder familienrechtlicher Maßstab für ein verfassungskonformes Minimum des Kinderlastenausgleichs, DStZ 1993, 163 f.

Möller, Johannes/*Rührmair,* Alfred: Die Bedeutung der Grundrechte für die verfassungsrechtlichen Anforderungen an rückwirkende Gesetze, NJW 1999, 908 ff.

Möstl, Markus: Probleme der verfassungsprozessualen Geltendmachung gesetzgeberischer Schutzpflichten, – Die Verfassungsbeschwerde gegen legislatives Unterlassen –, DÖV 1998, 1029 ff.

Muckel, Stefan: Die Rückwirkung von Gesetzen in der neueren Rechtsprechung des Bundesverfassungsgerichts, JA 1994, 13 ff.

Müller, Friedrich: Juristische Methodik, 7. Auflage 1997

Münch, Ingo von/*Kunig,* Philip (Hrsg.): Grundgesetzkommentar, Band 1 (Präambel, Art. 1–19), 5. Auflage 2000; Band 2 (Art. 20 bis Art. 69), 4./5. Auflage 2001; Band 3, Art. 70 bis Art. 146, 3. Auflage 1996 (zit.: Bearbeiter, in: v. Münch/Kunig)

Münzberg, Wolfgang: Verhalten und Erfolg als Grundlage der Rechtswidrigkeit und der Haftung, 1966 (zit.: Münzberg, Verhalten und Erfolg)

Mußgnug, Reinhardt: Verfassungsrechtlicher und gesetzlicher Schutz vor konfiskatorischen Steuern, JZ 1991, 993 ff.

Neumark, Fritz: Steuerpolitische Ideale der Gegenwart, in: H. Zimmermann (Hrsg.), Die Zukunft der Staatsfinanzierung, S. 45 ff.

Nierhaus, Michael: Grundrechte aus der Hand des Gesetzgebers?, – Ein Beitrag zur Dogmatik des Art. 1 Abs. 3 GG –, AöR 116. Band (1991), S. 72 ff.

Nipperdey, Hans Carl: Rechtswidrigkeit, Sozialadäquanz, Fahrlässigkeit, Schuld im Zivilrecht, NJW 1957, 1777 ff.

Oebbecke, Janbernd: Die staatliche Mitwirkung an gesetzesabwendenden Vereinbarungen, DVBl 1986, 793 ff.

Olbertz, Peter: Die „Normalität" von Werbungskosten als Berechtigung zur Durchbrechung des Prinzips der Besteuerung nach der wirtschaftlichen Leistungsfähigkeit, BB 1997, S. 1452

Oppermann, Thomas: Subsidiarität als Bestandteil des Grundgesetzes, JuS 1996, 569 ff.

Ossenbühl, Fritz: Die Kontrolle von Tatsachenfeststellungen und Prognoseentscheidungen durch das Bundesverfassungsgericht, in: Ch. Starck (Hrsg.), Bundesverfassungsgericht und Grundgesetz, Festgabe aus Anlaß des 25jährigen Bestehens des Bundesverfassungsgerichts, Band 1, 1975, S. 458 ff.

— Kernenergie im Spiegel des Verfassungsrechts, DÖV 1981, S. 1 ff.

Osterloh, Lerke: „Öko-Steuern" und verfassungsrechtlicher Steuerbegriff, – Alte Fragen zum staatlichen Steuerfindungsrecht – neu gestellt –, NVwZ 1991, 823 ff.

Palm, Wolfgang: Öffentliche Kunstförderung zwischen Kunstfreiheitsgarantie und Kulturstaat, 1998 (zit. Palm, Kunstförderung)

Papier, Hans-Jürgen: Die finanzrechtlichen Gesetzesvorbehalte und das grundgesetzliche Demokratieprinzip, – Zugleich ein Beitrag zur Lehre von den Rechtsformen der Grundrechtseingriffe –, 1973 (zit.: Papier, Gesetzesvorbehalte)

— Art. 12 GG – Freiheit des Berufes und Grundrecht der Arbeit, DVBl 1984, 801 ff.

— Steuern und Abgaben, – Die offene Flanke des Rechtsstaats –, KritV 1987, S. 140 ff.

— Verfassungsrechtliche Probleme von Übergangsrecht, SGb 1994, 105 ff.

— Steuerreform und Verfassungsrecht, in: P. Kirchhof/M. Lehner/A. Raupach/M. Rodi (Hrsg.), Staaten und Steuern, Festschrift für K. Vogel zum 70. Geburtstag, 2000, S. 117 ff.

Parodi, Silvana: Eigentumsbindung und Enteignung im Natur- und Denkmalschutzrecht, 1984 (zit.: Parodi, Eigentumsbindung)

Pasch, Hellmut/*Höreth,* Ulrike/*Renn,* Susanne: Die neue Entfernungspauschale – ein steuerrechtlicher Missgriff, – Zweifelsfragen zur Anwendung der Entfernungspauschale nach § 9 Abs. 1 Satz 3 Nr. 4 und 5, Abs. 2 EStG –, DStZ 2001, 305 ff.

Paus, Bernhard: Ist § 9 Abs. 1 Nr. 4 Satz 2 EStG verfassungsmäßig?, DStZ 1985, 282 f.

Pawlowski, Hans-Martin: Methodenlehre für Juristen, Theorie der Norm und des Gesetzes –, 3. Auflage 1999 (zit.: Pawlowski, Methodenlehre)

Peine, Franz-Joseph: Systemgerechtigkeit, – Die Selbstbindung des Gesetzgebers als Maßstab der Normenkontrolle –, 1985

Pestalozza, Christian: Der Garantiegehalt der Kompetenznorm, – Erläutert am Beispiel der Art. 105 ff. GG –, in: Der Staat 11. Band (1972), S. 161 ff.

— Verfassungsprozeßrecht, 3. Auflage 1991

Peters, Hans: Die freie Entfaltung der Persönlichkeit als Verfassungsziel, in: D. S. Constantopoulos/H. Wehberg (Hrsg.), Gegenwartsprobleme des Internationalen Rechtes und der Rechtsphilosophie, Festschrift für R. Laun zum 70. Geburtstag, 1953, S. 669 ff.

Pezzer, Heinz-Jürgen: Kritik des Halbeinkünfteverfahrens, StuW 2000, 144 ff.

Pfeifer, Tina: Kindergeld, Kinderfreibetrag, Grundfreibetrag und verfassungswidrige Besteuerung des Existenzminimums, SGb 1997, 14 ff. und 64 ff.

Pieroth, Bodo: Rückwirkung und Übergangsrecht, – Verfassungsrechtliche Maßstäbe für intertemporaler Gesetzgebung –, 1981 (zit.: Pieroth, Rückwirkung)

— Materiale Rechtsfolgen grundgesetzlicher Kompetenz- und Organisationsnormen, AöR 114. Band (1989), S. 422 ff.

— Der Wert der Auffangfunktion des Art. 2 Abs. 1 GG, – Zu einem bundesverfassungsgerichtsinternen Streit um die allgemeine Handlungsfreiheit –, AöR 115. Band (1990), S. 33 ff.

— Die neuere Rechtsprechung des Bundesverfassungsgerichts zum Grundsatz des Vertrauensschutzes, JZ 1990, 279 ff.

— /*Schlink,* Bernhard: Staatsrecht II, Grundrechte, 16. Auflage 2000

Pietzcker, Jost: Die neuere Rechtsprechung des Bundesverfassungsgerichts zum vorläufigen Rechtsschutz im Ausländerrecht, JZ 1975, 435 ff.

— „Grundrechtsbetroffenheit" in der verwaltungsrechtlichen Dogmatik, in: G. Püttner (Hrsg.), Festschrift für O. Bachof, 1984, S. 131 ff.

Pleyer, Marcus C. F.: Verfassungswidrige Verlängerung der „Spekulationsfristen" durch das Steuerentlastungsgesetz 1999/2000/2002, NJW 1999, 3156 ff.

Prokisch, Rainer: Die Justiziabilität der Finanzverfassung, 1993 (zit.: Prokisch, Finanzverfassung)

Queng, Stefan Ulrich: Der Anspruch auf Normerlaß, 1998

Raabe, Marius: Grundrechte und Erkenntnis, – Der Einschätzungsspielraum des Gesetzgebers –, 1998

Ramsauer, Ulrich: Die faktischen Beeinträchtigungen des Eigentums, 1980 (zit.: Ramsauer, Die Beeinträchtigungen)

— Die Bestimmung des Schutzbereichs von Grundrechten nach dem Normzweck, VerwArch 72. Band (1981), S. 89 ff.

Rau, Christian: Selbst entwickelte Grenzen in der Rechtsprechung des United States Supreme Court und des Bundesverfassungsgerichts, 1996 (zit.: Rau, Grenzen in der Rechtsprechung)

Raupach, Arndt/*Böckstiegel,* Martin: Die Verlustregelungen des Steuerentlastungsgesetzes 1999/2000/2002, FR 1999, S. 487 ff./557 ff./617 ff.

Rensmann, Thilo: Reformdruck und Vertrauensschutz, – Neuere Tendenzen in der Rückwirkungsdogmatik des Bundesverfassungsgerichts –, JZ 1999, 168 ff.

Reuber, Norbert: Lebens- und Gesundheitsschutz und Gesetzgebungsvorbehalt unter besonderer Berücksichtigung der Gentechnologie, 1993 (zit.: Reuber, Lebens- und Gesundheitsschutz)

Rodi, Michael: Die Rechtfertigung von Steuern als Verfassungsproblem – dargestellt am Beispiel der Gewerbesteuer, 1994 (zit: Rodi, Steuern als Verfassungsproblem)

— Ökonomische, ökologische und andere öffentliche Zwecke im Abgabenrecht, JZ 2000, 827 ff.

Rose, Gerd: Zum Anspruch auf Erlaß von „Übermaß-Steuern" und zu seiner Durchsetzung, – Weitere Auswertung des Vermögensteuer-Beschlusses des BVerfG vom 22.6.1995 –, DB 1995, 2387 ff.

— Der Steuer-Plafondierungsbefehl des BVerfG und seine Durchsetzung, DB 1997, 494 ff.

— Der Halbteilungsbegrenzungssatz – Kein Obiter Dictum, – Zu einem möglichen Dissens zwischen den beiden Senaten des BVerfG –, DB 1998, 1154 f.

Roth, Andreas: Verwaltungshandeln mit Drittbetroffenheit und Gesetzesvorbehalt, 1991 (zit.: A. Roth, Verwaltungshandeln)

Roth, Wolfgang: Faktische Eingriffe in Freiheit und Eigentum, 1994 (zit.: W. Roth, Faktische Eingriffe)

Rottmann, Frank: Der Vorbehalt des Gesetzes und die grundrechtlichen Gesetzesvorbehalte, EuGRZ 1985, 277 ff.

Roxin, Claus: Strafrecht, Allgemeiner Teil, Band 1, Grundlagen, Aufbau der Verbrechenslehre, 3. Auflage 1997

Rozek, Jochen: Die Unterscheidung von Eigentumsbindung und Enteignung, – Eine Bestandsaufnahme zur dogmatischen Struktur des Art. 14 GG nach 15 Jahren „Naßauskiesung", 1998 (zit.: Rozek, Eigentumsbindung)

Rupp, Hans Heinrich: Vom Wandel der Grundrechte, AöR 101. Band (1976), S. 161 ff.

Ruppel, Peter: Der Grundrechtsschutz der Ausländer im deutschen Verfassungsrecht, 1968 (zit.: Ruppel, Der Grundrechtsschutz)

Sachs, Michael: Die Entstehungsgeschichte des Grundgesetzes als Mittel der Verfassungsauslegung in der Rechtsprechung des Bundesverfassungsgerichts, DVBl 1984, 73 ff.

— Die relevanten Grundrechtsbeeinträchtigungen, JuS 1995, 303 ff.

— (Hrsg.): Grundgesetz, 2. Auflage 1999 (zit.: Bearbeiter, in: Sachs)

Sacksofsky, Ute: Umweltschutz durch nicht-steuerliche Abgaben, – Zugleich ein Beitrag zur Geltung des Steuerstaatsprinzips –, 2000 (zit.: Sacksofsky, Umweltschutz)

— Verfolgung ökologischer und anderer öffentlicher Zwecke durch Instrumente des Abgabenrechts, NJW 2000, 1619 ff.

— Steuerung der Familie durch Steuern, NJW 2000, 2896 ff.

Sass, Walter: Art. 14 GG und das Entschädigungserfordernis, 1992 (zit.: Sass, Art. 14 GG)

Schaden, Michael: Die Steuervergünstigung als staatliche Leistung, – Finanzverfassung und Gleichheitssatz –, 1998 (zit.: Schaden, Die Steuervergünstigung)

Schenke, Wolf-Rüdiger: Besteuerung und Eigentumsgarantie, in: F. Burkei/D.-M. Polter (Hrsg.), Rechtsfragen im Spektrum des Öffentlichen, Mainzer Festschrift für H. Armbruster, 1976, S. 177 ff.

Scherzberg, Arno: Grundrechtsschutz und „Eingriffsintensität", – Das Ausmaß individueller Grundrechtsbetroffenheit als materielle und kompetenzielle Determinante der verfassungsgerichtlichen Kontrolle der Fachgerichtsbarkeit im Rahmen der Urteilsverfassungsbeschwerde –, 1989 (zit: Scherzberg, Grundrechtsschutz)

Scheuner, Ulrich: Die institutionellen Garantien des Grundgesetzes, in: H. Wandersleb (Hrsg.), Recht-Staat-Wirtschaft 4. Band (1953), S. 88 ff.

Schlaich, Klaus: Die Verfassungsgerichtsbarkeit im Gefüge der Staatsfunktionen, in: VVDStRL 39. Band (1981), S. 99 ff.

— /*Korioth,* Stefan: Das Bundesverfassungsgericht, – Stellung, Verfahren, Entscheidungen –, 5. Auflage 2001

Schleder, Herbert: Steuerrecht der Vereine, 6. Auflage 2001

Schlink, Bernhard: Abwägung im Verfassungsrecht, 1976 (zit: Schlink, Abwägung)

— Freiheit durch Eingriffsabwehr, – Rekonstruktion der klassischen Grundrechtsfunktion –, EuGRZ 1984, 457 ff.

Schmidt, Ludwig (Hrsg.): Einkommensteuergesetz, Kommentar, 20. Auflage 2001 (zit.: Bearbeiter, in: Schmidt)

Schmidt-Aßmann, Eberhard: Öffentlich-rechtlicher Grundeigentumsschutz und Richterrecht, in: Richterliche Rechtsfortbildung, – Erscheinungsform, Auftrag und Grenzen –, Festschrift der Juristischen Fakultät zur 600-Jahr-Feier der Ruprecht-Karls-Universität Heidelberg, 1986, S. 107 ff.

Schmidt-Bleibtreu, Bruno/*Klein,* Franz: Kommentar zum Grundgesetz, 9. Auflage, 1999 (zit.: Bearbeiter, in: Schmidt-Bleibtreu/Klein)

Schmidt-Jortzig, Edzard: Die Einrichtungsgarantien der Verfassung, – Dogmatischer Gehalt und Sicherungskraft einer umstrittenen Figur –, 1979 (zit.: Schmidt-Jortzig, Die Einrichtungsgarantien)

Schmitt, Carl: Die Grundrechte und Grundpflichten des deutschen Volkes, – Inhalt und Bedeutung des Zweiten Hauptteils der Reichsverfassung, in: G. Anschütz/R. Thoma (Hrsg.), Handbuch des Deutschen Staatsrechts, Band II, 1932, S. 572 ff.

— Freiheitsrechte und institutionelle Garantien der Reichsverfassung, 1931, u. a. in: Verfassungsrechtliche Aufsätze aus den Jahren 1924–1954, – Materialien zu einer Verfassungslehre –, 2. Auflage 1958, S. 140 ff.

Schneider, Ludwig: Der Schutz des Wesensgehalts von Grundrechten nach Art. 19 Abs. 2 GG, 1983 (zit.: L. Schneider, Wesensgehalt)

Schneider, Rudolf: Rechtsschutz gegen verfassungswidriges Unterlassen des Gesetzgebers, in: AöR 89. Band (1964), S. 24 ff.

Schoch, Friedrich: Die Eigentumsgarantie des Art. 14 GG, Jura 1989, 113 ff.

— Staatliche Informationspolitik und Berufsfreiheit, DVBl 1991, 667 ff.

Scholz, Rupert: Das Grundrecht auf freie Entfaltung der Persönlichkeit, AöR 100 (1975), S. 80 ff.

— Identitätsprobleme der verfassungsrechtlichen Eigentumsgarantie, NVwZ 1982, 337 ff.

— Steuerstaat und Rechtsstaat, in: J. Isensee/H. Lecheler (Hrsg.), Freiheit und Eigentum, Festschrift für W. Leisner zum 70. Geburtstag, 1999, S. 797 ff.

Schwabe, Jürgen: Anmerkung zu BVerfG, NJW 1974, 1043f. = BVerfGE 35, 382ff., NJW 1974, 1044f.

— Probleme der Grundrechtsdogmatik, unveränderter Neudruck der 1. Auflage von 1977, 1997

Schwarz, Henning: Die verfassungsgerichtliche Kontrolle der Außen- und Sicherheitspolitik, – Ein Verfassungsvergleich Deutschland – USA –, 1995 (zit.: Schwarz, Außen- und Sicherheitspolitik)

Schwerdtfeger, Gunther: Die dogmatische Struktur der Eigentumsgarantie, Vortrag gehalten vor der Berliner Juristischen Gesellschaft am 27. Oktober 1982, in: Heft 77 der Schriftenreihe, 1983 (zit.: Schwerdtfeger, Die Eigentumsgarantie)

— Öffentliches Recht in der Fallbearbeitung, 10. Auflage 1997 (zit.: Schwerdtfeger: Öffentliches Recht)

Seer, Roman: Der sog. Halbteilungsgrundsatz als verfassungsrechtliche Belastungsobergrenze der Besteuerung, FR 1999, 1280ff.

Seidl, Christian: Die steuerliche Berücksichtigung des Existenzminimums: tarifliche Nullzone, Freibetrag oder Steuerabzugsbetrag?, StuW 1997, 142ff.

Selmer, Peter: Steuerinterventionismus und Verfassungsrecht, 1972 (zit.: Selmer, Steuerinterventionismus)

— Rückwirkung von Gesetzen, Verwaltungsanweisungen und Rechtsprechung, in: Steuer-Kongreß-Report 1974, S. 83ff.

Seuffert, Walter: Die Rückwirkung von Steuergesetzen nach Verfassungsrecht, BB 1972, 1065ff.

Sieckmann, Jan-R.: Modelle des Eigentumsschutzes, – Eine Untersuchung zur Eigentumsgarantie des Art. 14 GG –, 1998 (zit.: Sieckmann, Eigentumsschutz)

Siedler, Nina-Luisa: Gesetzgeber und Bundesverfassungsgericht, – eine funktionell-rechtliche Kompetenzabgrenzung –, 1999 (zit.: Gesetzgeber und BVerfG)

Siehr, Angelika: Die Deutschenrechte des Grundgesetzes, – Bürgerrechte im Spannungsfeld von Menschenrechtsidee und Staatsmitgliedschaft –, 2001 (zit: Siehr, Die Deutschenrechte)

Simons, Cornelius: Grundrechte und Gestaltungsspielraum, – Eine rechtsvergleichende Untersuchung zum Prüfungsinstrumentarium von Bundesverfassungsgericht und US-amerikanischem Supreme Court bei der Normenkontrolle –, 1999 (zit.: Simons, Grundrechte)

Sobota, Katharina: Das Prinzip Rechtsstaat, – Verfassungs- und verwaltungsrechtliche Aspekte –, 1997

Sodan, Helge: Kollegiale Funktionsträger als Verfassungsproblem, 1986 (zit.: Sodan, Kollegiale Funktionsträger)

Söhn, Hartmut: Fahrten zwischen Wohnung und Betriebsstätte, – Zweifelsfragen zur Neufassung des § 4 Abs. 5 Satz 1 Nr. 6 EStG –, FR 1997, 245ff.

Späth, Wolfgang: Ist § 9 Abs. 1 Nr. 4 Satz 2 Buchst. a EStG noch uneingeschränkt als verfassungsgemäß anzusehen?, DStZ 1985, 133ff.

Spindler, Wolfgang: Verfassungsrechtliche Grenzen einer Rückwirkung von Steuergesetzen, DStR 1998, 953ff.

Stahler, Konrad: Verfassungsgerichtliche Nachprüfung gesetzgeberischen Unterlassens, 1966 (zit.: Stahler, Gesetzgeberisches Unterlassen)

Starke, Peter: Gedanken zu §§ 9 Abs. 1 Nr. 4 Satz 2 EStG, DStZ 1985, S. 384

Steiger, Heinhard: Institutionalisierung der Freiheit? – Zur Rechtsprechung des Bundesverfassungsgerichts im Bereich der Grundrechte –, in: H. Schelsky (Hrsg.), Zur Theorie der Institution, 1970, S. 91 ff.

Stein, Ekkehart/*Frank,* Götz: Staatsrecht, 17. Auflage 2000

Steiner, Udo: Kulturauftrag im staatlichen Gemeinwesen, in: VVDStRL 42. Band (1984), S. 7 ff.

Stern, Klaus: Das Staatsrecht der Bundesrepublik Deutschland, 1. Band: Grundbegriffe und Grundlagen des Staatsrechts, Strukturprinzipien der Verfassung, 2. Auflage 1984; 2. Band: Staatsorgane, Staatsfunktionen, Finanz- und Haushaltsverfassung, Notverfassung, 1980; 3. Band unter Mitwirkung von Michael Sachs: Allgemeine Lehre der Grundrechte, 1. Halbband 1988; 2. Halbband 1994 (zit.: Bearbeiter, in: Staatsrecht)

Stuhrmann, Gerd: Die wesentlichen ertragsteuerlichen Änderungen durch das Steuerentlastungsgesetz 1999/2000/2002 vom 24.3.1999, NJW 1999, 1657 ff.

Thormann, Martin: Abstufungen in der Sozialbindung des Eigentums, – Zur Bestimmung von Inhalt und Schranken des Eigentums nach Art. 14 Absatz 1 Satz 2 GG im Spannungsfeld von Eigentumsfreiheit und Gemeinwohl –, 1996 (zit.: Thormann, Sozialbindung)

Tilch, Horst (Hrsg.): Deutsches Rechts-Lexikon, Band 3, 2. Auflage 1992

Tipke, Klaus: Umsatzsteuer – Verkehrsteuer und/oder Verbrauchsteuer, DStR 1983, 595 ff.

— Über Steuerreform und Steuergerechtigkeit, in: W. Fürst/R. Herzog/D. C. Umbach, Festschrift für W. Zeidler, Band 1, 1987, S. 717 ff.

— Einkunftsarten-Kästchendenken versus Systemdenken, – Zugleich Besprechung des BFH-Urteils v. 12.1.1990, – VI R 29/86, BStBl. II 1990, 423 –, StuW 1990, 246 ff.

— Über die Grenzen der Vermögensteuer, – Zugleich Besprechung des BVerfG-Beschlusses vom 22.6.1995 –, GmbHR 1996, 8 ff.

— Die Steuerrechtsordnung, Band 1, Wissenschaftsorganisatorische, systematische und grundrechtlich-rechtsstaatliche Grundlagen, 2. Auflage 2000; Band 2, Steuerrechtfertigungstheorie, Anwendung auf alle Steuerarten, sachgerechtes Steuersystem, 1993

— /*Lang,* Joachim: Steuerrecht, 16. Auflage, 1998 (zit.: Bearbeiter, in: Tipke/Lang, Steuerrecht)

Trzaskalik, Christoph: Inwieweit ist die Verfolgung ökonomischer, ökologischer und anderer öffentlicher Zwecke durch Instrumente des Abgabenrechts zu empfehlen?, in: Verhandlungen des 63. Deutschen Juristentages, 2000 Band 1, Gutachten E

Umbach, Dieter C./*Clemens,* Thomas (Hrsg.): Bundesverfassungsgerichtsgesetz, – Mitarbeiterkommentar und Handbuch –, 1992 (zit.: Bearbeiter, in: Umbach/Clemens, BVerfGG)

Unruh, Peter: Zur Dogmatik der grundrechtlichen Schutzpflichten, 1996 (zit.: Unruh, Schutzpflichten)

Vogel, Klaus: Die Abschichtung von Rechtsfolgen im Steuerrecht, – Lastenausteilungs-, Lenkungs- und Vereinfachungsnormen und die ihnen zuzurechnenden Steuerfolgen: ein Beitrag zur Methodenlehre des Steuerrechts –, StuW 1977, 97 ff.

— Lenkungsteuern und Eigentumsgarantie, BayVBl 1980, 523 ff.

— Rechtssicherheit und Rückwirkung zwischen Vernunftrecht und Verfassungsrecht, JZ 1988, 833 ff.

— Vom Eigentums- zum Vermögensschutz – eine Erwiderung, NJW 1996, 1257 ff.

— Anmerkung (zu BVerfGE 93, 121 ff. und 93, 165 ff.), JZ 1996, 43 ff.

— Besteuerung von Eheleuten und Verfassungsrecht, StuW 1999, 201 ff.

Vollmer, Franziska: Das Ehegattensplitting, – Eine verfassungsrechtliche Untersuchung der Einkommensbesteuerung von Eheleuten –, 1998

Waechter, Kay: Einrichtungsgarantien als dogmatische Fossilien, in: Die Verwaltung 29. Band (1996), S. 47 ff.

Wagner, Franz W./*Hör,* Michael: Das Verhältnis der gegenwärtigen effektiven Steuerbelastung zur Steuerbelastungsobergrenze des Bundesverfassungsgerichts, DB 1996, 585 ff.

Wahl, Rainer: Rechtliche Wirkungen und Funktionen der Grundrechte im deutschen Konstitutionalismus des 19. Jahrhunderts, in: Der Staat 19. Band (1979), S. 321 ff.

— Der Vorrang der Verfassung, in: Der Staat 20. Band (1981), S. 485 ff.

— Der Nachbarschutz im Baurecht, JuS 1984, 577 ff.

— Quo Vadis – Bundesverfassungsgericht? Zur Lage von Verfassungsgerichtsbarkeit, Verfassung und Staatsdenken, in: in: B. Guggenberger/T. Würtenberger (Hrsg.), Hüter der Verfassung oder Lenker der Politik?, – Das Bundesverfassungsgericht im Widerstreit –, 1998, S. 81 ff.

Waschull, Dirk: Das Unternehmen im engeren Sinne als verfassungsrechtliches Eigentum, – Zum Begriff des Eigentums in Art. 14 GG –, 1999 (zit.: Waschull, Das Unternehmen)

Wäßle, Florian: Das Vermögen als Gegenstand der Eigentumsgarantie, – zugleich eine Untersuchung der Eigentumsdogmatik des Bundesverfassungsgerichts –, 2000 (zit.: Wäßle, Das Vermögen)

Weber-Dürler, Beatrice: Der Grundrechtseingriff, in: VVDStRL 57. Band (1998), S. 57 ff.

Weber-Grellet, Heinrich: Aktuelle bilanzsteuerliche Probleme nach dem Steuerentlastungsgesetz, BB 2000, 1024 ff.

Welzel, Hans: Das Deutsche Strafrecht, 11. Auflage 1969

Wendt, Rudolf: Eigentum und Gesetzgebung, 1985 (zit.: Wendt, Eigentum)

— Spreizung von Körperschaftsteuersatz und Einkommensteuerspitzensatz als Verfassungsproblem, in: R. Wendt/W. Höfling/U. Karpen/M. Oldiges, Staat, Wirtschaft, Steuern, Festschrift für K. H. Friauf zum 65. Geburtstag, 1996, S. 859 ff.

Wermeckes, Bernd: Das Steuerentlastungsgesetz 1999/2000/2002 und dessen rückwirkende Änderung des EStG im Lichte des Verfassungsrechts, – Zur verfassungsrechtlichen Zulässigkeit rückwirkende Steuergesetze –, DStZ 1999, 479 ff.

Werner, Ingo: BB-Kommentar zum Beschluß des FG Münster vom 7.9.2000–4 V 1612/00 E und 4 V 1617/99 E, BB 2001, 656 ff., a. a. O., S. 659 ff.

Wernsmann, Rainer: Verfassungsrechtliche Anforderungen an die Einführung und Ausgestaltung von Steuervergünstigungen, NJW 2000, 2078 ff.

— Das gleichheitswidrige Steuergesetz – Rechtsfolgen und Rechtsschutz, 2000

Wieland, Joachim: Der Vermögensteuerbeschluß – Wende in der Eigentumsrechtsprechung?, – Zu den denkwürdigen Umständen einer vielbeachteten Entscheidung –, in: B. Guggenberger/T. Würtenberger (Hrsg.), Hüter der Verfassung oder Lenker der Politik?, – Das Bundesverfassungsgericht im Widerstreit –, 1998, S. 173 ff.

Willke, Helmut: Stand und Kritik der neueren Grundrechtstheorie, – Schritte zu einer normativen Systemtheorie –, 1975 (zit.: Willke, Grundrechtstheorie)

Wolff, Martin: Reichsverfassung und Eigentum, in: Festgabe der Berliner Juristischen Fakultät für W. Kahl, 1923, S. IV 3 ff.

Sachwortverzeichnis